George Washington

Franz Herre

George Washington

Präsident an der Wiege einer Weltmacht

Deutsche Verlags-Anstalt Stuttgart

Die Deutsche Bibliothek – CIP-Einheitsaufnahme

Herre, Franz:
George Washington : Präsident an der Wiege
einer Weltmacht / Franz Herre. -
Stuttgart: Deutsche Verlags-Anstalt, 1999
ISBN 3-421-05188-7

Satz: Sabon (QuarkXpress) im Verlag
Druck und Bindearbeit: Clausen & Bosse, Leck
Diese Ausgabe wurde auf chlor-und säurefrei gebleichtem,
alterungsbeständigem Papier gedruckt.
Printed in Germany
ISBN 3-421-05188-7

Inhalt

ANHANG

Mensch und Monument

Von Washington D.C. nach Mount Vernon gelangt man auf dem Potomac. Das Schiff läßt die Stadt des 19., die Großstadt des 20. und die Megapolis des anhebenden 21. Jahrhunderts hinter sich, passiert das Kolonialstädtchen Alexandria und das Fort Washington. Zwischen bewaldeten Ufern, die an den Urzustand des Kontinents erinnern, weitet sich der Fluß zum Strom. Auf einer Anhöhe liegt ein weißes Haus mit rotem Dach, auf dem ein Turm wie eine Feder auf einem Dreispitz steckt: das Heim George Washingtons, des Gründerpräsidenten der Vereinigten Staaten von Amerika und Namengebers ihrer Bundeshauptstadt.

Den Landsitz schätzte er mehr als die Hauptquartiere des Oberbefehlshabers im Unabhängigkeitskrieg und die Staatsresidenzen des ersten Präsidenten der Vereinigten Staaten von Amerika. Der Gutsbesitzer war auf eigenem Grund und Boden sein eigener Herr. In seinen vier Wänden konnte er Mensch sein und bleiben, mußte nicht als Monument posieren, wozu er noch zu Leibzeiten stilisiert worden war. In einem Domizil mit bescheidenen Ausmaßen wollte der Virginier wie ein englischer Landedelmann leben, nach harter Arbeit deren Früchte mit Behagen genießen. Der amerikanische Cincinnatus verließ ungern Pflug und Herd, kehrte nach vollbrachten militärischen und politischen Taten gern zu ihnen zurück.

Auf Mount Vernon wurde George Washington 1799 zur letzten Ruhe gebettet. Sein Wille, im schlichten Grab, an der Seite seiner Frau Martha, zu bleiben, wurde respektiert, der Vorschlag des Kongresses abgelehnt, die sterblichen Überreste in die nach ihm benannte Bundeshauptstadt überführen und in der Krypta unter der Rotunda des Kapitols bestatten zu lassen. Nicht entgehen konnte er der Apotheose im Freskenhimmel der Kuppel: Dem auf einer Wolkenbank thronenden General-Präsidenten, der das Schwert wie ein Zepter hält, huldigen die Göttinnen des Sieges und der Freiheit sowie dreizehn Engel, Symbolgestalten der dreizehn Staaten, die sich unter George Washingtons Ägide zu einem Bundesstaat vereinigten.

Wie einen Kaiser des Barocks glorifizierte ihn der italienische Maler Constantino Brumidi und wie einen römischen Imperator der amerikanische Bildhauer Horatio Greenough: in Marmor gehauen, auf einem antiken Thron sitzend, mit einer Toga, die mehr enthüllt als bedeckt. Der halbnackte Körper schockierte Puritaner. Das römische Gewand mißfiel Patrioten, die sich den Nationalhelden nur in amerikanischer Uniform vorstellen mochten. Demokraten fanden das zwanzig Tonnen schwere Imperatorenmonument zu übergewichtig und unangebracht in der Rotunda des Kapitols, dem höchsten Ausdruck der Volksherrschaft. So wurde der Marmorkoloß zunächst auf einen Platz vor dem Parlament versetzt, schließlich der Smithonian Institution vermacht und im National Museum of American History in die Sammlung amerikanischer Memorabilien und Kuriositäten eingereiht.

Zwischen Demokratiekult und Heldenverehrung schwankende Amerikaner brauchten lange für die Errichtung eines ihres Gründerpräsidenten würdigen Denkmals. 1833 wurde die »Washington National Memorial Society« gegründet, 1848 auf der Mall, näher am Weißen Haus, der Residenz des Präsidenten, und in größerer Entfernung vom Kapitol, dem Sitz von Senat und Repräsentantenhaus, der Grundstein gelegt, doch der Schlußstein erst 1884 gesetzt. Dazwischen lagen Auseinandersetzungen von Demokraten und Republikanern, den beiden Parteien, die bereits dem ersten Präsidenten zu schaffen machten, und der Bürgerkrieg, in dem die von Washington gewünschte, durchgesetzte und geführte Union auf dem Spiel stand. Am 21. Februar 1885 wurde das Washington Monument eingeweiht. »Ohnegleichen steht der Obelisk stolz vor

uns da«, hieß es in der Festrede. Am Charakter des Mannes sei nichts zu rütteln und zu deuteln.

So ist das Washington Monument stehengeblieben. Umflattert von Stars-and-Stripes, auf denen die Sterne der Staaten sich von 13 auf 50 vermehrt haben, ragt der Obelisk aus hellem Maryland-Marmor 169 Meter hoch empor, überragt die Peterskuppel in Rom und die Cheopspyramide in Ägypten. Wer im Innern des Washington Monuments die 898 Stufen hinaufsteigt oder mit dem Lift emporfährt, blickt – wie die Millionen und aber Millionen Besucher vor ihm – auf ein Denkmal herab, das einem anderen Gründervater der USA errichtet wurde: das Jefferson Memorial. Dieser amerikanische Nationaltempel im Stil des römischen Pantheons wurde 1943 eingeweiht, zu einer Zeit, als der Verfasser der Unabhängigkeitserklärung, ein Prediger der Gleichheit, mehr als der Führer der Unabhängigkeitsbewegung geschätzt wurde. Manche amerikanische Historiker und viele ihrer Landsleute fühlten sich vom brillanten Theoretiker Jefferson angezogen, der seine Vision vom amerikanischen Glück in die Zukunft projiziert hatte, und vom nüchternen Praktiker Washington abgestoßen, der sie auf mühsamem Weg zu einem Ziel geführt hatte, das sich mit der Wunschvorstellung nicht deckte. »Er ist noch immer da«, konstatierte der 1933 gestorbene Präsident Calvin Coolidge, ein Republikaner, angesichts des Washington Monuments, des höchsten Bauwerkes in Washington D.C. Für die einen ein Ausrufezeichen, für andere ein Fragezeichen des Amerikanismus, steht es als Wegweiser des American way of life auf der ihn symbolisierenden Mall, die sich zwischen Kapitol und Arlington, der Volkshochburg und dem Nationalfriedhof, erstreckt.

»Der Erste im Krieg, der Erste im Frieden und der Erste im Herzen seiner Landsleute«, hatte Henry Lee seinem Landsmann George Washington nachgerufen. Mehr und mehr Amerikaner erinnern sich an ihren ersten Präsidenten und halten ihn, mit seinen offenkundigen Stärken und seinen nicht mehr verdeckten Schwächen, für den Gründervater der USA, für den Geburtshelfer einer Weltmacht.

DER AUFSTEIGER

Heimat Virginia

»Hat jemand jemals Washington nackt gesehen? Es ist unvorstellbar. Er hatte keine Nacktheit; ich stelle mir vielmehr vor, daß er vollkommen angekleidet geboren wurde, mit gepudertem Haar, und sich bei seinem ersten Auftritt in der Welt gemessen verbeugte.« So erschien dem Schriftsteller Nathaniel Hawthorne der erste Präsident der USA, Jahrzehnte nach dessen Tod, als sich Amerikaner Washington nicht mehr als einen Menschen aus Fleisch und Blut, nur noch als einen Helden im Habitus der Gründerzeit mit den Manieren eines Olympiers vorstellen mochten.

Nicht mit einem silbernen, nicht einmal mit einem versilberten Löffel im Munde war George am 22. Februar 1732 in die Welt gekommen. Sein Vater besaß zwar Land und Sklaven, aber den Sohn aus zweiter Ehe, aus der fünf Kinder zu den überlebenden zwei Kindern aus erster Ehe hinzukamen, erwartete weder eine aufwendige Erziehung noch ein nennenswertes Erbe. Dem Vater, Augustine Washington, blieb die Aufnahme in die Aristokratie versagt, und George Washington wurde es nicht an der Wiege gesungen, daß er in sie aufsteigen und mit ihr die Geschicke nicht nur Virginias, sondern aller sich vom englischen Mutterland lösenden amerikanischen Kolonien in die Hand nehmen würde.

Im Jahre 1606 hatte in London die Virginia Company – benannt nach Elisabeth I., der »jungfräulichen Königin« – die Ermächtigung zur Kolonisierung an der Ostküste Nordamerikas erhalten. Im Jahr darauf entstand die erste Siedlung, Jamestown – benannt nach König James I., der 1624, als sich das Neuland erfolgversprechend entwickelte, den Freibrief der Gesellschaft widerrief und Virginia zur Kronkolonie erklärte. Gold, wie erhofft, wurde nicht gefunden, aber der Anbau von Tabak warf immer mehr ab. Reich gewordene Tabakpflanzer pflegten den Lebensstil und stellten die Herrschaftsansprüche des englischen Landadels. Plantagen wurden die Kleinzentren der Kolonie, Landstädtchen blieben die wenigen größeren Siedlungen. Einige große und etliche weniger große Herren geboten über weiße Kontraktarbeiter und schwarze Sklaven. Die oberen Hundert pochten auf die Magna Charta Virginias, die ihnen »alle Freiheiten und Gerechtsame und Privilegien« von Englishmen gewährte. Ihre Repräsentanten kamen bereits 1619 zur ersten Abgeordnetenversammlung Amerikas zusammen. Das Ziel der Pflanzeraristokratie war, sich von königlichen Gouverneuren nicht am Gängelband führen zu lassen und sich minderbemittelte Kolonisten vom Leibe zu halten.

Die Washingtons fingen unten an, stiegen höher, ohne ganz nach oben zu kommen. Als erster ließ sich 1657 der Seemann John Washington in Virginia nieder, vermählte sich mit der Tochter eines Landeigners, die als Mitgift 700 Acres mitbrachte, den Grundstock des Familienbesitzes, den ihr Gatte hemdsärmelig zu mehren verstand. Sein Ruf war nicht der beste. Nach dem Tod seiner ersten Frau heiratete er hintereinander zwei Schwestern, die eine war Bordellmutter, die andere Mätresse des Gouverneurs gewesen. Auf dem Stammbaum George Washingtons störten sie nicht; auf ihm ist Anne, Johns erste Frau, als seine Urgroßmutter eingetragen, auf deren Heiratsgut Bridges Creek er geboren wurde. Die Linie wurde von Johns und Annes Sohn Lawrence fortgesetzt, der ebenfalls eine gute Partie machte, Mildred Warner heiratete, die Tochter eines Speakers des Abgeordnetenhauses von Virginia. Ihm blieb wenig Zeit, Erheiratetes und Ererbtes zu genießen; er starb 1698 mit 37 Jahren. Sein Sohn Augustine, der Vater George Washingtons, sicherte sich Little Hunting Creek, das spätere Mount Vernon, und zeugte mit zwei Frauen, Jane Butler und Mary Ball, zehn Kinder, von denen sieben am Leben blieben.

George, der erste Sohn der zweiten Frau, wurde 1732 in

Washingtons Geburtshaus in Wakefild, Virginia

eine emporgekommene Familie und in ein aufblühendes Land hineingeboren. Schon wurden in Virginia 125 000 Einwohner gezählt, wovon die Mehrzahl in den Tidewater Regions lebte, nahe der Küste des Atlantiks, an dessen jenseitigem Ufer England lag, aus dem die meisten gekommen waren und nach dem sie ausgerichtet blieben. Das Geburtshaus Georges stand in Wakefield im Westmoreland County, zwischen Popes Creek und Bridges Creek, die in den Potomac flossen, der dem Ozean sich öffnenden Chesapeake Bay entgegenströmte. Mit drei zog er mit der Familie in das Prince William County, mit sechs in die Ferry Farm bei der Kleinstadt Fredericksburg. Auf dem Rappahannock konnte er die Segelschiffe betrachten, die Tabak, das virginische Gold, nach England brachten und Waren zurückbrachten, die den Pflanzern ein Leben im englischen Stil ermöglichten.

Für die Washingtons fiel nicht viel ab. Sie besaßen nur zwei Teeservice und elf Teller aus Porzellan, einen Suppenlöffel, achtzehn Löffel und sieben Teelöffel. Die meisten Utensilien waren aus Holz geschnitzt. Sechs gute und zehn weniger gute Garnituren Bettbezüge hatten für die dreizehn Betten in sechs Räumen zu genügen. Von zwanzig Sklaven waren sieben voll, acht halb und fünf nicht arbeitsfähig. Vater Augustine rackerte sich in seiner Landwirtschaft und Eisenschmiede redlich ab, ohne auf den grünen Zweig, nach dem er sich streckte, zu kommen. Er fing zu vieles an und brachte zu wenig zu Ende, verzettelte sich in Unternehmungen und verhedderte sich in Prozessen. Immerhin erübrigte er so viel Geld, daß er seine beiden Söhne aus erster Ehe, Lawrence und Augustine, nach England zur Schule schicken konnte.

Dieses Glück wurde ihrem Halbbruder George nicht zuteil. Im Hausunterricht und auf einer Landschule lernte er Lesen, Schreiben und Rechnen, etwas Geometrie, das Rüstzeug für seinen ersten Beruf als Feldmesser, und Anfangsgründe der Buchführung, auf denen der Gutsbesitzer sein Rechnungswesen aufbaute. Zeitlebens blieb er sich seiner »mangelhaften Erziehung« bewußt. Mit der Arroganz eines Intellektuellen, der sich für gebildeter hielt, als er es war, blickte John Adams, sein Vizepräsident und Amtsnachfolger, auf den ersten Präsidenten herab: George Washington sei »zu ungebildet, unwissend, unbelesen für seine Stellung und Reputation« gewesen. Ein College, wie John Adams, hat er nicht besucht, Fremdsprachen nie gelernt, und der sich im tätigen Leben Bildende und Bewährende fand nie viel Zeit zum Lesen, nahm sich hauptsächlich Werke der Agrikultur und der englischen Geschichte vor.

Immerhin zählten seine hinterlassenen Papiere über 20000 Seiten. Die Orthographie war nicht fehlerfrei und der Stil eher ungeschliffen. Wie er sich ausdrückte, entsprach dem für seinen Charakter typischen Understatement, und was er mitzuteilen hatte, fand Aufmerksamkeit, wenn auch nicht immer Anerkennung. Seine Schrift war – wie Amerikaner bemerkten – seinem Wesen und – wie ein Ausländer wie Friedrich Hebbel meinte – demjenigen Amerikas gemäß: »Mir ist die Handschrift des Generals Washington immer unendlich charakteristisch für das Land gewesen, so sauber und kalligraphisch schön, daß die Kinder danach schreiben lernen könnten, aber auch so leer und interesselos wie eine Vorschrift.« Er schrieb nicht schneller als er denken konnte, überlegte genau, was er zu Papier bringen wollte, drückte klar aus, was sich in seinem Kopf geklärt hatte. Was einmal im Gedächtnis war, haftete für immer, blieb eine Richtlinie für Denken und Schreiben, Leben und Werk.

Einen Leitfaden fand der junge Washington unter den Büchern, die sein Halbbruder Augustine aus England mitgebracht hatte: »The Rules of Civility and Decent Behaviour in Company and in Conservation.« Dieser Knigge war am Ende des 16. Jahrhunderts von französischen Jesuiten verfaßt, dann im 17. Jahrhundert ins Englische übersetzt und in mehreren Auflagen verbreitet worden, im 18. Jahrhundert auch in Amerika, wo die Kolonisten zivilisierter Umgangsformen bedurften. Der Schüler Washington wurde angehalten, eine Reihe der »Rules« abzuschreiben und sie sich als Lebensregeln einzuprägen, zum Beispiel: »Töte kein Ungeziefer, Flöhe, Läuse, Zecken etc. vor den Augen anderer.« – »Spucke nicht in das Kaminfeuer, lege deine Füße nicht auf den Kaminsims, vor allem dann nicht, wenn gerade Fleisch zubereitet wird.« – »Werde bei Tisch, was auch vorkommen mag, und auch wenn du Anlaß dazu hättest, nie wütend und ausfallend, vor allem wenn Fremde dabei sitzen.« – »Gibt es etwas zu tadeln, so tue es nicht im Zorn, sondern mit aller Freundlichkeit und Milde.«

Rauhe Siedlersitten sollten dem jungen Menschen abgewöhnt und das Benehmen eines Gentleman beigebracht werden. »Alles, was man in Gesellschaft tut, sollte mit Rücksichtnahme auf die anderen getan werden.« Niedriger stehende Personen seien mit Wohlwollen, ohne jeglichen Hochmut zu behandeln. »Wenn ein Mann alles tut, was er kann, ohne voranzukommen, rechten Erfolg zu haben, so tadele ihn deswegen nicht.« Höflichkeit, wenngleich das Wort auf das Betragen am Hofe eines Fürsten zurückginge, sei auch im Umgang unter freien und gleichen Bürgern angebracht. Politeness als Propädeutik der Politik – das schien George Washington aus den »Rules of Civility« für sein Leben als Civilian für die Civitas gelernt zu haben.

Der Elementarunterricht in »Tugenden der Humanität« wurde durch die Lektüre von »Senecas Morals« vertieft. Diese Sammlung von Abhandlungen des römischen Philosophen Seneca, eines Stoikers, der Strenge gegen sich selbst, Rücksicht auf andere und Wohltun für alle verlangte, wurde am Ende des 17. Jahrhunderts ins Englische übersetzt und im Mutterland wie in den Kolonien gelesen. Einige Maximen schien sich George Washington, der sich als Heranwachsender ein Exemplar besorgt hatte, gemerkt zu haben: Für den Menschen Washington galt, daß der Zorn »die abscheulichste, roheste, gefährlichste und ungebärdigste aller Gefühlsregungen« sei, und die lächerlichste dazu, und für den Gutsherrn, daß man sich mit dem zufrieden geben solle, was man habe, und sich nicht ohne Not den Stürmen außerhalb des sicheren Hafens aussetzen solle; denn die wahre Glückseligkeit bestehe im Freisein von Störung und Unruhe.

Als er den Pflug verlassen und zum Schwert greifen, in den

Unabhängigkeitskampf ziehen mußte und dessen Wechselfällen ausgesetzt war, erinnerte er sich an Senecas Maxime: Wer eine Schlacht verloren habe, beginne eine neue. Wagemut, Standvermögen und Durchhaltewillen hatte der Stoiker gelehrt. Als der Sieger im Kriege zum Führer im Frieden berufen wurde, verwies er die neuen Amerikaner auf die Erkenntnis der alten Römer, daß Selbstbestimmung ohne Selbstbeherrschung weder wünschenswert noch durchführbar und ein Staatswesen ohne strenges Gesetz und straffe Ordnung nicht zu erhalten sei. »Senecas Morals« beschworen die von den Stoikern markierten Tugenden: Geschicklichkeit, Gerechtigkeit, Tapferkeit und Bescheidenheit. In der Gestalt des jüngeren Cato, der mit der römischen Republik die bürgerliche Freiheit verteidigte und nicht mehr weiterleben wollte, als sie verlorenging, schienen sie dem englischen Schriftsteller Joseph Addison verkörpert zu sein. Sein Drama »Cato« trat 1713 einen Siegeszug durch die englische Welt diesseits und jenseits des Atlantiks an. Sein Leben lang zitierte Washington daraus Sentenzen, als wollte er andeuten, daß auch er sich als Civis romanus fühle und römischen Tugenden nacheifere. Am Tiefpunkt des Unabhängigkeitskrieges, im Winterquartier von Valley Forge, ließ er Addisons »Cato« aufführen, auf daß sich seine Truppe den Römer zum Beispiel nehme, der lieber sterben als ohne Freiheit leben wollte.

»Virtus omnia pericula vincit«, die lateinische Maxime übertrug George Washington ins Amerikanische: Tüchtigkeit und Tatkraft überwinden alle Fährnisse. Bevor er diese Tugenden in seinem öffentlichen Wirken reklamierte und praktizierte, versuchte er sie im privaten Leben aufzugreifen und anzuwenden. Wer wie er unten anfing und nach oben wollte, mußte entschiedener zupacken und sich tauglicher als andere erweisen, denen vieles oder gar alles in den Schoß gelegt worden war. George war elf, als sein Vater am 12. April 1743 mit neunundvierzig starb. An eine bessere Erziehung, gar an einen Schulbesuch in England, war nicht mehr zu denken. Im Testament wurde der Sohn aus zweiter Ehe nicht übergangen, aber hinter die beiden Söhne aus erster Ehe zurückgesetzt. Lawrence, der erste, erbte das mittelgroße Landgut Little Hunting Creek. Der zweite, Augustine, erhielt den Landbesitz zwischen Bridges und Popes Creek. Der Rest sollte zwischen ihren Halbbrüdern aufgeteilt werden. George blieb auf der Ferry Farm bei seiner Mutter, die es nicht leicht gehabt hatte und keinen Anlaß sah, es ihrem Ältesten leichter zu machen.

Mary Ball hatte ihre Eltern früh verloren, fühlte sich ihr Leben lang vom Schicksal stiefmütterlich behandelt. Erst mit fünfundzwanzig, nach damaligen Verhältnissen eine alte Jungfer, hatte sie einen Mann, den Witwer Augustine Washington bekommen und in den dreizehn Jahren ihrer Ehe sechs Kinder in die Welt gesetzt. Unter der Belastung einer Pioniersfrau alterte sie früh, die Mühsal machte sie säuerlich und zänkisch; die Witwe, die für die fünf am Leben gebliebenen Sprößlinge zu sorgen hatte, wurde immer unleidlicher. Er habe sie zehnmal mehr gefürchtet als seine eigenen Eltern, bemerkte ein Spielkamerad Georges. Der dürfte ähnlich empfunden haben. Als sie als Mutter des Oberbefehlshabers im Unabhängigkeitskrieg, gewissermaßen als Heldenmutter, vom virginischen Abgeordnetenhaus eine Pension verlangte, bedeutete er dem Speaker: Da er es nie an Unterstützung für sie habe fehlen lassen, sei sie auf Staatsgelder nicht angewiesen; allerdings könnte sie nie genug bekommen. Der Sohn hielt es für angezeigt, bei Zahlungen an die Mutter den Namen eines Zeugen schriftlich festzuhalten.

Der Vater war ihm abgegangen. Zu früh verstorben, konnte er den Jungen nicht nachhaltig beeinflussen und einen bleibenden Eindruck hinterlassen. Seine Briefe und Aufzeichnungen enthalten nur drei kurze Hinweise auf den von der Legende zum Heldenvater des Gründervaters hochstilisierten Augustine Washington. Sein Sohn hatte bei allem Unglück das Glück, in seinem um vierzehn Jahre älteren Halbbruder Lawrence einen Ersatzvater zu finden. George begann zu Lawrence aufzuschauen, dessen Lebensweg nicht in den gewohnten Bahnen eines Farmersohnes verlief. Während des englisch-spanischen Krieges zog er 1740 den roten Rock des Königs an, nahm als britischer Offizier an der Expedition gegen die kolumbianische Seefestung Cartagena teil, die in einer Niederlage endete. Der Verehrung Lawrences für seinen Admiral Edward Vernon tat dies keinen Abbruch. Das vom Vater geerbte Landgut Little Hunting Creek taufte er in Mount Vernon um.

So oft er konnte, flüchtete sich der heranwachsende George aus dem Umkreis der Mutter in das Ersatzvaterhaus. Er lernte die Farm, seinen späteren Besitz, kennen und schätzen, hörte auf den in England gebildeten Halbbruder, erbaute sich am martialischen Auftreten des zum Generaladjutanten der virginischen Miliz avancierten britischen Offiziers, ergötzte sich an den Kriegsgeschichten des Veteranen, der nur vom lustigen und nicht vom traurigen Soldatenleben erzählte, verehrte seine Schwägerin Anne, eine geborene Fairfax, die aus der in der Nachbarschaft gelegenen Plantage Belvoir stammte. Dort sah er ein wirkliches Herrenhaus, nicht eine mehr oder weniger geräumige Holzhütte, sondern einen stattlichen Ziegelbau, der von außen wie im Innern einem englischen Manorhouse glich. In der virginischen Dependance des britischen Adelsgeschlechtes Fairfax erhielt der aus bescheidenen Verhältnissen kommende George einen ersten Einblick in das Leben der Oberschicht der Kolonie.

Der in England residierende sechste Lord Fairfax besaß in Virginia 8 100 Quadratmeilen Land, das sich vom Unterlauf des Potomac bis zu den Bergen der Alleghanies erstreckte. Sein Vertreter in der Kolonie war der Vetter William Fairfax auf Belvoir, der Schwiegervater Lawrence Washingtons und Vater von George Fairfax, mit dem sich George Washington anfreundete. Von Mount Vernon, wo der Teenager oft weilte, kam er gerne in das Herrenhaus hinüber. Dort lernte er Billard und Whist spielen, machte die ersten Tanzschritte, übte sich in den »Rules of Civility and Decent Behaviour in Company and in Conversation«, verstand es, die seinem Fortkommen dienliche Gunst der Familie zu gewinnen. Dabei bewies George zum erstenmal seine Geschicklichkeit, andere, die ihm nützlich sein könnten, für sich einzunehmen und vorteilhafte Verbindungen zu knüpfen. Um sich der Oberschicht anzupassen, mußte der aus der Mittelschicht stammende junge Mann weit mehr als diese auf seine Reputation bedacht sein. Die Anspannung bei deren Erwerb war so groß, daß er bei deren Bewahrung aus dem »Habt acht!« kaum mehr zu seinem »Rührt euch!« fand.

Dem Erfolgreichen sei der Schein wichtiger als das Sein geworden, kritisierten die einen, während andere am Arrivierten eine glückliche Übereinstimmung von beiden bewunderten. »Es gibt keinen König in Europa, der neben ihm nicht wie ein Kammerdiener aussehen würde«, bemerkte Benjamin Rush, und John Atkinson meinte bei seinem Anblick einen »Bischof beim Gebet« zu sehen.

Am Buben war aufgefallen, daß er seine Kameraden um Haupteslänge überragte und beim Wettlauf und Weitsprung übertraf. Der junge Mann imponierte als Reiter, der wie angegossen im Sattel saß, die Zügel fest in den Händen hielt und mit starken Schenkeln auch ein ungebärdiges Roß zu parieren verstand. Das gefiel besonders dem nach Belvoir gekommenen Lord Fairfax, der einer jener englischen Aristokraten war, die das höchste Glück auf Erden auf dem Rücken der Pferde fanden und lieber einige Meilen weit ritten, als eine einzige Seite zu lesen. Von Seiner Lordschaft gefördert, fand der sechzehnjährige George einen ersten Beruf als Feldmesser. Vorausschauend hatte er – nicht zum ersten- und nicht zum letztenmal – eine vor ihm liegende Chance erkannt. Nachdem 1745 der Privy Council in London den Landbesitz des Lords in Virginia bestätigt hatte, war anzunehmen, daß es in diesem Gebiet, das größer als Wales war, vieles zu vermessen gäbe. George trat einen entsprechenden Lehrgang an und kam dabei so gut voran, daß ihn Fairfax 1748 in die Expedition aufnahm, die unter Leitung seines Surveyors James Genn nach Westen aufbrach, um jenseits der Blue Ridge Mountains, im Shenandoah Valley, das Land abzustecken.

Im Westen des Kontinents lag die Zukunft Amerikas. George Washington, der erste Präsident der Vereinigten Staaten, begann als Frontiersman, der mithalf, eine neue Grenze zu erreichen und darüber hinaus eine neue Grenze anzustreben. Zug um Zug wurde die New Frontier nach Westen verschoben, bis es unter dem dreiundzwanzigsten Präsidenten keine weitere mehr zu ziehen gab, die USA vom Atlantik bis zum Pazifik reichten.

Die gesellschaftliche Entwicklung Amerikas habe an der Grenze ständig von neuem begonnen, konstatierte 1893, als es keine Frontier Line mehr zu setzen gab, der Historiker Frederic Jackson Turner. Die »ewige Wiedergeburt, dieser Fluß des amerikanischen Lebens, diese Westwärts-Expansion mit ihren neuen Möglichkeiten«, habe den amerikanischen Charakter geprägt. »Die Grenze ist die Linie der rapidesten und effektivsten Amerikanisierung.«

Gegen Franzosen und Indianer

Der Fortschritt gehe die Sonnenbahn, von Ost nach West, stehe jetzt über der Ostküste Amerikas und werfe die ersten Strahlen über den Westen des Kontinents, wo die alten Amerikaner, die Roten, noch in den Urwäldern lebten, die von den neuen Amerikanern, den Weißen, bald gerodet sein würden, schrieb in der Mitte des 18. Jahrhunderts der Kalendermacher Nathaniel Ames und sagte voraus: Das Licht, das an der Ostküste aufgeleuchtet sei, werde nach und nach die Finsternis aus dem ganzen Kontinent vertreiben.

In das noch herrschende Dunkel tauchte der junge Washington auf seinem ersten Zug nach Westen ein. »Ich begann meine Reise mit George Fairfax, Esq.; wir schafften an diesem Tage 40 Meilen«, lautete am 11. März 1748 der erste Eintrag in sein Tagebuch. Der Sechzehnjährige trat ein Abenteuer an, über das es Aufregendes zu berichten gab. Auf dem Ritt durch ein unberührtes Land bewunderte er urtümliche Bäume und bestaunte durch die Schneeschmelze angeschwollene Flüsse, wurde in einer Hütte, dem Vorposten der Zivilisation, von Ungeziefer geplagt, schlief fortan unter freiem Himmel, sah seine erste Klapperschlange und machte mit den Indianern Bekanntschaft. An die dreißig »kamen von einem Kriegszug, mit nur einem Skalp«, notierte der Farmersohn, der sich die Wilden im Kampf mit feindlichen Roten erfolgreicher und weniger anfällig für Eigenheiten der Weißen vorgestellt hatte: »Wir hatten Schnaps dabei und gaben ihnen davon ab«, wodurch sie zu einem Kriegstanz »in komischster Weise« animiert wurden.

Einunddreißig Tage dauerte der Ausflug in das Grenzgebiet, von dem er fasziniert vom Westen und interessiert an dessen Erschließung zurückkehrte. George Washington brachte einen Hunger nach eigenem Land mit, der sein Leben lang anhielt. Obwohl er sich nach und nach Stück um Stück einverleibte, sollte er nie satt werden. Zunächst konnte er nichts erwerben, durfte der 1749 Surveyor des Culpeper County gewordene Siebzehnjährige nur fremdes Land vermessen. Dabei verdiente er nicht viel, aber Grund und Boden im Shenandoah Valley war so billig, daß er sich 1750 und 1751 fast 1500 Acres zulegte. Der Westen hatte ihn gepackt und ließ ihn nicht mehr los, wie so viele Menschen in den dreizehn britischen Kolonien in Nordamerika. Aber auch andere griffen in die vielversprechenden Weiten des Kontinents. Aus Kanada im Norden stießen Franzosen vor, über die Großen Seen den Mississippi hinab, und drohten eine Ausdehnung der Briten nach Westen zu verhindern, sie auf das Gebiet zwischen Atlantik und Appalachen zu beschränken. Ihrem Auslauf standen im Süden die Spanier im Wege, die in Florida eine Ausfallstellung gegen das britische Georgia und einen Brückenkopf ihres Westindiens besaßen.

Gen Süden, in die Karibik, reiste George Washington im September 1751. Sein an Tuberkulose erkrankter Halbbruder Lawrence, dem die warmen Quellen im virginischen Bath, dem heutigen Berkeley Springs, nicht geholfen hatten, suchte Heilung im heißen Klima der Antilleninsel Barbados, die ein britischer Stützpunkt in einem Meere war, das die zuerst dagewesenen Spanier und die später gekommenen Engländer als das ihre beanspruchten. Fünf Wochen brauchte das Segelschiff von Fredericksburg bis Bridgetown. Mühsam kämpfte es sich durch von Stürmen gepeitschte Wellen, entging nur knapp einem Hurrikan. Die Matrosen sagten, sie hätten noch nie ein so widriges Wetter erlebt. Masten schwankten, Segel zerrissen, Rahen splitterten; es dauerte Tage, bis die gröbsten Schäden behoben waren, und inzwischen war das Brot von Maden halb aufgefressen. Wie froh war George, daß er nicht, wie von Lawrence, dem Verehrer des Admirals Vernon vorgeschlagen, zur Navy gegangen war! Nachträglich war er seiner Mutter dankbar, daß sie nicht eingewilligt hatte, bestärkt von ihrem

Bruder Joseph Ball: Auf einem Schiff Seiner Majestät würde ihr Sohn »wie ein Neger, ja wie ein Hund« behandelt werden. Als George endlich auf Barbados gelandet und nach einer nicht minder beschwerlichen Seereise Ende Januar 1752 nach Virginia zurückgekommen war, schien er geschworen zu haben, sich nie mehr auf das Wasser, das keine Balken hatte, hinauszuwagen. Jedenfalls blieb er sein Leben lang auf dem nordamerikanischen Festland.

Die Reise nach Barbados hatte unter einem unglücklichen Stern gestanden. Bruder Lawrence vertrug das schwüle Klima nicht und begann sich zu Tode zu husten, kehrte zum Sterben heim, verschied am 26. Juli 1752. George hatte sich die Blattern geholt, die ihn zwar nicht umwarfen, aber in seinem Gesicht Narben hinterließen. Lawrence vermachte Mount Vernon seiner Tochter, die wie der Vater tuberkulös war und nicht mehr lange zu leben hatte. Nach ihrem Tod ging 1754 das Landgut auf George über, vorerst als Pächter von Lawrences Witwe. Bereits 1752 wollte er den militärischen Rang seines Halbbruders haben, der Generaladjutant der virginischen Miliz gewesen war. Obgleich der Zwanzigjährige keinerlei militärische Erfahrung besaß, traute er sich das Kommando zu und erwartete, daß es ihm anvertraut würde. Er ließ seine Verbindungen spielen und erhielt zwar noch nicht die Sterne eines Generaladjutanten, aber im November 1752 diejenigen eines Majors der Miliz und Adjutanten des südlichen Distrikts.

Jetzt stürzte sich der militärische Laie in das Unternehmen, Mannschaften im Gebrauch der Waffen, mit denen er selber noch nicht umzugehen verstand, zu unterrichten und, obwohl er sein Temperament noch nicht zu zügeln verstanden hatte, seine Untergebenen zu strenger Disziplin anzuhalten. Im Lehren anderer lernte er selber, so rasch und so gut, daß er schon bald Praxis und Respekt gewann, in der virginischen Miliz avancierte und sich schließlich zum Oberbefehlshaber der amerikanischen Kontinentalarmee qualifizierte.

In Virginia, wie in allen Kolonien, war die Miliz eher ein paramilitärischer als ein militärischer Verband, eine Bürgerwehr eben, die aus Sonntagssoldaten bestand, die mehr an gesellschaftlichen Zusammenkünften als an Exerzieren und Manövrieren oder gar an kriegerischen Einsätzen interessiert waren. Die britischen Rotröcke, die regulären Truppen, sahen auf die Milizmänner hochmütig herab, zogen sie jedoch zu Hilfsdiensten bei der Aufrechterhaltung der inneren Sicherheit wie der Abwehr von Franzosen und Indianern heran. Daran war auch der Pflanzeraristokratie der Kolonie gelegen. Sie wollte ihren Besitz nach Westen ausdehnen und absichern, wobei sie sich nicht allein auf die Soldaten des Königs zu verlassen, sondern zunehmend die Miliz einzusetzen gedachte. Von ihresgleichen befehligt, die mehr auf ihr als auf das Kommando des königlichen Gouverneurs hörten und aufmuckende Kleinfarmer und Grenzsiedler in Reih und Glied hielten, versprachen sie sich von der Miliz eine Wahrung ihrer ökonomischen, sozialen und politischen Interessen. Dies war nicht der geringste Grund, warum der Fairfax Clan dem blutjungen George Washington zum Majorsrang verholfen hatte. Schon griff der virginische Landadel, der bereits viel besaß, über das Allegheny-Gebirge, die bisherige Grenze, in das weite und reiche Tal des Ohio hinüber. Zu seiner Erschließung und Ausbeutung wurde die Ohio Company gegründet, an der sich auch Lawrence Washington, der Schwiegersohn von William und Schwager von George Fairfax beteiligte. Das Problem war, daß in dem beanspruchten Gebiet Indianer lebten und das Land auch von Franzosen begehrt wurde.

Zur Lösung taten sich die virginischen Kolonisten mit den englischen Kolonialherren zusammen. Schon zweimal war der kalte Krieg zwischen den Mächten England und Frankreich, die nicht nur in Europa, sondern auch in Amerika konkurrierten, sowie zwischen englischen Siedlern, die nach Westen drängten, und französischen Trappern, die sie daran zu hindern suchten, zum heißen Krieg eskaliert, die Neue Welt ein Nebenschauplatz der Kämpfe der Alten Welt geworden: im Spanischen wie im Österreichischen Erbfolgekrieg. Beide hatten – 1713 wie 1748 – mit Friedensschlüssen geendet, die nur Waffenstillstände gewesen waren. Der Konflikt schwelte weiter, Brandherde gab es genug, und einer davon war das Tal des Ohio, an dem die einen wie die anderen ein brennendes Interesse hatten.

Im Jahre 1752 wurden die Virginier durch das Gerücht alarmiert, daß die Franzosen eine Reihe von Forts zwischen dem Eriesee und dem Ohio anlegten und den eigenen Aspirationen auf das Stromgebiet entgegenträten. Der Gouverneur in Williamsburg, Robert Dinwiddie, ersuchte Georg II. in London um Weisungen für Gegenmaßnahmen. Angeordnet wurde ein zweigleisiges Verfahren: militärisch die Errichtung eigener Forts und diplomatisch die Entsendung eines Spähers, der die Absichten der Franzosen erkunden und, falls sie wirklich den Engländern ins Gehege kämen, sie als Parlamentär auffordern sollte, sich in Frieden zurückzuziehen, wenn sie nicht einen Krieg riskieren wollten.

Diese heikle Mission wurde 1753 George Washington anvertraut, der dazu außer einer gehörigen Portion Selbstvertrauen und einer Strapazen gewachsenen Robustheit keine Befähigung aufwies. Dem frischgebackenen Milizmajor fehlten die Kenntnisse, die strategischen Absichten und taktischen Maßnahmen der Gegner, wie ihm aufgetragen, richtig einzuschätzen und die Beschaffenheit ihrer Befestigungen fachmännisch zu beurteilen. Das erforderliche diplomatische Geschick war von einem Einundzwanzigjährigen, der sich darin erst einzuüben begonnen hatte, kaum zu erwarten. Sein Trip in das Shenandoah Valley, bei dem er flüchtige Bekanntschaft mit dem Westen gemacht hatte, prädestinierte ihn noch lange nicht, eine Expedition über Hunderte von Meilen unangefochten durch die Wildnis zu führen und unbeschadet zurückzuführen.

Dies alles brachte den Fairfax Clan und die Ohio Company – der auch Dinwiddie angehörte – nicht davon ab, die Beauftragung des jungen Washington durchzusetzen. Sie legten Wert darauf, einen aus ihrer Klientel in das Gebiet zu entsenden, das sie bereits als das ihre betrachteten und sich von niemandem und schon gar nicht von Franzosen wegnehmen lassen wollten. Allein ließen sie ihn nicht ziehen. Mit zwei Dolmetschern, von denen der eine, wie sich herausstellte, das Französische, und der andere das Indianische nicht hinreichend beherrschte, sowie vier Hinterwäldlern, die sich als Waldläufer und Wildtöter ausgaben, machte er sich auf den Weg. In der Satteltasche trug er einen Brief des englischen Gouverneurs an den französischen Kommandeur mit der höflichen, aber bestimmten Aufforderung, die Interessen Seiner Britischen Majestät im Ohio Valley zu respektieren.

Zunächst führte der Weg von Williamsburg nach Winchester durch das vertraute Virginia. Nach zwei Wochen, Mitte November 1753, begann mit der Überquerung des verschneiten Allegheny-Gebirges das Abenteuer. Am 22. November erreichte die Expedition den Zusammenfluß von Monongahela und Allegheny zum Ohio, die Forks of the Ohio, wo heute Pittsburgh liegt. »Ich verbrachte einige Zeit mit der Inspizierung der Flüsse und des Landes in dieser Gabelung, die ich äußerst geeignet für die Anlage eines Forts halte«; denn von dort aus sei das Stromgebiet zu beherrschen. Mit dieser Bewertung bewies er zum erstenmal strategische Begabung; an der von ihm bezeichneten Stelle errichteten bald die Franzosen und später die Engländer wichtige Stützpunkte. Ohioabwärts traf er auf Indianer, die mehr den Engländern als den Franzosen zuzuneigen schienen. Im Palaver mit einem Irokesenhäuptling zeigte er sich dessen diplomatischem Naturtalent nicht gewachsen, wodurch der Widerwille eines Kolonisten gegen die Rothäute neue Nahrung erhielt. Außer der Gestalt hätten sie nichts Menschliches an sich, schimpfte Washington, darüber aufgebracht, daß sie das Ansinnen ablehnten, das den Indianern vom »Großen Geist« überantwortete Land den weißen Eindringlingen auszuliefern.

Vergebens verlangte er eine Verstärkung seines Trupps durch indianische Krieger; immerhin folgten ihm drei Häuptlinge und ein Jäger zu den Verhandlungen mit den Franzosen. Auf die ersten trafen sie Anfang Dezember am French Creek in Venango. In einem Blockhaus, über dem das Lilienbanner wehte, wurde

Washington von Capitaine de Joncaire höflich empfangen und zum Essen eingeladen. Als der Wein die Zunge gelöst hatte, bekannte der Franzose, daß sein König das von La Salle vor sechzig Jahren entdeckte Ohio-Gebiet in Besitz nehmen und keinen Engländer auf seinem Lande dulden werde. Dies war ein inoffizieller, kein offizieller Bescheid, den sich der britische Emissär im weiter nördlich, nahe am Eriesee gelegenen Fort le Bœuf einzuholen hatte. Für die 60 Meilen brauchte er fünf Tage. Der Pfad führte durch Morast und Sumpf, aber streckenweise auch über gutes Land. Die Franzosen beherrschten es mit militärischer Macht, wie er beim Anblick des mit Kanonen bestückten Forts gewahr wurde.

George Washington zog die Waldläuferkluft aus und legte seine im Gepäck mitgeführte Majorsuniform an, trat in strammer Haltung Sieur de Legardeur de St-Pierre gegenüber und überreichte ihm das Schreiben, in dem Gouverneur Dinwiddie den Rückzug der Invasoren aus dem »Territorium des Königs von Großbritannien« forderte. Für eine Erwiderung ließ sich der Franzose Zeit, bot dem Briten die Gelegenheit, sich von der Stärke des Forts wie der Kampfbereitschaft der Besatzung zu überzeugen, und traktierte dessen indianische Begleiter mit guten Worten und viel Branntwein, um sie dem Gegner abspenstig zu machen. Endlich erhielt Washington die Antwort Legardeurs an Dinwiddie: Monsieur Washington sei zwar mit allem Respekt für den Stand und Rang seines Auftraggebers sowie »seiner eigenen Qualität und eigenem großen Verdienst« empfangen worden, aber als französischer Offizier, der seine Befehle habe und diese auszuführen gedenke, könne er der Aufforderung, das Ohio-Tal aufzugeben, keineswegs nachkommen.

Wie zu erwarten, war Washingtons Mission gescheitert. Vielleicht hatte man damit einen Anfänger betraut, der darüber hinwegkommen würde, und nicht einen erfahrenen Mann, den man keinem Fehlschlag aussetzen wollte. Jedenfalls war die Selbstsicherheit des Einundzwanzigjährigen kaum gemindert, und sein Selbstbewußtsein wurde durch die Fährnisse der Hinreise und noch mehr der Rückreise eher gestärkt. Im Kanu paddelte er den French Creek hinab, der so wenig Wasser führte, daß es mehrmals auf Grund lief und er es, im kalten Wasser watend, wieder flottmachen oder über bereits vereiste Strecken auf dem Rücken tragen mußte. Von Venango, wo ihn die indianischen Begleiter verließen, zog er mit seinen weißen Gefährten weiter, kam mit den erschöpften Pferden so langsam voran, daß Washington, der es eilig hatte, das französische Antwortschreiben in Williamsburg abzuliefern, den Entschluß faßte, allein mit dem Grenzer Christopher Gist »den kürzesten Weg durch die Wälder zu Fuß« einzuschlagen.

Kurz nach dem Aufbruch trafen sie einen Indianer, der sich erbot, sie zu führen und des Majors Gepäck zu tragen. Er lief so schnell, daß das Greenhorn kaum mitkam, wunde Füße bekam und lagern wollte. Der Indianer trieb sie weiter, unter dem Vorwand, daß skalplüsterne Ottawas im Walde lauerten, blieb jedoch auf einer Wiese plötzlich stehen und feuerte aus nächster Nähe auf die beiden Briten, ohne einen von ihnen zu treffen. Bevor er erneut laden konnte, ergriffen sie ihn. Gist wollte ihn umbringen, Washington ließ ihn laufen.

So schilderte Gist, wahrscheinlich wahrheitsgemäß, den Vorfall. Washington bevorzugte Waldläuferlatein. »A party of French Indians« habe ihnen aufgelauert, einer auf sie geschossen, doch sie verfehlt. In seinem Bericht an den Gouverneur neigte er dazu, die Gefahren, die er bestand, größer hinzustellen, als sie gewesen waren. Er spekulierte auf Anerkennung, die ihm von Zeitgenossen und noch mehr von Nachfahren zuteil wurde, die dem Herrgott nicht genug danken konnten, daß er ihnen den auserwählten Führer der Nation erhalten hatte.

George Washington blieb von der Indianerkugel wie von der Naturgewalt verschont – so als das selbstgezimmerte Floß auf dem Allegheny River im Treibeis steckenblieb, zu zerschellen drohte, er ins kalte Wasser stürzte und sich auf eine nahe gelegene Insel rettete. Die dort verbrachte Nacht war schrecklich, aber am nächsten Morgen war, wie durch ein Wunder, der zum jenseitigen Ufer führende Flußarm zugefroren, so daß er ihn zu Fuß überqueren und das Gestade erreichen konnte, von dem er zurück in die Zivilisation fand. Am 16. Januar 1754 kam er nach Williamsburg, in die Hauptstadt Virginias, die er vor zweieinhalb Monaten verlassen hatte, und überreichte dem Gouverneur die ablehnende Antwort der Franzosen. Sein schriftlicher Bericht wurde gedruckt und in den Kolonien wie im Mutterland verbreitet. Es war sein erster Eintrag, wenn auch nur in einer Fußnote, in das Buch der Geschichte, denen bald weitere auf den Hauptseiten folgten.

Die offenkundig gewordenen Absichten der Franzosen erforderten Gegenmaßnahmen der Engländer. Doch für eine Auseinandersetzung in einem weit hinter den Bergen liegenden Land, dessen Inbesitznahme im Interesse der Machtpolitik der Krone wie der Landspekulation der Ohio Company lag, waren nicht alle virginischen Abgeordneten zu haben. Immerhin wurden Gelder für die Mobilisierung von dreihundert Milizmännern genehmigt. Das Kommando dieser Truppe hätte Gouverneur Dinwiddie gerne Washington übertragen. Der Zweiundzwanzigjährige zierte sich, weniger aus Bescheidenheit, sondern weil er mit Widerstand gegen die Berufung eines militärischen Anfängers und Parteigängers der Ohio Company zu rechnen hatte und er keine Niederlage erleiden wollte. Der erste Rang läge jenseits seiner Kenntnisse und Erfahrungen, ließ er wissen, aber dem zweiten Rang fühle er sich, nach einiger Einübung, durchaus gewachsen.

So wurde Oberst Joshua Fry der erste und Oberstleutnant George Washington der zweite Kommandierende. Da der Ältere vom Pferd fiel und verschied, hatte der Jüngere das Kommando über die inzwischen zusammengetretenen 150 Mann zu übernehmen. Am 2. April 1754 begann er mit ihnen den Marsch gen Westen, der ihm keinen Ruhm, doch eine fragwürdige Berühmtheit eintrug.

Die Aussichten, sich Lorbeeren zu holen, waren von vornherein gering. Sein kleiner Trupp bestand – wie er konstatierte – aus »jenen zuchtlosen, müßiggängerischen Personen, die gänzlich ohne Haus und Heim sind« und wenig Lust verspürten, für die Seßhaften und Besitzenden ihre Haut zu Markte zu tragen. Sie sahen sich von einem Grünschnabel befehligt, der mit dem Rang eines Obersten auch die Befähigung zum Truppenführer erlangt zu haben glaubte, alles besser zu wissen und nicht auf andere hören zu müssen meinte, Sieg und Ruhm, die ihm zum Greifen nahe schienen, mit niemandem teilen wollte. Der Debütant, der sich für einen Profi hielt, erwies sich als Dilettant. Als Brite fühle er sich verpflichtet, das Land und die Ehre seines Königs vor dem Erzfeind zu schützen, ließ er die Etappe wissen. Obschon kein Krieg erklärt worden war und die Franzosen die wenigen Briten, die sie im Ohio-Gebiet angetroffen hatten, laufenließen, hielt Washington es für angezeigt, mit dem »heroischen Geist jedes freigeborenen Engländers« die Feindseligkeiten gegen die Eindringlinge zu eröffnen; denn ein überraschender Angriff sei die wirksamste Verteidigung.

Mit vierzig seiner Männer und einem Dutzend Indianern begann er seinen Krieg. Auf den Great Meadows überrumpelte er im Morgengrauen zweiunddreißig biwakierende Franzosen. Zehn von ihnen wurden im kurzen Gefecht getötet. Washington schaute weg, als die Indianer die Skalpmesser zückten, verhinderte jedoch das Massakrieren der zweiundzwanzig Gefangenen. Er war mit sich rundum zufrieden. Er habe einen bemerkenswerten Sieg errungen, sei unverwundet geblieben, obgleich er in der vordersten Linie gekämpft habe, schrieb er nach Haus. »Ich habe die Kugeln pfeifen hören - glaube mir, es ist ein reizender Ton.« Unter den Toten befand sich Joseph Coulon Villiers de Jumonville, der mit der diplomatischen Mission betraut worden war, die Engländer vor Übergriffen auf ein Gebiet, das die Franzosen als das ihre betrachteten, zu warnen. Mit einem ähnlichen Auftrag war Washington im Vorjahr unterwegs gewesen. Er war vom Gegner korrekt behandelt worden.

Ein internationaler Eklat war die Folge. In Paris wurde vom Mord an einem Parlamentär und von einer Aggression mitten im Frieden gesprochen. Aus Williamsburg schrieb Gouverneur Dinwiddie nach London, er habe Oberst Washington ausdrücklich angewiesen, sich defensiv zu verhalten. Der englische Schriftsteller Horace Walpole bemerkte, die im Hinterwald Amerikas von einem jungen Virginier abgefeuerte Salve habe die Welt in Brand gesteckt, und der französische Schriftsteller Voltaire wunderte sich, daß ein in der Neuen Welt abgegebener Schuß die Alte Welt in Flammen zu setzen vermochte.

Ein erster globaler Krieg nahm seinen Lauf. Europa nannte ihn den Siebenjährigen Krieg, Amerika den French and Indian War. Er hatte sich an den weltweiten Reibereien zwischen England und Frankreich entzündet, wurde auf den Weltmeeren, in Europa, Indien und Nordamerika ausgetragen. Virginische Zeitgenossen wie amerikanische Nachfahren überschätzten die Rolle, die Oberst Washington beim Ausbruch des Konflikts gespielt hatte. Er selber sah sich nicht ungern im Lichte weltgeschichtlicher Bedeutung, hörte sich die Lobreden von Landsleuten an und hörte nicht den Kommentar König Georgs II., der nach der Lektüre des in einem Londoner Magazin abgedruckten Spruches vom reizenden Klang der Kugeln äußerte: Der junge Mann hätte dies kaum gesagt, wenn er das Pfeifen schon öfters vernommen hätte.

Wenn alle Franzosen sich wie jene auf den Great Meadows verhielten, könnte er sie bis Montreal zurücktreiben, schrieb Washington Dinwiddie, vorausgesetzt, daß seine Truppe verstärkt würde. Eine Kompanie traf ein, aber das reichte für eine größere Unternehmung nicht aus, und der Kompaniechef, Hauptmann James Mackay, war ein britischer Offizier, der von einem Milizoberst keine Befehle entgegennehmen wollte. Überdies verließen ihn seine indianischen Verbündeten. Washington, dem sie den Namen Conotocarious – Towntaker, Stadteroberer – gegeben hatten, höre nicht auf ihre Ratschläge, erklärte ihr Häuptling; er kommandiere sie wie Sklaven herum und wolle sie in Kämpfe schicken, die nicht zu gewinnen wären. Dies war der wichtigste Grund für ihre Desertion; denn sie wußten, daß die Franzosen die stärkeren Bataillone und die fähigeren Befehlshaber hatten. Vergebens wiesen die Indianer darauf hin, daß der Stützpunkt, den Washington auf den Great Meadows anlegte, vom Feind unschwer einzunehmen wäre. Fort Necessity hatte mit einem Festungswerk nicht das geringste gemein. Die Palisaden waren zu lückenhaft, die Erdwälle zu niedrig, die Gräben zu flach und zu nahe an den Wald gerückt.

Mit diesem schwachen Reduit im Rücken und ohne indianische Scouts tastete sich Washington, gefolgt von Mackay, dreizehn Meilen nach Norden vor. Als ihnen mehrere Hundert Franzosen und Indianer entgegenkamen, zogen sie sich nach Fort Necessity zurück, wo der erwartete Nachschub von Soldaten und Verpflegung nicht eingetroffen war. Am Mittag des 3. Juli 1754 griffen die Feinde an. Die Verteidiger erwarteten sie vor den Palisaden in Reih und Glied, davon ausgehend, daß die Franzosen in geschlossener Formation, in klassischer Lineartaktik, vorgehen würden. Aber sie näherten sich, zur Überraschung Washingtons, in »irregulärer Manier«, schwärmten im höher gelegenen Wald aus und feuerten, von Bäumen gedeckt, auf die sich in das Fort zurückziehenden Briten. Dort saßen sie in der Falle. Am Abend zählte Washington 30 Tote und 70 Verwundete. Von den verbliebenen 200 Mann war die Hälfte, nachdem sie sich über die Schnapsvorräte hergemacht hatte, stockbetrunken. Der junge Oberst, dessen Durchhalteparolen kaum mehr gehört wurden, fühlte sich erleichtert, als vom französischen Kommandeur Pourparlers angeboten wurden.

Capitaine Louis Coulon Villiers de Jumonville, ein Halbbruder des von Washington getöteten Parlamentärs, hatte »die Verletzung der geheiligten Gesetze zivilisierter Nationen« durch den Briten weder vergessen noch verziehen. Aber er war ebenso klug wie ritterlich, die geschlagenen und gedemütigten Gegner nicht, wie es Washington getan hatte, gefangenzunehmen, sondern ihnen freien Abzug zu gewähren. Die Feder des jungen Obersten sträubte sich, als er am 4. Juli 1754 als Kapitulationsbedingung eine Erklärung zu unterzeichnen hatte: Die Franzosen, denen es fern gelegen hätte, den Frieden und die

Eintracht zwischen zwei befreundeten Monarchen zu stören, wären gezwungen worden, zu den Waffen zu greifen, um dem Mörder ihres Parlamentärs Jumonville die ruchlose Tat zu vergelten. Es half alles nichts. Washington mußte unterschreiben und sich, Virginia, England, Frankreich und dem Rest der Welt mit dem Fehlschlag seines jetzigen Unternehmens die Fehlleistung seines damaligen Vorpreschens eingestehen. Der Oberst sei auf dem Rückzug niedergeschlagen gewesen, notierte Hauptmann Mackay.

Fort Necessity – der Name hatte Vorbedeutung. Notgedrungen mußte mit dem Stützpunkt das Ohio-Gebiet aufgegeben werden, die Irokesen liefen zu den Franzosen über, das Virginia Regiment war nicht einmal mehr ein Bataillon, und sein Oberst als militärischer Dilettant wie als Ächter internationaler Übereinkünfte bloßgestellt. Selbst Gouverneur Dinwiddie, der das Greenhorn zum Kommandanten befördert hatte und ihn deshalb nicht öffentlich herabsetzen konnte, mußte hinter vorgehaltener Hand zugeben: »Washingtons Vorgehen war bei manchen Schritten nicht richtig.«

Der Getadelte fing sich rasch, ließ es sich nicht anmerken, wie schwer er getroffen war und sich erniedrigt fühlte. Der Zweiundzwanzigjährige trat keck die Flucht nach vorne an, verlangte die Übernahme seiner angeschlagenen Miliz in die reguläre Armee und die Einreihung in das britische Offizierskorps. Es schien ihm nichts auszumachen, daß sein militärischer Ruf ramponiert war. Augenscheinlich hatte er nicht berücksichtigt, daß ein reguläres Oberstenpatent nicht unter tausend Pfund Sterling, die er nicht hatte, zu haben war und üblicherweise nur Herren eines Standes, dem er nicht angehörte, ausgestellt wurde. Überdies hätte er wissen müssen, daß es ein Kolonist höchstens zum britischen Hauptmann bringen konnte.

Seine Laufbahn hatte in eine Sackgasse geführt. Er ahnte, daß der Gouverneur seine Hand von ihm abgezogen hatte. Das Lob, das virginische Abgeordnete ihm trotz allem zollten, wäre Musik in seinen Ohren gewesen, wenn nicht die Stimmen derselben Abgeordneten nachgeklungen hätte, die ihm die erforderlichen Mittel für ein erfolgversprechendes Unternehmen verweigerten. Nun nahmen sie ihm auch noch die wenigen Milizmänner weg, die ihm verblieben waren. Das Virginia Regiment wurde aufgelöst und sein Oberst zum Hauptmann herabgestuft. Dies ertrug sein lädiertes Selbstbewußtsein nicht mehr. George Washington quittierte den Militärdienst und zog sich auf das eben gepachtete Landgut Mount Vernon zurück. Dort wollte er sein Feld bestellen und darauf warten, daß die Saat des Glücks endlich für ihn aufginge.

Seine Neigung gelte nach wie vor dem Militärberuf, ließ er alle wissen, die ihm eine Reaktivierung ermöglichen könnten. George Washington mußte nicht lange darauf warten. Obwohl der Krieg zwischen England und Frankreich immer noch nicht förmlich erklärt worden war, begannen die Briten einen Feldzug in Nordamerika, wo es für sie am meisten zu gewinnen gab.

Von Mount Vernon aus konnte George Washington die Schiffe beobachten, die Rotröcke den Potomac hinaufbrachten. Vor seiner Haustüre, in Alexandria, traf im März 1755 General Edward Braddock mit zwei Regimentern ein. Der Oberbefehlshaber der Streitmacht Seiner Majestät in Amerika war in erster Linie ein Troupier, der auf das Exerzieren mehr als auf das Manövrieren Wert legte und darauf brannte, seine gedrillten Soldaten in Reih und Glied, mit Trommelklang unter wehenden Fahnen im Gleichschritt dem Feind entgegenzuführen. Vorerst suchte er den Virginiern mit seiner feldmarschmäßig ausgerüsteten und nach Heeresdienstvorschrift aufmarschierenden Truppe zu imponieren.

Zur Revue in Alexandria war auch George Washington geladen. Die paradierenden Linientruppen beeindruckten ihn, aber nach gemachten Erfahrungen fragte er sich, ob diese einem Wald- und Buschkrieg gewachsen wären. So bot er sich Braddock als Spezialisten für die Kämpfe an. Der General, obwohl er Milizleute wenig schätzte, gab seinem Drängen nach und attachierte ihn ohne Rang seinem Stab. Schwerfällig setzten sich zweieinhalbtausend Briten in Bewegung, bahnten sich mit ihren Geschützgespannen und Wagenkolonnen mühsam einen Weg durch die Wildnis. Marschziel war das in den Forks of the Ohio gelegene Fort Duquesne, der das Stromgebiet beherrschende Hauptstützpunkt der Franzosen. Die britischen Offiziere behandelten Washington von oben herab und überhörten seine Ratschläge. So fühlte er sich nicht als ein im Stab mitgeführter Aide-de-Camp, sondern als ein im Troß mitgeschleppter Überzähliger, und selbst hinter diesem blieb er, an Ruhr erkrankt, immer mehr zurück.

Dennoch war er, nachdem er den Krankenwagen verlassen und sich in den mit Kissen gepolsterten Sattel seines Pferdes geschwungen hatte, rechtzeitig zur Stelle, um am 9. Juli 1755 die schwerste Niederlage Englands in Amerika mitzuerleben. Über 1400 Briten schritten zum Angriff auf Fort Duquesne, an die 200 Franzosen und 600 Indianer zogen ihnen entgegen und stellten sie im Wald, wo die Rotröcke ihre Lineartaktik nicht entfalten konnten, den feindlichen Buschkriegern nicht gewachsen waren.

Ein Schlachten war es, nicht mehr eine Schlacht zu nennen. 977 Briten fielen oder wurden verwundet; auch General Braddock wurde von einer Kugel getroffen. Indianer skalpierten sogar Verletzte, verbrannten Gefangene am Marterpfahl oder übergaben sie den Matronen der Stämme. Die Davongekommenen suchten das Weite, auch George Washington, der sein Leben lang die schrecklichen Szenen des Kampfes nicht vergaß.

Die Vorsehung habe ihn entgegen aller menschlichen Erwartung beschützt und sein Leben seinem Land erhalten, schrieb er dreiunddreißig Jahre später, als die Briten, deren auf dem amerikanischen Kriegsschauplatz untaugliche Taktik er bei Fort Duquesne kennengelernt und seine Schlüsse daraus gezogen hatte, im Unabhängigkeitskrieg von ihm besiegt worden waren und er die Präsidentschaft der Vereinigten Staaten übernahm. Im Rückblick erzählte er, wie tapfer er sich in das Getümmel gestürzt habe, daß unter ihm ein Pferd erschossen und zwei Pferde verletzt, sein Hut von einer Kugel und seine Kleider von mehreren Kugeln durchlöchert worden seien. Die Niederlage führte er nicht zuletzt darauf zurück, daß General Braddock ihm nicht erlaubt hätte, mit den im Buschkrieg erfahrenen virginischen Hilfstruppen dem Feind in dessen Kampfesweise entgegenzutreten.

Die englischen Söldner hätten sich als Memmen, ihre Offiziere jedoch – von 86 waren 23 übriggeblieben – als tapfer erwiesen, schrieb er unmittelbar nach dem Desaster. Seinen General – er hatte sich um den tödlich Verwundeten gekümmert – nahm er gegen Vorwürfe in Schutz, auch wenn es ihm lieber gewesen wäre, daß Braddock sich weniger wie ein Löwe und mehr wie ein Fuchs benommen hätte. Der Virginier gab seine Hoffnung nicht auf, eines Tages in das britische Offizierskorps aufgenommen zu werden und im Krieg sich ebenso mutig, wenn auch umsichtiger als Braddock für seinen König zu schlagen. Nach Mount Vernon zurückgekehrt, das er noch für eine Zwischenstation seiner militärischen Laufbahn hielt, zog er eine Zwischenbilanz, in der das Soll das Haben überwog. Seine bisherigen Engagements hatten ihn, statt Geld einzubringen, Geld gekostet, seine Gesundheit angeschlagen, seinem Ruf geschadet, den Undank des Gouverneurs von Virginia eingetragen, der ihn vom Oberst zum Hauptmann degradiert hatte und ihn, der einer der Ihren werden wollte, der Geringschätzung englischer Offiziere ausgesetzt. »Washington und seinesgleichen«, befand ein General, »mögen über Mut und Entschlossenheit verfügen, aber ihnen fehlen die Kenntnisse und Erfahrungen unseres Berufsstandes; folglich ist kein Verlaß auf sie.« Stets sei er auf der Verliererseite gestanden, schrieb er am 2. August 1755 an Augustine Washington. Es war ein Brief zum Vorzeigen im Abgeordnetenhaus von Virginia, dem sein Halbbruder angehörte. Das Lamento war weniger ein Ausdruck seiner Ernüchterung als eine Aufforderung an die Abgeordneten, ihn für alle Unbill mit einer ehrenvollen und einträglichen Berufung zu entschädigen.

Seine Gewandtheit, andere für sich einzunehmen, ohne sich bei aller Anbiederung allzuviel zu vergeben, kam ihm auch diesmal zustatten. Am 1. September 1755 wurde George Washington zum Oberst des wiederum aufgestellten Virginia Regiments und »Commander-in-chief of all Virginian forces« mit einer Tagesgage von 30 Schilling ernannt. Nach dem Debakel der britischen Armee sahen sich die Kolonisten gezwungen, die Verteidigung ihrer Grenze selber in die Hand zu nehmen und sie einem der Ihren anzuvertrauen, der immer noch als der erprobteste Militär des Landes galt.

Er zittere bei dem Gedanken an die Folgen, die Braddocks Niederlage für die Siedler an der Grenze haben würde, hatte er an den Gouverneur geschrieben. Wie groß die Gefahren waren, bestätigten die Nachrichten über die wachsende Zahl von Überfällen der mit den Franzosen verbündeten Indianer auf verstreut liegende Siedlungen. Männer und Frauen wurden erschlagen und skalpiert, Mädchen entführt. »Der Rauch brennender Farmen verdunkelt den Tag«, meldete Hauptmann Adam Stephen, der Kommandant des am Oberlauf des Potomac gelegenen Fort Cumberland. Das war übertrieben, aber alarmierend genug, schürte in George Washington wie in allen Kolonisten den Haß gegen die Rothäute und festigte ihren Vorsatz, die Wilden wie Wild zu jagen. »Vertreiben Sie diese Banditen von unseren Grenzen und schicken Sie uns eine Anzahl ihrer Skalpe«, stachelte Gouverneur Dinwiddie den Oberst Washington an, den er dazu bestellt hatte und dafür bezahlte, daß er Virginia vor Indianern bewahre und vor Franzosen beschütze.

Es wurde mehr von ihm verlangt, als er zu leisten vermochte. Das Abgeordnetenhaus hatte 40000 Pfund Sterling für die Aufstellung und Ausrüstung eines Regiments von 1000 Mann bewilligt. Erst 200 Mann waren zur Stelle, als Washington das Kommando übernahm. Die Rekrutierung der fehlenden 800 Mann kostete viel Zeit, und als er seine Truppe einigermaßen beisammen hatte, begann sie schon wieder auseinanderzulaufen. Mancher Angeworbene, dem in seiner Not das Handgeld willkommen gewesen war, sah bald ein, daß es sich nicht lohne, für ein paar Pence das Leben aufs Spiel zu setzen.

Die virginischen Soldaten, so viel Mühe er sich auch als Kommandeur gab, waren nicht wie britische Söldner zu disziplinieren, ihnen auch nicht eine den amerikanischen Verhältnissen angemessene Gefechtsausbildung beizubringen. Weder durch patriotische Appelle noch mit exemplarischen Strafen, die immer häufiger verhängt wurden, war aus dem zusammengewürfelten Haufen eine schlagkräftige Truppe zu machen. Zwei durch das Kriegsgericht verurteilte Männer namens Edwards und Smith habe er nicht erschießen, sondern hängen lassen, um einen größeren Abschreckungseffekt zu erzielen, teilte Washington dem Gouverneur mit. Der eine sei zweimal desertiert und der andere »einer der größten Halunken auf dem Kontinent« gewesen. Andere Verurteilte wurden ausgepeitscht, etliche von ihm begnadigt.

Er fand es verständlich, doch nicht verzeihlich, daß Männer, denen mehr versprochen worden war als gehalten werden konnte, über die Stränge schlugen. Auf die Löhnung mußten sie oft lange warten, die Verpflegung war mangelhaft, der Rum ging oft aus, es fehlte an Pferden und Wagen, Bekleidung und Zelten, und die Bewaffnung ließ zu wünschen übrig. Von den spärlich aus Williamsburg fließenden Mitteln versickerte manches in dunklen Kanälen. Der Regimentskommandeur, dem eine den Anforderungen angemessene Ausrüstung vorenthalten wurde, der widersprüchliche Befehle – »heute angeordnet, morgen aufgehoben« – aus der Hauptstadt erhielt, geriet in Dauerstreit mit den zivilen Autoritäten Virginias wie benachbarter Kolonien, die nur mit Ach und Krach zu einem gemeinsamen Vorgehen angesichts der gemeinsamen Gefahren zu bewegen waren.

Der Colonel of the Virginia Regiment bekam einen Vorgeschmack der Schwierigkeiten, mit denen in größerem Umfang und in verstärktem Maße der Oberbefehlshaber der amerikanischen Kontinentalarmee konfrontiert werden sollte. Dem Commander-in-chief of all Virginian forces war eine Aufgabe gestellt, die der des griechischen Königs Danaos glich, der dazu verdammt war, ein durchlöchertes Faß mit Wasser vollzuschöpfen. Mit der »Streitmacht«, die diesen Namen nicht verdiente, sollte er eine 350 Meilen lange Grenze und weit auseinanderliegende Siedlungen verteidigen. Nicht zu vermeiden war, daß er ins Kreuzfeuer der Kritik geriet: von Grenzern, die sich nicht genug geschützt sahen, von Spekulanten, die das Land jenseits der Grenze verloren glaubten, der Behörden in Williamsburg, die ihr Geld für verschwendet und ihre Sicherheit für gefährdet hielten, und der Engländer, die weniger denn je einen Anlaß sahen, Washington in den aktiven Militärdienst zu übernehmen. Zwei Jahre lang wurde ihm zugesetzt, litt er unter den Anwürfen der anderen, unter seinen Selbstzweifeln und Selbstvorwürfen. Dem Militär blieb Fortune versagt, zweimal war sein Versuch gescheitert, einen Sitz im Abgeordnetenhaus zu erlangen, und sein Landgut, um das er sich kaum mehr kümmern konnte, kam herunter.

Der Ehrgeiz des jungen Mannes blieb unbefriedigt, der ambitiöse Aufsteiger kam über untere Sprossen der Karriereleiter nicht hinaus. Der Frust machte ihn krank. Die Dysenterie packte ihn wieder, die Aderlässe, das Allheilmittel der Provinzärzte, schwächten ihn weiter, und der Verdacht kam auf, daß er wie sein Halbbruder Lawrence an Tuberkulose leide und nicht mehr lange zu leben habe. Wenn er von seinem Krankenlager auf Mount Vernon auf den Potomac hinabschaute, mag er befürchtet haben, daß es auch mit ihm abwärts ginge, sein Lebensstrom dem Jenseits entgegenfließe. Fünf Monate lag er danieder und raffte sich erst wieder auf, als Aussicht auf eine neue militärische Berufung bestand. Inzwischen hatte England Frankreich offiziell den Krieg erklärt und als Kriegsgrund die Besetzung des Ohio-Gebietes durch die Franzosen angegeben. Das war das Land, nach dem auch Washington strebte, das Feld, auf dem er, freilich ohne viel Ehre einzulegen, gekämpft hatte und bei dessen Wiedereroberung er nun dabei sein wollte – als Soldat des »besten aller Könige«, des britischen, dem er »Liebe und Loyalität« schulde und sie ihm durch »beständige Anhänglichkeit« beweisen wolle.

Die Reihen des Heeres Seiner Majestät und die Ränge des

britischen Offizierskorps blieben ihm nach wie vor verschlossen. Nur als virginischer Oberst war er mehr geduldet als gefragt, durfte er an dem im Sommer 1758 begonnenen Feldzug des neuen Oberbefehlshabers, General John Forbes, teilnehmen. Bei aller Genugtuung, wieder dabeizusein, nagte an ihm der Mißmut, nicht in der Funktion, die ihm vorschwebte, mitwirken zu können.

Braddock war von Alexandria am Potomac in Richtung Ohio aufgebrochen. Auch Forbes steckte sich Fort Duquesne als Marschziel, suchte es aber von Pennsylvania aus, wo sein Stützpunkt Philadelphia lag, zu erreichen. Der Pionier Washington, der sich zuerst einen Pfad über das Allegheny-Gebirge gebahnt hatte, mochte sich keinen anderen Weg als den seinen vorstellen. Der Virginier mißgönnte den Pennsylvaniern die Vorteile – Handelsgewinn wie Landerwerb –, die sich aus der Erschließung des Ohio-Gebietes durch eine auf ihrem Territorium verlaufende Route ergeben würden. Der Konflikt war programmiert. General Forbes bestand auf seiner Entscheidung, via Pennsylvania auf Fort Duquesne zu marschieren, und Oberst Washington wollte nicht von seinem mit militärischen Argumenten verschleierten, den virginischen – und nicht zuletzt seinen persönlichen – Interessen dienlichen Kurs abweichen. Er widersetzte sich in einer Art und Weise, die der Insubordination nahekam und Forbes einen weiteren Grund lieferte, den Provinzler nicht in das englische Offizierskorps aufzunehmen. Das Virginia Regiment habe ihn sehr enttäuscht, schrieb er nach London, dessen Offiziere seien mit wenigen Ausnahmen – zu denen er Washington nicht zu zählen schien – »eine Sammlung von gescheiterten Kneipenwirten, Jockeys und Indianerhändlern«. Die Arroganz des Engländers verletzte Washington, hinterließ Wunden, die nie mehr heilten. Vorerst blieb dem Virginier nichts übrig, als dessen Befehle zähneknirschend zu befolgen. Indessen begann sich Washington als Amerikaner zu fühlen und sich vorzunehmen, den Engländern, die ihn und seinesgleichen als Briten minderer Klasse behandelten, die Herabsetzung eines Tages heimzuzahlen.

Schon wurden die Virginier amerikanisch uniformiert. Forbes, der sie um alles in der Welt nicht in roten Röcken sehen wollte, widersprach nicht Washingtons Vorschlag, seine Männer wie Trapper nach indianischer Art zu kleiden, mit Jagdhemden, Leggins und Mokassins. Diese Ausstaffierung erwies sich nicht unbedingt als vorteilhaft. Als Scouts den 6000 Soldaten vorausgeschickt, konnten die wie französische Waldläufer und deren indianische Verbündete gekleideten Virginier nicht immer Feind und Freund unterscheiden. So gerieten zwei ihrer Einheiten im Walddunkel aneinander und stellten erst das Feuer ein, als Washington, ohne auf die Kugeln von beiden Seiten zu achten, dazwischenfuhr, Einhalt gebot und die Verluste zählen ließ: 14 Tote und 26 Verwundete.

Als die Briten endlich am 25. November 1758 am Marschziel angelangt waren, mußten sie feststellen, daß Fort Duquesne nicht mehr existierte. Die Franzosen hatten es geräumt und angezündet, die Forks of the Ohio kampflos dem Gegner überlassen. Der an Stelle des französischen errichtete englische Stützpunkt erhielt jetzt den Namen Fort Pitt, zu Ehren von William Pitt, der als Champion der britischen Außenpolitik den Zweikampf mit Frankreich begonnen hatte. Das spätere Pittsburgh lag in Pennsylvania, nicht in Virginia, das sein Ziel, das Ohio-Gebiet allein zu beherrschen und auszubeuten, nicht erreicht hatte.

Immerhin war die Gefahr einer französischen Invasion gebannt, und das Abgeordnetenhaus in Williamsburg stand nicht an, dem Commander-in-chief of all Virginian forces den Dank des Heimatlandes auszusprechen. Nachdem John Robinson, der Sprecher des House of Burgesses, seine Lobrede beendet hatte, erhob sich der Geehrte, öffnete den Mund zu einer Erwiderung – und brachte kein Wort heraus. »Nehmen Sie wieder Platz, Mister Washington«, sagte der Speaker, »Ihre Bescheidenheit ist Ihrer Tapferkeit ebenbürtig.«

Weniger aus Bescheidenheit als aus Verblüffung schien es ihm die Sprache verschlagen zu haben. Ausgerechnet die virginischen Abgeordneten, seine Landsleute, die ihm einen Knüppel nach dem anderen zwischen die Beine geworfen hatten, konnten ihn nun nicht genug preisen, und auch die britischen Autoritäten, die den Provinzler gering geschätzt und ihm ein Avancement in der königlichen Armee nicht gegönnt hatten, geizten nicht mit Anerkennung. Was hatte er denn schon erreicht? Seine militärische Laufbahn hatte ihm weder die erhofften Beförderungen noch die erwarteten Einkünfte eingetragen, und sein Ansehen war durch Unternehmungen, die mehr mißglückt als geglückt waren, nicht gerade gesteigert worden.

Der Sechsundzwanzigjährige entschloß sich, auf anderen Wegen weiterzustreben. George Washington trat als Militärbefehlshaber ab, ließ sich zum Abgeordneten wählen, um in der Politik mitzumischen, zog sich auf seine Plantage Mount Vernon zurück, um als Landwirt und Geschäftsmann voranzukommen und endlich ein gemachter Mann zu werden.

Herr auf Mount Vernon

George Washington war unverheiratet geblieben. Das unstete Soldatenleben hatte ihn davon abgehalten, eine feste Bindung einzugehen. Mit einer Körperlänge von einem Meter und 88 Zentimetern überragte der Oberst seine Soldaten, auch Captain George Mercer, der ihn beschrieb: Gewicht 80 Kilo, muskulös, lange Arme und Beine, kräftige Schenkel, große Hände und Füße, breite Schultern und Hüften, die Brust etwas flach, kein wuchtiger, aber gefällig geformter Kopf, braunes, rötlich schimmerndes Haar, blaugraue Augen, ausgeprägte Nase, hervortretende Backenknochen, markantes Kinn, einige Pockennarben im bleichen, länglichen Gesicht, dessen Züge er meist unter Kontrolle hatte, ein Mund, den er in der Regel geschlossen hielt, auch deshalb, um schadhafte Zähne zu verbergen.

Die ansehnliche Gestalt suchte er durch auffällige Kleidung noch stattlicher erscheinen zu lassen. Sogleich nach seiner Ernennung zum Oberst des Virginia Regiments verschaffte er sich eine selbstentworfene Uniform, wobei er besonderen Wert auf eine scharlachrote Weste mit Silberborde, blaue Breeches und einen Hut mit Silbertresse legte. Der Gutsherr schrieb den Näherinnen die Länge der Rüschen an seinen Hemden vor, in London bestellte er sich modische Anzüge und Galanteriewaren. Er wußte, daß ein König ohne Kleider nicht als ein König galt, und blieb darauf bedacht, die anderen nicht nur an Körpergröße, sondern auch mit kleidsamer Ausstaffierung zu übertreffen.

Unter Tausenden von Leuten rage er hervor und ziehe alle Blicke auf sich, bemerkte Dr. Benjamin Rush, doch ohne im Umgang mit Niedrigeren die Nase hochzutragen, wie Captain

George Mercer feststellte. »Wenn er mit dir spricht, schaut er dir voll ins Gesicht. Er geht auf dich ein und nimmt dich für ihn ein.« Sein Benehmen sei stets gelassen, seine Haltung immer achtunggebietend, seine Gebärden entbehrten nicht der Anmut, sein Gang nicht der Würde. »Und er ist ein herrlicher Reiter.« Er sitze wie angegossen im Sattel, er beherrsche gewandt und graziös sein Pferd; wenn er nicht selber Reitlehrer wäre, fügte ein Zirkusdirektor hinzu, würde er bei ihm Unterricht nehmen.

Die beste Figur machte er hoch zu Roß, im Felde ging er mit festem Schritt voran, doch auf dem Parkett bewegte er sich unsicher und unbeholfen, nicht mehr wie ein strammer Militär, eher wie ein linkischer Provinzler. Die 3 Shilling 9 Pence, die sich der Fünfzehnjährige für die Tanzschule vom Munde abgespart hatte, zahlten sich nicht aus. Seine rhythmischen Bewegungen waren nicht so beschaffen, daß sie ihm selber und schon gar nicht seinen Partnerinnen Freude verschafft hätten. Er ließ niemand zu nah an sich heran und hütete sich, anderen zu nahe zu kommen. Es sei leicht, Bekanntschaften zu machen, aber schwer, sie wieder loszuwerden, so lästig und unnütz sie auch geworden seien, stellte er fest und kam zu dem Schluß: »Sei höflich zu allen, aber intim nur mit wenigen, und erst dann, wenn sie hinlänglich bewiesen haben, daß sie dein Vertrauen verdienen.« Die Folge war, daß er nur wenige Freunde im Leben fand – jetzt schon George Fairfax, den er wie einen Bruder schätzte, und später Marie-Joseph de Lafayette, den er wie einen Sohn behandelte.

Noch zurückhaltender war er gegenüber Frauen. Die erste, die ihm nicht unsympathisch, jedenfalls nicht unnützlich erschien, war Sally Cary Fairfax, die Gemahlin seines Freundes George Fairfax und Schwägerin seines Bruders Lawrence. Die Tochter eines wohlhabenden Grundbesitzers heiratete mit achtzehn in das reiche und einflußreiche Haus Belvoir ein. Selbst in Virginia, wo Mangel an Frauen, zumal an guten Partien, herrschte und man über körperliche Mängel hinwegzusehen pflegte, gab es manches an ihr auszusetzen. Die Augen lagen zu tief, die Nase war zu lang, die Stirn zu breit und zu hoch. Sally war gescheiter, als man es in einer patriarchalischen Gesellschaft schätzte, und zu naseweis, um gesetzten Männern zu gefallen. Doch munter, keck und kokett, wie sie war, imponierte sie dem jungen George Washington, der die um zwei Jahre Ältere mit sechzehn zum erstenmal sah und sie – die das Gegenteil von ihm war und ihn in ihrer Gegensätzlichkeit anzog – viele Jahre lang, nicht zum Mißfallen der jungen Frau, verehrte, ja anhimmelte.

Dabei mochte mitgespielt haben, daß es ihm an anderen Gelegenheiten fehlte, Belvoir nahe lag und der Fairfax Clan ihn nicht nur gesellschaftlich aufnahm, sondern ihm auch berufliches Fortkommen versprach. Jedenfalls suchte er, so oft er konnte, nicht nur Georges, sondern auch Sallys Nähe, schrieb ihr hin und wieder aus der Ferne, in einem Stil, den er einem Briefsteller der galanten Zeit entnommen zu haben schien. Aber der junge Mann, dessen Ich so ausgeprägt war, daß es zum Du schwerlich fand, blieb auch aus Schicklichkeit auf Distanz zur Frau des Freundes; nicht einmal von einem platonischen Verhältnis konnte gesprochen werden. Mit zwanzig sah er sich nach einer Gattin um, die ihm – an Mount Vernon war noch nicht zu denken – als Mitgift ein Heim und ein Vermögen schenken würde. Ins Auge faßte er die sechzehnjährige Betsy Fauntleroy, deren Vater einer der reichsten und bedeutendsten Männer in Virginia war. Der Habenichts holte sich einen Korb, was seinem Selbstbewußtsein nicht zuträglich war. Das Mädchen konnte er verschmerzen, den Grund der Absage nicht vergessen. Er war mit der Nase darauf gestoßen worden, daß einem einfachen Feldmesser ohne nennenswerten Landbesitz es nicht gestattet würde, sich auf Freiersfüßen in die High Society einzuschleichen. Der Stachel saß tief, diente ihm aber als zusätzlicher Ansporn, es aus eigener Kraft so weit zu bringen, daß er von jenen, denen er gleich werden wollte, akzeptiert werden würde.

Fortan widmete er sich voll und ganz seiner Karriere. Als die militärische Laufbahn, von der er sich ideellen wie materiellen

Verdienst versprach, in einer Sackgasse endete, sah er sich nach anderen Aufstiegsmöglichkeiten um. Ein Anfang war mit der Pacht von Mount Vernon gemacht. Aber dem Farmer fehlte eine Frau, die dem seßhaft Gewordenen zur Seite stünde und mit einem ansehnlichen Heiratsgut das heruntergekommene Landgut aufwertete.

Als er auf einem Tiefpunkt angelangt war, niedergedrückt von Fehlschlägen und krank vor Enttäuschung im dunklen Tunnel steckte, sah er einen Lichtschimmer vor sich, der ihm den Ausweg anzeigte. Im Frühjahr 1758, nach einem tristen Winter, begab er sich von Mount Vernon nach Williamsburg, um einen Arzt aufzusuchen und Chancen für ein Fortkommen auszuloten. Von der Dysenterie geschwächt, konnte er nur kurze Strecken reiten, mußte längere Pausen einlegen. Am 5. März 1758 war er aufgebrochen, elf Tage später rastete er im Hause von William Chamberlayne im New Kent County. Zum Dinner war eine Nachbarin geladen, eine siebenundzwanzigjährige Witwe, Martha Dandridge Custis. Sie war klein und breit, etwas plump, hatte eine kühn geschwungene Nase, die ihrem Temperament widersprach, große Augen, die sie oft niederschlug, und einen Mund, den sie selten aufmachte, weil sie sich nicht sicher war, ob aus ihm passende Worte kämen. Ihre kleinen Hände führten geschickt das Tischbesteck wie die Stricknadel. Sie selbst bezeichnete sich als eine altmodische virginische Hausmutter, gleichmäßig gehend wie eine Uhr, emsig wie eine Biene und heiter wie »ein Heimchen«. Als George die inneren Werte der ihm gerade bis zur Brust reichenden Martha kennen- und schätzengelernt hatte, war er überzeugt, die richtige, eine stille Frau und ruhige Seele fürs Leben gefunden zu haben. Sie kam aus gutem Haus und hatte in eine beste Familie eingeheiratet. Ihr erster Mann, Daniel Parke Custis, stammte von jenem Daniel Parke ab, der 1704 als Kurier des Herzogs von Marlborough die Nachricht vom Sieg über Franzosen und Bayern bei Blenheim (Höchstädt) der Königin Anna in London überbracht, dafür tausend Guineen sowie ihr in Diamanten gefaßtes Miniaturporträt erhalten hatte und zum Gouverneur der Leeward-Inseln in der Karibik ernannt worden war. Der achtunddreißigjährige Custis heiratete 1749 die achtzehnjährige Martha Dandridge. Bereits 1757 verstorben, hinterließ er ihr zwei Kinder, den vierjährigen John (Jacky) und die zweijährige Martha (Patsy), einen Landbesitz von 17000 Acres und ein Kapitalvermögen von 23000 Pfund Sterling.

Letzteres war kein uninteressanter Aspekt für den am Kreuzweg stehenden George Washington, und die Verlobung ließ nicht lange auf sich warten. Auf dem Rückweg von Williamsburg, wo ihm der Arzt versichert hatte, daß er nicht wie sein Bruder Lawrence an Tuberkulose leide, und ihm mitgeteilt worden war, daß seine Aussichten auf einen Sitz im Abgeordnetenhaus nicht schlecht stünden, holte er sich am 25. März 1758 in White House, auf Marthas Plantage, ihr Jawort. Sie bestellte neue Kleider, »weder zu ausgefallen noch zu gewöhnlich«, er besorgte einen Ring und wies den Verwalter auf Mount Vernon an, das Haus herzurichten und wohnlich zu machen.

Zunächst rief den Oberst des Virginia Regiments noch einmal die Pflicht, denn er hatte am Feldzug des britischen Generals Forbes gegen Fort Duquesne teilzunehmen. »Wir haben unseren Marsch zum Ohio begonnen«, schrieb er am 20. Juli 1758 der Verlobten. »Da ein Kurier nach Williamsburg aufbricht, ergreife ich die Gelegenheit, ein paar Worte an die zu schreiben, deren Leben nun untrennbar von meinem ist. Seit der glücklichen Stunde, da wir uns verlobt haben, sind meine Gedanken fortwährend zu Ihnen als meinem anderen Ich gegangen. Möge eine allmächtige Vorsehung uns beide beschützen, das ist das Gebet Ihres stets treuen und liebevollen Freundes.«

Zur Hochzeit am 6. Januar 1759 erschien der Oberst a. D. in Marthas White House in stattlichem Zivil, einem Anzug aus blauem Tuch und mit rotem Seidenfutter, einer weißen Weste aus besticktem Satin und goldenen Schnallen an den Schuhen wie an den Knien der Culottes. Die Heirat mit Martha sei das ihm am meisten glückbringende Ereignis seines Lebens gewesen, bilanzierte George. Die Vernunftehe war vorteilhaft, schloß Zuneigung nicht aus und erwies sich als dauerhaft; sie währte fast einundvierzig Jahre.

Wolken, die nicht ausblieben, verdüsterten nie lange den Ehehimmel. Sie wurden von den Gatten verscheucht, welche die prästabilierte Harmonie ihres besten aller Eheleben nicht gefährdeten; ihr Temperament war ohnehin nicht für Blitz und Donner geschaffen. Kinder kamen keine, was wohl weniger an ihr, die in der ersten Ehe vier Kinder bekommen hatte, von denen zwei am Leben blieben, gelegen haben mochte. Das bedrückte den Mann, der so viel von seiner Männlichkeit hielt, wie den Gutsherrn, der keinen Stammbaum aufstellen konnte. Noch der Fünfziger gab die Hoffnung auf Nachwuchs nicht auf, und als er sie schließlich fahren lassen mußte, stellte er den Nachteil als einen Vorteil hin: Ein Mann, der keine eigenen Kinder habe, meinte er zu Beginn der ersten Präsidentschaft, könne um so besser für seine Landeskinder sorgen. Marthas Kindern, seinen Stiefkindern, die ihn »Poppa« nannten, bemühte er sich mehr als nur ein Stiefvater zu sein. Freude machten sie ihm nicht. Patsy, eine Epileptikerin, starb mit siebzehn. Jacky, von dem er sich etwas erhofft hatte, blieb ein Leichtgewicht, erwies sich als Nichtsnutz. Ihm blieb Nachwuchs nicht versagt. Zu den Custis-Sprößlingen ging Washington auf Distanz, und diese brachten dem Präsidenten Respekt, doch dem Verwandten wenig Sympathie entgegen. »Wenn er ein Zimmer betrat, in dem wir uns fröhlich und angeregt unterhielten«, erinnerte sich Jackys Tochter Nelly, »verstummten wir augenblicklich. Zwar setzte er sich, zog sich aber rasch zurück, offensichtlich gereizt und enttäuscht.«

Martha war ein Gewinn fürs Leben, doch das Gold der Custis erwies sich als weniger glänzend als erwartet. Das Erbe, das der erste Mann seiner Frau hinterließ, war nicht so beträchtlich, wie es sich ihr zweiter Mann vorgestellt haben mochte. Immerhin fiel ihm ein Drittel des Vermögens zu, zwei Drittel verwaltete er als Vormund seiner Stiefkinder. Damit bekam er die Mittel an die Hand, mit denen er sein daniederliegendes

Landgut Mount Vernon hochbringen, seinen Landhunger einigermaßen befriedigen, einträgliche Geschäfte aller Art betreiben und ein Herrenhaus führen konnte.

Er sei nun mit einer Frau fürs Leben seßhaft geworden, schrieb er 1759, im Jahre ihrer Vermählung und ihres Einzuges auf Mount Vernon. »Ich hoffe, in der Zurückgezogenheit mehr Glück zu finden, als ich es im Getriebe der weiten Welt erfahren habe.« George Washington, der Landmesser und Milizoffizier ohne Fortune hatte als Pflanzer einen ruhenden Pol gefunden. Den Obliegenheiten seiner kleinen Welt begann er in einer Weise nachzukommen, die ihn für die Bewältigung neuer Aufgaben in der großen Welt qualifizierte.

Kein Landgut sei angenehmer als das seine, beschrieb er Mount Vernon. Es liege auf einer Anhöhe, in einer trockenen und gesunden Gegend, in der es sich gut leben ließe, zweihundert Meilen auf dem Wasserweg vom Meer entfernt, über das der Pflanzer den erzeugten Tabak nach England schickte und Waren, deren ein Gentleman bedurfte, zurückbekam; »an einem der schönsten Flüsse der Welt«, dem gelassen dahinfließenden Potomac, der sich vom zivilisatorischen Fortschritt an seinen Ufern nichts von seiner amerikanischen Natürlichkeit nehmen ließ; in einem Klima, das die Extreme von Heiß und Kalt vermied, was dem Gedeihen der Saat wie dem Ausgleich seines Wesens zustatten kam. Von Mount Vernon waren es neun Meilen nach Alexandria, dem gesellschaftlichen Zentrum der umliegenden Plantagen, und zwölf Meilen bis zu jenem Platz, wo dereinst die nach ihm benannte Bundeshauptstadt der von ihm mitgegründeten Vereinigten Staaten von Amerika entstehen sollte. Ehe es so weit war, mußte viel Schweiß vergossen werden, um den Preis voll und ganz zu rechtfertigen. Als Mount Vernon von George Washington übernommen wurde, war es ein für virginische Verhältnisse kleines Landgut mit bescheidenen Erträgen, und das Gebäude, das auf ihm stand, konnte kaum als Herrenhaus bezeichnet werden. Der Boden, der nicht der beste war, bedurfte intensiver Bearbeitung, um die Einkünfte des Besitzers zu mehren.

Inzwischen, im Jahre 1759, war Quebec gefallen, ging Kanada aus französischen in englische Hände über, wurde der Kampf zwischen zwei europäischen Mächten um die Herrschaft in Nordamerika, an dem auch George Washington beteiligt gewesen war, zugunsten des Königs von Großbritannien entschieden. An diesem Wendepunkt der Geschichte, zu Beginn des Jahres 1760, notierte der ehemalige Oberst in sein Tagebuch keine Ereignisse in der großen Welt, sondern als frischgebackener Pflanzer Vorkommnisse seiner kleinen Welt, die ihn jetzt mehr bewegten als alles andere. Ein Nachbar, Daniel French, habe ihn beim Kauf von Schweinen übers Ohr gehauen, fand er am 1. Januar 1760 für eintragenswert, und am 8. Januar, daß die gelieferte Ware in krassem Gegensatz zum geforderten Preis gestanden habe. Mais mußte er aus Maryland kommen lassen und Futter in der Nachbarschaft kaufen. Noch war sein Viehbestand nicht ausreichend, sein Ackerland nicht ausgedehnt genug. Beim Zukauf von 806 Acres wurde er, im Handel noch unerfahren, wiederum übervorteilt.

Noch wurde, wie fast überall in Virginia, Tabak angebaut. Die Erträge auf überforderten Böden wie die dafür in England erzielten Erlöse sanken stetig. Das hob nicht die Stimmung gegenüber dem Mutterland. Auch Washington, der so großen Wert darauf legte, ein freigeborener Engländer zu sein, begann zu klagen, daß er als amerikanischer Ökonom stiefmütterlich behandelt werde; über kurz oder lang mußte seine politische Gesinnung davon beeinflußt werden. Der Agent in London gab für das Erzeugnis der Monokultur zu wenig, nahm für die bestellten Produkte der Zivilisation zuviel und lieferte minderwertige Ware. Kleidungsstücke, die er erhalten habe, seien so beschaffen, als wären sie von den Großvätern getragen und abgetragen worden, beschwerte sich Washington einmal, und ein andermal, daß die zwei Paar Schuhe, die ihm geschickt wurden, bereits nach vier Tagen nicht mehr brauchbar gewesen wären.

Willkommen waren ihm die aus London zugegangenen

Fachbücher, zum Beispiel »Ein neues System der Agrikultur oder ein schneller Weg zum Reichtum«. So rasch, wie es darin hingestellt worden war und wie er es sich vorgestellt hatte, ging es nicht. Bald erkannte er, daß das, was in England nützlich, nicht unbedingt förderlich in Nordamerika war. Der Schluß lag nicht fern, daß die unterschiedlichen Gegebenheiten auch verschiedenartige Lösungen verlangten – und nicht nur, was die Landwirtschaft, sondern auch die gesellschaftliche und politische Verfassung betraf.

Ein englischer Landlord saß auf einem Grund und Boden, den die Vorfahren bestellt und dessen Früchte den Nachfahren zugute kamen. Ein amerikanischer Landbesitzer, jedenfalls ein Newcomer wie Washington, mußte Pionierarbeit leisten, Mühen und Plagen auf sich nehmen, deren Erfolge die Genugtuung verschafften, aus eigener Kraft weitergekommen zu sein, und ein Ansporn waren, noch weiter zu kommen. Nicht allein der Siedler an der Grenze, der ganz unten anzufangen hatte, auch ein Pflanzer der Tidewater Regions, der auf einem Grundstock aufbauen konnte, war ein Wegbereiter des American way of life.

George Washington krempelte die Hemdsärmel auf und packte mit an, freilich nicht immer mit dem erstrebten Resultat. Nach den Angaben eines Handbuches suchte er das gebrochene Bein eines Pferdes einzurenken; es endete damit, daß das geplagte Tier getötet werden mußte. Er versuchte einen verbesserten Pflug zu konstruieren; es wollte und wollte nicht gelingen, aber er bastelte so lange daran, bis er ein Ackergerät einsetzen konnte, das automatisch Saatkörner in die gezogenen Furchen fallenließ. Er war erfinderisch und experimentierfreudig. Erde von unterschiedlichen Teilen seines Landes füllte er in verschiedene Behälter, setzte Samenkörner ein und beobachtete, wie sie sich entwickelten, um herauszufinden, wo sie am besten gediehen. Auf der Suche nach dem wirksamsten Düngemittel mischte er in wechselnden Kombinationen Erde, Sand und Mergel mit dem Mist von Pferden, Kühen und Schafen und probierte die Effekte der Mischungen auf seinen Feldern aus.

George Washington nahm eine neue Zeit vorweg, in der die Erfahrung mehr gelten sollte als die Spekulation, und blieb der alten Zeit verbunden, die sich an der Ratio ausrichtete und auf Rationalisierung setzte. Das Organisieren hatte er als Offizier gelernt, nun plante er seine landwirtschaftlichen Unternehmungen fast generalstabsmäßig und führte sie beinahe wie militärische Aktionen aus – mit einem ihm willkommenen Unterschied: Er könne nun, was dem Soldaten nicht möglich gewesen war, als sein eigener Herr die eigenen Angelegenheiten nach eigenem Ermessen dirigieren.

Nach dem Tode der Witwe seines Bruders Lawrence war der Pächter der Eigentümer von Mount Vernon geworden. Mit gesteigertem Einsatz, mit verbissenem Fleiß bestellte er seinen Grund und Boden. Er stand mit den Hühnern auf und ging mit den Hühnern schlafen, vor dem Frühstück ritt er aus, sah nach dem Rechten und gab Anweisungen für die Tagesarbeit. Nach dem Abendessen nahm er sich sein Tagebuch vor, um einzutragen, was er vollbracht und was er sich vorzunehmen hatte.

Wie andere Farmer in Virginia verließ er sich nicht auf die Anpflanzung von Tabak, sondern baute auch anderes an: Mais, Weizen, Dinkel, Gerste, Hafer und bald auch Kartoffeln. Er pflanzte Obstbäume, erntete Kirschen, Pflaumen und vor allem Äpfel, die er zu Most verarbeitete. Als Winzer blieb ihm Erfolg versagt, nicht zuletzt deshalb, weil er nicht auf europäische, sondern einheimische Trauben setzte; der Amerikaner hatte bei seinem Whisky zu bleiben. Nicht schlecht gedieh das Vieh: Kühe und Schafe weideten auf den Wiesen, Schweine füllten die Ställe, und das besondere Augenmerk des Reiters und Jägers galt der Zucht von Pferden und Hunden. Wenn es allein auf seine Fähigkeiten und Anstrengungen angekommen wäre, hätte Mount Vernon als ein Mustergut gelten können. Einer solchen Bewertung standen jedoch Widrigkeiten entgegen. Der Boden, ausgelaugt vom Tabakanbau, war zu wenig ergiebig, und selbst das nach und nach vergrößerte Areal war zu beschränkt, um eine Landwirtschaft großen Stils betreiben zu können. Der Aufwand an Arbeit stand im Mißverhältnis zum erzielten Gewinn;

das Kapital, das er hineinsteckte, warf nicht ab, was er sich erwartet hatte. Peinlich genau über Ausgaben und Einnahmen Buch führend, mußte er erkennen, daß er bei dem Londoner Abnehmer seines Tabaks und Lieferanten der bestellten Waren immer tiefer in der Kreide stand.

So sah er sich gezwungen, gewinnbringende Einnahmequellen zu erschließen. Auf Mount Vernon ließ er Textilien herstellen und über Alexandria in Virginia vertreiben. 1768 waren es 815 Yards Leinenstoff, 365 Yards Wollstoff, 144 Yards Linsey, eine Mischung aus Wolle und Leinen, sowie 40 Yards Baumwollstoff. Doch dies war eher ein Beweis für die Vielseitigkeit einer Gutswirtschaft als ein Aktivposten in seiner Bilanz. Auch die auf dem heimischen Markt abgesetzten Agrarprodukte trugen nicht viel ein.

Als Landspekulant versprach er sich größeren Gewinn. Sein Interesse galt nach wie vor dem Ohio-Gebiet. Dort erwarb er Eigentumsrechte über 32000 Acres. Darunter waren 16 Meilen Wasserfront am Ohio und 40 Meilen am Great Kanawha. Ein Teil des Landes war ihm als Belohnung für seine Militärdienste zugesprochen worden, einen anderen Teil besorgte er sich durch den Ankauf von Titeln anderer Kriegsteilnehmer, wobei er wenig kameradschaftlich vorging. Ohne Skrupel hatte er auch, entgegen den Vorschriften, die Uferstreifen verlängert und damit bessere Voraussetzungen für eine Besiedlung geschaffen. Den Gedanken, europäische, vor allem deutsche Einwanderer dort anzusiedeln, ließ er fallen, als er einsah, daß diese sich lieber im Religionsfreiheit gewährenden Pennsylvania niederließen.

Schon griff er über den Ohio hinaus. Im Jahre 1763 wurde er Teilhaber der Mississippi Company, die sich im Gebiet des größten der amerikanischen Ströme von der Krone zweieinhalb Millionen Acres zusichern lassen wollte. Der König machte ihm und seinen Compagnons einen Strich durch die Rechnung. Der Proclamation Act verbot Landkauf und Siedlung im Gebiet westlich der Appalachen und lieferte den Amerikanern einen weiteren Grund, mit den Engländern unzufrieden zu werden. Landspekulation sei und bleibe ein Lotteriespiel, gestand sich Washington ein, dem ein weiteres im Jahre 1763 eingefädeltes Geschäft mißglückte. Die Great Dismal Swamp Company, an der er sich beteiligte, plante ein Sumpfgebiet von 40000 Acres im Südosten Virginias durch Entwässerung nutzbar zu machen. Das Projekt blieb buchstäblich im Sumpfe stecken. Urbarmachung, sagte er sich, war mehr eine Mission als ein Geschäft. Virginia im Osten war für den britischen Kolonisten eine Ausgangsbasis für die Vereinnahmung des dem Amerikaner verheißenen Landes im Westen.

Dort investierte er für die Zukunft, dorthin zog es ihn, seitdem er 1753 zum erstenmal von den Alleghenies in die unendliche Weite geschaut hatte und er in das Ohio-Tal hinabgestiegen war. Im Jahre 1770 suchte er nochmals die Forks of the Ohio auf und erlag wiederum den Verlockungen des Westens. Im Kanu fuhr er den Ohio bis zur Einmündung des Great Kanawha hinunter, genoß die Schönheit der Wildnis, kalkulierte den Nutzwert des Landes und träumte von unbegrenzten Möglichkeiten. Zurückgekehrt nach Mount Vernon, wo er daheim war, praktizierte er, wie er hervorhob, »häusliche Tugenden«, übte sich an kleinen für größere Aufgaben.

Mount Vernon umfaßte schließlich 8000 Acres, unterteilt in fünf Farmen. Im Zentrum lag die Mansion House Farm, sozusagen der District of Columbia der Grundherrschaft. Im Mittelpunkt stand das Herrenhaus, der Regierungssitz des Kleinreiches. Als George Washington beschloß, sich dort mit Martha Dandridge Custis niederzulassen, ließ er das eineinhalbstöckige Gebäude, das er vorgefunden hatte, um eine Etage erhöhen. Es stand schließlich, nach beiden Seiten erweitert und mit Ziergiebeln wie Dachreiter versehen, wie ein in koloniale Verhältnisse in angemessenem Maßstab übertragenes englisches Manor House da. Der Bauherr nahm Planung wie Ausführung in die Hand. »Es ist erstaunlich«, bemerkte ein Besucher, »mit welcher Genauigkeit er alles beim Bauen anordnet, sogar geruht, alles selber auszumessen.«

Das Innere richtete er im Geschmack der Kolonialelite ein, der sich an jenem der Kolonialherren orientierte: Marmorkamine, steiflehnige Sessel, Windsorstühle, Sideboards aus Mahagoni und Himmelbetten mit schweren Decken, wie um unliebsame Träume zu ersticken. Die Möbel kamen direkt aus London oder auf dem Umweg über Philadelphia, der größten Stadt in Nordamerika, in der Handel und Gewerbe aufblühten und der englische Lebensstil gepflegt wurde. Der Architekt wie Raumausstatter Washington kam nie bis England, dessen Baulichkeiten wie Interieurs er nacheiferte. Gelungene Nachahmungen sah er in Williamsburg, am Sitz des königlichen Gouverneurs, und im benachbarten Belvoir, wo die Familie eines Lords sich englisch eingerichtet hatte. Aus London besorgte er sich Fachbücher, denen er etliches entnahm, so das Muster eines Palladian Window, eines Schmuckstückes seines Hauses.

Vor dem Haus breitete sich der grüne Teppich eines englischen Rasens aus, umgeben von einem Kordon amerikanischer Bäume, die einen Park nach englischer Art anzudeuten hatten. Hinter gestutzten Hecken blühten Magnolien und Rosen. »Das ganze Anwesen, der Garten und das übrige sind ein guter Beweis dafür, daß ein mit natürlichem Geschmack geborener Mensch durchaus Schönes zu schätzen vermag, ohne die Urbilder gesehen zu haben«, bemerkte ein Besucher aus Europa. George Washington sei niemals über Amerika hinausgekommen, aber er habe es verstanden, Wohlgefälliges aus Old England herüberzuholen.

Von einem englischen unterschied sich das amerikanische Landgut durch seine Arbeiter, die in Hütten abseits des Herrenhauses untergebracht waren. Auch auf Mount Vernon war Kontraktgesinde beschäftigt. Europäische Einwanderer hatten sich verpflichtet, die Kosten für die Überfahrt, die sie nicht aufbringen konnten, an Ort und Stelle abzuarbeiten. Die Verträge, die von ihnen, oft ohne genaue Kenntnis der in Englisch abgefaßten Bedingungen, unterschrieben worden waren, hatten eine Laufzeit von zwei bis sieben Jahren. Schiffskapitäne und

»Farmer Washington« auf Mount Vernon.

Agenten verkauften ihre Ansprüche an Plantagenbesitzer, die zahlreiche und wohlfeile Arbeitskräfte benötigten. George Washington besorgte sich ganze Familien, war namentlich an deutschen Gärtnern interessiert. Immerhin waren weiße Servants besser gestellt als schwarze Sklaven. Deren Zahl belief sich 1760 in den südlichen Kolonien von Georgia bis Maryland auf 284000 und auf 41000 in den mittleren und nördlichen Kolonien von Pennsylvania bis New Hampshire. Allein in Virginia wurden 140000 gezählt; das waren 41 Prozent der Bevölkerung.

Für die Tabakpflanzungen waren Schwarze die gesuchtesten Arbeitskräfte. Nicht nur sie, auch ihre Kinder und Kindeskinder mußten – im Unterschied zum Kontraktgesinde – lebenslang dienen, Einkaufs- wie Unterhaltskosten waren niedrig, Afrikaner zeigten sich dem südlichen Klima besser gewachsen und leisteten, robust wie die meisten waren, mehr als weiße Servants. Ein Sklave war mit Haut und Haaren seinem Herrn ausgeliefert, der über ihn wie über eine erworbene Ware verfügte, die gewinnbringend genutzt würde und gegebenenfalls wieder zu veräußern war. In Virginia wurde darüber diskutiert, ob ein Schwarzer dem Grundbesitz oder dem persönlichen Eigentum zuzurechnen sei. So oder so, seine Rechtsstellung wie seine Behandlungsweise wären davon nicht berührt worden.

»Mit diesem Brief schicke ich Ihnen einen Neger namens Tom, und ich bitte Sie, ihn auf einer der Inseln, wohin sie segeln, zu verkaufen«, schrieb George Washington am 2. Juli 1766 an Kapitän Josuah Thompson. Er wolle nicht leugnen, daß Tom ein schwieriger Bursche sei und gern davonlaufe, »aber er ist überaus gesund, kräftig und kann mit der Hacke gut umgehen«. Auch George Washington war ein Sklavenhalter. Vom Vater hatte er ein paar geerbt, auf Mount Vernon einige übernommen, Martha brachte etliche mit, und er kaufte stets mehr hinzu. Im Jahre der Unabhängigkeitserklärung besaß er 135 Sklaven. Auch andere in Virginia begüterte Freiheitsprediger wie Thomas Jefferson oder George Mason verfügten ungefähr über dieselbe Anzahl Schwarzer. In London wunderte sich der Schriftsteller und Moralist Dr. Samuel Johnson, »daß die gellendsten Schreie nach Freiheit« ausgerechnet »von Sklaventreibern« ausgestoßen würden.

Waren sie Pharisäer, wie viele Engländer und mehr und mehr Amerikaner meinten? Primär aus wirtschaftlichen und gesellschaftlichen Gründen trennten sich Virginier und andere Southerners nicht von ihren Sklaven. Ihre Plantagen waren ohne zahlreiche und billige Arbeitskräfte nicht zu bewirtschaften, die Gutsbesitzer wollten wie Feudalisten über Leibeigene verfügen und die Gutsherren wie absolutistische Monarchen über Untertanen gebieten. Gebildete unter ihnen erinnerten an die Griechen und Römer, deren Sklavenhaltung mit ihrer Hochkultur vereinbar, ja eine Voraussetzung dafür gewesen sei. Patriarchen machten geltend, daß sie ihre Sklaven nicht nur aus ökonomischen, sondern auch aus moralischen Gründen nicht schlecht behandelten.

In dieser Beziehung konnte der Herr auf Mount Vernon einiges vorweisen. Für den Virginier war zwar Sklavenhaltung eine Selbstverständlichkeit und für den Tabakpflanzer eine Notwendigkeit, aber er gab sich Mühe, mit seinen Schwarzen human umzugehen. Familien wurden nicht auseinandergerissen, Männer bei der Feldarbeit und Frauen bei der Heimarbeit nicht überfordert. George Washington schlief nicht, wie so mancher seiner Standesgenossen, mit schwarzen Mädchen, baute Mais an und hielt Schweine, um sie ausreichend zu ernähren, kümmerte sich um Kranke, ließ Ärzte kommen und Medikamente besorgen.

Dies verschaffte ihm moralische Befriedigung, aber kaum ökonomischen Nutzen. Nachdem er dazu übergegangen war, keine Sklaven mehr ohne deren – kaum zu erlangende – Zustimmung zu veräußern, und diese sich auf natürliche Weise vermehrten, hatte er bald mehr zu versorgen, als er für seine Gutswirtschaft benötigte. An die 50 Pfund Sterling hätte er, der stets knapp bei Kasse war, für einen verkaufen Sklaven bekommen können. Dennoch blieb er auf dem eingeschlagenen Kurs, mit dem er zwar keine Abschaffung der Sklaverei, aber eine

Verbesserung des Loses der Sklaven ansteuerte. Der Patriarch fühlte sich für die Seinen, auch für seine Schwarzen, verantwortlich. Der Amerikaner, der von den Engländern nicht so behandelt zu werden wünschte, wie ein Virginier mit seinen Sklaven umging, konnte sich auf die Dauer kaum der Folgerung entziehen, daß er das, was er sich selber nicht antun lassen wollte, auch anderen nicht antun dürfte.

Im Jahre 1762, von schwerer und langer Krankheit genesen, schrieb Washington einem Schwager: Wenn dieser wie er selber jeden Sonntag den Gottesdienst besuchte und das Evangelium vernähme, würde dies auch seinem Herzen gut tun. Ein Wort aus dem Alten Testament sagte ihm besonders zu: »Juda und Israel wohnten sicher, jedes unter seinem Weinstock und unter seinem Feigenbaum.« So geborgen, auf eigenem Grund die Früchte des Selbstangebauten genießend, wollte er sein Dasein auf Mount Vernon verbringen.

In der Familienbibel war verzeichnet, daß er durch die Taufe ein Mitglied der Anglikanischen Kirche geworden war. Deren hierarchische Gliederung entsprach dem auf Rangordnung bedachten Gentryman. Der Kult, der die Mitte zwischen Katholizismus und Protestantismus einhielt, konvenierte einem Menschen, dem auch als Christen eine Via media als goldrichtig erschien; die Puritaner in Massachusetts waren ihm genauso unsympathisch wie die Papisten in Maryland. Nicht zuletzt gefiel ihm an der Established Church of England, daß in ihr nicht jeder Getaufte für berufen gefunden wurde, in Gemeindeangelegenheiten mitzubestimmen. Dem Grundherrn stand dies zu. Als Gemeindevertreter des Pfarrbezirks Truro war er »für die Aufrechterhaltung der Religion und aller dazu zählenden Angelegenheiten der Caritas und Moral« mitverantwortlich. Als zeitweiliger Kirchenvorsteher fungierte er auch als Armenpfleger der Gemeinde und des County. Pohick Church, unter seiner Aufsicht zwischen 1769 und 1773 erbaut, war die Pfarrkirche von Mount Vernon. In der Christ Church im nahen Alexandria besaß er einen Kirchenstuhl. Der Church of England blieb er noch verbunden, als er sich vom König von England zu lösen begann, und als sie sich in Amerika als Protestant Episcopal Church selbständig machte, sah er darin keinen Bruch, sondern eine Fortsetzung der alten in den neuen Verhältnissen.

Sein Leben lang blieb er so religiös, wie es ein Mensch des 18. Jahrhunderts sein mochte: fest im Glauben, daß die göttliche Vorsehung über allem und jedem walte, daß aber der einzelne wie auch ein Gemeinwesen sich Gottes Segen durch eigene Anstrengungen zu verdienen hätten. Gebote waren zu befolgen und Formen zu wahren, auch wenn jene mitunter individuell ausgelegt und diese nicht immer mit angemessenem Inhalt ausgefüllt wurden. Wie viele Zeitgenossen hielt auch Washington die Religion weniger für eine Führerin zum Jenseits als für ein Ordnungselement im Diesseits, im persönlichen, gesellschaftlichen und staatlichen Leben. So war es folgerichtig, daß der Anglikaner auch Freimaurer wurde. Der Zwanzigjährige ließ sich 1752 in die Fredericksburg Lodge aufnehmen. Der Aufsteiger suchte Promotoren, die in den Logen, der prominente Kolonisten angehörten, zu finden waren. Das Kirchenmitglied sah keinen Widerspruch zwischen praktiziertem Christentum und einer Freimaurerei, die sich der »Steinmetzarbeit« am Individuum und der Aufbauarbeit am »Menschheitstempel« widmete. Der Amerikaner lernte es schätzen, daß die Logen in den einzelnen Kolonien Verbindungsorgane der Unabhängigkeitsbewegung und der Unionsbestrebungen wurden. Nicht von ungefähr erschien auf der Dollarnote ein Freimaurersymbol: über einer Pyramide ein strahlendes Auge wie die aufgegangene Sonne.

Zum Kirchengang war der Christ, zum Logenbesuch der Freimaurer verpflichtet. Der Gutsherr folgte dabei auch seinem Bedürfnis, ab und zu der Abgeschiedenheit von Mount Vernon zu entrinnen und sich der Gesellschaft seinesgleichen zu erfreuen. Zwar führte er ein gastfreundliches Haus, aber Besucher waren in den Jahren, in denen er noch keine politische Rolle spielte, eher selten. Nach des Tages Plagen verliefen die Abende in einer Weise, deren Regelmäßigkeit ihm konveniert hätte, wenn sie nicht mit Langeweile verbunden gewesen wäre.

Frau Martha beschäftigte sich mit Handarbeiten, die Stieftochter mühte sich am Spinett und der Stiefsohn mit einer Violine ab. Der Hausherr machte den Mund kaum zum Reden auf, und schon gar nicht wollte er, wie er gestand, ein Lied singen oder einem Instrument einen Ton entlocken. Dem Dinner sprach er zu, vor allem wenn Lammkeule oder Spanferkel auf den Tisch kamen. Lieber als den selbstproduzierten Apfelwein trank er noblen Madeira oder Port, verschmähte aber nicht die plebejischen Getränke Rum und Whisky.

Nach einer sauren Woche war es für ihn ein frohes Fest, sich standesgemäßen Vergnügungen hinzugeben. Bis zu fünfzigmal im Jahr wurde zur Fuchsjagd geblasen. Dies war gentlemanlike, weniger seine Vorliebe für Hahnenkämpfe, die er mit dem gemeinen Volke teilte. Seinen Leidenschaften, die er im allgemeinen im Zaum zu halten verstand, ließ er die Zügel schießen, wenn es um Pferderennen ging. Die aufregendsten wurden im Frühjahr und Herbst in Williamsburg veranstaltet. Dabei standen Geld wie Ehre auf dem Spiel. Die Virginier, stellte ein Engländer fest, seien Pferdenarren, die keine Mittel scheuten, edle Rösser einzuführen und aufzuzüchten, so daß diese auch in Newmarket, dem fashionablen Rennplatz in Old England, eine gute Figur machen würden. Merkwürdig fand es der Engländer, daß in Virginia jeder reite und keiner zu Fuß gehe; selbst wenn ein Virginier nicht einmal fünfhundert Yards von der Kirche entfernt wohne, bewege er sich nur hoch zu Roß dorthin, bemerkte ein Franzose. Washington machte da keine Ausnahme. Sein Reitpferd hütete er wie seinen Augapfel, und auch auf stattliche Kutschpferde und elegante Wagen legte er Wert. 1768 bestellte er einen English Chariot »im neuesten Geschmack, ansehnlich, vornehm und leicht«.

Gerne fuhr er ins Theater. In einer Woche des Jahres 1770 tat er dies fünfmal. Die Inhalte eines Stückes interessierten ihn weniger als die Abläufe, das Spektakel an sich, die dramatischen Auftritte und nicht weniger die dramatischen Abtritte; denn zu lange dauern sollte das Ganze nicht. Botschaften entnahm er nur wenigen Stücken, vornehmlich Joseph Addisons »Cato«.

In der Gadsby's Tavern in Alexandria besuchte er Bälle, bei denen die bessere Gesellschaft des Fairfax County selber Theater spielte, das einem englischen Gast eher wie eine Farce als eine Revue vorkam. Die Hauptrolle spielten auffällig gekleidete und grell geschminkte Damen, die, ohne es zu beherrschen, auf das Tanzen versessen waren. Weniger um sich selber, als um Frau und Stieftochter ein Vergnügen zu bereiten, ging George Washington auf einen Ball. Mittanzen hielt er für eine Kavalierspflicht. Lieber zog er sich mit gesetzten Herren zum Kartenspiel zurück. Hohe Einsätze wagte er nicht, schon deshalb, weil er öfter verlor als gewann, doch vor allem, weil er das Glück, das er für so vieles andere brauchte, nicht auf diese Weise versuchen wollte. Am Büffet gab es Brot, Gebäck und Butter, »Tee und Kuchen, die nicht von gesüßtem heißen Wasser zu unterscheiden waren«, berichtete er über einen Ball in Alexandria; »Taschentücher dienten als Tischdecken und Servietten«. So vornehm, wie es der Squire gerne hätte, ging es beileibe nicht zu. Auch die Kleidung entsprach nicht den Vorstellungen der Gutsherren, die wie englische Gentlemen in Erscheinung treten wollten. Zwar bestellten sie unter Angabe ihrer Maße den Sonntagsstaat in London, zum Beispiel Washington: »Ich bin sechs Fuß groß und von ebenmäßiger Gestalt; eher schlank als dick und mit hübsch langen Armen und Beinen.« Aber damit konnte ein Maßschneider nicht viel anfangen, und das Ergebnis war, daß das Gelieferte nie richtig paßte.

Das war bezeichnend für das Verhältnis zwischen Virginia und England. Die Kolonisten wollten so sein, sich so geben und so viel gelten wie die Kolonialherren. Doch das englische Gewand war ihnen zunächst zu weit und wurde ihnen bald zu eng. Der Habitus eines Engländers paßte immer weniger dem Amerikaner, der die unbegrenzten Möglichkeiten seines Kontinents zu nützen begann und sich dabei zunehmend von den Briten beschränkt und unterdrückt sah.

An der Wegscheide

Williamsburg, die nach William III., König Wilhelm von Oranien benannte Hauptstadt von Virginia, zählte nicht einmal 2000 ständige Einwohner. Doch die Weißen unter ihnen und die zeitweiligen Besucher, Pflanzer und ihre Angehörigen, hielten sie für den Nabel ihrer nach Amerika versetzten britischen Welt. Auf den ersten Blick erinnerte Williamsburg an ein englisches Dorf: Einstöckige Häuser aus Holz oder unverputzten Ziegeln, verstreut in Gärten, Wiesen und Feldern. Die Straßen waren, je nach Jahreszeit, schlammig oder staubig, selbst die Hauptstraße, die Duke of Gloucester Street, die Magistrale des diesseits des Atlantiks fortgesetzten English way of life. Am westlichen Ende lag das College of William and Mary, die nach Harvard in Cambridge, Massachusetts, älteste höhere Bildungsstätte im britischen Amerika. Im Jahre 1693 war sie mit dem Auftrag privilegiert worden, anglikanische Geistliche und fromme, anständige und gebildete Kolonisten heranzubilden. Das 1695 begonnene Schulgebäude wurde nach Christopher Wren, dem berühmten englischen Architekten, benannt, dessen auf Londoner Größenordnungen zugeschnittener Bauplan auf Williamsburger Verhältnisse reduziert worden war.

Am östlichen Ende der Duke of Gloucester Street erhob sich das Kapitol. Im linken Flügel tagte das House of Burgesses, die seit 1619 bestehende älteste Abgeordnetenversammlung Britisch-Amerikas. Im rechten Flügel saßen der Council, der als Oberhaus an Exekutive wie Legislative mitwirkte, und der General Court, die oberste Gerichtsbehörde. Der Mitteltrakt diente der Vermittlung zwischen beiden Häusern; im Konferenzraum trafen sich Räte und Deputierte zur Anrufung Gottes und zum Ausgleich ihrer Angelegenheiten. Der 1753 in englischem Understatement und kolonialer Vereinfachung vollendete Renaissancebau stand in seinem schlichten Ziegelgewand als ein etwas einfältiger Repräsentant von Law and Order da.

Zwischen Kapitol und College erstreckte sich die Hauptstraße der Hauptstadt, an der vieles lag, was Virginiern lieb und teuer war. Die Bruton Parish Church war nach einer Pfarrei in der englischen Grafschaft Somerset benannt, aus der etliche Gemeindemitglieder gekommen waren. In der anglikanischen Kirche beteten zu Gott und für den König von Großbritannien der Gouverneur, der unter einem Baldachin thronte, die Räte und – während der Sessionen – die Abgeordneten, weiße Bürger wie schwarze Sklaven, die zu ihrer im nördlichen Querschiff liegenden Galerie auf einer an der Außenwand der Kirche angebrachten Treppe gelangten.

Neben dem Gotteshaus standen Gasthäuser. In der Wetherburn's Tavern gab es 19 Betten für 38 Personen; denn eine Schlafstatt war für zwei Personen vorgesehen. In den Schankräumen waren Gesinde, Seeleute und Studenten nicht zugelassen, blieben die besseren Leute unter sich. Was auf den Tisch kam, entsprach nicht immer ihren Ansprüchen, wie einer von ihnen fand: »Der Himmel schickt gutes Fleisch, aber die Hölle schickt Köche.« Immerhin wurde die Qualität von der Quantität – zahlreiche Gerichte, reichliche Portionen – übertroffen. Am vornehmsten war die Raleigh Tavern, benannt nach Sir Walter Raleigh, einem Günstling der »jungfräulichen Königin« Elisabeth, der in das nach ihr benannte Virginia Kolonisten geschickt und für den Konsum virginischen Tabaks in England geworben hatte. Im gesellschaftlichen Zentrum von Williamsburg trafen sich Pflanzer und Kaufleute an der Bar, im Nebenzimmer diskutierten Politiker und im Apollo Room fanden Bälle statt. Über dem Kaminsims war das Motto des Hauses und seiner Gäste zu lesen: »Hilaritas sapientiae et bonae vitae proles – Frohsinn das Kind der Weisheit und des guten Lebens.«

Der Daseinsgenuß war nicht immer mit mäßigender Klugheit gepaart. Er hätte nie gedacht, daß nach einer im Apollo Room in angenehmer Gesellschaft verbrachten und mit Belinda durchtanzten Nacht ihm die aufgehende Sonne so elend und erbärmlich erschienen wäre, gestand Thomas Jefferson, der im William and Mary College die Rechte studiert hatte. George Washington, der ab und zu von Mount Vernon nach Williamsburg kam, hielt sich, zumindest in seinen Äußerungen, von derartigen Bekundungen zurück. Aber er verkehrte regelmäßig in der Wetherburn's Tavern wie in der Raleigh Tavern, und keineswegs nur zu kommerziellen Abmachungen und politischen Disputen.

Auf der Duke of Gloucester Street wurden Grundstücke, Sklaven und andere Waren verkauft und gekauft, in der Apotheke von Dr. William Pasteuer Medikamente besorgt und in Luxusläden aus England Importiertes erstanden: Pendeluhren, Schnupftabakdosen, Musikinstrumente, Seidenstrümpfe, Ohrringe, Fächer, Parfüms und vieles andere mehr, was das Herz der Pflanzerdamen erfreute und der Geldbeutel den Pflanzerherren gestattete.

Das Vornehmste, wenn auch nicht allen Virginiern Teuerste, das England über den Atlantik herüberschickte, war der Gouverneur. In Williamsburg wußte man, was man dem Statthalter des Königs in der Kronkolonie, jedenfalls protokollarisch, schuldig war. So wurde 1751 Lieutenant Governor Robert Dinwiddie vom Bürgermeister und Stadtrat ein Dinner in der Wetherburn's Tavern gegeben, und 1768 Governor Lord Botetourt mit Salutschüssen begrüßt, mit einem Empfang in der Raleigh Tavern geehrt, und die »Virginia Gazette« tönte: »Laßt die Trompeten erschallen, schlagt die Trommeln, denn Seine Lordschaft aus Großbritannien ist angekommen.« Die Residenz des Gouverneurs hielt Distanz zu den Behausungen der Regierten. Mit weitreichenden und auslegungsfähigen Vollmachten hatte er »Willen und Belieben« des Königs auszuführen, den Vorrechten der Krone Geltung zu verschaffen und die Befolgung der vom Parlament in Westminster gegebenen Gesetze zu überwachen. Dabei stand ihm der auf seinen Vorschlag vom König ernannte Council zur Seite. Die Abgeordnetenversammlung konnte er einberufen, vertagen und auflösen, gegen ihre Beschlüsse ein Veto einlegen.

Seine Präpotenz wurde bei der Eröffnung des House of Burgesses demonstriert. In der Staatskutsche fuhr der Gouverneur zum Kapitol. Im Oberhaus des Councils wurde er von den Räten und den dorthin zitierten Abgeordneten des Unterhauses empfangen, denen er kund und zu wissen gab, was er im Namen der Majestät zu tun oder zu lassen gedenke. In ihren Sitzungssaal zurückgekehrt, wählten die Burgesses ihren Speaker, der dem Gouverneur zur förmlichen Bestallung präsentiert wurde. Indessen war der Einfluß der Assemblies in Amerika nicht zu unterschätzen. Als Vertretungen des Volkes im Sinne des Wortes konnten sie nicht bezeichnet werden. Sie repräsentierten eine kleine Schicht, die den für das Wahlrecht erforderlichen Vermögensstand und Sozialstatus erreicht hatte. In Britisch-Amerika durfte kaum mehr als ein Sechstel der Bevölkerung wählen; gewöhnlich ging nicht mehr als ein Zehntel zu den Urnen. Die Assemblies initiierten und verabschiedeten Steuergesetze, hatten Beamtengehältern und Verwaltungsausgaben zuzustimmen. Dadurch bekamen sie einen Hebel in die Hand, den sie zunehmend einsetzten, um die Gewichte zu ihren Gunsten zu verschieben. Die Gouverneure fanden in London nicht immer die Unterstützung, die sie zur Aufrechterhaltung der Gewalt des Monarchen und der Gesetze des Zentralparlaments benötigt hätten. Der König war weit, das Mutterland dreitausend Meilen entfernt, und immer mehr wurden sie von Kolonisten bedrängt, welche die Chancen des amerikanischen Kontinents in eigener Regie zum eigenen Nutzen ausschöpfen wollten.

In Virginia beanspruche das House of Burgesses alle Rechte und Privilegien eines englischen Parlaments und trachte nach Selfgovernment, konstatierte bereits 1703 ein englischer Beamter. Diesem Ziel war die Abgeordnetenversammlung gegen Mitte des 18. Jahrhunderts näher gekommen. Noch war die

Auseinandersetzung zwischen dem Statthalter des Königs, der dessen Macht in Amerika entschiedener durchzusetzen suchte, als es in England noch möglich war, und den Kolonisten, die zwar den Monarchen respektierten, aber als freigeborene Engländer anerkannt werden wollten, ein innenpolitischer Konflikt, britisches Kammertheater. Doch der Knoten für ein Drama auf weltpolitischer Bühne war geschürzt. Der Gouverneur vertrat das imperiale Großbritannien gegenüber den Burgesses, die sich als Bürger eines amerikanischen Gemeinwesens zu benehmen begannen. Wenn die Dialoge an Schärfe zunehmen und die Divergenzen vertieft werden sollten, war ein Ende des gemeinsamen Auftrittes abzusehen.

»Liberty and Property« lautete die Parole der virginischen Akteure. Freiheit verlangten sie nicht im gleichen Maße für alle, weder für die kleinen Farmer der Küstenregion und die Siedler im Hinterland, und schon gar nicht für die weißen Servants und schwarzen Sklaven. Die Großgrundbesitzer wollten sich die Freiheit nehmen, durch im House of Burgesses erreichte Selbstbestimmung mit ihrem Eigentum ihre Eigenständigkeit zu wahren und zu mehren. Die virginische Elite, Pflanzer und ihre Familien, bestand aus höchstens fünf Prozent der weißen Bevölkerung, und nur ein Fünftel davon bildete den gesellschaftlichen und politischen Führungszirkel.

George Washington, der in die Pflanzeraristokratie aufgestiegen war, suchte einen Platz im Herrschaftskreis und erstrebte einen Sitz im Abgeordnetenhaus, um dort mit seinen eigenen Interessen diejenigen seines Standes zu verfolgen, die er mit den Interessen Virginias gleichsetzte. Ein erster Anlauf war 1755 dem Dreiunddreißigjährigen mißglückt. Als Bewerber in dem an der Grenze gelegenen Frederick County hatte er nur 40 Stimmen bekommen. Drei Jahre später hatte er bessere Chancen, einen der beiden Sitze der Grafschaft zu gewinnen.

Für den Kandidaten, den militärische Verpflichtungen fernhielten, führten George Fairfax und andere Freunde den Wahlkampf. George Washington steuerte an die 40 Pfund Sterling bei – für 46 3/4 Gallons Bier, 35 Gallons Wein, 2 Gallons Apfelwein, 3 1/2 Pints Brandy und 3 Barrels Rum-Punch. Diese Ausgabe lohnte sich. Am 24. Juli 1758 erhielt er in Winchester 309, die meisten Stimmen; Thomas Bryan Martin, ein Neffe von Lord Fairfax, errang mit 239 Stimmen das zweite Mandat.

Der Einstieg in die Politik war geglückt, und ein Weiterkommen wurde durch seinen Aufstieg in die Führungsklasse befördert, den er vornehmlich zwei Vorkommnissen verdankte: der Vermählung mit der vermögenden Martha Dandridge Custis sowie – nach dem Tode seiner Schwägerin Anna 1761 – dem Schritt vom Pächter zum Besitzer von Mount Vernon. Im selben Jahr kandidierte er wiederum im Frederick County. Diesmal bestritt er persönlich den Wahlkampf, nahm an volkstümlichen Vergnügungen wie Hahnenkämpfen teil, schüttelte bei einer Hochzeit der Braut und dem Bräutigam die Hände, hielt gesetzte Reden, deren Wirkung er durch stimulierende Getränke zu steigern suchte, ritt kreuz und quer durch den Wahlbezirk. Der Erfolg blieb nicht aus. Am 18. Mai 1761 gewann er den ersten der beiden der Grafschaft zustehenden Sitze mit 505 Stimmen; sein ehemaliger Adjutant George Mercer errang mit 399 Stimmen das zweite Mandat.

Die Abgeordnetenversammlung trat zweimal im Jahr in Williamsburg zusammen. George Washington ging nicht häufig hin, blieb nicht immer die ganze Session, und wenn er da war, spitzte er selten die Ohren und machte noch seltener den Mund auf. Eigentlich interessierten ihn nur Angelegenheiten, die seinen Wahlkreis Frederick oder seinen Heimatkreis Fairfax und unmittelbar seine spezifischen Interessen als Plantagenbesitzer und Landspekulant betrafen. Hellhöriger und weniger wortkarg wurde er erst, als das Mutterland eine Politik einzuschlagen begann, die dem Kolonisten verdeutlichte, wie untrennbar »Property and Liberty« zusammenhingen.

»Heart of Oak«, das Lied vom eisernen Herzen und festen Mut, wurde in London wie in Williamsburg im »wunderbaren Jahre« 1759 gesungen, als Quebec gefallen war. Es wurde 1763 von »freien Männern« lautstark wiederholt, nachdem im Frieden von Paris das französische Kanada dem siegreichen England zugesprochen worden war. »Keiner kann sich über die Bezwingung Kanadas aufrichtiger freuen als ich, nicht nur, weil ich ein Kolonist, sondern weil ich ein Brite bin«, erklärte Benjamin Franklin aus Pennsylvania. Der Präzeptor Britisch-Amerikas sprach George Washington aus dem Herzen, der im Krieg gegen Franzosen und Indianer gestanden hatte und zu jenen Virginiern gezählt wurde, die Gouverneur Francis Fauquier als »treue, ergebene und gehorsame Untertanen ihres königlichen Souveräns« bezeichnete.

Diese Einschätzung traf cum grano salis auf den Herrn von Mount Vernon zu, dem die mit der monarchischen Staatsordnung verbundene aristokratische Gesellschaftsform zustatten kam. Indessen bemerkte der Plantagenbesitzer, daß die wirtschaftliche Verbindung mit England ihm nicht nur Vorteile, sondern auch Nachteile brachte, und der Burgess gewahrte, daß die politischen Interessen des Mutterlandes mit denen der Kolonien nicht immer übereinstimmten. Der Milizionär konnte es nicht vergessen, daß er als Virginier nicht in das königliche Offizierskorps aufgenommen und als Soldat zweiter Klasse behandelt worden war.

Das Siegeslied »Heart of Oak« sang er nicht aus voller Brust. Die Franzosen waren zwar geschlagen, aber Indianer kämpften weiter. »Ein neuer Sturm hat sich an unseren Grenzen erhoben, Unruhe und Angst breiten sich weiter aus denn je«, bemerkte Washington im August 1763, im Jahre des Friedens von Paris. Wo war der Schutz des Königs, unter dessen Schirm man sich begeben hatte? Zwar blieben 10 000 britische Soldaten in den Kolonien stationiert, aber in erster Linie nicht an den bedrohten Landesgrenzen, sondern in den Küstenstädten postiert, so daß der Verdacht aufkam, sie sollten weniger aufständische Indianer als aufmüpfige Kolonisten in Schach halten. George Washington, der als Oberst des Virginia Regiments die Grenze verteidigt hatte, vermißte Rotröcke an der Front. Der Virginier, der die Grenze weiter nach Westen vorschieben wollte, wurde von der britischen »Proclamation« vom Oktober 1763 alarmiert. Sie untersagte Landerwerb und Ansiedlung westlich des Appalachenkammes. Durch die »Proclamation Line« sah er wie andere Amerikaner unbegrenzte Zukunftschancen verbaut und durch weitere Maßnahmen des Mutterlandes das Vorankommen der Kolonien in der Gegenwart beeinträchtigt. London machte es selbst ihm, der monarchisch gesinnt und konservativ gestimmt war, immer schwerer, sich als gleichberechtigter und gleichbehandelter »freigeborener Engländer« zu fühlen.

Bereits 1760 waren Kolonisten an einer empfindlichen Stelle, ihrem Geldbeutel getroffen worden. Um mehr Zolleinnahmen in die königliche Kasse zu bekommen, wurden die Kontrollen verschärft, vor allem bei der Einfuhr von Melasse aus Westindien, wodurch die Herstellung von Rum erschwert und verteuert wurde. Davon waren in erster Linie die Neu-Engländer betroffen, die nicht nur gerne Rum tranken, sondern auch auf dessen Exporterlöse angewiesen waren. Den Ausweg, Melasse zu schmuggeln, suchten die Briten durch erhöhte Wachsamkeit zu Wasser und zu Lande zu erschweren. Die königliche Zollbehörde in Boston beantragte bei Gericht Hausdurchsuchungsbefehle. Dies verstoße gegen die englische Konstitution wie das natürliche Billigkeitsrecht, plädierte im Februar 1761 Rechtsanwalt James Otis; auch für einen amerikanischen Briten müsse der Grundsatz »My home is my castle« gelten, seine Wohnung unverletzlich sein. Unter den Zuhörern im Townhouse von Boston war John Adams, der nachmalige zweite Präsident der Vereinigten Staaten von Amerika. Am Tage dieses Plädoyers, schrieb er fünfzig Jahre später, »wurde das Kind Unabhängigkeit geboren«.

Der spätere erste Präsident, George Washington, vermerkte am 2. Mai 1763, daß durch eine Annahme der Eingabe englischer Kaufleute, in den Kolonien die Ausgabe von Papiergeld zu verbieten, »das ganze Land in Flammen gesetzt würde«. Der »Currency Act«, der im Jahr darauf erlassen wurde, nützte mit seiner deflatorischen Tendenz den Engländern und schadete den in einer Wirtschaftskrise steckenden Amerikanern. Es wurde gezündelt, aber es brannte noch nicht. Das lag auch daran, daß in den so weit vom Mutterland entfernten Kolonien nichts so heiß gegessen wurde, wie es in London gekocht worden war. Der »Currency Act« konnte eine wirtschaftliche Erholung erschweren, nicht verhindern. Die »Proclamation Line« wurde bis 1770 von 17000 nach Kentucky und Tennessee strebenden Kolonisten überschritten.

Regierung und Parlament in England häuften weiteren Zündstoff an. Im Jahre 1764 wurden Zölle für in die Kolonien eingeführte Waren erhöht, so auf Seide und Leinen, was viele Ladies im britischen Amerika verdroß, und auf Wein aus Madeira, was nicht zuletzt George Washington erboste, der dem modischen Getränk zugetan war. Die Liste der Kolonialwaren, die nur nach England ausgeführt werden durften, wurde verlängert. Verstöße gegen die Gesetze sollten nicht mehr von zivilen Gerichten, sondern von Vizeadmiralitätsgerichten, die keine Geschworenen kannten, geahndet werden. Dies war ein Eingriff in ein Grundrecht der Engländer, das »Trial by jury«, das auch jene, die in Nordamerika lebten, in Anspruch nahmen.

Die Regulierung des Handels mit einer Erhöhung der Staatseinnahmen zu verbinden war das erklärte Ziel der Regierung Seiner Majestät. Dieses Unterfangen verstoße gegen ein weiteres Grundrecht, konstatierte 1764 eine Petition der Kolonie Virginia. Denn »das Volk kann nur mit solchen Steuern belastet werden, die durch seine eigene Zustimmung oder die Zustimmung derer auferlegt werden, die auf rechtliche Weise bestimmt wurden, es zu vertreten«.

Im Parlament von Westminster waren Kolonisten nicht vertreten. Aber es hielt sich für berechtigt, die Kolonisten zur Abtragung der Kriegsschuld von 140 Millionen Pfund Sterling heranzuziehen, denn das Geld war nicht zuletzt zu deren Schutz vor Franzosen und Indianern ausgegeben worden. London ging es nicht nur um das Inkasso. Die Weltmachtposition, die Großbritannien mit dem Sieg über Frankreich und das mit ihm verbündete Spanien gewonnen hatte, sollte – im auf Rationalisierung und Zentralisierung bedachten Geist der Aufklärung – imperialistisch ausgebaut, das Weltreich absolutistisch regiert und der Kolonialbesitz merkantilistisch ausgebeutet werden. Mit Georg III. war 1760 ein König auf den Thron gekommen, der ein persönliches Regiment zu führen begann und alle seinem Kommando zu unterstellen suchte, Minister, Parlamentarier und die amerikanischen Kolonisten, die – wie er glaubte – am ehesten am Gängelband zu führen wären. Der Monarch hörte nicht auf den Staatsmann William Pitt den Älteren, der amerikanische Briten wie europäische Briten behandeln wollte, und auch nicht auf Francis Bernard, den Gouverneur von Massachusetts, der für die Organisation des Weltreiches das römische Vorbild empfahl: eine Reichsbürgerschaft für alle, auch für die Kolonisten in der Neuen Welt, ferner Entsendung von Vertretern der Kolonien in das Parlament von Westminster, gegebenenfalls Berufung von Amerikanern in die Zentralregierung. Aber Georg III. hielt sich für Caesar, den Alleinherrscher, und nicht für Caracalla, den Gewährer des Reichsbürgerrechtes. Senatus populusque Britannus, jedenfalls die Mehrheit der Regierenden und Regierten in England, beharrte auf dem Recht von König und Zentralparlament, für die Kolonien Gesetze zu erlassen, deren Wirtschaft zu regulieren sowie Abgaben und Steuern zu erheben.

Einem absolutistischen System nützte der Merkantilismus. Diese Wirtschaftsform bedeutete im allgemeinen: Das Gedeihen eines Staatswesens werde vorwiegend vom Bargeld befördert, die staatliche Wirtschaftspolitik habe dessen Bestand zu mehren, durch Hebung und Lenkung der einheimischen Produktion sowie Regelung des Außenhandels – mehr Ausfuhr als Einfuhr von Fertigwaren, Begünstigung des Imports von Rohstoffen für das inländische Gewerbe. Für England bedeutete dies im besonderen: Sicherung des Schiffahrtsmonopols für den Handel mit Übersee und Erschließung von Absatzmärkten für seine Erzeugnisse, auch und vor allem in Nordamerika, dessen Möglichkeiten Londoner Merkantilisten für unbeschränkt hielten. England erwartete von jedem Kolonisten, seine wirtschaftlichen Pflichten zu erfüllen: Landwirtschaftliche Erzeugnisse wie Tabak für den Konsum sowie Ausgangsmaterialien für die Verarbeitung im Mutterland zu ihm genehmen Bedingungen zu liefern, gewerbliche Produkte oft minderer Qualität zu meist erhöhten Preisen abzunehmen, Agrarprodukte nicht in anderen Ländern abzusetzen, wo bessere Erlöse zu erwarten wären, und schon gar nicht durch den Aufbau einer eigenen Industrie mit derjenigen des Mutterlandes zu konkurrieren.

Engländer machten gute, nicht alle Amerikaner schlechte Geschäfte. So mancher neuenglische Kaufmann war durch illegalen Handel mit Westindien wohlhabend geworden. Virginische Pflanzer, auch George Washington, beklagten zwar die von London diktierten Tabakpreise, aber sie lebten, freilich zunehmend auf Pump, ganz angenehm dabei. Die Kolonisten setzten auf das Georgskreuz, solange Georg III. ihren Geldbeuteln nicht allzusehr zusetzte und ihre englischen Grundrechte nicht in Frage stellte. Die Amerikaner begannen sich von England abzusetzen, als dieses in ihr Eigentum und ihre Freiheit eingriff – und das in einem Augenblick, da die Franzosen besiegt worden waren und die Kolonisten bemerkt hatten, daß sie ohne ihren bisherigen Feind auf den bisherigen Beschützer nicht mehr angewiesen waren.

Ausgerechnet zu diesem Zeitpunkt, Anfang der sechziger Jahre, zog London andere Saiten auf und ging zur absolutistischen und merkantilistischen Politik über. Das verstimmte auch loyale Kolonisten, und andere, die beim »God save the King« nur halblaut oder gar nicht mitgesungen hatten, stimmten den »Yankee Doodle« an. London reagierte mit einem Paukenschlag. Bisher waren von den Kolonisten nur Zollabgaben verlangt worden. Im Jahre 1765 wurde ihnen zum erstenmal – und, wie sie befürchteten, nicht zum letztenmal – eine in Westminster beschlossene Steuer auferlegt. Die »Stamp Act« führte eine Stempelsteuer ein: auf Formulare, Urkunden, Diplome, Lizenzen, Geschäftspapiere, Zollisten, Spielkarten, für jedes Zeitungsexemplar und jede Annonce. Das wurde teuer, denn die Steuer mußte mit Hartgeld bezahlt werden und war lästig, denn man mußte beim Stempelbeamten anstehen.

Der bereits durch erhöhte Zollabgaben und die Nachkriegsdepression belasteten Wirtschaft der Kolonien wurde von der Stempelsteuer eine große Last aufgebürdet. Da die Kolonisten im englischen Parlament keine Vertreter hatten, die Steuer ohne ihre Zustimmung beschlossen worden war, sahen sie das Grundrecht »No taxation without representation« verletzt und »Property and Liberty« in Gefahr. Ein Aufschrei der Empörung halle durch den Kontinent, meldete General Thomas Gage, der Oberbefehlshaber der britischen Truppen. In New York wurden Gouverneurskutschen demoliert und Stempelpapiere vernichtet. In Boston wurde Andrew Oliver, der Leiter der Stempelbehörde, in effigie gehängt, sein Büro angezündet und seine Wohnung verwüstet. Und in Virginia wurde der Aufstand geprobt.

Am 30. Mai 1765 erhob sich im House of Burgesses in Williamsburg der Abgeordnete Patrick Henry, der als Advokat zu den Betroffenen der Stempelsteuer gehörte und als Vertreter von Grenzern sich ungeschminkt ausdrückte. Der neunundzwanzigjährige Feuerkopf rief in den Saal: »Caesar hatte seinen Brutus, Karl I. seinen Cromwell, und ich zweifle nicht, daß sich jetzt ein guter Amerikaner finden werde.« Weiter kam er nicht, denn der Speaker John Robinson fiel ihm ins Wort, bevor die Majestätsbeleidigung Georgs III. noch deutlicher wurde. Die Leidenschaft habe ihn hingerissen, weil die Freiheit in diesem Land beseitigt zu werden drohe, entschuldigte sich Patrick Henry und drückte mit knapper Mehrheit eine von ihm eingebrachte Resolution durch: Einzig und allein das House of Burgesses sei berechtigt, den Virginiern Steuern aufzuerlegen; was diesem Verfassungsprinzip zuwiderliefe, gefährde die britische wie die amerikanische Freiheit.

Diese Resolution, die den Gemäßigten dann doch zu radikal erschien, wurde in einer zweiten Abstimmung verworfen, doch vier andere »Virginia Resolves« fanden Zustimmung: Erstens, den Virginiern stünden die gleichen Rechte wie den Engländern zu. Zweitens, dies sei durch königliche Freibriefe zugesichert worden. Drittens, ein wesentliches Element der britischen Freiheit sei das Recht des Volkes beziehungsweise seiner Repräsentanten, die Steuern selbst festzusetzen. Viertens, bisher habe dieses Grundrecht auch für die Virginier gegolten, sei von Königen und Parlamenten nie angetastet worden. So klang es eher wie eine Feststellung als eine Forderung, obgleich die Zwischentöne kaum zu überhören waren: Sollten die Rechte und Freiheiten in »Seiner Majestät Kolonie und Dominion Virginia« von London in Frage gestellt werden, könnte dies nicht ohne Folgen für die Beziehungen mit dem Mutterland bleiben.

Gedämpfte Trompetenstöße waren nicht die Musik, die viele Kolonisten vernehmen wollten; sie gedachten den Engländern den Marsch zu blasen. Dazu zählten in erster Linie Zeitungsverleger, die von der Stempelsteuer besonders betroffen waren, und Zeitungsschreiber, die sich zu Erziehern des Volkes und Verfechtern der Volksfreiheit berufen fühlten. Schwarz auf Weiß wurden die »Virginia Resolves« in den Kolonien kundgemacht, die beschlossenen vier wie Henrys gestrichene fünfte; der »Newport Mercury« fügte eine frei erfundene sechste und die »Maryland Gazette« eine siebte hinzu, in denen zum Widerstand gegen britische Behörden aufgerufen und Drohungen gegen die die Stempelsteuer akzeptierenden Kolonisten ausgestoßen wurden.

Die Virginier wurden als Vorhut einer amerikanischen Freiheitsbewegung gefeiert. In Boston bemerkte der Rechtsanwalt Oxenbridge Thacher: »Das sind Männer!« Der Virginier George Washington gehörte nicht, noch nicht dazu. An der spektakulären Sitzung in Williamsburg nahm der Vertreter des Frederick County nicht teil, und wenn er dabeigewesen wäre, hätte er sicherlich gegen die fünfte Resolution gestimmt und die ersten vier nicht unbedingt gebilligt. Die »Stamp Act«, meinte Washington, habe »das spekulative (philosophische) Lager der Kolonisten« dazu veranlaßt, lauthals die Verletzung ihrer Freiheiten anzuprangern. Aber auch er, der nicht zu den Ideologen und Radikalen zählte, mußte zugeben, daß die Stempelakte und andere unfreundliche Maßnahmen nicht ohne bedauerliche Folgen bleiben könnten. Der Herr auf Mount Vernon sah seine Zukunft als Civis Britannus gefährdet und die Kolonien von Kräften bestimmt, die seine wirtschaftliche Stellung als Großgrundbesitzer, seine gesellschaftliche Position als Gentryman und seine politische Bedeutung als Mitglied der seit Menschengedenken herrschenden Oberschicht untergruben. Dabei dachte er an Leute vom Schlage jenes Patrick Henry, der durch seine Reden im House of Burgesses anwesende wie abwesende Repräsentanten der virginischen Aristokratie in Rage gebracht hatte. Dieser Mann kam von ganz unten, war Bauer, Krämer und Barkeeper gewesen, hatte sich als Autodidakt juristische Kenntnisse verschafft und es zum Winkeladvokaten gebracht. Nun agierte Henry als Volksvertreter der kleinen Farmer des Hinterlandes, die sich für gleichberechtigt mit den großen Pflanzern der Küstenregion hielten. Der Emporkömmling drängte sich zwischen die Gentlemen, die ihre Mandate sozusagen in Erbpacht besaßen, und begann, mit dem Gesetz des angestammten Königs die hergebrachte Ordnung in Virginia anzufechten.

Nicht das etablierte Recht sei seine Stärke, hatte Patrick Henry der juristischen Prüfungskommission erklärt, sondern das Naturrecht, demzufolge jeder Mensch frei und gleich geboren sei. Ein solches Bekenntnis hätte Thomas Jefferson, seit 1769 Mitglied des House of Burgesses, besser gefallen, wenn es jener Banause, der – wie sein intellektueller Kollege meinte – in seinem Leben kein einziges Buch gelesen habe, weniger der freien Natur als den von ihm verehrten und verschlungenen Büchern entnommen hätte.

George Washington ging zu beiden auf Distanz, zu Patrick Henry, der ihm zu radikal, wie zu Thomas Jefferson, der ihm zu ideologisch erschien. Dieser, wie andere Vordenker im »spekulativen (philosophischen) Lager der Kolonisten«, berief sich auf die Naturrechtslehre, welche die englische Praxis der Beschränkung der Herrschergewalt theoretisch untermauerte. John Locke plädierte für Staatsvertrag und Gewaltenteilung, formulierte den Grundsatz, daß jede Regierung der Zustimmung der Regierten bedürfe, beschwor den Geist der alten Republiken, wie es der »Boston Almanack« begrüßte. Amerikaner zitierten die »Old Whigs«, jene Engländer, die sich auf Errungenschaften der »Glorreichen Revolution« von 1688 beriefen, aber jene der »Declaration of Rights« nicht allen, nur einer Elite als zugestanden ansahen.

Jene Theorie, die Freiheit im allgemeinen mit Eigentum und im besonderen mit Landbesitz verknüpfte, die »Country ideology«, hätte einem »Country gentleman« wie George Washington gefallen können, wenn er sich näher mit ihr beschäftigt hätte. Erforderlich hielt er dies nicht. Der Squire brauchte keine Denkhilfe, benötigte keine Einführung in ein abstraktes Naturrecht, hielt sich an konkret erworbene Rechte, baute auf das positive, das Gesetzesrecht, dessen Paragraphen auch einem amerikanischen Briten englische Freiheiten zusicherten. Es gelte, die von den Vorfahren herstammende und überlieferte Liberty zu bewahren, betonte er immer wieder und verwies darauf, daß dies nur auf englischen Fundamenten und im britischen Reichsgebäude möglich und wünschenswert sei.

England jedoch behandelte die Kolonisten immer weniger nach dem ihnen zugesagten und zustehenden englischen Recht. Auch George Washington, der loyale Untertan Seiner Britischen Majestät, war herausgefordert, aber seine Antwort hieß nicht, noch lange nicht, Loslösung vom Mutterland, sondern Rückkehr zur freiheitlichen Tradition Old Englands, die von den Londoner Absolutisten diesseits wie jenseits des Atlantiks beeinträchtigt wurde. Der Mann, der in der amerikanischen Geschichte eine große Rolle spielen sollte, begann – und blieb es im Grunde – als ein Revolutionär, der im Sinne des lateinischen Wortes revolvo, das zurückwälzen, zurückrollen bedeutet, das alte gute Recht wiederherstellen, das Wiedererlangte bewahren und, falls erforderlich, behutsam weiterentwickeln wollte. Noch in der Mitte der sechziger Jahre wollte er mit den »Sons of Liberty«, die weniger an die Zurückgewinnung und Wiederbestätigung des Gehabten als an den Umsturz des Bestehenden dachten, nichts zu tun haben. An den »Virginia Resolves« von 1765 war er nicht beteiligt gewesen. Die Auflösung des House of Burgesses durch Gouverneur Francis Fauquier brachte ihm persönliche wie politische Vorteile. Bei den Neuwahlen kandidierte er nicht mehr im Frederick County, dessen zunehmend aufsässige Grenzer zu vertreten ihm immer schwerer gefallen war, sondern bewarb sich um einen frei gewor-denen Sitz im Fairfax County, wo der Herr auf Mount Vernon zu Hause war und seinesgleichen repräsentieren konnte. Am 16. Juli 1765 wurde er dort gewählt und 1768, 1769, 1771 und 1774 wiedergewählt.

Beim Stempelsteuerkongreß, zu dem im Oktober 1765 Vertreter von neun Kolonien in New York zusammenkamen, war Virginia nicht vertreten. Der königliche Gouverneur hatte sich geweigert, das House of Burgesses einzuberufen, und die Virginier, die deshalb keine Delegierten wählen konnten, getrauten sich noch nicht, sie auf eigene Faust zu bestimmen. Eine interkontinentale Versammlung war in den Augen der Engländer illegal, doch was sie von ihr zu hören bekamen, klang eher nach Abwiegelung. In Petitionen an König, Oberhaus und Unterhaus wurde um eine Rücknahme des Stempelsteuergesetzes ersucht. Die Adressaten in London nahmen die Bittschriften nicht entgegen und trugen durch ihre Verweigerung dazu bei, daß die Grundsatzerklärung des Stempelsteuerkongresses ein Grunddokument der amerikanischen Widersetzlichkeit gegen englische Bevormundung wurde.

Die Versicherung, daß sich die Briten in Amerika weiterhin als Untertanen des Königs und Untergebene des Parlaments fühlen wollten, war mit Hinweisen auf Voraussetzungen einer Fortsetzung dieses Verhältnisses verknüpft: Zur Erhebung von Steuern in den Kolonien seien nur die kolonialen Legislaturen befugt, nicht das Parlament in London, in dem die Kolonisten nicht vertreten seien; deshalb müßte die »Stamp Act« wie alle Parlamentsgesetze über Beschränkungen ihres Handels und ihrer Privilegien aufgehoben werden. Eine Warnung verkniffen sie sich nicht: Wenn sie ständig einseitig belastet würden, sähen sie sich gezwungen, keine Fertigwaren mehr in England zu kaufen und eigene Manufakturen zu errichten. Die Schlußfolgerung der Grundsatzerklärung, »daß Wachstum, Wohlstand und Glück der Kolonien von der vollen und freien Nutznießung ihrer Rechte und Freiheiten und von einem gegenseitig wohlwollenden und vorteilhaften Verkehr mit Großbritannien abhängen«, hätte George Washington unterschreiben können. Auch er atmete auf, als, nach einem Regierungswechsel, am 18. März 1766 das Stempelsteuergesetz aufgehoben wurde. Mit Mißbilligung quittierte er, daß Westminister noch am selben Tage »ein Gesetz zur Sicherstellung der Abhängigkeit der Kolonien Seiner Majestät von der Krone und dem Parlament Großbritannien« erließ, sein Gesetzgebungsrecht für »Bewohner Amerikas« in »allen denkbaren Fällen« bekräftigte.

Der »Declaration Act« folgte ein Jahr später die nach Schatzkanzler Charles Townshend benannte »Townshend Act«, die Abgaben auf die Einfuhr von Tee, Glas, Blei, Farben und Papier erhob. Die Verluste, die durch den Verzicht auf die Stempelsteuer entstanden waren, sollten durch die »Townshend Duties« mehr als ausgeglichen werden. Wiederum rollte eine Welle der Empörung von New Hampshire bis Georgia, und in Virginia blieb auch George Washington nicht unberührt. Am 5. April 1769 schrieb er seinem Gutsnachbarn George Mason: Gegen die vermehrten Anschläge auf die englischen Freiheiten der amerikanischen Kolonisten müßte etwas unternommen werden – aber was? Petitionen und Proteste seien Papier geblieben, vom Boykott englischer Waren versprach er sich einiges, wenn alle mitmachten; ein Griff zur Gewalt, eine bewaffnete Rebellion käme höchstens als Ultima ratio in Betracht.

Die Bande zwischen Amerika und England seien bereits zu drei Vierteln zerschnitten, stellte ein Franzose, der Comte du Chatelet, schadenfroh fest. Um die letzten zu zerreißen und die Unabhängigkeit zu erringen, bräuchten die Kolonisten nur noch Waffen, Courage und einen Führer. »Vielleicht existiert dieser Mann schon. Vielleicht bedarf es nur glücklicher Umstände, um ihn auf einen großen Schauplatz zu stellen.«

Diesen Mann, den späteren Oberbefehlshaber im Unabhängigkeitskrieg und ersten Präsidenten der Vereinigten Staaten von Amerika, gab es bereits, aber er dachte noch lange nicht daran, das Schwert zu ergreifen und mit ihm die letzten Bande zwischen Kolonien und Mutterland zu durchhauen. George Washington, der lange genug im Felde gestanden hatte, um das launenhafte Kriegsglück zu kennen und das unvermeidliche Blutvergießen zu scheuen, hielt an der Hoffnung fest, daß man sich auf einer Mittellinie zwischen den Rechten der Engländer und den Rechten der Amerikaner treffen und verständigen würde. Wo sie aber zu ziehen wäre, wußte auch er nicht zu sagen, und seine Zweifel wuchsen, ob eine solche Via media, die für ihn die goldene Mitte bedeutet hätte, überhaupt gefunden werden könnte.

George Mason, der an einen Ausgleich nicht mehr glaubte, schickte dem immer noch auf Vermittlung bedachten George Washington eine an die Verhältnisse Virginias angeglichene Überarbeitung einer in Pennsylvania getroffenen Vereinbarung über einen Boykott englischer Importe. Der Herr auf Mount Vernon, der bereits auf seinem Gut spinnen und weben ließ und den Kauf von Luxuswaren in London eingeschränkt hatte, las Masons Schriftstück mit Zustimmung. Der Burgess des Fairfax County nahm es im Mai 1769 mit nach Williamsburg, wo die Abgeordnetenkammer genau 150 Jahre nach ihrer Gründung zu einer Sitzung zusammenkam, die mit einem ersten revolutionären Akt auf amerikanischem Boden endete.

Zum erstenmal übernahm George Washington eine führende Rolle in der amerikanischen Bewegung. Er plädierte für einen Boykott englischer Waren und die Billigung eines Rundbriefes des Repräsentantenhauses von Massachusetts, in dem zum gemeinsamen Widerstand gegen britische Repressionen aufgerufen wurde. Am Zustandekommen der diesbezüglichen »Virginia Resolves« war er 1769 – im Unterschied zu jenen von 1765 – maßgeblich beteiligt.

Als Gouverneur Lord Botetourt, der seine Anweisungen hatte, die widersetzliche Versammlung auflöste, zog George Washington mit seinen Kollegen aus dem Kapitol in die Raleigh Tavern. Im Apollo Room, dem Ballsaal von Williamsburg, konstituierten sich am 18. Mai 1769 die gewählten Vertreter der Virginier als auf eigenes Recht und nicht auf königliches Gesetz fundiertes Parlament. 94 Burgesses unterzeichneten die »Virginia Non-Importation Association«, welche die Einfuhr von zollpflichtigen Waren – außer Papier, das zur Kundmachung der Aktion und für weitere Agitation benötigt wurde – und auch von nichtzollpflichtigen britischen Produkten untersagte. Doch die Aufsässigen standen nicht an, Toasts auf König und Königin auszubringen, auf den Gouverneur und – last not least – »auf die verfassungsmäßige britische Freiheit in Amerika«. Am 19. Mai nahmen sie an einem Ball zur Feier des Geburtstages der Queen im Gouverneurspalast teil. Die auf Law and Order eingeschworenen Burgesses dachten noch nicht daran, die Brücken zum Mutterland abzubrechen, obgleich sie damit begonnen hatten, einen ersten Pfeiler abzumontieren.

Auch und vor allem George Washington schwankte zwischen der Hoffnung, daß der Monarch seinen getreuen Untertanen entgegenkommen würde, und der Angst vor der eigenen Courage, ihm die Gefolgschaft aufzukündigen, wenn er sie im Stich lassen sollte. Eine Gratwanderung hatte begonnen, auf der er zu beiden Seiten in Abgründe blickte. Wendete er sich gegen England, stellte er mit der monarchischen die mit ihr verbundene gesellschaftliche Ordnung, von der er profitierte, in Frage. Wendete er sich dem amerikanischen Widerstand zu, lief er Gefahr, in einen Aufruhr zu geraten, der das Unterste zuoberst kehrte. Da König und Parlament immer weniger zu einem Entgegenkommen bereit waren und die Kolonien sich zunehmend vom Mutterland entfernten, sah er sich schließlich gezwungen, allmählich England den Rücken zu kehren.

Sollte er etwa die Führung einem Agitator wie Patrick Henry überlassen, der nicht nur Virginier gegen Briten, sondern auch die unteren gegen die oberen Klassen aufwiegelte? Oder sollte er die Federführung einem Ideologen wie Thomas Jefferson zugestehen, der, kaum in das House of Burgesses gewählt, sich anmaßte, eine geharnischte Resolution zu verfassen? Seine älteren und gesetzteren Kollegen hatten im Mai 1769 seinen antibritischen Antrag Henrys verworfen. Nun wurde der Radikale von Jefferson unterstützt, der schließlich bilanzierte: »Mr. Henry nahm jenen die Führung aus den Händen, die ehemals die Verfahren im Hause geleitet hatten.« So weit war es in der zweiten Hälfte der sechziger Jahre noch nicht gekommen. Aber die Aristokraten, die bislang in Virginia den gesellschaftlichen Ton angegeben und im Abgeordnetenhaus die politischen Fäden in der Hand gehalten hatten, hielten es für angezeigt, den Anfängen zu wehren. Washington gelangte wie andere seiner Standesgenossen zu dem Schluß, daß man, wenn die Widersacher nicht niederzuhalten seien, man sie so fest umarmen müßte, daß sie keine Faustschläge und Fußtritte mehr austeilen könnten.

So kam es, daß ein Konservativer wie der Herr auf Mount Vernon sich in die Niederungen des politischen Kampfes begab, sich der progressiven amerikanischen und antienglischen Partei zugesellte. Ohne sich mit deren Programm voll und ganz zu identifizieren, war Washington von der Notwendigkeit überzeugt, im Boot, das Kurs auf die Unabhängigkeit nahm, nicht nur mitzufahren, sondern auch ein Steuermann zu werden, um zu vermeiden, daß es aus dem Ruder lief.

Es ist nicht auszuschließen, daß ihn und seinesgleichen ein weiteres Motiv in die Reihen der amerikanischen Whigs trieb. Bis 1775 stiegen die Schulden von Tabakpflanzern bei englischen Gläubigern auf über zwei Millionen Pfund Sterling an. Auch der Besitzer von Mount Vernon stand in London tief in der Kreide. Mit der Verschuldung wuchs die Versuchung, durch eine Unabhängigkeitserklärung die Konten zu bereinigen.

Jedenfalls sollte diese Nebenrechnung bald und die Hauptrechnung schon jetzt aufgehen. Die alte Pflanzeraristokratie, zu der ihr Insider George Washington wie der Außenseiter Thomas Jefferson zählten, wurde von den Virginiern auch unter den neuen Vorzeichen als Führungselite anerkannt. Als die Delegierten der Noch-Kolonie im Jahre 1774 zum ersten Kontinentalkongreß aufbrachen, wurden sie von »einigen ehrbaren, aber uninformierten Einwohnern« aufgesucht, die ihnen erklärten: »Sie behaupten, daß eine feste Absicht besteht, unsere Rechte und Privilegien zu schmälern; wir geben zu, daß wir das nicht klar erkennen können, aber da Sie uns versichern, daß es so ist, glauben wir es. Wir sind im Begriff, einen sehr gefährlichen Schritt zu tun, aber wie haben Vertrauen zu Ihnen und werden alles tun, was Sie für richtig halten.«

Der Delegierte George Washington hielt es für richtig, moderat zu agieren, keine lauten Töne anzuschlagen, nichts übers Knie zu brechen. Er war ein Landwirt, der wußte, daß die Pflanzen Zeit zum Wachsen und Reifen brauchten, Früchte nicht von heute auf morgen zu pflücken waren. »Geduld ist eine edle Tugend, die, wenn richtig geübt, nicht ohne Belohnung bleibt«, pflegte er zu sagen und danach, nun auch in der Politik, zu handeln. Der Mann, der Bäume liebte, mochte erwartet haben, daß das Bäumchen, das er in seine Obhut nahm, zu einem amerikanischen Mammutbaum gedeihen könnte. Als er im Jahre 1769 von der Versammlung in Williamsburg, die einen Wendepunkt in den Beziehungen zwischen den Kolonien und dem Mutterland markierte, nach Mount Vernon zurückkehrte, schrieb er am 22. Mai in sein Tagebuch: »Ich fand meinen Weizen viel besser dastehen als jemals in dieser Jahreszeit, üppiger, ausgedehnter im Feld und breiter im Halm als gewöhnlich.« Eine gute Ernte war zu erwarten.

In Virginia war der Vorhang zum ersten Akt des amerikanischen Dramas aufgegangen, das in Massachusetts weitergespielt wurde, von Akteuren, die stürmischer die Bühne betraten als die Männer im Süden, die nicht dazu neigten, den zweiten Schritt vor dem ersten zu tun.

Williamsburg war ein Landstädtchen, Boston eine Stadt mit beinahe 20000 Einwohnern, einem Hafen mit Docks und

Stadt und Hafen von Boston (1768).

Werften, regem Handel und aufblühendem Gewerbe, Reedern, Kaufleuten und Meistern auf der einen und Hafenarbeitern, Tagelöhnern und Gesellen auf der anderen Seite, Advokaten, die mangels Beschäftigung bei Gerichten in Gemeindeversammlungen plädierten, und Zeitungsleuten, die ihre Federn an meist den Engländern zugeschriebenen Mißständen wetzten. Die meisten Bostoner waren Puritaner, die sich in ihrem Streben nach Erfolg, der ihnen als Ausweis ihres Auserwähltseins galt, von den britischen Autoritäten, den kirchlichen wie den staatlichen, behindert sahen.

Nachfahren der Pilgerväter, die vor den Gewalten der Alten Welt in die Neue Welt geflohen waren, wollten sich in »God's own country«, das sie gefunden zu haben glaubten, nicht unter das Joch anglikanischer Bischöfe und königlicher Gouverneure beugen lassen. Die religiösen wie politischen Freiheiten gelte es in einem von England unabhängigen Gemeinwesen zu gewährleisten, erklärte Samuel Adams, der dabei nicht an einen von Gläubigen getragenen Gottesstaat, sondern an einen vom Volk gebildeten Staat dachte. Im Jahre 1722 in Boston geboren, war und blieb Samuel Adams der Meinung, daß nur die Stadtluft und nicht die Landluft frei mache, der frische Nordwind zu Aktivitäten antreibe, während im schwülen Süden meist Flaute herrsche. In bürgerlichen Berufen kam er nicht voran; als Steuereinnehmer hinterließ er einen Kassenrückstand von fast 7000 Pfund Sterling. Aber Samuel Adams reüssierte als Berufsrevolutionär, als Agitator gegen die dominierende Klasse und Organisator der Erhebung gegen die englische Herrschaft.

Die in seiner Harvard-Dissertation aufgeworfene Frage »Ist es gesetzlich, sich der höchsten Obrigkeit zu widersetzen, wenn das Gemeinwesen nicht auf andere Weise erhalten werden kann?« beantwortete Samuel Adams in der Theorie mit einem deutlichen und in der Praxis mit einem lauten Ja, das weit über Boston hinaus ein Echo fand. »Wenn ich schon einen Herrn haben muß, dann soll es ein strenger sein. Dann werde ich unablässig auf eine Gelegenheit lauern, seine Tyrannei loszuwerden«, erklärte er und begann den König von England, der noch

Eine zeitgenössische Darstellung des »Boston Massacre«.

nicht streng genug war, zu größerer Härte zu provozieren, um ihn leichter und rascher vom Sockel stürzen zu können. Dafür agitierte Samuel Adams in Town Meetings und in der »Boston Gazette« unter den Pseudonymen »Populus« oder »Determinatus«. Die Wogen der Stempelsteuerkrise trugen ihn in das Abgeordnetenhaus von Massachusetts. Mehr als auf das Parlament setzte er auf die Straße, die »Liberty Boys« aus dem Viertel der kleinen Leute, von denen viele am 14. August 1765 Bäume umschlugen, Dächer abdeckten, Wohnungen demolierten.

Kader der Revolution waren vorhanden, und ein revolutionäres Ritual wurde entwickelt. Eine Ulme im Boston Common diente als »Freiheitsbaum«, an deren Stamm Bilder mißliebiger Personen gehängt wurden, als Warnung, daß man die Konterfeiten an den Ästen aufhängen könnte. Unter die phrygische Mütze, die Samuel Adams als Revolutionssymbol einführte, wollte er in Boston die Proletarier des South End und die Bürger des North End bringen, mehr noch, die Radikalen aller Kolonien, die durch die »Korrespondenz-Komitees« ein Netz der Konspiration zu knüpfen begannen.

»Reicht Euch die Hände, tapfere Amerikaner!«, der »Liberty Song« wurde im Norden wie im Süden angestimmt, als im Jahre 1770 in Boston Schüsse fielen, die sich Samuel Adams als Startsignale für einen Aufstand gegen das Mutterland herbeigewünscht hatte. Ein Aggressionsziel war das State House in Boston, der Sitz des Gouverneurs von Massachusetts, von dessen Balkon Gesetze unter Trommelwirbel verkündet wurden und vor dem britische Soldaten, die in der Stadt kaserniert waren, Wache hielten. Ein anderes Objekt des Volkszorns war das Zollhaus, in dem die den Kolonisten von den Zollbeamten abgenommenen Gelder gehortet wurden.

Am 5. März 1770 insultierte ein Friseurlehrling einen Hauptmann auf offener Straße, ein am Zollhaus stehender Soldat ergriff den Buben und verprügelte ihn. Bostoner liefen zusammen, eine Feuerglocke läutete, und ein Mann in rotem Mantel, wie ihn Samuel Adams zu tragen pflegte, wiegelte die Menge auf. Der Wachtposten wurde mit Eisklumpen und Austernschalen beworfen, wich bis an die Wand des Zollgebäudes zurück und rief um Hilfe. Acht Mann der Hauptwache rückten an, wurden mit Schimpfworten und Wurfgeschossen empfangen. Ein Soldat, anscheinend getroffen, fiel hin, die Rotröcke feuerten ihre Gewehre ab. Drei Zivilisten waren auf der Stelle tot, zwei weitere tödlich verletzt.

Gouverneur Thomas Hutchinson suchte die aufgebrachten Bostoner zu beruhigen; die Soldaten wurden verhaftet und vor ein Geschworenengericht gestellt. Rechtsanwalt John Adams ließ es sich nicht nehmen, als Verteidiger aufzutreten. Indigniert hatte er am 5. März den Volksauflauf beobachtet. Auch er verurteilte die Maßregelungen der Kolonisten durch König und Parlament sowie das Vorgehen der britischen Soldaten, die sich wie Besatzungstruppen aufführten. Auch wenn ihm daran gelegen war, die Rechte und Freiheiten der Amerikaner wiederherzustellen und er sich bereithielt, sie nötigenfalls gegen das Mutterland durchzusetzen, so scheute er doch vor dem Radikalismus seines Vetters Samuel Adams zurück.

Das Geschworenengericht kam nicht umhin, Hauptmann Thomas Preston sowie sechs seiner Soldaten freizusprechen und die zwei anderen nur geringfügig zu bestrafen. Indessen lieferte das »Boston Massacre«, das fünf Patrioten das Leben gekostet hatte, das Stichwort für eine gesteigerte antibritische Agitation. »Denkt an das Bostoner Blutbad!«, rief Samuel Adams seinen Landsleuten zu, und von Jahrestag zu Jahrestag hallte es schriller zurück.« »Weil despotische Herrschaft so offensichtlich die schockierendsten Opfer verlangt, dient alles, was geeignet ist, unbegrenzter Macht Schranken zu setzen, dem Wohle der Gesellschaft, auch wenn es selbst wiederum ein Übel ist«, erklärte der Bostoner Arzt Dr. Benjamin Church zum 5. März 1773. »Denn wenn nur erniedrigende Knechtschaft die verabscheuungswürdige Alternative ist, wer kann sich dann noch voll Schrecken abwenden vom zögernden Dolch eines Brutus, von der blutroten Axt eines Cromwell oder von dem triefenden Messer eines Ravaillac«, des Mörders des französischen Königs Heinrich IV.

Die britische Herrschaft blieb um Selbstbeschränkung bemüht. Noch im Jahre 1770 waren die »Townshend Duties« abgeschafft worden; nur Teezoll wurde weiter erhoben. Das traf die Neu-Engländer, die wie alle Engländer gern und oft Tee tranken, aber es war zu verschmerzen, solange der geschmuggelte Tee nicht ausging. Premierminister Lord North riß mit seinem Teegesetz von 1773 die Wunden auf. Die British East India Company erhielt das Monopol für die Direktbelieferung der nordamerikanischen Kolonien mit indischem Tee. Trotz des beibehaltenen Zolls wurde der Tee billiger. Die Konsumenten hätten damit zufrieden sein können. Aber Kaufleute der Küstenstädte sahen ihr gutes Geschäft mit illegal eingeführtem und zu saftigen Preisen abgesetztem Tee verdorben. John Hancock, der am meisten geschmuggelt und am meisten verdient hatte, gab zu bedenken: Monopole widersprächen dem freien Handel, dem freiheitlichen Geist; wenn der amerikanische Handel in fremde Hände käme, wäre es mit der amerikanischen Selbstbestimmung aus und vorbei. John Hancock konnte sich auf Samuel Adams verlassen, der die Gelegenheit benützte, Bostoner Herren zusammen mit Bostoner Knechten vor den Karren der Revolution zu spannen. Den indischen Tee hereinzulassen, »würde uns und unsere Nachkommen für immer ägyptischen Sklavenhaltern ausliefern!«, rief Samuel Adams am 16. Dezember 1773 bei einer Stadtversammlung im Old South Meeting House aus. Hunderte von Menschen drängten sich im Kirchengestühl zusammen, in dessen Abteilungen eigentlich Hoch und Niedrig auseinandergehalten werden sollten, bildeten einen »Body«, der unisono forderte, daß die im Hafen eingelaufenen Teeschiffe, ohne ihre Ladung gelöscht zu haben, unverzüglich die Segel zur Rückfahrt setzten.

Als der Gouverneur dies ablehnte, schritten die Radikalen von Boston zur Tat. Als Indianer verkleidete und bemalte »Freiheitssöhne« stürmten sie zum Griffin's Kai und auf das Schiff »Dartmouth«, warfen 342 Teekisten im Wert von 10000 Pfund Sterling in das Brackwasser des Hafens. Die »Boston Tea Party«, meinte der vom Reformer zum Revolutionär werdende

Samuel Adams, der »Revolutionär« aus Boston.

John Adams, sei als Volkserhebung »ein epochales Ereignis der Geschichte«, das »wichtige und dauerhafte Folgen« zeitigen müßte.

Davon war auch George Washington überzeugt, doch er befürchtete Konsequenzen, die der amerikanischen Sache eher schaden als nützen würden. Die Töne, die Dr. Benjamin Church in Boston angeschlagen hatte, die Beschwörung von Brutus und Cromwell, erinnerten ihn an die Ausfälle eines Patrick Henry. Dem einheimischen Demagogen traute er Aktionen à la Samuel Adams zu, die das innere Gefüge Virginias erschüttern und einen Ausgleich mit England, den er weiterhin für wünschenswert und immer noch für möglich hielt, erschweren, wenn nicht verhindern würde.

Die Sache Bostons, soweit sie die Entschlossenheit betreffe, keine Steuern mehr ohne Zustimmung der Besteuerten zu entrichten, sei auch die Sache Amerikas, meinte George Washington, aber die Zerstörung von Eigentum, wie auf der »Tea Party« geschehen, verletze nicht nur das Grundgesetz von »Liberty and Property«, worauf die amerikanische Zukunft zu bauen sei, sondern fordere auch König und Parlament zu Gegenmaßnahmen heraus, welche die Gemäßigten zurückwerfen und die Radikalen vorantreiben würden.

Die befürchteten Reaktionen blieben nicht aus. London verfügte: Der Hafen von Boston muß bis zur Zahlung einer Entschädigung für den vernichteten Tee geschlossen bleiben; Räte und Richter der Kolonie Massachusetts bestellt fortan der König, Friedensrichter und Sheriffs der Gouverneur; Town Meetings sind nur noch einmal im Jahr erlaubt; Gesetzesbrecher können künftig in England vor Gericht gestellt werden. Der Militärgouverneur, General Thomas Gage, wird ermächtigt, Gebäude zur Einquartierung von Truppen in Städten zu beschlagnahmen, um die Hüter von Gesetz und Ordnung stets an Ort und Stelle zu haben.

Boston und Massachusetts wurden geschlagen, und ganz Amerika stieß einen Schrei aus. Die »unerträglichen Gesetze« seien »ein beispielloser Beweis des despotischsten Systems einer

Tyrannei, das jemals in einem free government praktiziert wurde«, klagte auch George Washington. Der Virginier, der die Zukunft im Westen sah, empörte sich besonders über die »Quebec Act«, die das Gebiet westlich der Appalachen und nördlich des Ohio den Kanadiern zusprach.

Nun drückte sich auch der Herr auf Mount Vernon in Superlativen aus. Indes unterschieden sie sich von denen eines Patrick Henry oder Samuel Adams dadurch, daß er der deutlichen Aussprache nicht unbedingt eine eindeutige Anwendung folgen lassen wollte. Es blieb ihm nichts anderes übrig, als mit den Wölfen zu heulen. Schon schienen sie ihn für einen Leitwolf zu halten. Ein angeblicher Ausspruch des Burgess von Virginia machte in den Kolonien die Runde: Er wolle tausend Mann auf eigene Kosten ausrüsten und an ihrer Spitze den Bostonern zu Hilfe kommen. Selbst wenn er dies gesagt hätte, wäre er kaum bereit gewesen, dem Wort die Tat folgen zu lassen. Aber das Ondit festigte seinen militärischen Ruf.

»Ich ging zur Kirche und fastete den ganzen Tag«, notierte er am 1. Juni 1774. In Williamsburg beging er mit den Burgesses einen Buß- und Bettag, flehte den Allmächtigen an, den Bostonern beizustehen und dem König von Großbritannien in den Arm zu fallen. Der Pfarrer unterließ zum erstenmal das »God save the King« und bat statt dessen Gott, die vom König bedrohten Rechte und Freiheiten der Amerikaner zu beschützen. Gouverneur Lord Dunmore hatte am 26. Mai 1774 das House of Burgesses aufgelöst, nachdem es gegen »die feindliche Invasion der Stadt Boston« protestiert hatte. Die Abgeordneten zogen wieder vom Kapitol in die Raleigh Tavern und beschlossen, mit Vertretern der anderen Kolonien auf einem kontinentalen Kongreß auf die gemeinsame Herausforderung gemeinsame Antworten zu finden.

Zunächst waren Neuwahlen in Virginia fällig. George Washington kandidierte wiederum im Fairfax County. George Mason übernahm die Formulierung eines Wahlprogramms, dessen antienglische Töne mehr den Wählern als den zu Wählenden gefielen. Die »Fairfax Resolves« erfüllten ihren

Zweck, das Mandat Washingtons wurde erneuert, und der Abgeordnete war aufgerufen, sich an die Vorgaben zu halten, für die amerikanischen Angelegenheiten mit Herz und Hand einzutreten. Am 5. August 1774 bestimmten die Burgesses, die sich als Convention konstituiert hatten, sieben Männer aus ihrer Mitte als Vertreter Virginias auf dem nach Philadelphia einberufenen Kontinentalkongreß. Als dritten – nach Peyton Randolph, dem Sprecher des Hauses, und Richard Henry Lee, den sie den »Cicero dieser Zeit« nannten – wählten sie George Washington. Patrick Henry wurde nur vierter, und Thomas Jefferson fiel durch.

Die Delegierten wurden instruiert, in Philadelphia die Ergebenheit der Kolonie für König Georg III. zu betonen und deren Wunsch vorzubringen, das einseitig vom Parlament gestörte Verhältnis zwischen englischen und amerikanischen Briten wieder in Ordnung zu bringen. Die versöhnlichen Worte waren George Washington aus der Seele gesprochen. Dennoch verkündete er: Die Kolonisten müßten und würden es sich verbitten, vom Mutterland wie Sklaven behandelt zu werden.

Zum Ersten Kontinentalkongreß brach George Washington am 31. August 1774 auf. Begleitet wurde er von Patrick Henry und Edmund Pendleton, zwei weiteren Delegierten Virginias. Von Mount Vernon bis Philadelphia waren sie zu Pferd fünf Tage unterwegs.

Philadelphia war die größte Stadt des nordamerikanischen Kontinents: 30000 Einwohner, 6000 Häuser, 400 Geschäfte, Kirchen und Meeting Houses für Anglikaner, Presbyterianer, Baptisten, Methodisten, Lutheraner, Reformierte, Katholiken, Puritaner, Mennoniten, Mitglieder der Moravian Church, der »Unitas Fratrum«, und – last not least – der Quäker, die alle in dem 1681 von William Penn gegründeten Pennsylvania nach deren Façon selig werden ließen. »Ihr werdet von Gesetzen regiert werden, die ihr euch selbst gegeben habt, und als ein freies, und wenn ihr wollt, einfaches und fleißiges Volk leben«, hieß es in Penns Sendschreiben an die ersten Siedler. Es kamen Engländer, Schotten, Iren, Holländer und nicht zuletzt Deutsche, die in Germantown, einem Vorort von Philadelphia, ihren Mittelpunkt hatten und um 1774 mit 110000 Personen ein Drittel der Bevölkerung Pennsylvanias bildeten. Alle durften auf ihre Weise fromm sein, aber wenige die Politik der Kolonie mitbestimmen. In Philadelphia waren nur zwei Prozent der Einwohner wahlberechtigt.

Der »Verbesserung ihres Glücks«, wie es William Pitt versprochen hatte, waren nicht so enge Grenzen gesetzt. Es wurde viel gebetet und noch mehr gearbeitet, der Segen blieb nicht aus, und der Wohlstand nahm zu. Einen Querschnitt durch die Agrarerzeugnisse des Landes bot der City Market in Philadelphia. Produziert wurden Textilien, Schuhe, Glas, Papier, Eisenwaren und Feuerwaffen. Die Hauptstadt Pennsylvanias war der wichtigste Finanzplatz und – nach Boston – zweitwichtigste Hafen in Nordamerika. Der Delaware River, an dessen Docks die Handelsschiffe anlegten und ablegten, öffnete sich zum Atlantik; er glich einer Nabelschnur, welche die Kolonie mit dem Mutterland verband.

An der Spitze der Gesellschaft standen die Kaufleute. Der reichste war Samuel Powell. Sein Haus in der South Third Street pflegte nach außen das Understatement; denn die Handwerker, Hafenarbeiter und Tagelöhner sollten nicht vor Neid erblassen oder gar rot von klassenkämpferischem Zorn werden, wenn sie vorbeigingen. Bürgersteige gab es auch für sie, und auf den Straßen, die breiter waren als anderswo, hatte jeder freie Fahrt. Clubs wie »Junto« standen wenigen, Tavernen und Kaffeehäuser vielen offen. Im Southwark Theater wurden englische Stücke von englischen Schauspielern aufgeführt, von den 30 Zeitungen in den Kolonien erschienen 7 in Philadelphia, und sie wurden nicht nur in Pennsylvania gelesen.

Die einflußreichsten Blätter wurden von Benjamin Franklin verbreitet. Der Sohn eines Bostoner Seifensieders, der in Philadelphia als Buchdrucker sein Glück gemacht hatte, blieb bemüht, den von ihm aufgenommenen Geist der englischen

Benjamin Franklin, der »Präzeptor Amerikas«.

Aufklärung in einem populären Aufguß weiterzugeben. »Poor Richard« hieß der »Alamanck«, den Franklin zum erstenmal für das Jahr 1733 herausgab und der für eine Generation Amerikaner der »unterhaltende und gemeinnützige« Volkskalender blieb, sozusagen ein Philadelphia-Trichter, der mehr und mehr armen Richards beibrachte, wie sie vorankommen könnten.

»Ich füllte daher alle Zwischenräume, die zwischen den merkwürdigen Tagen in dem Kalender vorkamen, mit Sprichwörtern oder kurzen Sätzen aus, namentlich mit solchen, die Fleiß und Genügsamkeit einprägten, als die Mittel, um zum Wohlstand zu gelangen und dadurch die Tugend zu sichern«, schrieb Benjamin Franklin. »Es ist nämlich für einen Menschen in der Not weit schwieriger, rechtschaffen zu handeln, denn – um hier gleich eines jener Sprichwörter anzuwenden – ›für einen leeren Sack ist es schwer, aufrecht zu stehen‹.«

Der arme Bostoner stand in Philadelphia bald aufrecht da, wurde wohlhabend und angesehen. Doch er begnügte sich nicht damit, das Erreichte zu genießen, sondern ging daran, auch den anderen den Weg zu materiellem Erfolg und moralischer Befriedigung zu weisen: Jeder sei seines Glückes Schmied, indes habe er auch am Glück der anderen mitzuschmieden, Egoismus mit Altruismus, Eigennutz mit Gemeinnützigkeit zu verbinden. »Der gute Mensch von Philadelphia«, wie Franklin genannt wurde, ging mit gutem Beispiel voran. Zwar sagte man ihm nach, daß er, um zu bekommen, was er wollte, gelegentlich unter den hochgehängten Idealen durchschlüpfte, aber das Lob für das Erlangte übertönte die Kritik. Benjamin Franklin gründete einen Verein zur Fortbildung von Handwerkern und Kaufleuten, eine Bibliothek und die »Philosophische Gesellschaft für Amerika«, errichtete die »Philadelphia Academy« zur Heranbildung der Jugend, die er hauptsächlich in Geschichte, Geographie, Redekunst und Mathematik unterrichtet wissen wollte. Er schuf eine »Gesellschaft zur Verbreitung nützlichen Wissens in den britischen Siedlungen Amerikas«, worunter er alles verstand, »was die Macht der Menschen über die Materie stärken und dem Leben Vorteile bringen kann«.

Franklin experimentierte selber, regte den ersten Blitzableiter an, wies die Identität von Blitz und Elektrizität nach.

Dieser Amerikaner sei ein neuer Prometheus, der Feuer vom Himmel geholt und es den Menschen gegeben habe, meinte der deutsche Philosoph Immanuel Kant. Ein Aufklärer hätte sich nicht angemessener betätigen und folgerichtiger einsetzen können: in der Gesellschaft, für die Gesellschaft, für große Anliegen und kleine Bedürfnisse. In Philadelphia sorgte Franklin für Straßenbeleuchtung und Straßenpflasterung, besser wärmende Öfen, weniger qualmende Schornsteine, eine Feuerversicherung und eine Feuerwehr für alle Fälle. 1751 gründete er das »Pennsylvania Hospital«, das älteste Krankenhaus Amerikas.

Der Selfmademan bewährte sich als Ombudsmann, betätigte sich in öffentlichen Ämtern als Friedensrichter, Stadtrat, Sekretär und Mitglied des pennsylvanischen Abgeordnetenhauses, als Oberst der Miliz und Generalpostmeister im englischen Amerika, was der Erweiterung seines Horizonts wie dem Absatz seiner Verlagsprodukte nützte. Das wichtigste war die »Pennsylvania Gazette«, die sich zunehmend der politischen Bildung verschrieb, für ein Zusammenwachsen der dreizehn Kolonien zu werben begann. Der geistige Erzieher wurde auch ein politischer Präzeptor Amerikas. Benjamin Franklin entwarf die erste Bundesverfassung, die einen großen Rat aus Deputierten der Kolonien und einen vom König von Großbritannien ernannten Generalpräsidenten vorsah. Noch ging es um eine gemeinsame Verteidigung gegen Franzosen und Indianer und nicht um eine gemeinsame Abkehr vom Mutterland. Im Jahre 1754 wurde dieser Plan von Vertretern aus sieben Kolonien gebilligt, aber von den Abgeordnetenversammlungen verworfen. Sie sahen keinen Anlaß, sich für etwas zusammenzutun, mit dem jeder für sich fertig zu werden gedachte. In London hielt man ohnehin nichts von einer gesamtamerikanischen Institution, die das »Divide et impera« beeinträchtigte.

Fast fünfzehn Jahre lang versuchte Franklin als Londoner Vertreter Pennsylvanias und anderer Kolonien deren Interessen mit denen der Zentralregierung unter einen, den britischen Hut

»Verbinden oder Sterben«: Benjamin Franklin ruft in allegorischer Form zur Vereinigung der getrennten Kolonien auf.

zu bringen. Die Engländer in Amerika, lautete sein Ceterum censeo, »sind zu allen Vorrechten und Freiheiten der Engländer berechtigt, darunter, nicht besteuert zu werden, außer mit ihrer eigenen Einwilligung«. Aber König und Parlament hörten immer weniger auf den Cato aus Philadelphia, verstießen zunehmend gegen dieses Verfassungsprinzip und veranlaßten die Kolonisten, gemeinsam den Zumutungen entgegenzutreten.

Benjamin Franklin war noch dabei, in London tauben Ohren zu predigen, als am 5. September 1774 der Erste Kontinentalkongreß in Philadelphia zusammentrat. Die »Stadt der Bruderliebe« war als der geeignetste Platz erschienen, die Repräsentanten der Kolonien zusammenzuführen und zusammenzuhalten: In der Mitte der Ostküste gelegen, zur Vermittlung zwischen dem schon demokratischen Neu-England und dem noch aristokratischen Süden bestellt. Ein Ort der Ökumene, an dem die Konfessionen zusammenfanden, ein Schmelztiegel, in dem verschiedene Volksgruppen zusammengerührt wurden, und eine Konferenzstadt mit den erforderlichen Einrichtungen und den erwünschten Annehmlichkeiten, passablen Unterkünften, Gasthäusern, auch solchen, in denen ein Grundherr aus Virginia sich wohlfühlen mochte und ein Puritaner aus Massachusetts keine Gewissensbisse zu bekommen brauchte.

Der Genius loci der Stadt der Bruderliebe wurde beschworen und ein Kalenderspruch Benjamin Franklins zitiert: Ein einzelner Stab könne unschwer zerbrochen werden, nicht aber ein Bündel von Stäben. Indes erwies es sich als schwierig, die einzelnen Kolonien zu einem amerikanischen Bund zusammenzuführen. Ein Sammelsurium von Konfessionen, Bildungsgraden, Lebensweisen und Sonderinteressen, schier unmöglich, es auf einen Nenner zu bringen, stöhnte John Adams aus Massachusetts im Angesicht der 56 Delegierten aus 12 Kolonien, aus Georgia war keiner gekommen.

Bereits bei der Wahl des Tagungslokals gerieten sie sich in die Haare. Joseph Galloway, der Speaker des Abgeordnetenhauses von Pennsylvania, schlug das State House vor, wo man die britisch-amerikanische Tradition zu respektieren hätte. Mit

Der ErsteKontinentalkongreß wird 1774 mit einem Gebet eröffnet.

ihr wollte Samuel Adams, der Führer der Radikalen in Boston und nun in Philadelphia, nichts mehr zu tun haben, er setzte durch, daß man in die Carpenter's Hall zog. Im Zunfthaus der Zimmerleute mußten die Delegierten eng zusammenrücken und konnten – nomen est omen – gemeinsam darangehen, einen amerikanischen Neubau zu zimmern.

Zum Kongreßpräsidenten wurde Peyton Randolph, der Speaker des Abgeordnetenhauses von Virginia, gewählt, der eine gepuderte Perücke und einen im Lande gewebten und geschneiderten Anzug trug, so daß Konservative wie Progressive an ihm Anziehendes fanden. George Washington, der zu den ersteren zählte, mißfiel die Bestallung eines Radikalen aus Pennsylvania, Charles Thomson, zum Kongreßsekretär. In der Auseinandersetzung um den Abstimmungsmodus begrüßte er die Forderung seines Landsmannes Benjamin Harrison, daß größere Kolonien wie Virginia eine gewichtigere Stimme als kleinere bekommen sollten, sowie dessen Warnung: Wenn man das Old Dominion nicht gebührend berücksichtige, werde man auf die Virginier nicht mehr zählen können. Patrick Henry fuhr dazwischen: »Die Unterschiede zwischen Virginiern, Pennsylvaniern, New Yorkern und Neu-Engländern haben aufgehört. Ich bin kein Virginier, ich bin ein Amerikaner!« Jede Kolonie, ob groß oder klein, erhielt eine gleichberechtigte Stimme. Die Unterschiede blieben Washington bewußt, doch die Gemeinsamkeiten übersah er nicht. Die Delegierten aller Kolonien sprachen und dachten englisch, gehörten – von einem Außenseiter wie Samuel Adams abgesehen – zum britisch-amerikanischen Establishment, das seine Positionen behaupten und ausbauen wollte. Ob mit oder gegen England, darüber war man sich nicht einig. Keineswegs alle waren »high for liberty«, wie es John Adams gerne gehabt hätte, der drei Kategorien von Kongreßteilnehmern unterschied: Ein Drittel Tories, die am Mutterlande hingen, ein Drittel Whigs, die sich von ihm distanzierten, und »der Rest Bastards«.

Ihm und anderen Kollegen fiel es schwer, George Washington einzuordnen. In der Carpenter's Hall machte er kaum den

Mund auf, und auch in den Tavernen, in denen viel und laut diskutiert wurde, war er nicht gesprächig. Er beobachtete alles und jeden, mochte es für unpassend finden, im Zunfthaus der Zimmerleute auf einer Bank mit Radikalen zu sitzen und ihre Tiraden mitanhören zu müssen. Seine Person fand nicht die Beachtung wie im heimischen Virginia, aber das war ihm ganz recht; denn es fiel ihm schwer, eine seinem Wesen wie seinen Anschauungen gemäße Mittellinie zwischen entschiedenen Tories und extremen Whigs zu vertreten. George Washington sei bescheiden und gemäßigt, bemerkte sein Landsmann Roger Atkinson und bleibe »bei allem was er tut, gelassen wie ein Bischof beim Gebet«. Wofür er betete, wurde in Philadelphia nicht deutlich, und auch eine schriftliche Äußerung Washingtons gab keinen letzten Aufschluß.

Adressat des Briefes vom 9. Oktober 1774 war Captain Robert Mackenzie, der unter ihm im Virginia Regiment gedient, britischer Offizier geworden war und in Boston zur Besatzungstruppe gehörte. Wohl nicht allein aus eigenem Antrieb, sondern auf Anregung seines Generals Gage hatte er seinen ehemaligen Vorgesetzten, einen der wenigen Amerikaner mit militärischer Erfahrung, auf die Seite der Engländer, der angeblich alleinigen Garanten von Law and Order, zu ziehen versucht. Washington ahnte, daß der Militärgouverneur mitlesen würde, und ging deshalb in seinem Antwortschreiben mehr als bei den Kongreßsitzungen aus sich heraus. Zunächst bedauerte er es, daß der Kamerad sich in den Dienst einer ungerechten Sache gestellt habe und sich der Beihilfe zu einer Verletzung »der wesentlichsten Rechte der Menschheit« schuldig mache. Anschließend versicherte er ihm – und allen, die es im Bostoner Hauptquartier zur Kenntnis nehmen sollten –, daß es weder in seiner Absicht noch im Interesse der britischen Amerikaner läge, nach Unabhängigkeit zu rufen. Aber er wie alle Kolonisten würden sich nicht die Rechte und Privilegien nehmen lassen, die unabdingbar für das Glück jedes freien Staatswesens und ohne die »Leben, Freiheit und Eigentum« nicht gewährleistet seien. Washington fügte die Warnung hinzu: Wenn die Engländer, namentlich die Rotröcke, die Amerikaner zum Äußersten trieben, werde mehr Blut als jemals zuvor in Nordamerika fließen, würden dem »großen Land« – womit er wohl ganz Großbritannien, jenseits wie diesseits des Atlantiks, meinte – Wunden zugefügt werden, die auch die Zeit nicht zu heilen vermöchte.

Die Hoffnung, daß man sich unter dem Union Jack arrangieren könnte, hatte er immer noch nicht aufgegeben. Die Resolutionen des Ersten Kontinentalkongresses sprachen sich noch nicht für eine Auflösung des Verhältnisses zwischen Kolonien und Mutterland, indessen resolut für eine Zurücknahme der Londoner Zwangsmaßnahmen und die Wiederherstellung der Rechte und Freiheiten der britischen Amerikaner aus. Zwar wurde ein von Robert Galloway eingebrachter und von Pennsylvaniern wie New Yorkern – Vertretern der auf Vermittlung bedachten Mittelkolonien – unterstützter »Plan of Union« mit knapper Mehrheit verworfen: eine Konföderation der Kolonien unter einem vom König ernannten President-General und einem von den Abgeordnetenhäusern beschickten Grand-Council mit England in einer Art britischem Commonwealth verbunden. Aber auch die Grundsatzerklärung vom 14. Oktober 1774 zielte nicht auf ein Zerreißen, sondern auf eine Instandsetzung der einseitig von London beschädigten Bande.

In der am 20. Oktober 1774 geschlossenen »Association« bekannten die Vertreter der Kolonien »unsere Loyalität zu Seiner Majestät, unsere Liebe und Rücksicht auf unsere Mituntertanen in Großbritannien« und beschuldigten nicht den König, sondern das »ruinöse System einer Kolonialverwaltung«, mit den Kolonien das ganze Reich versklaven zu wollen. »Um Abhilfe gegen solche Unbill, die Leben, Freiheit und Eigentum von Seiner Majestät Untertanen in Nordamerika mit Vernichtung bedroht, zu erlangen, sind wir der Meinung, daß ein treu befolgtes Abkommen über Nicht-Einfuhr, Nicht-Verbrauch und Nicht-Ausfuhr sich als die schnellste, wirksamste und friedlichste Maßnahme erweisen wird.«

Als Druckmittel wurde ein Handels- und Konsumboykott

beschlossen. Die Delegierten verpflichteten sich im Namen ihrer Kolonien, ab 1. Dezember 1774 keine Waren aus England mehr einzuführen, ab 1. März 1775 auf den Verbrauch importierter Waren, auch Tee und Madeira, zu verzichten und – sollten die Zwangsgesetze immer noch nicht widerrufen sein – ab 1. September 1775 den Export von Indigo aus Carolina und virginischem Tabak in das Mutterland einzustellen.

Auf seinen Madeira wollte Washington ungern verzichten und auf seiner Tabakernte nicht sitzenbleiben. In der Erwartung, daß die Briten angesichts der bekundeten Entschlossenheit der Amerikaner einlenken würden, unterschrieb auch er die »Association«, eine »feste Vereinbarung und einen festen Bund«, den ersten »Zusammenschluß« der Kolonien, das Grunddokument einer amerikanischen Union.

Noch war die Atlantikbrücke nicht abgebrochen. George Washington billigte alles, was sie wieder von beiden Seiten begehbar machen könnte, begrüßte die Petition des Kongresses an den König, die Rechte der Kolonisten zu schützen, wie den Appell an die Bevölkerung Englands, in dem um Verständnis für die Gegenmaßnahmen gebeten und die Zuversicht ausgedrückt wurde, »daß die Großmut und Gerechtigkeit der britischen Nation das Parlament mit weisen, unabhängigen und vom Gemeingeist beseelten Männern besetzen wird, welche die verletzten Rechte des ganzen Reiches vor den Anschlägen schlechter Minister und verderblicher Ratgeber« sichern, »und daß sie dadurch die Eintracht, Freundschaft und brüderliche Liebe zwischen allen Einwohnern der Königreiche und Länder Seiner Majestät, die von jedem rechtschaffenen Amerikaner so heiß gewünscht werden, wiederherstellen können«.

Am 27. Oktober 1774 verließ Washington die Stadt »der Bruderliebe« mit gemischten Gefühlen. Einerseits war sein Vertrauen in die Einsicht des Parlaments in Westminster erschüttert, andererseits war er von den in Philadelphia zutage getretenen Absichten amerikanischer Radikaler nicht erbaut. Er hatte erkannt, daß sein Mittelweg nicht an einen Punkt führen dürfte, an dem er sich zwischen beiden Lagern wiederfände.

DER BEFREIER

Waffengeklirr

In Virginia sammelte sich die Miliz, wurden Kompanien gebildet und Oberst Washington von der einen und anderen aufgefordert, das Kommando zu übernehmen. Im November 1774 bestellte er in Philadelphia hundert Musketen, einige Trommeln und Pfeifen sowie Dienstvorschriften. Wenn es schon zum Krieg kommen sollte, dann wollte er in ihn in überkommener Ordnung ziehen und nach hergebrachten Regeln führen.

In London schien Mars das Heft in die Hand genommen zu haben. König Georg III. rüffelte General Gage, der die Öffnung des Bostoner Hafens und die Abschaffung der Zwangsgesetze vorgeschlagen hatte. Dem Parlament bekundete er seine Entschlossenheit, die Autorität der Krone über die Kolonien nicht antasten zu lassen. Die königlichen Streitkräfte in Nordamerika wurden verstärkt und die Gouverneure angewiesen, einen zweiten Kontinentalkongreß zu verhindern. Im Oberhaus plädierte am 20. Januar 1775 William Pitt vergebens für einen sofortigen Abzug der Rotröcke aus Boston. Der Whig vertrat die englischen Staatsideale, die von der Regierung in Amerika verletzt wurden, und verfocht die Interessen englischer Kaufleute, die um den Kolonialhandel bangten. Im Unterhaus verlangte am 22. März 1775 der Whig Edmund Burke eine Versöhnung mit den Kolonisten und warnte vor einem Konflikt, in dem nichts zu gewinnen und viel zu verlieren wäre: »Ich möchte keineswegs Amerikas Geist brechen, denn es ist der Geist der Freiheit, der jenes Land geschaffen hat.« Die Parlamentsmehrheit hörte nicht auf ihn. Mit 271 zu 78 Stimmen wurde ein Widerruf der Zwangsgesetze abgelehnt.

Am 22. März 1775 trat in Richmond die Virginia Convention zusammen, nicht als revolutionärer Konvent, sondern als das in der englisch-amerikanischen Tradition stehende House of Burgesses. Die Vertreter der Kolonie waren jedoch von Williamsburg nach Richmond ausgewichen, um Einsprüchen oder gar Eingriffen des königlichen Gouverneurs zu entgehen. Richmond, die heutige Hauptstadt des Bundesstaates Virginia, war noch ein Dorf, als Tagungslokal bot sich nur die Saint John's Church an. Die Sitzung eröffnete Reverend Miles Selden mit einem Gebet für Georg III.: Der Heilige Geist möge den König erleuchten, auf den rechten Weg führen und ihm die Kraft verleihen, alle seine Feinde zu bezwingen. Indessen saßen auf den Kirchenbänken Amerikaner, die zwar ihre Loyalität zum britischen Herrscher bekundeten, aber keinen Zweifel daran ließen, daß sie von Freunden zu Gegnern würden, wenn das Mutterland fortführe, der Kolonie die englischen Freiheiten vorzuenthalten.

Parlamentsgesetze zur Steuererhebung in den Kolonien wie zur Sperrung des Hafens von Boston seien Akte einer auswärtigen Macht, denen sich die Amerikaner mit allen Mitteln widersetzen sollten, spornte Thomas Jefferson seine Kollegen an. Zur Durchsetzung der amerikanischen Rechte müsse eine schlagkräftige Miliz aufgestellt werden, forderte Patrick Henry und brachte einen entsprechenden Antrag ein. Widerspruch kam von Edmund Pendleton, der auf die militärische Überlegenheit Englands verwies, und Benjamin Harrison, der die Tabakernte gefährdet sah. George Washington fuhr dazwischen: Er sei ein Soldat, und ein Soldat müsse stets kampfbereit sein; sollte die Convention Henrys Antrag verwerfen, werde er auf eigene Kosten Truppen aufstellen und zur Befreiung Bostons aufbieten.

Oberst Washington schien bereits das Pfeifen der Kugeln zu vernehmen, das dem Milizionär nicht unangenehm in den Ohren geklungen hatte. Der Grundherr von Mount Vernon hatte seine Bedenken gegen einen Konflikt mit der englischen Militärmacht an der Seite amerikanischer Rebellen, welche mit der politischen die gesellschaftliche Ordnung gefährdeten, überwunden. Jedenfalls ließ er sich von der Stimmung mitreißen, die Patrick Henry anheizte: »Es gibt kein Zurück... Der Krieg ist unvermeidlich – laßt ihn kommen!... Allmächtiger Gott! Ich weiß nicht, wie andere sich entscheiden werden... Für mich steht fest – gib mir die Freiheit oder gib mir den Tod!«

Sein Antrag wurde angenommen, die Miliz einberufen und Oberst Washington beauftragt, Ausbildung und Ausrüstung in die Hand zu nehmen. Am 25. März schrieb er seinem Bruder John: »Es ist meine feste Absicht, mein Leben und mein Vermögen der Sache zu widmen, in die wir engagiert sind.« Zum Angriff wollte er noch nicht blasen. Als Gouverneur Dunmore, alarmiert durch die Mobilmachung, Schießpulver aus Williamsburg auf ein britisches Schiff schaffen ließ, half Washington mit, Milizen davon abzuhalten, es mit Gewalt zurückzuholen, und den Lord zu überreden, es in das Magazin zurückzubringen. Noch stand Washington Gewehr bei Fuß. Doch bald traf ein, was Patrick Henry in Richmond vorausgesagt hatte: »Der nächste Windstoß aus dem Norden wird Waffengeklirr an unsere Ohren tragen.«

In Massachusetts hatte sich bereits am 7. Oktober 1774 ein revolutionärer Provinzialkongreß konstituiert. Der eingesetzte Sicherheitsausschuß unter Vorsitz des Milizkommandeurs John Hancock beschloß am 8. April 1775, eine Armee aufzustellen. Lord Dartmouth, der Staatssekretär für die Kolonien, beauftragte General Thomas Gage, den Militärgouverneur, die Rebellion zu unterdrücken. Siebenhundert Soldaten wurden nach dem 21 Meilen von Boston entfernten Concord in Marsch gesetzt, mit dem Befehl, das dortige Munitionslager der Miliz zu beschlagnahmen und die Anführer John Hancock und Samuel Adams festzunehmen.

In Lexington, durch das die Straße nach Concord führte, suchten 70 Milizmänner die erste Kolonne, 400 Rotröcke, vergebens aufzuhalten. Die Weitermarschierenden fanden in Concord ein ausgeräumtes Magazin und wurden durch einen Angriff der Rebellen zum Rückzug gezwungen, auf dem sie

Rückzug der britischen Soldaten aus Concord unter dem Feuer amerikanischer Milizmänner.

unaufhörlich aus dem Hinterhalt beschossen wurden; 73 Soldaten fielen, 174 wurden verwundet und 26 vermißt. Die Amerikaner zählten 49 Tote und 41 Verwundete.

Man schrieb den 19. April 1775. Wie vom Sturmwind wurde die Nachricht von Norden nach Süden getrieben, erreichte bald das 800 Kilometer entfernte Virginia. Auf Mount Vernon vernahm George Washington das Waffengeklirr der Kriegsouvertüre. Er warf einen letzten Blick auf die Büsten von Alexander dem Großen, Julius Caesar, Karl XII. von Schweden, Friedrich II. von Preußen, Prinz Eugen und Herzog von Marlborough, der großen Feldherren der Weltgeschichte, zog seine Uniform an, schnallte den Degen um und begab sich am 4. Mai 1775 auf den Weg zum Zweiten Kontinentalkongreß nach Philadelphia. Sein Mount Vernon sollte er erst wieder 1781 für wenige Tage und 1783 für längere Zeit wiedersehen.

In Philadelphia wurde Oberst Washington mit militärischen Ehren empfangen. Unter den Klängen einer Kapelle und mit einer Eskorte von pennsylvanischen Milizionären zog er in die Stadt ein. Dabei entging ihm nicht, daß die Männer eher zur Parade als für das Feld ausstaffiert waren. Sie trugen blaue Röcke, weiße Westen und Hosen, schwarze Kniebänder, Hüte mit Kokarden und Patronentaschen, auf denen »Liberty« stand. Aber er bemerkte auch Schützen in Jagdhemden, die mit Tomahawks und Rifles bewaffnet waren, jenen Büchsen, die Grenzer zu handhaben wußten und die treffsicherer als Musketen waren.

Am 10. Mai 1775 trat der Zweite Kontinentalkongreß zusammen, nicht mehr, wie der Erste, in Carpenter's Hall, sondern im State House. Die Delegierten der zwölf Kolonien – Georgia war auch diesmal nicht offiziell vertreten – scheuten nicht mehr davor zurück, in einem britischen Staatsgebäude zu tagen, das nicht wenige in ein amerikanisches Regierungshaus umzufunktionieren gedachten. Die Loyalisten hatten abgenommen, die Radikalen zugenommen. Präsident wurde John Hancock aus Massachusetts. Bei Lexington und Concord hatten die Rebellen mit dem Ruf »King Hancock für immer!« die Soldaten King Georges angegriffen.

Schon wurde von »United Colonies« gesprochen und noch im selben Jahr eine amerikanische Flagge gehißt: dreizehn rote und weiße Streifen für die dreizehn verbündeten Kolonien – doch im viereckigen Feld der Union Jack als Zeichen der weiterhin gewünschten Verbindung mit Großbritannien. An Unabhängigkeit dachten nicht viele Delegierte, und nur wenige mochten davon sprechen. Aber fast alle waren entschlossen, das Mutterland dahin zu bringen, »sich auf vernünftiger Grundlage mit uns zu versöhnen, und damit dem Reich die Übel eines Bürgerkrieges zu ersparen«.

»Es erfüllt mich mit tiefer Befriedigung, daß in ganz Nordamerika kein denkender Mensch so etwas wie die Unabhängigkeit wünscht«, hatte Washington noch unlängst erklärt. Inzwischen war bei Lexington und Concord geschossen worden, Boston wurde von Tausenden von Milizmännern belagert, aber der Virginier wollte immer noch nicht alle Hoffnung fahren lassen, daß im letzten Moment ein Ausgleich gefunden, ein Kampf mit dem übermächtigen, das Land und die See beherrschenden England vermieden werden könnte – ein Krieg, der in Neu-England bereits als amerikanischer Unabhängigkeitskrieg angesehen wurde.

»Amerika ist ein großer, ungefüger Kasten. Sein Vorankommen kann nur langsam sein. Es ist wie bei einer im Geleitzug segelnden Flotte. Das tüchtigste und schnellste Schiff muß auf das schwerfälligste und langsamste warten«, bemerkte John Adams, der mitgeholfen hatte, auf dem Schiff Massachusetts alle Segel zu setzen und der Unabhängigkeit entgegenzusteuern. Vertreter anderer Kolonien hatten es nicht so eilig. Noch vor kurzem hatte der aus London nach Philadelphia zurückgekehrte Benjamin Franklin befunden: Man dürfe die Neu-Engländer keinen Krieg ohne Genehmigung des Kontinentalkongresses beginnen lassen, und wenn sie einen allein begännen, sollte man sie ihn auch allein durchfechten lassen.

Die »Grand Union«, eine erste amerikanische Flagge.

Vornehmlich Delegierte aus Pennsylvania und New York zögerten, den Krieg, den die Rebellen in Massachusetts eröffnet hatten, zum Krieg aller Amerikaner zu erklären.

Dem Soldaten Washington blieb bewußt, daß man für alles gerüstet sein müßte: Für eine militärische Demonstration, um London zum Einlenken zu bewegen und das Einvernehmen mit England wiederherzustellen – aber auch für eine bewaffnete Auseinandersetzung aller Kolonien mit einem uneinsichtigen Mutterland, die mit einem Friedensschluß unter Brüdern gebliebenen Briten enden könnte, nicht unbedingt zur Unabhängigkeit eines amerikanischen Staates führen müßte.

Die »Truppen des Ministeriums« – er versagte es sich, sie Truppen des Königs zu nennen – seien nicht zu Unrecht bei Lexington und Concord angegriffen und geschlagen worden; denn sie hätten sich an privatem Eigentum, an einem der Selbstverteidigung vorbehaltenen Magazin zu vergreifen versucht, schrieb George Washington am 31. Mai 1775 an George Fairfax in London. Aber es sei ein Unglück, »daß das Schwert eines Bruders in die Brust eines Bruders gestoßen wurde«, und es bleibe die betrübliche Aussicht, daß die einst glücklichen und friedlichen Gefilde Amerikas entweder mit Blut getränkt oder von Sklaven bewohnt werden würden. »Eine traurige Alternative! Aber kann ein tugendhafter Mann unschlüssig sein, welche Wahl er zu treffen habe?«

Als einziger Delegierter, der Uniform trug und mehr militärische Kenntnisse als andere mitbrachte, wurde Washington zum Vorsitzenden von Ausschüssen bestimmt, die sich mit der Verteidigung von New York, der Beschaffung von Munition und der Finanzierung und Regulierung der Streitkräfte in Massachusetts beschäftigten. Durch seine Erfahrungen und Fähigkeiten in militärischen Angelegenheiten sei er von großem Nutzen, fand John Adams und stellte den Antrag: Der Kontinentalkongreß möge die neu-englische Armee vor Boston als Kontinentalarmee übernehmen und zum Oberbefehlshaber den Gentleman aus Virginia, George Washington, bestellen.

»King Hancock«, der sich zu diesem Posten berufen hielt,

haderte mit seinem Landsmann, der nicht den Gesinnungsgenossen aus Massachusetts, sondern einen Aristokraten aus Virginia vorgeschlagen hatte. »Diese Ernennung wird von größter Bedeutung für den Zusammenschluß der Kolonien zu einer Union sein«, konstatierte John Adams; denn ein aus dem Süden kommender Generalissimus festige den Zusammenhalt mit dem Norden, die beiden wichtigsten Kolonien – Virginia und Massachusetts – würden gemeinsam in den Krieg ziehen und die anderen nachziehen. Die militärischen Qualitäten seines Kandidaten vermochte der Zivilist John Adams schwerlich zu beurteilen. Den Ausschlag gaben für ihn taktische Überlegungen und seine Einschätzung der Persönlichkeit Washingtons. Der Virginier machte kaum den Mund auf, was vermuten ließ, daß er ihm und anderen, die sich zur Führung der Unabhängigkeitsbewegung berufen fühlten, nicht dreinreden würde. War er nicht ein fast unbeschriebenes Blatt, das im Sinne der Radikalen von Boston beschrieben werden könnte? Dieser sich liberal gebende Konservative, wäre er nicht ein Integrator für Whigs und Tories? Dieses stille Wasser, das alles und jedes widerzuspiegeln schien, könnte es nicht als Sinnbild amerikanischen Wesens erscheinen?

Als bewiesen worden war, daß nicht nur das Kalkül des Vorschlagenden, sondern auch die Kapazität des Vorgeschlagenen die Ernennung zum Oberbefehlshaber gerechtfertigt hatte, erklärte John Adams: »Washington war das Geschöpf eines Prinzips, und dieses Prinzip war die Vereinigung der Kolonien.«

Zunächst bewies der Gentleman aus Virginia, daß man sich in seinem Charakter nicht geirrt hatte. Kaum nominiert, verließ er den Sitzungssaal, blieb der Abstimmung fern. Als er vom Kontinentalkongreß einstimmig zum »General und Oberbefehlshaber der Armee der vereinigten Kolonien« gewählt worden war, nahm der Dreiundvierzigjährige am 16. Juni 1775 das Amt mit den Worten an: »Herr Präsident! Obwohl ich ganz und voll die hohe Ehre empfinde, welche mir durch diese Ernennung zuteil wird, so fühle ich mich doch sehr beklemmt bei dem Bewußtsein, daß meine Fähigkeiten und meine militärischen Erfahrungen einem so ausgedehnten und wichtigen Vertrauen nicht entsprechen dürften. Indes, da der Kongreß es wünscht, so werde ich ohne Säumen mich meiner Pflicht unterziehen und alle Kräfte, die mir zu Gebote stehen, im Dienst unserer glorreichen Sache ausüben.« Vorsorglich gab er zu Protokoll: »Sollte nun irgend ein unglückliches, meinem Ruf ungünstiges Ereignis eintreten, so bitte ich, daß jedermann in diesem Saal sich daran erinnere, daß ich mit vollster Aufrichtigkeit von diesem Platze erkläre: Ich fühle mich dem Kommando, mit welchem ich beehrt werde, nicht gewachsen.«

Was die Bezahlung anbelange, »so erlaube ich mir, dem Kongreß zu versichern, daß keinerlei pekuniäre Erwägung mich veranlaßt haben könnte, diese schwierige Stellung gegen den Verlust häuslicher Bequemlichkeit und die Entbehrung häuslichen Glücks einzutauschen; ich will keinen Gewinn daraus ziehen«. Das Angebot, ihm 500 Dollar Gage im Monat zu zahlen, lehnte er ab, nur seine Spesen wollte er ersetzt haben. Noch im Juni 1775 stellte er 2000 Dollar in Rechnung, für Pferde, Wagen, Geschirre, Reise- und Unterhaltskosten, wobei er die Einzelausgaben peinlich genau belegte. Bis 1783 waren seine Forderungen auf insgesamt 64355 Dollar und 30 Cent angestiegen.

Wenn es um Kopf und Kragen ging, wollte er wenigstens kein Geld verlieren. Er riskiere durch Annahme des Kommandeurspostens seine Reputation und erwarte, sie einzubüßen, gestand er Patrick Henry. Das Ansehen, das er sich mühsam in Virginia erworben hatte, stand nun in Amerika auf dem Spiel. Es schien unmöglich zu sein, England zu schlagen, das ein unerschöpfliches Potential, gedrillte Soldaten und erprobte Generäle besaß. Zwar versprachen ihm die Vertreter der Kolonien, ihn mit ihrem »Leben und Vermögen« zu unterstützen, aber er wußte, daß ihm nur bescheidene Mittel, unausgebildete Truppen und unerfahrene Offiziere zur Verfügung stehen würden. Er selber hatte nur den Buschkrieg kennengelernt, nie eine größere Einheit ins Feld geführt, war nicht mit dem Einsatz von Artillerie und Kavallerie vertraut, und die Sammlung von Feldherrenbüsten und Fachbüchern in Mount Vernon prädestinierten ihn noch nicht zum Strategen.

Ehrlich, wie er gegen sich selber war, gestand er sich ein, daß seine früheren Militäraktionen nicht gerade erfolgreich verlaufen waren. Wie ein Einäugiger unter Blinden mochte sich der Generalissimus vorkommen, wenn er seine vom Kongreß gewählten Generalmajore betrachtete. Artemas Ward, dem ein Blasenstein zu schaffen machte, mußte vom Krankenlager ins Feldlager geholt werden. Philip Schuyler war ein Politiker mit Torystreifen. Israel Putnam brachte die richtige Whiggesinnung, doch nur Fertigkeiten als Bauer und Schankwirt mit. Charles Lee wurde von den Indianern »Kochendes Wasser« genannt, womit eine Eigenschaft des ehemaligen britischen Offiziers angedeutet war, die nicht unbedingt einem Truppenführer anstand.

Und wo war die Streitmacht, die der frisch gebackene »General und Oberbefehlshaber der Armee der vereinigten Kolonien« führen sollte? Der Kongreß beschloß, zehn Jägerkompanien, sechs in Pennsylvania und je zwei in Virginia und Maryland aufzustellen und sie in Massachusetts einzusetzen. Dort, vor Boston, standen zwar Tausende von Bewaffneten, aber es war die neu-englische Miliz, keine reguläre Armee.

Einen Tag nachdem George Washington in Philadelphia das Oberkommando angenommen hatte, wurden die Amerikaner vor Boston, die er befehligen sollte, von den Engländern geschlagen. Am 17. Juni 1775 ließ General Gage 2400 Rotröcke gegen die von den Belagerern besetzten, Stadt und Hafen beherrschenden Hügel Breed's Hill und Bunker Hill anstürmen. Der Feind wurde mehrere Male zurückgeschlagen, erzählte der Milizmann Amos Farnsworth, ein Farmer aus Massachusetts. »Als wir ungefähr zwei Stunden lang schwersten Beschuß ausgehalten, viele all ihre Munition verschossen hatten und keine Verstärkung kam, obwohl viele Truppen in der Nähe waren, zogen wir uns über die Landenge von Charlestwon zurück.« John Chester, Hauptmann einer Milizkompanie aus Connecticut, berichtete: »Unser Rückzug war beschämend und skandalös wegen der Feigheit, der schlechten Haltung und der fehlenden Ordnung der Truppen von Massachusetts.« Von den über 3 000 Neu-Engländern auf den Hügeln der Halbinsel von Charlestown hatten nur 1500 an der Schlacht von Bunker Hill, der ersten des Krieges, teilgenommen. Der Kampfgeist der Milizen ließ zu wünschen übrig. Über die Niederlage tröstete sich so mancher mit dem Hinweis hinweg, daß die Verluste der Engländer – 226 Tote und 828 Verwundete – weit höher als die der Neu-Engländer waren, die 140 Tote und 271 Verwundete zählten. Bunker Hill sei ein Pyrrhussieg der Briten gewesen, meinte mancher Geschlagene; nach Niederlagen wie dieser, wenn immer weniger Rotröcke übrigblieben, könnten vielleicht die Amerikaner ausrufen: »Noch eine solche Niederlage, und wir haben gewonnen!«

George Washington gab sich keinen Illusionen hin. »Von dem Tage, an dem ich das Kommando der amerikanischen Armee übernehme, datiere ich meinen Fall und den Ruin meiner Reputation«, bekannte er einem Freund, und seine Mutter meinte: »Ich werde eines Tages hören müssen, daß sie George gehängt haben.« Für einen Hoffnungsträger der amerikanischen Sache hielten ihn Mitglieder des Zweiten Kontinentalkongresses. Der Kongreß habe den »schlichten und tugendhaften, liebenswürdigen, großmütigen und tapferen George Washington, Esquire« zum Oberbefehlshaber der Kontinentalarmee bestellt, und diese Wahl werde von großer Bedeutung für die Festigung und Sicherung der Union der Kolonien sein, schrieb John Adams seiner Frau Abigail nach Braintree. Nachdem sie den Generalissimus im Lager vor Boston kennengelernt hatte, schrieb sie ihrem Mann nach Philadelphia: Er habe in der Schilderung der Vorzüge Washingtons untertrieben, die sie mit einem Dichterwort John Drydens hervorheben zu müssen meinte: »Beachte seine majestätische Gestalt; sie gleicht einem Tempel, von Anfang an geheiligt und von göttlichen Händen geschaffen.« Die Vergöttlichung ging John Adams zu weit, obwohl er sich für den Schöpfer des Oberbefehlshabers hielt und für seine Schöpfung Lob erwartete. Schon jetzt suchte er einer Glorifizierung Washingtons entgegenzuwirken, und schließlich grollte er: Der Virginier »hat sich den Ruf eines großen Mannes erworben, weil er stets den Mund hielt«.

George ging im Brief vom 18. Juni 1775 an seine Frau in Mount Vernon, in dem er seine Ernennung mitteilte, aus sich heraus und zeigte menschliche Züge: »Du darfst mir glauben, meine liebe Patsy, wenn ich Dir auf das Ernsthafteste versichere, daß ich diesen Auftrag nicht gesucht, sondern alles in meiner Macht Stehende getan habe, um ihm zu entgehen; nicht nur aus mangelnde Bereitschaft, Dich und die Familie zu verlassen, sondern auch aus dem Bewußtsein heraus, daß dies eine Aufgabe ist, die meine Fähigkeiten übersteigt, und weil ich wußte, daß ich in einem Monat mit Dir daheim mehr wahres Glück finde, als ich draußen in der Welt auch nur im entferntesten erhoffen kann, und wenn ich siebenmal sieben Jahre bliebe.« Er erwartete, »daß ich im Herbst gesund zu Dir zurückkehren werde«, ahnte nicht, daß er noch gut sieben Jahre fernbleiben müßte – sieben Jahre Krieg multipliziert mit sieben Jahren Ruhm für den Mann, der sich der großen Aufgabe nicht entziehen konnte, »ohne mich Vorwürfen auszusetzen, die mir zur Unehre gereicht und meine Freunde verletzt hätten«. Weiterhin vertraue er auf die Vorsehung, »die mich bisher erhalten und gesegnet hat«. Vorsorglich machte er sein Testament. George legte es dem Brief an Patsy bei, die er ermunterte, ihre Tage so angenehm wie möglich zu verbringen, und nichts werde ihm so große Freude bereiten, als dies von ihr zu hören. Am 23. Juni 1775 ging der Generalissimus an die Front.

Am 3. Juli übernahm er in Cambridge vor Boston das Kommando über eine Armee, die er erst zu einer Armee machen mußte.

Eine Sisyphusarbeit schien ihn zu erwarten. In Philadelphia war er mit dem einem Commander-in-chief zustehenden militärischen Zeremoniell verabschiedet worden. Nicht allen gefiel die Haltung, die er annahm und beibehielt. George Washington, fand David Meade, posiere wie ein orientalischer Monarch und nicht wie ein republikanischer General. Einen Dämpfer setzte ihm auf der Durchreise in New York City die dortige Assembly auf. Sie erwarte, daß nach der Erfüllung des sehnlichsten Wunsches jedes Amerikaners, einer Aussöhnung mit dem Mutterland, der Oberbefehlshaber sein Amt niederlege und in die Reihen der Zivilisten zurücktrete. Er habe als Soldat nicht den Bürger abgelegt, entgegnete Washington und versicherte, daß er sehnsüchtig die glückliche Stunde erwarte, in der er sich nach Sicherung der amerikanischen Freiheit ins Privatleben zurückziehen könnte. Auf der Zwischenstation in Watertown, wo der Kongreß von Massachusetts tagte, begegnete er viel Revolutionsbegeisterung, doch wenig Entschlossenheit, sie in Taten umzusetzen, und kaum Bereitschaft, dies unter dem Kommando eines virginischen Aristokraten zu tun. Als er am Abend in seinem Hauptquartier in Cambridge ankam, fand er betrunkene Offiziere vor. Die Tugend sei das Fundament der Freiheit, Tugendhaftigkeit die Voraussetzung eines Freiheitskampfes, befand Washington und bemühte sich, die Moral der Truppe zu heben. Dabei neigte er zu einer Akzentuierung des Sechsten Gebotes. Baden sei erlaubt, aber nicht an der Brücke von Cambridge, über die Männer splitternackt gelaufen und Passanten, darunter Ladies, schockiert hätten, hieß es in den General Orders.

Die Disziplin der Milizionäre ließ zu wünschen übrig. Es waren eben Freiwillige, welche die Selbstbestimmung ihres Landes, für die sie kämpften, auch für ihre Person in Anspruch nahmen, und die Gleichrangigkeit, auf die sie im Zivilleben Wert legten, auch im Soldatendasein nicht missen wollten. An eine beim Militär unumgängliche Hierarchie mochten sich selbst Offiziere kaum gewöhnen. Viele waren Bauern, Handwerker oder Schankwirte, die meisten gewählt, nicht ernannt; sie mußten und wollten bei ihren Wählern beliebt sein, hielten sich nicht für Vorgesetzte von Untergebenen, sondern für Gleiche unter Gleichen. Sie schüttelten ihren Soldaten die Hände,

George Washington, General und Oberbefehlshaber der Armee der vereinigten Kolonien.

ersuchten die Mitbürger, sich hier zu verschanzen oder dort Posten zu beziehen. Ein Oberst kochte sich sein Essen selber, ein Hauptmann rasierte einen seiner Leute.

»Ich bedauere, daß ich dazu gezwungen bin, Offiziere so oft zu bestrafen, wenn Ehrgefühl und das Wohl des Landes erwarten lassen sollten, daß solche Strafen unnötig sind«, berichtete Washington am 4. August 1775, einen Monat nach Übernahme seines Kommandos in Cambridge, dem Präsidenten des Kontinentalkongresses in Philadelphia. »Seit meinem letzten Bericht sind Hauptmann Parker aus Massachusetts (wegen Unterschlagung von Geld und Proviant) und Hauptmann Gardiner aus Rhode Island (wegen feiger Flucht von seinem Posten bei einem Alarm) entlassen worden. Da einer Armee nichts mehr schadet als Verbrechen dieser Art, bin ich entschlossen, sie mit jedem Mittel der Belohnung und der Strafe in Zukunft zu unterbinden.«

Wie ein britischer General nahm er sich vor, die zahlreichen, meist unfähigen und mitunter korrupten Offiziere zu disziplinieren, und wie ein britischer Troupier, die »überaus schmutzigen und ekligen Leute«, die »Gemeinen«, in Reih und Glied zu zwingen. Er versuchte es mit Drill und mit Strafen. Zwanzig Peitschenhiebe bekam, wer auf Wache schlief, hundert Peitschenhiebe, wer sein Gewehr verlor. Erfolge waren nicht von heute auf morgen zu vermelden. »Solch ein niedriger, selbstsüchtiger Geist beherrscht das Ganze, daß, wenn ein Mißgeschick irgendwelcher Art uns treffen sollte, es mich durchaus nicht überraschen würde.« Gemeingeist vermißte der Oberbefehlshaber nicht allein bei den sich als Egoisten erweisenden Individualisten, sondern auch bei den Körperschaften neuenglischer Kolonien, die nicht wahrhaben wollten, daß die Truppen vor Boston als Truppen der »United Provinces« von allen zu unterhalten waren. Die einen taten wenig, andere nicht viel und alle nicht genug.

Der Generalissimus blieb auf Milizen angewiesen, aber er bemühte sich, sie durch reguläre Truppen, die besser zu disziplinieren wären, nach und nach zu ersetzen. Dazu mußten Rekruten angeworben und ausgerüstet werden. Nicht viele eilten zur Fahne, die nicht stolz im Winde flatterte, und die benötigten Mittel flossen aus den Provinzkassen nur spärlich in die gemeinsame Kriegskasse.

»Einige der Rekrutier-Offiziere sind unterwegs gewesen und haben sehr wenig Erfolg gehabt, so daß wir mit Sicherheit annehmen müssen, daß die Zahl der zur Vervollständigung der Regimenter fehlenden 2064 Mann in Zukunft größer statt kleiner wird«, berichtete der Oberbefehlshaber am 4. August 1775. »Die Knappheit an Pulver ist viel alarmierender, als ich gedacht hatte«; der Vorrat reiche nicht einmal für neun Schuß pro Mann. Kanonen, um auf das belagerte Boston zu feuern, waren nicht vorhanden. Mehrere waren im britischen Fort Ticonderoga im Norden der Kolonie New York erbeutet worden, doch der Weg zur Küste war weit und der Transport dauerte lang.

Die Truppenstärke betrug Anfang August 1775 zwar 19794 Mann, aber im Hinblick auf ihre Schlagkraft war eher von einer Truppenschwäche zu sprechen. »Mehr brauche ich über diese trostlose Lage nicht zu sagen. Die Existenz der Armee und die Rettung des Landes hängen davon ab, ob schnell und wirksam für Nachschub gesorgt wird und ob unsere wahre Situation vor dem Feind geheimgehalten wird«, mahnte Washington. Vielleicht spekulierten die Engländer darauf, »daß die Kolonien unter der Last der Unkosten für die Armee zusammenbrechen oder daß die Aussicht auf einen Winterfeldzug unsere Truppen so schreckt, daß die Armee sich auflöst«.

Vermutlich übertrieb er die Schwarzseherei, um sich, falls es schiefgehen sollte, von vornherein salviert zu haben, und malte den Teufel an die Wand, um den Kontinentalkongreß zu bewegen, das Allernötigste für die Kontinentalarmee zu veranlassen. Philadelphia reagierte anders, als es der Kampfbereite erwartet hatte, wie es jedoch dem Friedensfreund nicht ungelegen kam, und schon gar nicht dem Royalisten, der er immer noch war. In seinem Hauptquartier wurde jeden Abend auf die Gesundheit des Königs getrunken. Die »Repräsentanten der

Vereinigten Kolonien von Nordamerika« im Zweiten Kontinentalkongreß sandten einen Palmzweig nach London: Der »Majestät getreue Untertanen« boten ihrem »allergnädigsten Souverän« Versöhnung an. Indessen hatten sie die Bedingung für eine Verständigung und die Voraussetzung einer Vermeidung des Bruderkrieges festgelegt: Rücknahme der ihre Freiheit einschränkenden und ihr Eigentum gefährdenden Maßnahmen des Parlaments.

Die Antwort aus London bewies, daß Monarch und Volksvertretung am gleichen Strang zogen, gemeinsam die Amerikaner zu strangulieren gedachten und daß den »Vereinigten Kolonien« nichts anderes übrigblieb, als bewaffneten Widerstand zu leisten, Krieg gegen das Vereinigte Königreich zu führen. Am 23. August 1775 brandmarkte Georg III. seine amerikanischen Untertanen als Rebellen, und am 28. Oktober billigte das Unterhaus den Entschluß des Königs, die Rebellion militärisch niederzuschlagen. Vergebens hatte John Wilkes, der Oberbürgermeister von London, Ausgleichsverhandlungen verlangt, und George Johnstone, der Gouverneur von West-Florida gewesen war, davor gewarnt, gegen den durch die Verfassung gedeckten Widerstand mit Waffengewalt vorzugehen. Doch dafür stimmte die große Mehrheit des Unterhauses, und das Oberhaus verwarf mit 86 gegen 33 Stimmen den Antrag des Herzogs von Richmond, einen letzten Versöhnungsversuch zu wagen.

Das Mutterland nützte nicht die Chance, durch ein Entgegenkommen an die Kolonien einen Krieg zu verhindern. Die britischen Imperialisten hörten nicht auf den schottischen Nationalökonomen Adam Smith: Wenn man »die Wichtigkeit der führenden Männer Amerikas« dadurch anerkenne, daß man ihrem Streben nach Einfluß und Gewicht entgegenkäme, könnten sie darauf verzichten, »ihre eigene Wichtigkeit mit dem Schwerte zu behaupten«. Tatsächlich hatten diese von Adam Smith als »ehrgeizige und hochmütige Menschen« bezeichneten Männer keineswegs eine Mehrheit der Kolonisten hinter sich. Ungefähr ein Drittel der Bevölkerung hielt loyal zu England, ein Drittel verhielt sich abwartend, und ein Drittel strebte die Unabhängigkeit an, ohne sich unbedingt in einem Unabhängigkeitskrieg mit Herz und Hand engagieren zu wollen. »Vor dieser unglückseligen Revolution war ich glücklich. Jetzt bin ich es nicht mehr«, bekannte der zum Amerikaner gewordene Franzose Crèvecœr. »Die Unschuldigen und Unbeteiligten sind in allen Ländern und zu allen Zeiten die Betroffenen und müssen als das Phantom ›Volk‹ herhalten. Für die großen Führer auf beiden Seiten soll soviel Blut vergossen werden; das Blut des Volkes zählt nicht.« »Es gibt hundertmal mehr Enthusiasmus für diese Revolution in irgendeinem Pariser Café als in allen Vereinigten Staaten zusammen«, behauptete der französische Offizier Louis Du Portail, der in Washingtons Armee eintrat. Der Generalissimus bekam diesen Mangel an Begeisterung und Einsatz von Anfang an zu spüren. Kein Ende nahmen seine Klagen über den lauen Kampfwillen der Truppe, die unzulängliche Opferbereitschaft der Bevölkerung und die unzureichende Unterstützung durch die von Adam Smith apostrophierten »führenden Männer« im Kontinentalkongreß und in den Provinzgremien, die ihre »Wichtigkeit« gegenüber dem Militär, das für sie die Kastanien aus dem Feuer holen sollte, unentwegt hervorhoben.

Im ersten Kriegsjahr konnte der Oberbefehlshaber der Streitkräfte »zur Verteidigung der amerikanischen Freiheit« kaum mehr als 20000 Mann zählen, die bei weitem nicht alle als kampfbereite Truppen zu bezeichnen waren. Milizen liefen so schnell auseinander, wie sie zusammengelaufen waren, und auch solche, die blieben, wollten nicht unbedingt auf sein Kommando hören oder vernahmen es nicht, weil sie im großen Land zu weit vom Hauptquartier entfernt waren. Die regulären Soldaten der Kontinentalarmee, die er zunächst auf 10000 Mann brachte, hatten sich nur für ein Jahr verpflichtet, so daß er damit rechnen mußte, daß ihre Zahl eher abnehmen als zunehmen würde. Wäre Washington ein professioneller Militär gewesen, hätte er vielleicht angesichts des Problemberges die Flinte ins Korn geworfen. Aber der Patriot mußte ihn überwinden, denn das Schicksal Amerikas lag in den Händen seiner Armee. Der Stoiker blieb gelassen und sagte sich immer wieder: »Die erste Eigenschaft eines guten Soldaten ist die Stärke des Durchhaltens.« Als Pragmatiker ans Werk gegangen, konnte er bald feststellen: »Wir« – und er meinte seine Truppe wie sich selbst – »werden mit jedem Tag besser, und ich schmeichle mir, daß wir in kurzer Zeit aus dem Rohmaterial brauchbares Zeug gemacht haben werden.«

Die Engländer verfügten von Anfang an über »brauchbares Zeug«, ein reguläres, exerziertes und einsatzbereites Heer. Daß dies auch ein Nachteil sein könnte, hatte die Schlacht am Bunker Hill gezeigt: Die Liniensoldaten waren wie auf dem Paradeplatz in geschlossenen Reihen, unter Trommelklang und auf Kommando feuernd, gegen den Feind avanciert und waren zuhauf von den Milizmännern abgeschossen worden. Für Washington war dies noch kein Beweis der Überlegenheit eines Volksaufgebotes über ein Söldnerheer; der ehemalige Milizoberst, der zu gerne britischer Offizier geworden wäre, suchte seine Kontinentalarmee, was Dienstreglement und Gefechtstaktik betraf, zu einem Abbild der Königsarmee heranzuziehen, allerdings einem anderen Kriegsziel entgegenzuführen. In der Alten Welt wurde um Machterhöhung von Monarchenstaaten gekämpft, in der Neuen Welt ging es, wie Washington betonte, »weder um Ruhm noch um Gebietserweiterung, sondern um eine Verteidigung all dessen, was das Leben teuer und wertvoll macht«.

Seine aus Milizen und regulären Kräften kombinierte Armee von 16000 Mann belagerte Boston, in dem 8000 Rotröcke eingeschlossen waren. Recht viel mehr standen noch nicht auf amerikanischem Boden. London beeilte sich, Verstärkung über den Atlantischen Ozean heranzuschaffen. Aber in England gab es nicht genug marschbereite Regimenter, und Engländer zeigten wenig Lust, sich als Söldner für einen Krieg in Übersee zu verdingen. Die Werbetrommel mußte im Ausland gerührt werden. Von Rußland waren nicht die gewünschten 20000 Kosaken zu bekommen, aber mit deutschen Fürsten wurde man handelseinig. Allein der Landgraf von Hessen-Kassel, der über

300000 Untertanen verfügte, ließ sich 20000 Mann abkaufen. Insgesamt wurden 30000 deutsche Söldner nach Amerika geschickt. Die »Hessen«, wie sie alle bezeichnet wurden, hatten ihr Kriegshandwerk gelernt und verstanden es auszuüben, neigten jedoch dazu, den kargen Sold durch Plünderungen aufzubessern. Die amerikanische Propaganda prangerte sie als Heuschrecken an, die überall, wo sie hinkämen, alles fräßen. »Eine Tatsache muß ich zugunsten dieser Hessen feststellen«, wandte Washington ein, »es ist die, daß unsere Leute, die in ihre Gefangenschaft fallen, alle darin übereinstimmen, daß sie von den Hessen um vieles besser und freundlicher behandelt werden als von den britischen Offizieren und Soldaten.«

Der Oberbefehlshaber beklagte, daß einige tausend Amerikaner in den Reihen der britischen Armee oder in loyalistischen Milizverbänden gegen ihre Landsleute kämpften und damit den Charakter des Unabhängigkeitskrieges als eines Bürgerkrieges bekräftigten. Den Virginier, der einst gegen Indianer ausgezogen war, beunruhigten Versuche des Gegners, Rothäute gegen Bleichgesichter zu mobilisieren, und er blieb auch nach einem erfreulichen Vorkommnis besorgt. Am 1. August 1775, meldete er aus Cambridge nach Philadelphia, habe ihm ein Häuptling versichert, daß sein Caughnawaga-Stamm allen »Drohungen und Überzeugungsversuchen« der Engländer widerstanden habe und das Kriegsbeil gegen die Amerikaner nicht ausgraben werde.

Der Plantagenbesitzer und Sklavenhalter war entsetzt über die Proklamation Lord Dunmores, des königlichen Gouverneurs von Virginia, vom 7. November 1775: Um die »verräterischen Umtriebe zu beenden und die Verräter und ihre Helfer zur Rechenschaft zu ziehen«, habe er beschlossen, »daß alle vertraglich gebundenen Servants auf Zeit, Neger und andere, die Rebellen dienen, frei sind, wenn sie fähig und willens sind, Waffen zu tragen und sobald wie möglich der Armee Seiner Majestät beizutreten«. Diese Aufforderung rührte an die Existenzgrundlage der Pflanzer, trieb auch solche, die sich bisher zurückgehalten hatten, in die Reihen der Rebellen. An deren

Spitze stand bereits der Herr auf Mount Vernon, den nun nichts mehr von seiner Entschlossenheit abzubringen vermochte, die Engländer, welche die weißen Amerikaner zu Sklaven machen und deren schwarze Sklaven befreien wollten, aufs Haupt zu schlagen. Mit Genugtuung hatte er die Nachricht vernommen, daß Lord Dunmores 200 Rotröcke und 300 weiße und schwarze Hilfswillige am 9. Dezember 1775 von 900 Milizmännern aus Virginia und North Carolina bei Great Bridge geschlagen worden waren. Die Sieger zogen in die Hafenstadt Norfolk, die britische Kriegsschiffe am 1. Januar 1776 unter Feuer nahmen. Auch diese Schüsse blieben erfolglos. Der Widerstand der Amerikaner versteifte sich, und der Kriegsplan der Engländer wurde durchlöchert.

»Es gibt gute Gründe dafür, anzunehmen, daß das Aufbringen einer respektablen Streitmacht im Süden unter einem fähigen Kommandeur die Wiederherstellung der Ordnung und der Regierungsgewalt« – in Virginia, North Carolina, South Carolina und Georgia – »bewirken würde«, schrieb Lord Dartmouth, der Staatssekretär für Amerika, am 22. Oktober 1775 an General William Howe in Boston. Aber der britische Oberbefehlshaber saß in der belagerten Stadt im Norden fest, und die im Süden mit schwachen Kräften unternommenen Vorstöße ins Landesinnere zeitigten nicht den erwünschten Erfolg, daß loyale, zumindest sich der Macht der Fakten beugende Kolonisten in Scharen dem Union Jack zuliefen.

Das war und blieb die Crux der Engländer: Sie konnten nur von See her Fuß an Land fassen, Brückenköpfe bilden und den Versuch wagen, von dort aus das Hinterland in den Griff zu bekommen. Ein solches Unterfangen war, wie vordem in Massachusetts, nun auch in Virginia gescheitert. Die Weite ihres Landes war ein wichtiger Verbündeter der Amerikaner, und ihr nicht geringster Vorteil war, daß sie in George Washington einen Generalissimus besaßen, der sich als taktisches wie strategisches Naturtalent erwies und sich den in der Routine festgefahrenen gegnerischen Generälen überlegen zeigte. Die zweite Jahreshälfte 1775 hatte er benutzt, um vor Boston seine Truppe auf Vordermann zu bringen. Im Winter kämpften Feind wie Freund nicht gerne, aber Washington und sein Stab hatten alle Hände voll zu tun, um ihre notdürftig untergebrachten, frierenden und hungernden Soldaten bei der Stange zu halten. Nachrichten aus Kanada waren nicht geeignet, die Moral der Truppe zu heben. Die nach Norden vorgestoßenen Amerikaner konnten zwar Montreal besetzen, aber Quebec nicht nehmen, Kanada nicht als vierzehnte Provinz gewinnen.

Im Frühling 1776 keimte neue Hoffnung auf. Endlich waren die in Fort Ticonderoga erbeuteten 55 Kanonen, die 60 Tonnen wogen und 300 Meilen über Schnee und Eis heranzuschaffen waren, vor Boston eingetroffen. Für einen Generalangriff auf die Stadt war der Kriegsrat, auf den Washington auf Anweisung des Kongresses zu hören hatte, immer noch nicht zu haben. Immerhin konnte er nun von der Einschließung zu einer regelrechten Belagerung übergehen. Kanonen wurden auf den Dorchester Hights und anderen Hügeln aufgefahren, von denen aus Stadt und Hafen zu bestreichen waren. Das Feuer wurde am 2. März 1776 eröffnet. Der britische Oberbefehlshaber William Howe, der um seine Schiffe mehr als um Boston besorgt war, schreckte vor einem Angriff auf die befestigten Stellungen Washingtons zurück und beschloß den Rückzug übers Meer. Am 17. März 1776 segelte er mit 9000 Briten, Soldaten, Frauen und Zivilisten, sowie 1000 amerikanischen Loyalisten auf 150 Schiffen in Richtung der Hafenstadt Halifax in Neuschottland – »ohne Belästigung durch die Rebellen«, wie er an Bord Seiner Majestät Schiff »Chatham« nach London berichtete. »Die Notwendigkeit, diese Streitmacht zumindest zu erhalten, wenn sie schon nicht zu unserem Vorteil aktiv werden konnte, ließ keinen Raum für Zweifel an der Richtigkeit des Abzugs.«

Der 17. März war der St. Patricks Tag. Washington ging in Cambridge in die Kirche. Der Pastor hatte einen Text aus dem Zweiten Buch Mose ausgewählt: »Da sprachen die Ägypter: Laßt uns fliehen von Israel; der Herr streitet für sie wider die Ägypter.« Damals schlugen die Fluten des Roten Meeres über die Wagen und Reiter des Pharaonen zusammen, nun blieb die Flotte des Königs von Großbritannien im Atlantischen Ozean obenauf. Mit 131 Linienschiffen und 139 anderen Kriegsschiffen war sie die bei weitem stärkste Seestreitmacht der Welt. Nach Nordamerika waren bereits 80 Kriegsschiffe mit 2000 Kanonen abkommandiert. Nur über einige armierte Handelsschiffe und Fischerboote, ein militärisches Nichts, verfügten die Amerikaner. So war anzunehmen, daß die britische Armada bald wieder von Halifax auslaufen, vor der Küste der Kolonien aufkreuzen, wahrscheinlich bei New York City vor Anker gehen, Truppen an Land setzen und einen neuen Brückenkopf bilden würde. Unverzüglich setzte Washington sechs Regimenter vom besetzten Boston nach dem bedrohten New York in Marsch und beschloß, baldmöglichst mit dem Gros seiner Armee nachzukommen.

Zunächst genoß er den ersten Sieg. Seine Soldaten ließen ihren Generalissimus hochleben, schienen vergessen zu haben, wie hart er sie angefaßt und wieviel er ihnen abverlangt hatte, und nur noch das Resultat zu sehen. Die Stadt Boston, die sich für die Wiege der Revolution hielt und beinahe ihr erstes Opfer geworden wäre, gab ihm ein Dinner, bei dem »Freude und Dankbarkeit auf allen Mienen zu lesen war«. Die Repräsentanten von Massachusetts bedachten den Virginier, dem sie anfänglich nicht über den Weg getraut hatten und den sie weiterhin mit dem Mißtrauen von entschiedenen Zivilisten beobachteten, mit Lob und Preis: »Mögen künftige Generationen, die sich im Frieden der mit seinem Schwert gewährleisteten Freiheit erfreuen, die prächtigsten und dauerhaftesten Denkmäler für den Namen Washington errichten.«

Der Vorsehung sei der Erfolg zu verdanken, winkte Washington ab, der seine Leistung mit Bescheidenheit verbrämte. An »Georgius Washington, Armiger, Imperator praeclarus, cujus Scientia et Amor Patriae undique patent; qui propter eximias Virtutes, tam civiles quam militates« verlieh die Universität Harvard das Ehrendoktorat der Rechte. Der Kontinentalkongreß, der Aktionen des Oberbefehlshabers eher behindert als gefördert hatte und dies auch fernerhin tun sollte, ließ für ihn eine Goldmedaille prägen, die erst 1786 dem Exgeneral ausgehändigt wurde.

Die Anerkennung, die ihm nach der Befreiung Bostons zuteil geworden sei, werde ihm nach seinem Rücktritt eine angenehme Erinnerung sein, schrieb George Washington am 31. März 1776 seinem Bruder. Der amerikanische Cincinnatus schien sich der Hoffnung hingegeben zu haben, schon bald an den Pflug zurückkehren zu dürfen. Er mußte jedoch einen langen Krieg führen, der von einem Konflikt um Gleichberechtigung zu einem Kampf um Unabhängigkeit eskalierte.

Für die Unabhängigkeit

Das Jahr 1776 begann am 1. Januar mit der Bombardierung des virginischen Norfolks durch britische Kriegsschiffe. Die Zerstörung der Stadt, meinte Washington, werde die Kolonien noch enger zusammenführen und noch mehr gegen das Mutterland aufbringen. Jeder Gewaltakt dieser Art bekräftige die Argumentation der Streitschrift »Common Sense«: »Alles, was richtig oder vernünftig ist, spricht für eine Trennung.«

»Nichts als Unabhängigkeit, das heißt eine kontinentale Regierungsform kann die Ruhe des Kontinents erhalten«, war in dem an den »Gesunden Menschenverstand« appellierenden Pamphlet zu lesen, das seit dem 9. Januar 1776 für zwei Shilling zu kaufen war und in drei Monaten eine Auflage von 120000 Exemplaren erreichte. Der Verfasser, Thomas Paine, der erst vor kurzem, nachdem er in Old England in mehreren Berufen gescheitert war, den Boden der Neuen Welt betreten hatte, rief zum Einstand den Amerikanern zu: »Jeder Fleck der Alten Welt ist mit Unterdrückung befleckt. Die Freiheit ist um den Erdball gejagt worden. Asien und Afrika haben sie schon lange vertrieben. In Europa ist sie eine Fremde, und England weist sie aus. Nehmt den Flüchtling Freiheit auf und schafft zur rechten Zeit ein Asyl für die Menschheit!«

Der Asylant Paine meinte vom Regen in die Traufe gekommen zu sein; denn England war dabei, den Kolonisten die Freiheiten wegzunehmen, auf die sie als Engländer einen Anspruch zu haben glaubten. Die meisten Amerikaner, nicht zuletzt Washington, machten dafür Ministerium und Parlament verantwortlich, nicht den König, an dem sie immer noch hingen und von dem sie sich erhofften, daß er den verfassungsmäßigen

Zustand wiederherstellen würde. Darauf warteten sie vergebens, behauptete Thomas Paine, denn die Ursachen für die Unterdrückung lägen im System der Monarchie, primär an dessen Träger. Monarchen seien die Hauptfeinde der Menschheit, die Haupthindernisse des Fortschritts, und Georg III. sei der Hauptschuldige an der Unterdrückung der Kolonisten, hämmerte der Newcomer den Amerikanern ein und stachelte sie zur Trennung von der Monarchie und zur Gründung einer Republik an: der »freien und unabhängigen Staaten von Amerika«, in denen gleiche Bürger ein egalitäres Glück erwarte.

Die Rufe des Pamphletisten glichen den Trompeten von Jericho. Noch vorhandene Mauern der Loyalität zu König und Mutterland gerieten ins Wanken und begannen einzustürzen. Hinter ihnen war auch George Washington zu finden gewesen, der als Konservativer den Monarchen für einen Garanten von Gesetz und Ordnung gehalten, als Mitglied der bestimmenden Oberschicht von einer politischen Demokratisierung wie als Großgrundbesitzer und Sklavenhalter von einer gesellschaftlichen Egalisierung kaum Erfreuliches zu gewärtigen hatte. Nach Lektüre der 47 Seiten des »Common Sense« und Wahrnehmung des Echos des Aufrufes äußerte George Washington, dessen gesunder Menschenverstand ihm eben noch anderes geboten hatte: Die vernünftige Doktrin und unwiderlegliche Beweisführung Paines werde keinen darüber im unklaren lassen, daß eine Trennung von England angebracht sei, und auch er sei bereit, »alle Bande mit einem so ungerechten und unnatürlichen Staat zu lösen«.

Weniger die Macht des Wortes als die Wucht der Tatsachen drängte zur Unabhängigkeit. Im Frühjahr 1776, als Paines Pamphlet die Runde durch die Kolonien machte, waren die meisten bereits de facto unabhängig. Gouverneure hatten sich abgesetzt, und Beamte unterließen es, den Willen des Königs zu beachten und Gesetze des Parlaments auszuführen. Dennoch ging fast alles seinen Gang. Selbstverwaltungen waren intakt geblieben, Sheriffs, Friedensrichter und Stadträte amtierten weiter, zwar noch nach englischem Recht, aber schon im Namen amerikanischer Komitees. An die Stelle der bisherigen Assemblies traten revolutionäre Provinzialkongresse, und zur obersten Autorität entwickelte sich der Kontinentalkongreß in Philadelphia. Die Tatbestände mußten nur noch de jure bestätigt werden.

Virginia war, wie immer, bei der Avantgarde. Bevor der Kontinentalkongreß am 10. Mai 1776 allen Kolonien empfahl, neue Verfassungen zu erlassen und neue Regierungen zu bilden, hatten sich am 6. Mai 1776 auf dem Kapitol in Williamsburg, aus dem sie kein königlicher Gouverneur mehr vertreiben konnte, die – wie sie sich nannten – »Repräsentanten des guten Volkes von Virginia« versammelt. Patrick Henry war dabei, der in Richtung Unabhängigkeit vorangestürmt war, Edmund Pendleton, der sich zurückgehalten hatte. George Washington, der, solange es ging, einen Mittelweg gesucht hatte, konnte nicht dabeisein.

Die Virginia Convention beauftragte am 15. Mai 1776 ihre Delegierten im Kontinentalkongreß, für die Auflösung der Verbindung mit der britischen Krone zu stimmen. Am selben Tag berief sie ein Komitee zur Formulierung von Grundrechten der freien Virginier und der Verfassung eines souveränen Virginas. Der fern der Heimat stehende Oberbefehlshaber der Kontinentalarmee begrüßte den Entschluß zur Unabhängigkeit, bedauerte es, daß so manches Mitglied des Kontinentalkongresses sich dazu noch nicht aufraffte, und gab zu bedenken, daß die Schaffung einer neuen Regierungsform große Aufmerksamkeit und Sorgfalt erfordere, wenn sie nicht so mangelhaft wie die jetzige werden sollte. »Jeder Mann muß bedenken, daß er an der Ausarbeitung einer Konstitution mitwirkt, die Millionen von Menschen glücklich oder unglücklich machen könnte, und daß eine Angelegenheit von solcher Tragweite nicht an einem Tage zu erledigen ist.«

Die Mitte zwischen »der Aufrechterhaltung von Frieden und Ordnung« und »der Sicherung wirklicher und gleicher Freiheit für das Volk« hatte die Virginia Convention zu finden. Debatten zwischen Konservativen und Progressiven hoben an, zwischen denen, die mehr die zu gewährleistende Freiheit, und jenen, die mehr die zu verwirklichende Gleichheit betonten. Alle stimmten am 12. Juni 1776 für die maßgeblich von George Mason entworfene »Virginia Bill of Rights«. Zum erstenmal wurden die von aufgeklärten Philosophen geoffenbarten und von aufklärerischen Publizisten verkündeten Menschenrechte als Verfassungsrecht anerkannt: Allgemeine Menschenrechte, allerorten und allezeit für jeden Menschen gültig. Ursprüngliche Rechte, nicht durch staatliches Gesetzrecht, sondern durch göttliches Naturrecht den Individuen zustehend. Bürgerliche Grundrechte, die weder durch eine Regierung noch durch ein Parlament aufzuheben sind. Ewige Rechte, wie John Adams kommentierte, die »von dem großen Gesetzgeber des Universums herrühren«.

»Alle Menschen sind von Natur aus gleichermaßen frei und unabhängig und besitzen gewisse angeborene Rechte, deren sie, wenn sie in den Zustand einer Gesellschaft eintreten, durch keine Abmachung ihrer Nachkommenschaft berauben oder entkleiden werden können, und zwar den Genuß des Lebens und der Freiheit und dazu die Möglichkeit, Eigentum zu erwerben und zu besitzen und Glück und Sicherheit zu erstreben und zu erlangen«, lautete Artikel eins der »Virginia Bill of Rights«. Weitere Artikel garantierten Gewissens- und Religionsfreiheit, Pressefreiheit, den Anspruch auf Rechtsschutz und ein unparteiisches Gerichtsverfahren durch Geschworene.

Die Grundrechte wurden als Grundlagen eines Gemeinwesens festgelegt, auf denen das Volk, die Summe freier und rechtlich gesicherter Individuen, seinen demokratischen Staat zu errichten habe. Die Volkssouveränität wurde in Artikel zwei verankert: »Alle Macht kommt dem Volke zu und wird demgemäß von ihm hergeleitet. Alle Amtsträger sind seine Treuhänder und Diener und ihm jederzeit verantwortlich.« Die Aufgaben der Regierung »für das gemeinsame Beste« wurden in Artikel drei umrissen, die Pflicht der Regierenden betont, »den höchsten Grad von Glück und Sicherheit zu erzielen«, und das Recht des Volkes begründet, eine Regierung, die diese Aufgabe nicht erfüllen kann oder will, »zu reformieren, umzugestalten oder abzuschaffen, so wie es für das allgemeine Wohl am nützlichsten zu erachten ist«.

Das Volk sollte auch vor Machtmißbrauch demokratischer Institutionen geschützt werden. »Kein Mensch und kein Verband von Menschen hat ein Recht auf alleinige oder besondere Zuwendungen oder Vergünstigungen seitens der Allgemeinheit.« Um vor geballter Macht zu schützen, müßten die Gewalten in Legislative, Exekutive und Judikative aufgeteilt werden. »Damit die Angehörigen der beiden ersteren vor Machthunger dadurch bewahrt werden, daß sie die Lasten der Bevölkerung ebenfalls zu fühlen bekommen und an ihnen mittragen, sollen sie in regelmäßigen Abständen ins Privatleben zurückkehren, und zwar in diejenige Gemeinschaft, aus der sie gekommen sind.«

Die immer noch tonangebende Schicht in Virginia befürwortete eine Republik, in der ihr die öffentlichen Angelegenheiten nicht gänzlich entglitten, und suchte eine Demokratie zu vermeiden, in der jedermann gleichgewichtig mitbestimmte und gleichberechtigt mitregierte. Indianer, die man zurückzudrängen oder gar auszurotten gedachte, und Schwarze, die man als Knechte benötigte und als Sklaven behalten wollte, erhielten kein Bürgerrecht und kein Wahlrecht. Verwehrt wurden sie auch Weißen, deren republikanische Gesinnung zweifelhaft erschien, die als Loyalisten an der britischen Monarchie hingen. Zwar versprach Artikel sechs der »Virginia Bill of Rights«: »Die Wahlen für die Vertretung des Volkes in der Volksvertretung sind frei«, schränkte jedoch ein, nur die »Männer, die ihr ständiges Interesse an der Gemeinschaft und ihre dauernde Anhänglichkeit an sie hinlänglich unter Beweis gestellt haben, genießen das Wahlrecht«.

In der Logik der aufgeklärten Staatsphilosophie, welche die Kolonisten, die sich vom Mutterland lossagten, weiterhin mit Englands politischer Kultur verband, folgte auf die »Virginia Bill of Rights« vom 12. Juni 1776 am 29. Juni 1776 die »Constitution of Virginia«. Zuerst waren die Rechte des Individuums festgelegt worden, dann wurde für das von den Individuen gebildete Gemeinwesen eine Verfassung geschaffen: mit Unterhaus und Oberhaus als gesetzgebender und Gouverneur und Staatsrat als ausübender Gewalt. Alle ihre Mitglieder sollten nur für ein Jahr gewählt werden; die virginischen Verfassungsväter wollten einer direkten Demokratie möglichst nahekommen.

Erster Gouverneur des »Commonwealth of Virginia« wurde Patrick Henry. George Washington war nicht davon angetan, daß der linke Außenseiter das Rennen für seine Sache wie seine Person gewann, konnte aber nicht umhin, seine Glückwünsche zu übermitteln. Die Vorreiterrolle, die Virginia in der demokratischen Bewegung übernommen hatte, war ihm nicht geheuer, wenn er es auch begrüßte, daß in seiner Heimat das Unabhängigkeitsstreben sein Ziel erreicht hatte. Andere Kolonien waren in Pro und Contra verstrickt, und manches Mitglied des Kontinentalkongresses wollte die Hoffnung auf eine Versöhnung mit England immer noch nicht aufgeben.

In Philadelphia kam man nicht so schnell wie in Williamsburg voran. Bereits am 7. Juni 1776 hatte der virginische Delegierte Richard Henry Lee auf Weisung der Virginia Convention im Kontinentalkongreß den Beschluß beantragt: »Daß diese Vereinigten Kolonien freie und unabhängige Staaten sind und es von Rechts wegen sein sollen; daß sie von jeglicher Treuepflicht gegen die britische Krone entbunden sind, und daß jegliche politische Verbindung zwischen ihnen und dem Staate Großbritannien vollständig gelöst ist und es sein soll.«

Noch konnten nicht alle über ihren britischen Schatten springen. Sie seien nicht ermächtigt, sich jetzt schon für die Trennung von England auszusprechen, erklärten Delegierte aus den mittleren Kolonien, in erster Linie aus Pennsylvania und New York. Vertreter Virginias und Neu-Englands, die bereits den Sprung gewagt hatten, widersprachen: »Die Frage ist nicht, ob wir uns mittels einer Unabhängigkeitserklärung zu etwas

Das State House in Philadelphia, die Independence Hall.

machen sollen, was wir nicht sind, sondern ob wir eine Tatsache öffentlich verkünden sollten, die bereits existiert.« Nach zweitägiger Debatte wurde die Abstimmung um drei Wochen, auf den 1. Juli 1776 vertagt. Inzwischen sollte ein Ausschuß die Unabhängigkeitserklärung vorbereiten. In ihm saßen unter anderen John Adams aus Massachusetts, der schon lange für eine Loslösung von England plädiert hatte, Benjamin Franklin aus Pennsylvania, der sich erst später dazu entschlossen hatte, und Thomas Jefferson aus Virginia, der mit dem Entwurf einer Declaration of Independence beauftragt wurde. Der dreiunddreißigjährige Rechtsanwalt hatte bereits in seiner vor zwei Jahren verfaßten Schrift »A Summary View of the Rights of British America« bewiesen, daß er die Feder zu führen und gegen englische Bevormundung einzusetzen verstand. Thomas Jefferson kannte seinen John Locke, schöpfte aus dem Reservoir der Aufklärung, griff in den philosophisch-politischen Hausschatz eines gebildeten und freiheitsliebenden Amerikaners und hatte als Schreibvorlage die »Virginia Bill of Rights« zur Hand.

Vieles von dem, was Jefferson in seinem Entwurf der Unabhängigkeitserklärung aufgesetzt hatte, fand nicht die Billigung aller Kollegen. Der Kongreß nahm 86 Änderungen vor, strich 487 Wörter, so eine Passage, die über die akzeptierte Zuweisung der Schuld für die Unterdrückung der Kolonisten an Georg III. hinaus eine Kollektivschuld der Engländer konstatierte und daraus die Konsequenz zog, daß man für immer und ewig nichts mehr miteinander zu tun haben wolle. Der Kongreß hielt es auch nicht für angezeigt, dem König von Großbritannien die Alleinschuld für den Sklavenhandel zuzuschieben; denn jeder wußte und fast alle billigten es, daß eben dieser Sklavenhandel amerikanischen Kapitänen wie Pflanzern – Jefferson und Washington eingeschlossen – Gewinn gebracht hatte und weiterhin bringen sollte.

Am 1. Juli 1776 war die Debatte über den Antrag Virginias, die Trennung zu beschließen, wiederaufgenommen worden. Noch konnten sich Pennsylvania, South Carolina und New

York dazu nicht aufraffen. Am 2. Juli, nachdem South Carolina und Pennsylvania auf den Kurs der Mehrheit eingeschwenkt waren (New York blieb nichts anderes übrig, als bald nachzufolgen), beschloß der Kontinentalkongreß die Unabhängigkeit und begann mit der Beratung der Unabhängigkeitserklärung, die am 4. Juli 1776 verabschiedet wurde. Die Kernsätze der Geburtsurkunde des neuen Staatswesens und der Vollzugsmeldung der ersten modernen Revolution lauteten:

»Folgende Wahrheiten erachten wir als selbstverständlich: daß alle Menschen gleich geschaffen sind; daß sie von ihrem Schöpfer mit gewissen unveräußerlichen Rechten ausgestattet sind; daß zu Leben Freiheit und das Streben nach Glück gehören; daß zur Sicherung dieser Rechte Regierungen unter den Menschen eingesetzt werden, die ihre rechtmäßige Macht aus der Zustimmung der Regierten herleiten; daß, wenn immer irgendeine Regierungsform sich diesen Zielen als abträglich erweist, es das Recht des Volkes ist, sie zu ändern oder abzuschaffen und eine neue Regierung einzusetzen und diese auf solchen Grundsätzen aufzubauen und ihre Gewalten in der Form zu organisieren, wie es ihm zur Gewährleistung seiner Sicherheit und seines Glücks geboten zu sein scheint.«

Was in der »Virginia Bill of Rights« angeklungen war, ertönte in der Unabhängigkeitserklärung voll und laut, sollte nicht nur von den Amerikanern vernommen und angenommen werden, sondern der Menschheit verkündet und zur Nachahmung empfohlen werden. Eine Begründung, warum sich die Kolonien vom Mutterland lösten, wurde für unumgänglich, aber nicht für wesentlich gehalten. Grundlegend erschien die Feststellung, daß die freien und unabhängigen Staaten in Nordamerika »das Recht haben, Krieg zu führen, Frieden zu schließen, Bündnisse einzugehen, Handel zu treiben und alle anderen Handlungen vorzunehmen und Staatsgeschäfte abzuwickeln, zu denen unabhängige Staaten von Rechts wegen befugt sind«.

Die Declaration of Independence wurde am 8. Juli 1776 in Philadelphia, dem Ort ihrer Entstehung, verkündet. Vom Turm des State House, das fortan Independence Hall hieß, läutete

Thomas Jefferson (in der Mitte stehend)
überreicht dem Kongreßpräsidenten John Hancock (sitzend)
die Unabhängigkeitserklärung.

die Freiheitsglocke. Sie war 1751 von Pennsylvanias Abgeordnetenkammer in London bestellt, im Jahr darauf in Philadelphia angekommen, doch beim ersten Schlag zersprungen, was als böses Omen für den in ihrer Inschrift bezeichneten Auftrag zu deuten war: »Verkünde die Freiheit überall im Lande, allen seinen Bewohnern.« Neu gegossen, begann sie gegen die Bevormundung durch England zu protestieren, 1765 gegen die Stempelsteuer und 1774 gegen die Schließung des Hafens von Boston. Dann begann die Liberty Bell die Freiheit der Amerikaner einzuläuten, 1775 anläßlich des ersten Waffenerfolges bei Lexington und Concord wie der Ernennung von George Washington zum Oberbefehlshaber der Kontinentalarmee.

Der Klang der Freiheitsglocke wurde nicht nur in Amerika, sondern auch in Europa vernommen. Das Echo brachte der Historiker Leopold von Ranke auf den Nenner: »Dies war eine größere Revolution, als früher je eine in der Welt gewesen war, es war eine völlige Umkehrung des Prinzips. Früher war es der König von Gottes Gnaden gewesen, um den sich alles gruppierte, jetzt tauchte die Idee auf, daß die Gewalt von unten aufsteigen müsse.«

Die Herausforderung der Monarchensouveränität durch die Volkssouveränität wurde namentlich von Franzosen gutgeheißen, die ihrer absolutistischen Königsherrschaft überdrüssig geworden waren. Aufgeklärten Philosophen war Amerika als Arkadien erschienen; Rousseau bewunderte die Indianer, Voltaire die Quäker, und Turgot bezeichnete die Amerikaner als Muster und Hoffnung der Welt. Nun meinte Condorcet, der an den unbegrenzten Fortschritt zur Freiheit und Gleichheit glaubte: Es genüge nicht, wenn die Menschenrechte in den Werken der Philosophen und den Herzen tugendhafter Männer geschrieben stehen; es sei notwendig, daß unwissende und unentschlossene Menschen sie am Beispiel eines großen Volkes ablesen. »Amerika hat uns dieses Beispiel gegeben. Die Unabhängigkeitserklärung ist eine einfache und erhebende Darlegung jener herrlichen und lange vergessenen Rechte.« In Frankreich wurden Dokumente der amerikanischen Revolution gesammelt, die Virginia Bill of Rights, die Declaration of Independence und Verfassungen von Einzelstaaten zu einem »Gesetzbuch der Freiheit« zusammengestellt und als Vademecum auf dem Weg zu einer französischen Revolution mitgeführt. Die Vorkommnisse in Amerika hätten Franzosen aus dem Schlaf des Despotismus gerissen, bilanzierte Thomas Jefferson, der von 1785 bis 1789 sein Land in Paris vertrat. »Die Presse, ungeachtet ihrer Fesseln, begann sie zu verbreiten, auch die Konversation wurde freier, auf allen Gesellschaften wurde politisiert, von Männern wie von Frauen, und eine große und eifrige Partei formierte sich« – die Vorhut, der dann die Hauptmasse des revolutionären Heeres folgte. 1776 war die amerikanische Unabhängigkeitserklärung verkündet worden, 1789 wurde die Bastille, die Zwingburg des französischen Absolutismus, gestürmt.

Selbst in Deutschland, wo Aufklärer seltener waren und noch rarer solche, die aus progressiven Ideen politische Konsequenzen zu ziehen bereit waren, zündeten amerikanische Ideen ein Feuerwerk, das die Dunkelheit deutscher Zustände kurzzeitig erhellte. »Ein hoher Genius der Menschlichkeit/Begeistert Dich./Du bist die Morgenröte/Eines nahenden großen Tags«, feierte Friedrich Gottlieb Klopstock das revolutionäre Amerika. In Frankfurt habe man den Kolonisten alles Glück gewünscht, »und die Namen Franklin und Washington fingen an, am politischen und kriegerischen Himmel zu glänzen und zu funkeln«, bemerkte Johann Wolfgang Goethe, ohne eine Erleuchtung deutscher Philister feststellen zu können:

»Ja, ja, beim Glase Wein hört ich wohl manchen prahlen,
Er ließe Haut und Haar für meine Provinzialen:
Da lebt' die Freiheit hoch, war jeder brav und kühn,
Und wenn der Morgen kam, ging eben keiner hin.«

»Wenn Nordamerika frei wird, so ist es ausgemacht, daß ich hingehe«, sprach Friedrich Schiller und blieb zu Hause, dichtete »ein bürgerliches Trauerspiel« in fünf Aufzügen, »Kabale und Liebe«, in dem er deutsche Fürsten, die Söldner an Georg III. geliefert hatten, des Menschenhandels anklagte. Christian Friedrich Daniel Schubart gewahrte in Amerika »noch Menschen, die es fühlen, daß ihre Bestimmung nicht Sklaverei sei, die mit edlem Unmut das Joch eines herrschsüchtigen Ministeriums vom Nacken schütteln und diesen Volkspeinigern zeigen, daß man ohne sie leben könne«. Am liebsten wäre der Schwabe in die Neue Welt »weggeschlüpft«, aber er wurde zehn Jahre lang im württembergischen Staatsgefängnis auf dem Hohenasperg wegen »seiner freventlichen Antastung fast aller gekrönten Häupter« festgehalten.

Angegriffen hatte Schubart auch König Georg III., von dem die Amerikaner zur Rebellion getrieben worden waren und der nun aus allen Rohren gegen die Rebellen schießen wollte. Schützenhilfe leisteten ihm Tories, die es nicht hinnahmen, daß ein bedeutender Teil des Empire sich abspaltete, und sich vornahmen, ihn mit Gewalt wieder dem Reiche anzufügen. Thomas Hutchinson, der in Boston geborene und von den Bostonern verjagte Gouverneur von Massachusetts, lieferte publizistische Munition. Die Anschuldigungen der Kolonisten gegen das Mutterland seien falsch und frivol, behauptete er in seiner Schrift »Kritische Bemerkungen über die Deklaration des Kongresses von Philadelphia«. Der englische Rechtsanwalt John Lind plädierte in seiner »Antwort auf die Deklaration des Amerikanischen Kongresses« gegen die von den Separatisten verkündete Doktrin, die jegliche Staatsordnung in Frage stelle.

Die Argumente der Verteidiger der britischen Position in Nordamerika wurden nicht nur bei Hofe, im Ministerium und im Parlament, sondern auch von einer Mehrheit des englischen Volkes gebilligt. Aber Gegenstimmen waren nicht zu überhören. Man müßte es hinnehmen, daß erwachsen gewordene Kinder das Elternhaus verließen, und sich bemühen, die Verbindung zu ihnen nicht abreißen zu lassen, meinten jene, für die sich Lebensweisheit und Staatsklugheit deckten. Die Kolonisten hätten sich gegen Georg III. nicht mehr und nicht weniger herausgenommen als die Engländer seinerzeit gegen Jakob II., bemerkte der Liberale Charles James Fox, der es begrüßte, daß die durch die Glorious Revolution in England errungenen Freiheiten in Amerika nicht nur bestätigt, sondern auch zukunftsträchtig weiterentwickelt würden.

Die Zahl der Engländer wuchs, welche die gleichen Rechte bekommen wollten, die sich die Amerikaner genommen hatten. Er sei ein Amerikaner, erklärte David Hume, der schottische Philosoph und Geschichtsschreiber, kurz vor seinem Tod am 25. August 1776; einer seiner letzten Wünsche war, die Kolonien in »totalem und endgültigem Aufruhr« zu sehen. Die Whig-Opposition erkor das Blau und Gelb der Uniform, die George Washington trug, zu ihren Farben. Gegen ihn und seine Kontinentalarmee wollte General Harry Conway nicht zu Felde ziehen, und der Earl of Effingham trat als Oberst eines nach Amerika beorderten Regimentes zurück, weil er nicht gegen Bürger, die englische Freiheiten verteidigten, zu kämpfen gedachte.

Georg III. gelang es, die gewaltigste Streitmacht zu mobilisieren, die jemals in Übersee eingesetzt wurde: 32000 Soldaten plus 10000 Matrosen. An die 150 Kriegs- und Transportschiffe vereinigten sich mit den bereits 130 vor New York liegenden zu einer Armada, die die Rebellen das Fürchten lehren sollte. Operationsziel war die Einnahme der nach Philadelphia bedeutendsten Stadt Nordamerikas. In der geographischen Mitte, doch keineswegs im Herzen der Rebellion gelegen, gedachten die Angreifer New York politisch zum Stützpunkt des Loyalismus und militärisch zum Ausgangspunkt für die Rückeroberung der Kolonien zu machen.

In und um New York verfügte George Washington über nicht viel mehr als 15000 Mann, meist Rekruten und Milizmänner. Das Schicksal von ungeborenen Millionen hänge jetzt von ihrem Mut und Betragen ab, appellierte der Oberbefehlshaber an sie am 2. Juli 1776: »Laßt uns der Welt beweisen, daß ein für die Freiheit auf seinem Grund und Boden streitender Bürger jedem sklavischen Söldner auf der Erde überlegen ist.« Am 9. Juli ließ Washington den auf den Paradeplätzen angetretenen Brigaden die Unabhängigkeitserklärung verlesen. »Der General hofft«, hieß es im Tagesbefehl, »daß dieses wichtige Ereignis ein neuer Antrieb für jeden Offizier und Soldaten zu treuem und tapferem Handeln sein wird, in der Erkenntnis, daß nun Frieden und Freiheit unseres Landes – mit Gottes Hilfe – allein vom Erfolg unserer Waffen abhängen.«

Die Unabhängigkeitserklärung fand bei seinen Truppen ein zwiespältiges Echo. Die einen akklamierten nicht laut genug, die anderen ließen sich zu einer Ausschreitung hinreißen, beteiligten sich am Sturz des Reiterdenkmals Georgs III. auf dem Bowling Green. Wenn es ihm auch recht war, daß aus dem Erz 42 500 Kugeln gegossen werden konnten, so mißbilligte er doch, daß sich Soldaten – »in Mangel an Ordnung« – von einer Aktion, die einem Aufruhr glich, nicht fernhielten. Der General erwartete, daß bei aller Begeisterung für die amerikanische Sache so etwas nie mehr vorkomme. George Washington blieb dabei: Auch eine Revolution habe in den Bahnen von Gesetz und Ordnung zu verlaufen. Überdies war er sich nicht sicher, ob alle seine Soldaten, geschweige denn die ganze Bevölkerung New Yorks, den Aufruf der Declaration of Independence befolgen würde: »Zur Stütze dieser Erklärung verpflichten wir uns gegenseitig feierlich in festem Vertrauen auf den Schutz der göttlichen Vorsehung zum Einsatz unseres Lebens, unseres Gutes und der uns heiligen Ehre.«

Erst am 9. Juli 1776 stimmte der Provinzialkonvent von New York der Unabhängigkeitserklärung zu, mehr von den Umständen als von Überzeugungen gedrängt. Die Einwohner der Stadt galten als unsichere Kantonisten. Der Mob war für jeden Exzeß zu haben. Im Mittelstand und vornehmlich in der Oberschicht gab es nicht wenige Loyalisten, die den Bruch mit England beklagten und es kaum erwarten konnten, daß die anrückenden Briten die Rebellen zu Paaren trieben. Als Washington im April 1776 von Boston nach New York gekommen war, mußte er als erstes den Handel mit dem Gegner, die Versorgung von Schiffen der Royal Navy unterbinden. Loyalisten waren ausfindig und unwirksam zu machen, wobei der Militärbefehlshaber die Zivilbehörden anwies, »mit aller Nachsicht« vorzugehen. Keinen Pardon gab es für einen seiner Gardisten, den Iren Thomas Hickey, der als Agent des Feindes entlarvt und vor versammelter Mannschaft gehängt wurde.

Die Schwierigkeiten, New York gegen die ansegelnde Armada zu verteidigen, waren Washington bereits bei seinen ersten Erkundungen bewußt geworden. Das ausgedehnte Gebiet bestand aus Inseln und Halbinseln, Buchten und Meerengen, die ebenso wie der Hudson und der East River von feindlichen Kriegsschiffen kontrolliert und an dessen Ufern Truppen von Transportschiffen abgesetzt werden könnten. Ihm würde nichts anderes übrigbleiben, als seine schwachen Truppen zu verzetteln und es – in Umkehrung der Fabel – in Kauf zu nehmen, daß der Hase schon überall dort wäre, wo der Igel erst hinkäme. Im Grunde war New York überhaupt nicht zu verteidigen. Aber der Oberbefehlshaber mußte den Versuch wagen. Das Kriegskomitee, das der Kontinentalkongreß in Philadelphia eingesetzt hatte, verlangte es, und die Patrioten in ganz Amerika erwarteten von ihm, daß er die eben verkündete Unabhängigkeit zu sichern verstünde.

George Washington tat sein möglichstes. Um die Einfahrt feindlicher Schiffe in den Hudson zu erschweren, ließ er an den gegenüberliegenden Ufern zwei Forts anlegen, dirigierte die eine Hälfte seiner Truppen nach Long Island und beließ die andere auf Manhattan, brachte sie an den verwundbarsten Orten in Stellung. So erwartete er den übermächtigen Feind, wohl wissend, daß er auf verlorenem Posten stand.

Der Feldherr

Beim Anblick der auf New York ansegelnden Armada schlug den Briten das Herz höher, die Amerikaner blickten furchtsam der Übermacht entgegen. Anstatt in Stellung zu gehen, rügte General Washington, seien Offiziere und Mannschaften am Ufer gestanden und hätten die Schiffe angestarrt; ein solches Verhalten stünde Verteidigern schlecht zu Gesicht.

Der Oberbefehlshaber bekam weitere Gelegenheiten, mit seinen Soldaten und bald auch mit sich unzufrieden zu sein. Die von ihm angelegten Forts konnten feindlichen Schiffen die Einfahrt in den Hudson nicht verwehren, und die Aufteilung seiner Truppen – die eine Hälfte auf Manhattan, die andere auf Long Island – erwies sich als ein Fehler. Schon fragte sich mancher, ob es nicht besser gewesen wäre, den gelernten Offizier Charles Lee anstatt des Milizobersts George Washington zum Generalissimus zu ernennen.

Am 27. August 1776 verlor er die erste Schlacht. Der britische General William Howe hatte 20000 Soldaten plus 2000 Marines auf Long Island gelandet. Ihnen gegenüber standen 7000 Amerikaner, das Gros an den Brooklyn Heights. Auf ihrer Seite waren die Befehlsverhältnisse nicht geklärt. Zuerst übernahm Generalmajor John Sullivan das Kommando, das dann auf Generalmajor Israel Putnam überging, und auch General Washington erschien auf dem Schauplatz. Alle bemerkten zu spät, daß der Feind nicht nur, wie erwartet, von der Hafenseite, sondern auch von der Landseite her angriff. Von der Übermacht in die Zange genommen, wurden die Amerikaner, nach heftiger, doch aussichtsloser Gegenwehr, von Panik erfaßt. Viele versuchten nach beiden Richtungen auszubrechen und liefen hier wie dort den Briten in die Arme. Etliche kamen im Sumpf von Gowanus Creek um.

»Guter Gott! Wie viele gute Kameraden muß ich heute verlieren«, rief Washington aus und raffte sich auf, die Reste zu sammeln und über den East River nach Manhattan zurückzubringen. Die Niederlage in der Schlacht von Long Island hatte ihn 500 Tote und 1000 Gefangene gekostet. Die Moral der Patrioten war angeschlagen. Milizen lösten sich auf, und der Oberbefehlshaber verlor mehr Männer durch Fahnenflucht als in der Kampfhandlung. »Ich fürchte«, meinte einer seiner Offiziere, »General Washington hat eine zu schwere Aufgabe übernommen.«

Kaum gewürdigt wurde, daß die Rückführung und damit die Erhaltung eines beträchtlichen Teiles seiner Streitkräfte eine beachtliche Leistung war. Hauptanliegen des Feldherrn war und blieb, seine mühsam zusammengebrachte Armee zusammenzuhalten, mit ihr durchzuhalten und den Gegner hinzuhalten. Er setzte darauf, daß die Briten, wenn sie im weiten Land die Amerikaner nicht endgültig zu fassen und entscheidend zu schlagen vermöchten, des Katz-und-Maus-Spiels eines Tages überdrüssig würden. Der Unabhängigkeitskrieg müsse und könne nur gewonnen werden, wenn er »von unserer Seite aus defensiv geführt« werde, schrieb Washington am 8. September 1776 aus dem Hauptquartier in New York an den Kontinentalkongreß in Philadelphia. »Wir sollten in jedem Fall einer großen Entscheidungsschlacht aus dem Weg gehen und nicht alles auf eine Karte setzen, solange wir nicht dazu gezwungen sind, und dazu dürfen wir es nie kommen lassen.« Er blieb sich »der Tatsache bewußt, daß eine zurückweichende Armee große Schwierigkeiten haben wird, daß ein General sich Tadel einhandelt, wenn er einer Schlacht ausweicht und daß unsere Sache durch die bei vielen hierdurch hervorgerufene Mutlosigkeit in einem gewissen Maße beeinträchtigt wird«. Aber er blieb dabei: Man müsse den Krieg so lange wie möglich hinziehen.

Der Defensivstratege setzte sich dem Vorwurf aus, ein amerikanischer Fabius Cunctator zu sein. Der römische Feldherr Quintus Fabius Maximus Verrucosus erhielt den Beinamen »Cunctator«, der »Zögerer und Zauderer«, weil er den Krieg gegen Hannibal hinhaltend führte. Seine Taktik, eine Schlacht zu vermeiden, doch dem Gegner durch Gefechte zuzusetzen, wurde erst gewürdigt, nachdem die ungeduldigen Römer sich bei Cannae zur Schlacht stellten und geschlagen wurden. Nun nannten sie Fabius den »Schild Roms« und erinnerten sich, daß »Cunctator« auch der »Bedächtige« hieß. So gesehen, war die Bezeichnung Fabius Cunctator für George Washington, der als Mensch besonnen und behutsam war und als Feldherr den Stellungskrieg dem Bewegungskrieg vorzog, ein Ehrentitel. Freilich hätte er es nie erlaubt, daß eine von seinen Soldaten eingenommene Stadt wie das von den Truppen des Fabius eroberte Tarent geplündert worden wäre.

Wer für die Freiheit ins Feld ziehe, habe sich ihrer durch Tugendhaftigkeit würdig zu erweisen – das war und blieb das Ceterum censeo des Truppenführers. Doch ständig hatte er sich über Untergebene zu beschweren, die sich die Freiheit nahmen, für eigene Belustigung und Bereicherung gegen Anstand und Sitte zu verstoßen, und namentlich die Zügellosigkeit von Milizmännern zu beklagen, die sich in der Etappe als Helden fühlten, die sich alles herausnehmen dürften, und sich an der Front als Memmen erwiesen, die schon beim ersten Schuß davonliefen.

Das mußte er erleben, als die Briten am 15. September 1776 Manhattan angriffen. Fregatten feuerten ihre Breitseiten ab, und an der Kip's Bay stürmten Rotröcke an Land. Die Milizmänner, die dort auf Posten standen, warfen ihre Waffen und Tornister weg, rannten zurück und rissen die hinter ihnen in Stellung gegangenen Kameraden mit sich. Als der Oberbefehlshaber in seinem Hauptquartier in Harlem den Kanonendonner vernommen hatte, schwang er sich in den Sattel, sprengte in Richtung Kip's Bay und stieß auf die Zurückfliehenden. Vergebens versuchte er, sie zum Halten zu bringen und Front gegen die Angreifer zu machen. George Washington geriet, was er peinlich zu vermeiden suchte und was selten vorkam, ganz außer sich. Mit der Reitpeitsche, wurde erzählt, habe er auf Offiziere und sogar einen Brigadier eingeschlagen. Dabei vergaß er sich so weit, daß nicht viel gefehlt hätte, und er wäre ganz allein den Angreifern gegenübergestanden; ein Adjutant konnte ihn im letzten Moment zum Retirieren bewegen. Er habe sein Möglichstes getan, seine Soldaten zum Widerstand zu veranlassen, berichtete er dem Kongreß, »aber meine Versuche waren fruchtlos und unwirksam, und schon beim Anblick weniger Angreifer rannten sie weg«.

»Und mit solchen Soldaten soll ich Amerika verteidigen!« hatte er ausgerufen. Milizleute, die in patriotischer Begeisterung zur amerikanischen Fahne geeilt seien, würden sie ebenso schnell im Stich lassen, wenn sie ins Feuer geschickt würden, bedeutete er dem Kongreß und meldete ihm, daß er nun Stellung auf den Harlem Heights beziehe, wo er sich halten zu können hoffe; doch dies sei nach dem Debakel an der Kip's Bay eher ein Wunsch als eine Erwartung.

Nicht dem ärgsten Feind wünsche er, in seine Lage zu kommen, gestand George Washington einem Cousin. Sein guter Ruf gehe dahin, die Reputation, auf die er so viel Wert legte, die aber verletzlich wie Glas war und nun einen Sprung erhalten hatte. »Im Vertrauen sage ich Dir, daß ich seit meiner Geburt niemals in einer so unglücklichen Situation wie jetzt gewesen bin.«

Als Rotröcke gegen Stellungen auf den Harlem Heights vorrückten, blies ein britischer Hornist ein Signal zur Fuchsjagd. Es schallte in den Ohren des passionierten Fuchsjägers Washington, der sich in die Rolle des Gejagten versetzt sah. Ein Versuch, aus dem Bau auszubrechen, in einem Gegenangriff die Meute zurückzutreiben, endete wiederum im Rückzug. Immerhin hatten die Amerikaner gezeigt, daß sie kämpfen konnten. Jedenfalls war Zeit gewonnen. Erst Mitte Oktober wurden die Briten wieder aktiv, landeten Truppen im Rücken der Harlem Heights und zwangen Washington, Manhattan aufzugeben.

New York war, wie er es vorausgesehen hatte, nicht zu halten. Bereits in der Nacht zum 20. September war in der City ein verheerendes Feuer ausgebrochen. Die Amerikaner hätten es gelegt, behaupteten die Briten, die die Winterquartiere in Flammen aufgehen sahen. Zwar hatte Generalmajor Nathaniel Greene, ein Neu-Engländer, dazu geraten, das Babel des Loyalismus anzuzünden und sich in die Wälder zu schlagen, aber es war nicht zu beweisen, daß man auf ihn gehört hätte. Washington mochte es nicht unrecht gewesen sein, daß er, wenn er schon weichen mußte, verbrannte Erde zurückließ.

Der Rückzug aus Manhattan bestätigte Washingtons Voraussage, »daß eine zurückweichende Armee große Schwierigkeiten haben wird«. Da Pferde fehlten, mußten Geschütze von den Bedienungen gezogen werden; man kam nur langsam voran. Ein Glück war, daß General Howe ebenso langsam nachrückte. Die Amerikaner gelangten hudsonaufwärts bis White Plains, wo sie sich den anrückenden Briten stellten. Washington, der seine Absicht, einem größeren Gefecht auszuweichen, vergessen zu haben schien, wurde am 28. Oktober 1776 besiegt.

In diesem Stadium des Krieges war er nicht für alles und jedes verantwortlich zu machen. Der Kongreß in Philadelphia hatte ihn angewiesen, Entscheidungen nicht allein, sondern im Einvernehmen mit seinen Generälen zu treffen, und ging sogar so weit, ihm Einzelheiten für Operationen vorzuschreiben. George Washington hatte grundsätzlich wenig gegen Teamarbeit, und als ein Militär, der den Vorrang der Politik respektierte, war er geneigt, Anweisungen der Laien in Philadelphia nachzukommen. Doch bald erkannte er, daß eine solche Verzettelung der Verantwortung nicht der Kriegsweisheit letzter Schluß bleiben dürfte. Schon jetzt bereute er, daß er in einem konkreten Fall auf die anderen gehört, eine rechtzeitige Räumung von Fort Washington in Manhattan sowie von Fort Lee auf dem gegenüberliegenden Ufer des Hudson versäumt hatte. Inmitten eines Gebietes, das von den Briten beherrscht wurde, waren sie nicht zu halten. Sie gingen im November 1776 verloren,

Washington büßte weitere 2600 Mann ein und konnte sich des Eindrucks nicht erwehren, daß mit dem Fall des nach ihm benannten Forts sein Feldherrnstern zu sinken begann.

New York war wieder königlich und Philadelphia sollte es wieder werden. In diese Richtung marschierte eine britische Armee durch New Jersey, den neuen Staat, der lieber Kolonie geblieben wäre. »Die Jerseys haben sich äußerst schimpflich betragen. Statt sich zur Verteidigung ihres Landes zu erheben und unsere Armee zu unterstützen, unterwerfen sie sich so schnell sie können«, klagte Washington, der sich mit 3000 Mann, seiner Kontinentalarmee, die diesen Namen kaum noch verdiente, durch New Jersey zurückzog. Mehrmals und nachdrücklich hatte er Generalmajor Charles Lee angewiesen, ihm dessen aus Fort Lee entkommene Truppen zuzuführen. Aber »Boiling Water«, wie er von den Indianern genannt worden war, wollte sein eigenes Süppchen kochen und Washington, dem er den Oberbefehl mißgönnte, die Suppe allein auslöffeln lassen.

»Kein Mensch, glaube ich, hat jemals ausgesuchtere Schwierigkeiten gehabt und weniger Mittel, sich aus ihnen herauszuwinden«, schrieb George Washington seinem Bruder. Aber er hatte Glück im Unglück. Sein Intimfeind Lee wurde bei Morristown von britischen Dragonern gefangengenommen, als er in einer Taverne einen Brief an Generalmajor Gates schrieb, in dem er den Oberbefehlshaber als »verdammenswerten Unzulänglichen« bezeichnete. Nun vereinigten sich Lees Truppen unter dessen Unterführern mit denen Washingtons, doch die 6000 Mann, über die er nun verfügte, blieben den Briten unterlegen. Zudem lief mit dem Jahre 1776 die einjährige Dienstzeit der meisten Soldaten aus; der Generalissimus mußte damit rechnen, daß ihm nur noch 1 500 Mann verbleiben würden.

Mit dem kläglichen Rest der Kontinentalarmee zog sich Washington über den Delaware nach Pennsylvania zurück. Der britische General Howe hielt die Zeit für Winterquartiere gekommen. Washington atmete auf und schöpfte Hoffnung: »Von der Gerechtigkeit unserer Sache voll und ganz überzeugt, kann ich nicht die Vorstellung hegen, daß sie schließlich scheitern wird.« Um sich und den Seinen neuen Mut zu machen, beschloß er, die in Trenton im Winterquartier liegenden und im Weihnachtsfrieden schlummernden Rotröcke zu überfallen. Es war ein gewagtes Unternehmen. Seine Truppe mußte über den Delaware mit Booten übergesetzt werden. Im Falle einer Niederlage hätten sie den Fluß im Rücken gehabt und wären Gefahr gelaufen, in ihn geworfen zu werden. In der Nacht vom 25. auf den 26. Dezember 1776 überquerte Washington mit 2500 Mann den Delaware. Es stürmte und schneite, und Eisschollen trieben auf dem Wasser. Das Übersetzen, vor allem der Kanonen, dauerte länger als vorausgesehen. Im Morgengrauen glückte die Überrumpelung der 1400 hessischen Söldner in Trenton, die nach feuchtfröhlicher Weihnachtsfeier nicht voll einsatzfähig waren. Sie verloren 970 Mann, davon 920 Gefangene. Vier Verwundete zählten die Amerikaner, die unbehelligt über den Fluß zurückkehrten; dabei froren sich zwei Mann zu Tode.

»Das ist ein glänzender Sieg«, jubelte ein Adjutant des Generals. Washington sei auf den Feind wie ein Adler auf eine Henne herabgestoßen. Selbst wenn es bei diesem einen Siege bliebe, würde er in die Geschichte als großer Feldherr eingehen. Der Erfolg sei vor allem seiner Truppe zu verdanken, winkte Washington ab, der sich bewußt blieb, daß der gepriesene Schwertstreich nicht viel mehr als ein Nadelstich gegen den übermächtigen Gegner gewesen war.

Indessen lobte er seine Soldaten und schonte die Geschlagenen. Am Abend des Treffens besuchte er in Trenton den tödlich verwundeten Johann Rall, den Oberst der Hessen, der ihn bat, seine Leute gut zu behandeln, was Washington versprach. Die Gefangenen bekamen ein Dach über den Kopf, die Offiziere lud er zum Dinner. Die hessische Militärkapelle sollte am nächsten 4. Juli aufspielen und Patrioten einpauken, daß der Kampf um die Unabhängigkeit noch lange nicht verloren sei.

Das Jahr 1777 begann mit neuer Zuversicht und einem weiteren Erfolg. Washington setzte wiederum über den Delaware,

General Washington beim Angriff auf Trenton.

der sein Rubikon zu werden schien. Der Würfel fiel wiederum zu seinen Gunsten. Dies war um so beachtlicher, als die meisten seiner Regulären auf dem Weg nach Hause waren, er fast nur noch über Milizen verfügte, deren Ausbildungsstand wie Kampfbereitschaft zu wünschen übrigließen. Um die Scharte von Trenton auszuwetzen, marschierte der britische General Cornwallis mit 7000 Mann in Richtung Delaware, den er am 2. Januar 1777 erreichte.

General Washington, der einen Angriff auf die britische Hauptmacht für aussichtslos hielt, beschloß, nach einem Kriegsrat, das Gros des Feindes in einem Nachtmarsch zu umgehen und die Nachhut und die Nachschubbasis in Princeton anzugreifen. Vor dem Ort stieß er bei Sonnenaufgang auf zwei durch Kavallerie verstärkte Infanterieregimenter, die auf dem Marsch nach Trenton waren und ein Regiment in Princeton zurückgelassen hatten.

Ein Gefecht entbrannte, in dem die Amerikaner den kürzeren zu ziehen schienen. Im kritischen Moment galoppierte der Oberbefehlshaber auf seinem Schimmel heran, hielt Zurückweichende auf, brachte sie in Schlachtordnung und führte sie, allen voraus, dem Feind entgegen. Die Briten feuerten aus nächster Nähe eine Salve ab, der kühne Reiter verschwand in einer Wolke aus Pulverdampf, aus der er – wie es seinen Offizieren vorkam – als Schlachtengott ex machina wieder auftauchte. Die Rotröcke stoben davon, Washington setzte ihnen nach und rief: »Welch fröhliche Fuchsjagd!«

Noch waren, behielt man die Gesamtlage im Blick, die Briten die Jäger und die Amerikaner die Gejagten. Immerhin hatten diesen Trenton wie Princeton gezeigt, daß sie einen Oberbefehlshaber hatten, der Schlachten nicht nur zu planen, sondern auch durchzukämpfen verstand. Seine zusammengeschrumpfte Kontinentalarmee hatte sich in New Jersey behauptet, die Briten zogen sich in sicherere Winterquartiere zurück, und Washington konnte das seine bei Morristown beziehen, weiter weg von Philadelphia, das vorerst vom Feind verschont blieb, und näher an New York, das dieser weiterhin besetzt hielt.

Die dunklen Wolken, die auf den »dreizehn vereinigten Staaten von Amerika« lasteten, waren noch lange nicht verscheucht. Newport in Rhode Island war gefallen, Neu-England zwischen Kanada und dem Hudson in der britischen Zange. Vielerorts erhoben Loyalisten ihr Haupt. »Mit dem Jahre 1776 mußte eine fliehende, halbnackte Armee entlassen werden, und die Aussicht zu einer neuen war entfernt und ungewiß«, bilanzierte der Amerikaner David Ramsay. »Die kürzlich angemaßte Unabhängigkeit stand dem Anschein nach auf dem Punkt, vernichtet zu werden.«

In Morristown, New Jersey, rackerte sich Washington ab, wieder eine Armee, die einigermaßen diesen Namen verdiente, zusammenzubringen. Die Anstrengung war enervierend, das Ergebnis enttäuschend. »Wir sahen uns gezwungen«, stöhnte Washington, »die eine Hälfte der Armee dazu zu verwenden, die andere wieder einzufangen.« Die Strapazen, die er seit seiner Ernennung zum Oberbefehlshaber zu ertragen hatte, und die Frustrationen, die ihm nicht erspart blieben, machten ihn krank, zwangen ihn ins Bett. Die Adjutanten befürchteten Schlimmes, Frau Martha eilte aus Mount Vernon herbei, sprach ihm Trost zu und strickte ihm Strümpfe. Im Mai 1777 war er so weit hergestellt und hatte seine Truppe auf einen Stand gebracht, daß an neue Operationen gedacht werden konnte.

Zum Glück hatte er es in William Howe mit einem britischen Oberbefehlshaber zu tun, der sich als ein wahrer Fabius Cunctator erwies. Sein Zögern, dem Feind entgegenzuziehen, wurde von Amerikanern darauf zurückgeführt, daß er – so Francis Hopkinson in einem Liedchen – »snoring« (schnarchend) mit »Mrs. Loring«, seiner Mätresse, im Bett gelegen habe und dies nicht mit dem Feld vertauschen wollte. Der eigentliche Grund lag darin, daß er sich nicht zwischen zwei Möglichkeiten entscheiden konnte. Sollte er seinem aus Kanada nach Süden aufbrechenden Kameraden John Burgoyne von New York aus entgegenkommen, um mit vereinten Kräften Neu-England vom übrigen Amerika abzuschneiden? Oder sollte er in Philadelphia, der Hauptstadt der Rebellen, die er im Vorjahr auf dem Landweg vergebens anvisiert hatte, wieder den Union Jack aufpflanzen?

Howe entschied sich für die zweite Möglichkeit, ließ sich jedoch bei der Ausführung dieses Vorhabens viel Zeit. Endlich brach er am 23. Juli 1777 mit 18000 Mann auf dem für Britannia bequemeren und sichereren Seeweg auf, kreuzte mit 260 Kriegs- und Transportschiffen vor der Küste und setzte erst am 25. August an der oberen Chesapeake Bay, 50 Meilen von Philadelphia entfernt, Truppen an Land. Als Washington klargeworden war, was Howe beabsichtigte, verwarf er andere Operationsmöglichkeiten – Burgoynes Vorstoß aus dem Norden aufzuhalten oder sich gegen das von nur 7000 Mann besetzte New York zu wenden – und entschloß sich, den die Kapitale der »dreizehn vereinigten Staaten von Amerika« bedrohenden Briten entgegenzutreten, obwohl er ihnen nur eine unterlegene Streitmacht entgegensetzen konnte.

Aus New Jersey kommend, hatte er wiederum den Delaware zu überschreiten. Am 24. August 1777 zog er in Philadelphia ein. Seinen Truppen hatte er befohlen, die Uniformen zu waschen und zu bürsten, damit sie einen einigermaßen respektablen Eindruck machten, und an die Hüte ein grünes Reis als Zeichen der Hoffnung zu stecken. So marschierten sie durch die Stadt, in der ihnen viele Loyalisten eine Niederlage wünschten, und an Kongreßmitgliedern vorbei, die sich von diesen Kontinentalarmisten nicht viel erwarteten. Sie sähen nicht wie Soldaten aus, bemerkte John Adams, und sie hielten keinen Gleichschritt. Das war auch vom Kongreß zu sagen. Die wenigen Delegierten, die in Philadelphia ausharrten, vertraten in erster Linie die Interessen ihrer Provinzen, gerieten häufig aneinander und taten sich schwer, gemeinsame Beschlüsse zu fassen. Der Armeeführer, der auf ihre Unterstützung angewiesen war, mochte dies beklagen, doch dem Feldherrn konnte es recht sein, daß sie ihm nicht ständig in seine Angelegenheiten hineinredeten und ihm nolens volens die wichtigsten Entscheidungen überließen.

In einem stimmten sie überein. Philadelphia, der Sitz des Kontinentalkongresses und der Ort, von dem die Unabhängigkeitserklärung in die Welt hinausging, dürfe nicht in Feindeshand fallen. Ein entscheidender Sieg über Howe, appellierte Washington an seine Truppe, würde die zum Symbol der Einigkeit der Amerikaner gewordene »Stadt der Bruderliebe« vor dem britischen Kain beschützen und könnte den Krieg beenden, »das Land von Raub, Verwüstung und Niederbrennen befreien«.

Indessen mußte er seine Soldaten ermahnen, in der Ausplünderung »unserer Mitbürger« nicht mit den Engländern zu konkurrieren. »Wir beklagen uns über die Grausamkeit und Unmenschlichkeit unserer Feinde«, aber es gäbe eigene Leute, die ihnen darin kaum nachständen, mit einem Unterschied: Die Briten schonten zuweilen das Eigentum der Loyalisten, während es amerikanische Soldaten gäbe, die Anhänger der Unabhängigkeitsbewegung ausraubten. »Warum haben wir uns unter Waffen versammelt? War es nicht hauptsächlich deshalb, um das Eigentum unserer Landsleute zu schützen?« Wenn schon in seiner Truppe welche anzutreffen seien, die das Prinzip der Declaration of Independence nicht hochhielten, so sollten sie wenigstens bedenken, daß Zügellosigkeit schon manche Armee ruiniert und manchen Sieg vereitelt habe. Wollte Washington mit diesem Tagesbefehl am 4. September 1777 einer Niederlage vorbauen, die bei Howes Kampfkraft kaum auszuschließen war? Als er sich am 11. September den Briten, die bereits den halben Weg nach Philadelphia zurückgelegt hatten, am Brandywine Creek entgegenstellte, wurde er nach heftigem Ringen zum Rückzug gezwungen. Er verlor an Toten, Verwundeten und Vermißten an die tausend Mann, von denen er keinen einzigen entbehren konnte, und elf Kanonen, von denen er viel zu wenige besaß.

John Adams kritisierte George Washington, von dem er, obwohl er ihn aus politischen Gründen vorgeschlagen hatte, militärisch nie viel gehalten hatte. In der Tat war der Feldherr bei Brandywine nicht auf der Höhe gewesen, vielleicht auch deshalb, weil er ahnte, daß William Howe nicht aufzuhalten war. Jedenfalls hatte er nicht die richtigen Befehle zur richtigen Zeit am richtigen Platz gegeben. Der Zivilist Adams war um so ungehaltener, als er sich nach der Niederlage gezwungen sah, mit seinen Kongreßkollegen aus Philadelphia zu fliehen, sich nach Lancaster und weiter nach York, Pennsylvania, abzusetzen. Die Freiheitsglocke wurde nach Allentown mitgenommen und in der Zion Reformed Church versteckt. »Ich hoffe, daß wir zu anderer Zeit die erlittenen Verluste wettmachen werden«, hatte Washington den Kongreß, die Armee und sich selbst zu trösten versucht. Aber sie mußten es hinnehmen, daß die Engländer und die an ihrer Seite marschierenden amerikanischen Loyalisten am 26. September 1777 in Philadelphia einzogen, wo sie von vielen Bewohnern als Befreier begrüßt wurden. Um ihre Ergebenheit nicht zu sehr zu strapazieren, ließ Howe seine Hauptmacht nicht in der Stadt, sondern beim fünf Meilen nordwestlich gelegenen Germantown kampieren.

Der geschlagene Washington schritt schneller, als es sein Temperament wie seine Kampfkraft erlaubten, zur Revanche. Zwar hatte er binnen kurzem an die zehntausend mehr oder weniger waffenfähige Männer zusammengetrommelt, die den bei Germantown liegenden achttausend Briten überlegen zu sein schienen. Aber er vergaß in der Hitze seines Vergeltungsdranges, daß er geschulten Truppen gegenüberstand, die überdies als Verteidiger im Vorteil waren. Dennoch blies er zum Angriff, in der Erwartung, die Rotröcke bei Germantown überrennen und Philadelphia zurückgewinnen zu können. Nach einem Nachtmarsch ließ er die Bajonette aufsetzen und – am 4. Oktober 1777, 5 Uhr morgens – den Sturm auf das feindliche Lager beginnen. Die überraschten Briten rafften sich rasch zur Gegenwehr auf, gingen zum Gegenangriff über und schlugen die Amerikaner zurück.

Wie bereits bei Brandywine waren bei Germantown die Verluste der Amerikaner (tausend Tote, Verwundete und Gefangene) höher als die der Briten (fünfhundert Tote und Verwundete). Auch wenn man Washington zugute hielt, daß er den

Mut gefunden hatte, kaum geschlagen, schon wieder anzugreifen, so lastete man ihm doch Mißgriffe an. Für schlachtentscheidend wurde angesehen, daß er, anstatt mit der Hauptkolonne voranzustürmen, sich in das von 120 Rotröcken hartnäckig verteidigte Chew House verbiß und der britischen Hauptmacht Zeit für Gegenaktionen verschaffte. Nicht anzukreiden war ihm, daß im Morgennebel Amerikaner auf Amerikaner schossen. Der Tag von Germantown sei »eher unglücklich als nachteilig gewesen«, behauptete Washington in seinem Bericht an den Kongreß. Doch die Enttäuschung über zwei Niederlagen in drei Wochen nagte an ihm. Wie immer neigte er dazu, sich selber und nicht anderen die Schuld zuzuweisen, seine Männer in Schutz zu nehmen. Der Feldherr hatte operative Fehler begangen, und dem Armeeführer war es nicht gelungen, aus einem Haufen bewaffneter Männer eine schlagkräftige Truppe zu machen.

Diese Einsicht schmerzte ihn um so mehr, als er in seinem Hauptquartier Dawesfield hörte, daß ein anderer amerikanischer General, ein Intimfeind des Generalissimus, freilich mit doppelt so vielen, wenn auch nicht mit besser ausgebildeten Männern, über die Briten triumphierte: Am 17. Oktober 1777 zwang Horatio Gates den hudsonabwärts marschierenden John Burgoyne bei Saratoga im Staate New York, 45 Kilometer nördlich von Albany, zur Kapitulation. Unter den Klängen des »Yankee Doodle« zogen 5800 Briten, darunter 2000 braunschweigische Söldner, in die Gefangenschaft.

Bei Germantown war Washington ein Hund in die Hände gefallen, der – wie auf seinem Halsband ersichtlich war – Howe gehörte. Er schickte ihn mit Komplimenten an seinen Herrn zurück. Der ließ es sich den Winter über in Philadelphia gutgehen, während Washington zwanzig Meilen von der Stadt entfernt, in der die Briten wieder als Brüder geliebt wurden, im Jammertal von Valley Forge um die Existenz seiner Armee und das Prestige seiner Person bangte.

Die Misere begann bereits auf dem Marsch in das Winterquartier. »Man hätte die Spur der amerikanischen Armee an ihren blutigen Fußstapfen erkennen können, denn sie marschierte ohne Schuhe und Strümpfe über den hartgefrorenen Boden zwischen Whitemarsh und Valley Forge«, schrieb der Historiker David Ramsay, ein Zeitgenosse. Er übertrieb nicht allzu sehr, wie Albigence Waldo, der dabeigewesen war, am 12. Dezember 1777 notierte: »Es schneit. Ich bin krank. Kein Essen. Kein Futter.« Der Militärarzt aus Connecticut fügte hinzu: »Ich kann es nicht mehr aushalten. Warum sind wir hierhergeschickt, um zu hungern und zu frieren?«

Er hätte sie gerne unter günstigeren Verhältnissen in ein annehmbareres Winterquartier geführt, ließ Washington seine Männer am 17. Dezember wissen. Aber sie dürften sich nicht zu weit vom Feind in Philadelphia entfernen und das eigene Land nicht ungedeckt lassen. Am Tage darauf erreichten sie den von ihm – trotz Widerspruch in seinem Stab – gewählten Ort. In Valley Forge fanden sie, zwischen Hügeln und Wäldern, ein paar Häuser und die Ruine der von den Briten zerstörten Schmiede, die dem Tal den Namen gegeben hatte. Hier sollten sie Hütten bauen, in denen sie warm und trocken sitzen könnten, ermunterte der General seine Soldaten, denen er Strapazen über Strapazen zumutete. Um Blockhäuser zu errichten, fehlte es an Werkzeugen. Nach Indianerart aus Zweigen zusammengefügte Hütten schützten kaum gegen Nässe und Kälte. Zelte gab es nur wenige, und vielen fehlten Decken, so daß sie die Nächte an Lagerfeuern verbringen mußten, an denen sie vorne halb verbrannten und hinten halb erfroren.

In seiner Armee seien 2898 Männer barfuß und halb nackt und nur noch 8200 Männer dienstfähig, meldete Washington am 20. Dezember 1777 dem Kongreß. Alle hatten zuwenig zu essen. In einer von den Briten ausgeplünderten Gegend waren nicht genug Nahrungsmittel aufzutreiben. Zwei Tage vor Weihnachten gab es kein Schlachtvieh mehr und nur noch 25 Faß Mehl. Der Fire Cake, das auf Steinen gebackene Lagerbrot aus grauem Mehl und dumpfigem Wasser, war zum Leben zuwenig und zum Sterben zuviel. Farmer der Umgebung, die noch etwas hatten, lieferten es lieber für harte Pfund Sterling den Briten als der Kontinentalarmee für das vom Kontinentalkongreß und den Einzelstaaten ausgegebene Papiergeld, dessen Wert mit der Menge abnahm. Der Oberbefehlshaber, wurde behauptet, benötigte bald eine Wagenladung voll Scheinen, um eine Wagenladung von Vorräten zu kaufen. Jedenfalls fehlte es ihm in Valley Forge an Fuhrwerken und an Pferden, von denen aus Mangel an Futter etwa fünfhundert eingingen.

Das Winterquartier wurde ein Krankenlager. Schwere Erkältungen, Bronchitis und Lungenentzündung, waren die Folgen von Schnee, Frost und Wind. Bei unsäglichen hygienischen Verhältnissen blieb der Typhus nicht aus. Medikamente waren knapp, und die wenigen Militärärzte, von denen Washington manche für »sehr große Schufte« hielt, waren überfordert. Sie sollten bei ihren Predigten für die Reinheit der Seele nicht Hinweise auf die Reinlichkeit des Körpers als Voraussetzung der Gesundheit vergessen, empfahl der General den Militärgeistlichen, doch diese waren mit der Tröstung der Kranken und Sterbenden vollauf beschäftigt. Im Winter von Valley Forge starben an die 2500 Mann, und mehr als 2000 desertierten zu den wohlgenährten und gutgekleideten Rotröcken, die anscheinend den Sieg schon in der Tasche hatten. »Diese Armee wird notwendigerweise Hungers sterben oder sich auflösen und verschwinden«, warnte Washington die Kongreßmitglieder, die im Hinterland warm und sicher saßen und wenig taten, nicht viel tun konnten, um die Lage der Kontinentalarmee zu verbessern. Auch Provinzialvertreter erwiesen sich kaum als hilfreich, vor allem jene aus Pennsylvania, die am liebsten aus dem amerikanischen Krieg in einen britischen Frieden übergelaufen wären.

Der General werde alles Ungemach mit ihnen teilen, hatte Washington seinen Soldaten versprochen, als sie nach Valley Forge kamen. Er hatte wenigstens ein Dach über dem Kopf, sein Hauptquartier war im Steinhaus von Isaac Potts, der erzählte: Er habe im Winterwald George Washington beobachtet, wie er, vom Roß gestiegen, auf den Knien im Gebet versunken gewesen sei. Auch der Himmel schickte ihm keine Heerscharen, Soldaten begannen an ihrem General zu zweifeln und Patrioten an der amerikanischen Sache zu verzweifeln. Er selber war nahe daran, den Mut sinken und die Hoffnung fahrenzulassen. War es nicht ein Fehler gewesen, die Truppe in das Jammertal von Valley Forge zu führen, anstatt sie im Hinterland, wo sie besser untergebracht und verpflegt gewesen wäre, Winterquartiere beziehen zu lassen? Als wollte er sich für die Wahl eines nahe bei Philadelphia gelegenen Ortes rechtfertigen, entwarf er Pläne für einen Überraschungsangriff auf die von den Briten besetzte Stadt. Aber er war kaum mehr für eine Defensive, geschweige denn für eine Offensive gewappnet.

»Oh Amerikaner, wo ist jetzt eure Stärke? Oh Washington, wo ist dein Mut?« fragte Christopher Marshall, der sich von Philadelphia nach Lancaster abgesetzt hatte, und William Ellery klagte: »Vaterlandsliebe und öffentliche Tugenden sind dahin. Wenn Sokrates noch lebte und wollte Amerika mit Kerzenlicht suchen, würde er einen einzigen ehrenwerten Mann finden?« Viele begannen einen Sündenbock zu suchen und meinten ihn in George Washington gefunden zu haben. »Tausende von Leben und Millionen an Werten werden jährlich der Unfähigkeit unseres obersten Heerführers geopfert«, schimpfte Jonathan D. Sergeant, ausgerechnet der Justizminister von Pennsylvania, das ihn im Stich gelassen hatte. »Zwei Schlachten hat er für uns verloren, und zwar durch so grobe Fehler, die einem einfachen Soldaten mit dreimonatiger Dienstzeit zur Schande gereichen würden.« Nun – nach den Niederlagen von Brandywine und Germantown – schien er durch die unglückliche Wahl des Winterquartiers den Rest seiner Armee und seines Ansehens einzubüßen.

In der Etappe ließe sich leicht reden, meinte in Valley Forge Dr. Albigence Waldo und nahm seinen General vor Anwürfen in Schutz: Washington habe stets überlegt und tadellos gehandelt, statt Kritik verdiene er Lob, und wenn es ihm die Gegenwart vorenthielte, so würde die Geschichte um so mehr seine Umsicht und Vorsicht rühmen.

John Adams, der dem von ihm vorgeschlagenen Oberbefehlshaber die Lorbeeren nicht gegönnt hatte, beschuldigte ihn nun, keine Lorbeeren errungen zu haben. Im Grunde war dieser Zivilist ganz froh, daß der Militär nicht im Siegeskranz dastand. Der Mann aus Boston blieb nicht der einzige Anwalt der Res publica, der deren Verteidiger nicht über den Weg traute und am Zügel der Politiker halten wollte. Der Argwohn gegen Soldaten, den man fast unbesehen von den britischen Rotröcken auf die amerikanischen Kontinentalarmisten übertrug, hatte in der »Virginia Bill of Rights« einen Niederschlag gefunden: »Stehende Heere sollen in Friedenszeiten als der Freiheit gefährlich nicht zugelassen sein; in allen Fällen aber sollte das Militär der Zivilgewalt strikt untergeordnet und von ihr beherrscht werden.«

In der Kriegszeit waren Volksvertreter im Kontinentalkongreß wie in den Staatenhäusern besonders bemüht, den Primat der Politik zu wahren. Um die Unabhängigkeit zu verteidigen, mußten sie dem Oberbefehlshaber notgedrungen Vollmachten und Handlungsspielraum zugestehen. In steter Sorge, er könnte sich zum Diktator aufschwingen, zeigten sie ihm ständig seine Grenzen auf, hielten ihn knapp bei Kasse, überwachten seine Maßnahmen und schrieben ihm Operationen vor. Etliche setzten auf ein Divide et impera, suchten Generäle gegeneinander auszuspielen, um zu verhindern, daß einer von ihnen, vor allem der Generalissimus, als Imperator auf den Schild gehoben würde. Sie übersahen, oder wollten es nicht einsehen, daß George Washington ein Bürger in Uniform war und blieb, der lieber heute als morgen den bunten Rock wieder mit Zivilkleidung vertauscht hätte. Bis es soweit war, hatte er seine Pflichten als Oberbefehlshaber zu erfüllen, mußte er militärische Entscheidungen treffen, die weit vom Schuß entfernten Zivilisten – und mitunter auch ihm selber – gegen den Strich gingen. Politiker nahmen dies wohl oder übel hin, solange Erfolge zu erwarten waren. Aber in den drei Kriegsjahren konnten Wohlwollende nur wenige und Übelwollende gar keine wahrnehmen.

War Washingtons Weg nicht von Rückzügen und Niederlagen, im besten Falle von unentschiedenen Treffen und von ein paar Siegen ohne nachhaltige Folgen gekennzeichnet gewesen? Hatte er nicht die zusammengeschrumpfte Hauptarmee nach Valley Forge geführt, wo sie vollends dahinzuschwinden drohte? Erfolge hätten die Kompetenzen gerechtfertigt, die sie ihm eingeräumt hatten. Da sie ausgeblieben und kaum mehr welche zu erwarten waren, hielten es Kongreßmitglieder für angezeigt, den offensichtlichen Versager abzulösen. Sie beriefen sich auf die Stimmung des Volkes, die drauf und dran war, vom »Hosianna« zum »Crucifige« umzuschlagen.

Im Tief, in das die Sache Amerikas an der Jahreswende 1777 auf 1778 gefallen war, schauten sie sich nach einem Militär um, der den Unabhängigkeitskrieg doch noch gewinnen könnte, und erblickten den einzigen General, der einen großen Erfolg errungen hatte: Horatio Gates, den Sieger von Saratoga. Den Triumph verdankte er freilich mehr den Fehlern des Gegners als den eigenen Fähigkeiten, eher dem Kampfwillen der ihm zu Hilfe gekommenen Milizen als seinem Feldherrntalent. Doch das Lob, das ihm entgegenschallte, machte ihn überheblich, spornte seinen Ehrgeiz an, dem von ihm, dem Berufsoffizier, für einen militärischen Laienspieler gehaltenen Washington den Kommandostab zu entwinden. Bei diesem Versuch unterstützten ihn nicht nur Kongreßmitglieder, die einen Wechsel verlangten, sondern auch Generäle, die sich von einem Generalissimus seines Formats endlich Sieg, Ruhm und Beute erwarteten.

Der Hauptintrigant war General Thomas Conway. Der zum Franzosen gewordene Ire hatte im Heer des Königs von Frankreich gedient und suchte nun in Amerika sein Glück zu machen, in der Kontinentalarmee zu avancieren, für deren fähigsten Offizier er sich hielt und dies auch allen annoncierte. Diese Einschätzung existiere mehr in seiner Einbildung als in der Wirklichkeit, fand der Oberbefehlshaber, dem die Aufschneiderei und die Aufgeblasenheit dieses Irish-Frenchman zuwider war. Seine Abneigung steigerte sich zur Ablehnung, als er gewahr wurde, daß Conway der »Brandstifter« war, der das hinter seinem Rücken gegen ihn zusammengetragene Material zum Brennen brachte.

Ein Glimmen bemerkte Washington, dem Intrigen fernlagen und der sie auch von anderen nicht erwartete, im Herbst 1777. Wenn sie ihn nicht vom Brigadier zum Generalmajor beförderten, ließ Conway den Kongreß in York wissen, müßte die Kontinentalarmee auf ihn verzichten und einem unfähigen Oberbefehlshaber überantwortet bleiben. Als diesem zu Ohren kam, daß der Kongreß die einer Erpressung nahekommende Forderung erfüllen wollte, erhob er Einspruch: Man dürfe einen Mann »ohne sichtbaren Verdienst« nicht den dienstälteren Brigadiers vorziehen. Der Armee würde Schaden zugefügt; denn es sei mit dem Rücktritt von Übergangenen und vielleicht sogar des desavouierten Oberbefehlshabers zu rechnen. »Es wäre unmöglich für mich, weiter zu Diensten zu sein, wenn mir solche unüberwindlichen Schwierigkeiten in den Weg gelegt werden.« Genau dies erhofften sich seine Gegner im Kongreß und seine Rivalen in der Armee: daß er, entnervt von den Mißhelligkeiten, zurücktreten würde. Da sie ihren Fabius Cunctator kannten, wollten sie ihn dazu bewegen und, wenn er weiter zögern und zaudern sollte, ihm die Entscheidung abnehmen, ihn stürzen.

Was Washington vielleicht ahnte, wurde ihm zur Gewißheit, als er die vertrauliche Mitteilung erhielt: Oberst James Wilkinson – der die Nachricht vom Sieg bei Saratoga nicht über den Oberbefehlshaber, sondern direkt dem Kongreß überbracht hatte – erzähle Hinz und Kunz: Conway habe Gates schriftlich aufgefordert, der Retter Amerikas zu werden, das von einem schwächlichen Generalissimus ruiniert zu werden drohe. Diese Information gab Washington kommentarlos an Conway weiter, der ihm gegenüber alles abstritt, jedoch fortfuhr, seine Ablösung zu betreiben. Er fand Unterstützung im Kongreß. Conway wurde zum Generalmajor und Generalinspekteur der Armee, Gates zum Vorsitzenden des Board of War ernannt, der als oberste militärische Instanz dem Commander-in-chief vor die Nase gesetzt werden sollte. Mitglied wurde auch Generalmajor Thomas Mifflin, der dazu geraten hatte: Man dürfe den in der Armee verehrten und im Volk immer noch geschätzten Washington nicht kurzerhand absetzen, aber man könnte ihn durch eine Beschneidung seiner Befugnisse zum Rücktritt drängen.

Sie täuschten sich. Er dachte nicht daran, eine von Wühlmäusen untergrabene Stellung aufzugeben. Je mehr sie ihm zusetzten, desto mehr versteifte sich sein Widerstand, um so hartnäckiger verteidigte er seine Position. Auch in der »Conway Cabal« zeigte sich, daß seine Stärke in der Defensive lag. Er wollte und konnte es abwarten, daß sich die Gegner über kurz oder lang an seiner Mauer die Köpfe einrannten. Washington ließ sich auch nicht aus seiner Reserve hervorlocken, als der frisch gebackene Generalinspekteur Conway in Valley Forge erschien, um die ihm vom Board of War aufgetragene »totale Reform und Regulierung« der Armee in Angriff zu nehmen. Er hielt sich sogar zurück, als ihn der auf eisige Ablehnung Gestoßene als Amateur-Soldaten insultierte: Er, Conway, erhebe nicht den Anspruch, ein perfekter General zu sein, aber – wobei er auf seine im Unterschied zum Commander-in-chief gemachten Erfahrungen als Berufsoffizier anspielte – »ein alter Seemann weiß mehr über Schiffe als ein Admiral, der nie zur See gefahren ist«.

George Washington nahm es hin, daß die Gegner seine Zurückhaltung als Schwächezeichen auffaßten, unterdrückte den Zorn, der in ihm aufstieg, und suchte Freunden, die es nicht verstanden, daß er sich bis an die Grenze der Selbstaufgabe zurückhielt, sein Verhalten zu erklären: In der schwierigen Situation, in die Amerika geraten sei, könne er es nicht verantworten, sich mit seinen inneren Gegnern offen und offensiv auseinanderzusetzen, denn dies würde nur den äußeren Feinden nützen. Zustatten kam ihm, daß die Kabale, die als Geheimaktion, weil nur als solche erfolgversprechend, geplant war, nicht lange verborgen blieb. Nun ging Washingtons Rechnung auf. Seine Soldaten stellten sich vor ihren Oberbefehlshaber, Patrioten beschuldigten die Intriganten, mit dem Generalissimus dem Volk in den Rücken gefallen zu sein, und selbst Kritiker seiner Person und seiner Armeeführung beeilten sich zu versichern, man dürfe nicht mitten im Strom die Pferde wechseln.

Die Urheber der Kabale waren bloßgestellt, standen allein auf weiter Flur und begannen sich gegenseitig die Verantwortung für unamerikanische Umtriebe zuzuschieben. Gates stritt ein Einvernehmen mit Conway ab und versuchte Wilkinson zum Sündenbock zu machen, der ihn deswegen zum Duell herausforderte, dem sich Gates entzog. Mifflin hatte die Stirn, jegliche Verbindung mit den Intriganten zu leugnen. Conway, gegen den alle Front machten, bot dem Kongreß seinen Rücktritt an, der zu seiner Überraschung unverzüglich angenommen wurde. Er forderte General John Cadwallader, der ihn einen Feigling genannt hatte, zum Duell heraus, wurde von diesem in den Mund geschossen und verschwand nach seiner Genesung in der Versenkung. Horatio Gates verlor den Vorsitz im Board of War und wurde vom Kongreß aufgefordert, sich voll und ganz George Washington zu unterstellen, der ihm schrieb: »Mein Temperament ist auf Frieden und Harmonie mit allen Menschen eingestellt. Insbesondere ist es mein Wunsch, alle persönlichen Fehden oder Differenzen mit jenen zu vermeiden, die mit mir im gemeinsamen Boot des nationalen Interesses sitzen.«

Die Kabale war zerschlagen, der Oberbefehlshaber hatte wieder freie Hand und konnte sich unbehelligt seiner Hauptaufgabe zuwenden: die im Winter von Valley Forge angeschlagene Armee auf Kriegsfuß zu bringen. Zunächst galt es die Grundsatzfrage zu beantworten: Sollten die Streitkräfte auf Milizbasis gestärkt werden, wie es in der Logik einer Revolutionstruppe gelegen hätte und auch von Volksvertretern verlangt wurde. Oder sollten sie als ein reguläres Heer organisiert werden, wie es in Europa üblich war.

Der Unabhängigkeitskrieg hatte bei Lexington und Concord als ein von Milizen ausgetragener Volkskrieg begonnen. Im weiteren Verlauf konnte sein Charakter als Revolutionskrieg nicht geleugnet und bei seiner Austragung auf Milizen nicht verzichtet werden. Der Kampf gegen die britischen Heere, die in überlegener Stärke mal hier, mal dort eingesetzt wurden, mußte auf weite Strecken als Guerillakrieg von vor Ort und auf Zeit zu den Waffen gerufenen Milizionären bestritten werden. Sie konnten feindliche Posten überfallen, Nachschubwege stören, dem Feind Nadelstiche und sogar einen schweren Schlag zufügen, wie es den Green Mountains Boys aus Vermont gegen Burgoynes Rotröcke geglückt war. Das Gros der Bewaffneten bestand weiterhin aus kurzfristig in Landesteilen aufgebotenen Milizen sowie aus regulär eingestellten und mit eigenen Regulativen versehenen Truppen einzelner Staaten. Die Fluktuation bei jenen und die kurze Dienstzeit bei diesen beeinträchtigte die Schlagkraft.

Vom Volkskrieg wie vom Einzelstaatenkrieg hatte Washington als »General und Oberbefehlshaber der Armee der Vereinigten Staaten« von Anfang an wenig gehalten. Zur Oberschicht gehörend, kam es ihm ungelegen, daß sich die Kämpfer aus mindereren Klassen von einem Volkskrieg mehr Volksrechte versprachen, was nur auf Kosten des politischen Einflusses und vielleicht sogar des materiellen Besitzes der Aristokraten gehen könnte. Zum Commander-in-chief der amerikanischen Streitkräfte bestellt, mußte er darauf bedacht sein, sie in einer einheitlichen Organisation für gemeinsamen Einsatz zusammenzuhalten, die Einzelstaatenarmeen in einer Gesamtstaatsarmee zusammenzufassen. Dies war in einer Situation nicht möglich, in der Partikularismus den Unitarismus konterkarierte. So konzentrierte sich Washington darauf, die kontinentalen Truppen, die aus vom Kontinentalkongreß eingestellten und besoldeten Soldaten bestanden, zu einer regulären und professionellen Armee nach europäischem Muster zusammenzuschweißen, um mit ihr in einen Krieg nach klassischem Muster zu ziehen.

George Washington, der gerne britischer Berufsoffizier geworden wäre, sich jedoch mit Milizkommandos begnügen mußte, wollte als amerikanischer Oberbefehlshaber nicht einen Volkskrieg neuen Stils, sondern einen Staatenkrieg alter Form führen. Theoretisches Rüstzeug entnahm er Friedrichs des Großen Instruktionen an die Generäle und dem »Essai général de tactique« des Franzosen Guibert, der sich um die Reorganisation des französischen Heeres nach preußischem Vorbild bemühte. In der Praxis setzte er auf einschlägige Kenntnisse und Erfahrungen europäischer Offiziere, namentlich des Preußen Friedrich Wilhelm von Steuben.

Im Februar 1778 empfing Washington den Baron, der ihm nach seiner Landung in Portsmouth, New Hampshire, geschrieben hatte: »Das Ziel meines ganzen Strebens ist es, Ihrem Land alle in meiner Macht stehenden Dienste zu erweisen, um mir den Titel eines Bürgers von Amerika im Kampf um die Sache Eurer Freiheit zu verdienen... Ich könnte hinzufügen (wenn ich nicht befürchten müßte, Ihre Bescheidenheit zu verletzen), daß Eure Exzellenz die einzige Persönlichkeit ist, unter der ich (nachdem ich unter dem König von Preußen gedient habe) dem Metier, dem ich mich voll und ganz ergeben habe, nachzugehen wünschte.«

Bevor er seine militärischen Fähigkeiten beweisen konnte, demonstrierte er, daß er in höfischen Usancen bewandert war. Der 1730 in Magdeburg geborene, aus einer Offiziersfamilie stammende Steuben war Hofmarschall des Fürsten von Hohenzollern-Hechingen gewesen, nachdem er 1764 als Stabskapitän die Armee Friedrichs des Großen verlassen hatte. 1777 quittierte er den 1775 angetretenen Dienst als badischer Oberst und begab sich nach Paris, wo er Benjamin Franklin, den diplomatischen Vertreter der amerikanischen Staaten, auf sich aufmerksam zu machen verstand. Wahrscheinlich übertrieb er dabei Rang und Bedeutung; jedenfalls empfahl ihn der »gute Mensch von Philadelphia« dem General Washington als »bis vor kurzem ein Generalleutnant in Diensten des Königs von Preußen, den er in allen seinen Feldzügen begleitete, dessen

Adjutant, Generalquartiermeister etc. er war«. Sicherlich gehörte Steuben zu jenen Europäern, die sich in der Neuen Welt mehr erhofften, als ihnen die Alte Welt geboten hatte und noch bieten konnte. Im allgemeinen fand er seine Erwartungen bestätigt: »Welch ein schönes, welch ein glückliches Land ist dieses Amerika! Ohne Könige, ohne Hohepriester, ohne aussaugende Generalpächter und ohne müßige Barone.« Im besonderen machte der Baron von den unbegrenzten Möglichkeiten seiner neuen Heimat Gebrauch, brachte es zum Generalmajor, Generalinspekteur und Generalquartiermeister der Kontinentalarmee und starb 1794 als Gutsbesitzer im Oneida County im Staate New York.

Das Entree in das Generalkommando und in die Führungsschicht der Vereinigten Staaten verschaffte ihm die in der Armee Friedrichs des Großen erworbene militärische Professionalität, deren die zusammengewürfelte Truppe, die Washington zu einer Armee nach europäischem Vorbild zusammenfügen wollte, dringend bedurfte. Nicht zuletzt verdankte Steuben sein Vorankommen dem Respekt und der Sympathie, die ihm der Oberbefehlshaber vom ersten Augenblick an entgegenbrachte. George Washington, der das Eintreffen des Experten kaum erwarten konnte, ritt ihm in Valley Forge entgegen. Er erblickte einen stattlichen Siebenundvierzigjährigen, der auf dem amerikanischen Uniformrock einen badischen Ordensstern trug. Begleitet wurde der Preuße, der noch kein Wort Englisch sprach, von einem Dolmetscher, dem siebzehnjährigen Franzosen Pierre Duponceau, einem deutschen Diener und einem italienischen Windhund. Der Oberbefehlshaber hieß ihn willkommen und begleitete ihn zu seinem Quartier, vor dem ein Offizier und 25 Mann Ehrenwache hielten. Der Baron sei ein Gentleman, ein Militärfachmann und ein Weltmann, berich-tete Washington Henry Laurens, dem Präsidenten des Kontinentalkongresses.

Am Tage nach der Ankunft Steubens gab Washington dessen Namen als Losungswort aus und konfrontierte ihn mit dem Haufen, aus dem er eine Armee machen sollte. »Ich habe Regimenter gesehen, die aus nicht mehr als dreißig Mann bestan-

Washington und Steuben im Winterlager von Valley Forge.

den, und Kompanien angetroffen, von denen nur ein einziger Korporal vorhanden war.« Ein jeder kommandiere nach eigenen Vorstellungen, »das Marschieren und Exerzieren der Regimenter ist so verschieden bei den Regimentern wie die Uniformen, die sie tragen«, konstatierte Steuben. Zahlreiche Gewehre waren unbrauchbar, und Bajonette wurden hauptsächlich als Bratspieße verwendet. Für einen an Zucht gewohnten Preußen gab es mehr als genug zu tun. Steuben ging daran, die Kontinentalarmisten auf Vordermann zu bringen. Zunächst verfaßte er ein »Reglement für die Ordnung und Disziplin der Truppen der Vereinigten Staaten« nach friderizianischem Vorbild. Die in französischer Sprache niedergeschriebenen »Regulations« übersetzte Dolmetscher Duponceau ins Englische, und Washingtons Adjutanten Alexander Hamilton und John Laurens adaptierten sie dem Amerikanischen.

Aus hundert ausgesuchten Soldaten bildete Steuben eine Musterkompanie, die er selber einexerzierte, für die Parade wie für das Gefecht ausbildete. »Der Geist dieser Nation kann nicht im mindesten mit dem der Preußen, Österreicher oder Franzosen verglichen werden«, stellte Steuben fest. »Dort sagst du zu deinem Soldaten ›Mach das‹, und er tut es, aber hier bin ich gezwungen zu sagen: ›Aus diesem Grund solltest du dies tun‹, und dann erst tut er es.« Dennoch gelang es ihm einigermaßen, diesen Sansculotten, wie er sie nannte, gleichen Schritt und Tritt, den Angriff in geschlossener Formation und das Schießen auf Kommando beizubringen.

Als Steuben die von ihm gedrillte Truppe dem Oberbefehlshaber vorführte, war dieser von dem Resultat angetan. »Die Exaktheit und Ordnung, in der die Bewegungen ausgeführt wurden, ist ein befriedigender Beweis des gelungenen militärischen Fortschritts«, hieß es im Tagesbefehl des Commander-in-chief vom 8. Mai 1778, in dem er Steuben für seinen unermüdlichen und nutzbringenden Einsatz dankte. Mitunter ging Washington das »etwas hitzige Temperament« des Barons auf die Nerven, aber er vergaß nie, was er seinem Generalinspekteur schuldete. Dieser vergalt die Anerkennung mit Ergebenheit: »Wenn meine Bemühungen einen erfolgreichen Ausgang genommen haben, so verdanke ich das nur der Protektion, die ich allzeit von Eurer Exzellenz empfangen habe.«

Nicht alle aus Europa gekommenen Militärs waren der amerikanischen Sache so dienlich wie der Preuße, der behauptete, »daß mir hier sechs ausländische Offiziere mehr zu schaffen machen als zweihundert amerikanische«. Er sei »allemal besorgt, wenn sich ein Baron oder Marquis melden läßt. Wir sind hier in einer Republik, und der Herr Baron gilt nicht einen Heller mehr als Mister Jakob oder Mister Peter; und hierzu können sich die deutschen und französischen Nasen schwerlich gewöhnen.«

Nicht so schwer fiel dies Johann Kalb, dem Sohn eines fränkischen Kleinbauern, der in Frankreich in das deutsche Regiment Loewendal eingetreten und im Kriegsdienst für Ludwig XV. zum Brigadegeneral aufgestiegen war. Nach seiner Heirat mit einer reichen Französin nannte er sich Baron de Kalb und lebte als großer Herr auf eigenem Gut. Doch den Haudegen zog es wieder zu den Waffen, hinüber nach Amerika, wo man einen Selfmademan mehr als in Europa einen Emporkömmling schätzte. Hier machte sich der Generalmajor als Troupier verdient, kämpfte wie ein Löwe, bis er 1780 den in der Schlacht bei Camden erlittenen elf Verwundungen erlag.

Ein Parvenü wie Kalb hatte weniger Schwierigkeiten, sich amerikanischen Verhältnissen anzugleichen als europäische Adelige von Geburt. Alle waren mehr oder weniger in Vorurteilen und Gegensätzen der Alten Welt befangen. Der Deutsche Kalb hatte für Frankreich gegen Preußen gekämpft. Der aus polnischem Adelsgeschlecht stammende Thaddäus Kosciuszko konnte die Teilung seines Vaterlandes durch Preußen, Rußland und Österreich nicht verwinden, sollte später im aufständischen Polen der letzte Oberbefehlshaber der Republik werden. Zunächst ging er nach Amerika, wo er es zum Brigadegeneral brachte und es in der Umgebung Washingtons mit dem Preußen Steuben zu tun bekam, der sich vor allem mit französischen Kameraden nicht leichttat. Diesen schmeckte das von ihm aufgetischte Sauerkraut nicht, und in ihnen stieg die Erinnerung auf, daß der Preuße im Siebenjährigen Krieg bei Roßbach in den Reihen der Sieger über die Franzosen gekämpft hatte.

Auch George Washington, dem jeder europäische Offizier, der ihm seinen Degen lieh, willkommen sein mußte, hätte so manchen nicht ungern wieder zurückgeschickt, konnte die Feststellung Steubens bestätigen: »Die meisten Ausländer haben hier ihren Kredit durchaus verloren, so daß es von Tag zu Tag schwerer fällt, fremde Offiziere zu verwenden.« Viele seien Abenteurer, deren Ansprüche weit größer seien als ihre Brauchbarkeit, erklärte Washington einem Politiker. Einem General empfahl er, die in sein Lager einfallenden Franzosen zurückzuweisen, er selber habe in den letzten zehn Tagen seine halbe Zeit damit verbracht, ihre anmaßenden Forderungen anzuhören. So manchem Zivilisten imponierten die keck auftretenden und munter schwadronierenden Franzosen mehr als den meisten Militärs. John Adams, der dazu neigte, sich vom Schein blenden zu lassen, war vom Irish-Frenchman Thomas Conway, der sich als schwere Belastung für die Armee erwies, ebenso beeindruckt gewesen wie von Philippe Tronson du Coudray. Einen aus allen Rohren feuernden Artilleristen hätte Washington gerne angenommen, wenn dieser ihm nicht als Generalmajor und Feldzeugmeister aufgedrängt, seinem Artilleriekommandeur Henry Knox ins Gehege gekommen wäre und sich schon bald als Blindgänger erwiesen hätte. Als ihm der Commander-in-chief bedeutete, daß französische Kanonen für den Einsatz im amerikanischen Gelände zu schwerfällig und unbeweglich seien, entgegnete Coudray, das könne ein Nichtfachmann kaum beurteilen. Als der Franzose im September 1777 im Schuylkill River ertrank, ging ein Aufatmen durch die Kontinentalarmee. Von »einem glücklichen Zufall« sprach auch Marie-Joseph de Motier, Marquis de Lafayette.

Dies war ein Franzose, den der amerikanische Oberbefehlshaber als Militär achten lernte und den George Washington mehr als jeden anderen in seiner Umgebung schätzen sollte, ihn fast wie einen leiblichen Sohn, der ihm versagt geblieben

Marie-Joseph de Motier, Marquis de Lafayette.

war, zu lieben begann. Mit neunzehn verließ Lafayette seine vor kurzem angetraute, schwangere Gemahlin, eine geborene Noailles, und fuhr auf einem von ihm ausgerüsteten Schiff nach Amerika, um als Freiwilliger für die Freiheit, die er in Frankreich vermißte, Gut und Blut einzusetzen. Seine Begeisterung übertraf noch seine Befähigung. Aber Washington, der ihn am 31. Juli 1777 zum erstenmal sah, war auf den ersten Blick von dem jungen, stattlichen Mann mit den rötlichen Haaren und den feurigen Augen angetan, begrüßte es, daß er ohne Sold als Volontär dienen wollte, und erwartete, daß er sich den Rang eines Generalmajors, den ihm der Kongreß verliehen hatte, über kurz oder lang verdienen würde.

Washington berief Lafayette an seine Seite, als er am 24. August 1777 an der Spitze seiner Soldaten durch Philadelphia ritt. Der französische Marquis wußte diese Ehre zu schätzen und hielt nicht mit seiner Meinung zurück, daß der Freiheitskampf bei diesem Generalissimus in besten Händen sei, »den größten, die ich jemals bei einem menschlichen Wesen gesehen habe«. Aus seiner Entourage rage Washington nicht nur durch sein Gardemaß, sondern auch durch »seine Rechtschaffenheit, seinen Freimut, sein Empfindungsvermögen, seine Tugend« hervor. Der junge Mann war und blieb dem »großen Mann« verbunden, der ihn nicht nur in seine Suite, sondern auch in sein Haus aufnahm.

Es lag in Washingtons Charakter, daß er sich mit Urteilen über den Menschen und erst recht über den Militär Lafayette zurückhielt, erst Taten sehen wollte. Sie ließen nicht lange auf sich warten. Bei Brandywine stürzte sich der Marquis in das Schlachtgetümmel, wurde am Bein verwundet und, kaum verbunden, wirkte mit, daß der Rückzug nicht in Flucht überging. Aus Anhänglichkeit an Washington und nicht nur aus Klugheit vermied es Lafayette, sich in Conways Intrigennetz verwickeln zu lassen, half vielmehr mit, es zu zerreißen. Die Beinwunde war noch nicht verheilt, als er sich in einem Scharmützel in New Jersey hervortat, was Washington bewog, ihm das Kommando einer Division anzuvertrauen.

Die hochherzigen Motive des Marquis, die ihn über den Atlantik getrieben hatten, gewannen ihm die Sympathie Washingtons und das militärische Debüt des Generalmajors den Respekt des Oberbefehlshabers. Bald rühmte er Lafayettes »Eifer, militärische Einsatzfreude und Talent« gegenüber Benjamin Franklin. Als die Misere in Valley Forge überdeutlich zeigte, daß ohne französische Hilfe die amerikanische Sache kaum zu retten gewesen wäre, ließ Lafayette seine gesellschaftlichen und politischen Beziehungen spielen, um sein Heimatland nicht nur – wie bisher – zur Gewährung von Hilfsgeldern, Lieferung von Waffen und Munition sowie Förderung der Anwerbung von Freiwilligen, sondern auch zur Kriegserklärung an Großbritannien zu bewegen. In General Washington, schrieb der Marquis seinem Schwiegervater, einem Herzog, fänden die Franzosen einen Verbündeten, dem bisher nur die Mittel gefehlt hätten, die amerikanische Revolution abzusichern und zu vollenden.

Wenn sie »Revolution« hörten, zuckten die Höflinge in Versailles zusammen, in Pariser Salons jedoch begann man darüber zustimmend zu sprechen. Eine Attraktion für die Hautevolee war Benjamin Franklin. Mit einer Pelzkappe, die für eine Art amerikanischer Jakobinermütze gehalten wurde, ohne Perücke und mit einem schlichten Quäkeranzug erschien der Siebziger als die Verkörperung einer idealen Revolution: ein Naturwesen à la Rousseau und ein Enzyklopädist à la Voltaire, ein Muster republikanischer Tugenden und Fähigkeiten, ein Vorbild comme il faut.

Die Franzosen an die Seite Amerikas zu bringen – über Salonlöwen und Federfuchser hinaus die Mächtigen bei Hofe und in den Ministerien – war für Franklin kein leichtes Unterfangen. Die Royalisten hatten Hemmungen, gegen einen König, auch den des Erzfeindes England, Front zu machen und Königsstürzern zur Hand zu gehen. Der Republikaner hatte Skrupel, von einem Monarchen Geld anzunehmen, das dieser aus seinen Untertanen herausgepreßt hatte.

Schließlich siegte die Staatsräson: Bei den Amerikanern, die Louisdors, auf den König vereidigte Soldaten und in seinem

Namen eingesetzte Waffen benötigten. Und am Hofe von Versailles, wo sich die Einsicht durchsetzte, daß man die günstige Gelegenheit ergreifen müßte, Revanche für den Verlust Kanadas zu nehmen, den englischen Rivalen zu schwächen und eine Runde im Ringen um die Vormacht in Europa und in der Welt zu gewinnen.

Die geheime Unterstützung entwickelte sich zum offenen Beistand, einem Bündnis. Bereits am 2. Mai 1776 – der Unabhängigkeitskrieg hatte eben begonnen und die Unabhängigkeitserklärung war noch nicht verkündet – ließ Ludwig XVI., trotz der Ebbe in seiner Staatskasse, den Kolonisten eine Million Livres zukommen. Beaumarchais, der aufrührerische Theaterstücke schrieb und als Geheimagent des Königs verdiente, gründete im Auftrag von Außenminister Vergennes die Firma Roderigue, Hortalez & Company zur Lieferung von Waffen und Munition an die Rebellen. Zunächst kamen acht Schiffe mit Kriegsmaterial nach Amerika; die Gegenlieferung – Virginia-Tabak – wurde von den Briten abgefangen. Geschäfte und Gegengeschäfte spielten sich ein, und Franklin schlug einen Handelsvertrag vor. Noch zögerte Versailles, offen mit London zu brechen, wartete ab, bis Amerika ein Trumpf würde, mit dem England ausgestochen werden könnte. Bereits 1777 meinte Frankreich gute Karten in die Hand bekommen zu haben. Das Prestige der Briten war durch die Niederlage bei Saratoga angeschlagen. Eine Eroberung des Kontinents, wo sie die Amerikaner nicht zu fassen bekamen, schien unmöglich geworden zu sein, und in Washington stand ein Oberbefehlshaber bereit, den Mißerfolge nicht so geschwächt und entmutigt hatten, daß man ihm – bei entsprechender materieller und personeller Unterstützung – nicht einen Triumph über den gemeinsamen Gegner hätte zutrauen können.

Am 6. Februar 1778 paraphierten in Paris der amerikanische Bevollmächtigte Benjamin Franklin und Conrad-Alexandre Gérard vom französischen Außenministerium zwei Verträge zwischen dem Königreich und der Republik. Der erste, ein Freundschafts- und Handelsvertrag, bezweckte »die absolute und uneingeschränkte Freiheit, Souveränität und Unabhängigkeit besagter Vereinigter Staaten sowohl in staatlichen als auch in handelspolitischen Fragen wirksam zu sichern«. Der zweite, ein Beistandspakt, verpflichtete die Partner, sich gegenseitig im Krieg zu unterstützen, den die Amerikaner bereits führten und der für die Franzosen unvermeidlich geworden war. »Ich hoffe, daß dies zum Wohle beider Nationen sein wird«, sagte Ludwig XVI. zu Franklin. Zum Nutzen der Vereinigten Staaten war dieses Bündnis zweifellos. Ihre Souveränität wurde von Frankreich als erstem Staat völkerrechtlich anerkannt. Sie erhielten den Beistand der einzigen Großbritannien ebenbürtigen Großmacht. Der Einsatz französischer Truppen auf dem amerikanischen Kriegsschauplatz und damit eine entscheidende Wende war nur noch eine Frage der Zeit. Zum Wohle des französischen Königreichs trug diese Allianz weniger bei. Zwar versetzte es dem englischen Rivalen einen Schlag, doch dabei überspannte es seine Kräfte, ruinierte seine Finanzen und bereitete den Boden für die revolutionäre Saat, die von Amerika ausgestreut wurde und ein Jahrzehnt später in Frankreich aufging.

Noch im Jahre 1778 trat der König von Frankreich in den Krieg gegen den König von England ein. 1779 schlossen sich Spanien und 1780 die Niederlande an. Auf allen Meeren und in fast allen Kontinenten wurde gekämpft. Wie schon im Siebenjährigen Krieg entbrannte ein Weltkrieg, in dem Nordamerika nur einer der Schauplätze war.

George Washington hatte im Sommer 1777 einem Franzosen bedeutet, daß ein baldiger Kriegseintritt Frankreichs beiden Partnern Nutzen brächte: den Vereinigten Staaten, denen aus Schwierigkeiten herausgeholfen würde, wie dem Königreich, welches das den Briten abgenommene amerikanische Gewicht in die Waagschale seiner Macht werfen könnte. Gleichzeitig gestand er seinem Bruder, daß er außer heimlichen Waffenlieferungen – »auf unsere Kosten« – nicht so bald mit einem offenen Kriegsengagement Frankreichs rechne. Als er im Frühling 1778 die Mitteilung vom Abschluß des Beistandspaktes erhielt, schrieb er dem Kongreß: »Ich glaube, keine Nachricht wurde jemals mit größerer Freude empfangen.« Der Oberbefehlshaber, der seine im Winter von Valley Forge niedergeschlagene Armee wieder auf die Beine gebracht hatte, begann mit neuer Kraft und Hoffnung den Feldzug.

Sieg und Frieden

Am 5. Mai 1778, einen Tag nach der Ratifizierung der französisch-amerikanischen Verträge durch den Kongreß, verkündete der Oberbefehlshaber seiner Armee in Valley Forge, daß es dem »Allmächtigen Herrscher des Universums« gefallen habe, den Vereinigten Staaten »einen mächtigen Freund unter den Fürsten der Erde« zur Verteidigung der Freiheit und Unabhängigkeit zu senden. »Lang lebe der König von Frankreich!« und »Lang leben die Vereinigten Staaten!« riefen am 6. Mai die zur Feier der Freudenbotschaft paradierenden Soldaten. Feldkapläne sprachen Dankgebete, Militärkapellen spielten den »Yankee Doodle«, Salutschüsse wurden aus Kanonen wie Gewehren abgefeuert, jeder Mann bekam eine Viertelpinte Rum und die Offiziere wurden vom General zu einem Imbiß geladen.

General Lafayette hatte eine Feldbinde in Lilienweiß angelegt, was ihn nicht davon abhielt, am Bourbonen zu zweifeln. Die Genugtuung, nun offizieller Verbündeter Amerikas geworden zu sein, wurde durch die Befürchtung beeinträchtigt, daß eine entscheidende Hilfe von dem auf einen Krieg nicht vorbereiteten und in finanziellen Schwierigkeiten steckenden Frankreich nicht so schnell zu erwarten wäre. General Washington teilte diese Meinung, gewann ihr aber nicht nur Negatives ab. Könnte die Allianz zwischen einer etablierten Großmacht und einem eben erst gegründeten Staatenverein, der noch seinen Platz unter den Nationen suchte, nicht zur Folge haben, daß Amerika ins Schlepptau Frankreichs, eine Republik in das Fahrwasser einer absolutistischen Monarchie geriete? Der Haß auf England könnte in manchen ein übertriebenes Vertrauen auf Frankreich erwecken, schrieb er dem Kongreß und gab zu bedenken: Kein Staat würde für einen anderen mehr tun, als in seinem ureigensten Interesse läge. »Unter den obwaltenden Umständen sollten wir besonders vorsichtig sein; denn wir haben noch nicht die Kraft und Reife, um den Stoß zu überwinden, den wir bei einem unbedacht unternommenen falschen Schritt versetzt bekämen.«

Frankreich würde ihnen nur insoweit beispringen, als es Großbritannien Schaden zufügen und die Vereinigten Staaten für seine Interessen einspannen könnte, meinte Washington, der ohnehin eine direkte Unterstützung nicht so bald erwartete. Indirekt und unbeabsichtigt kamen ihm schon jetzt die Engländer zu Hilfe. General Henry Clinton, der William Howe abgelöst hatte, gab Mitte Juni 1778 Philadelphia preis, über dem noch einmal, einen Winter und einen Frühling lang, der Union Jack geweht hatte.

Die Briten begingen einen kapitalen Fehler. Die Räumung des Vorortes der Unabhängigkeitsbewegung, der zu einem Brükkenkopf der Wiedergewinnung Britisch-Amerikas geworden war, brach dem Loyalismus das Rückgrat. Mehrere tausend Tories, die sich im Vertrauen auf englische Standfestigkeit exponiert hatten, verließen Stadt und Land auf dem Seeweg. Der Exodus entschiedener Anhänger Großbritanniens nahm seinen Lauf. Insgesamt sollten 80 000 Loyalisten die Vereinigten Staaten verlassen, und die ungezählten anderen, die blieben, beugten sich der Macht der von den Rebellen geschaffenen Tatsachen.

Die Aufgabe Philadelphias war eine moralische Niederlage der Engländer und ein moralischer Sieg der Amerikaner. Ins Gewicht fallende militärische Vorteile vermochte Washington daraus nicht zu ziehen, aus dem Fehler des Gegners, seine Truppen statt auf dem sicheren Seeweg auf dem problematischen Landweg zu evakuieren, keinen Gewinn zu schlagen. Die Chance sah er wohl, dem durch New Jersey in Richtung New York ziehenden Heerwurm aus 15 000 Rotröcken und 1500 Wagen zuzusetzen, ihn aufzuhalten oder gar aufzureiben. Aber seine 13 500 Mann waren nur bedingt einsatzfähig, und Fortuna, die sich ihm schon lange ferngehalten hatte, ließ sich auch diesmal nicht blicken.

Zunächst wurde versäumt, den Briten die Überquerung des Delaware zu erschweren. Der Kriegsrat debattierte zu lange und hörte zu sehr auf Generalmajor Charles Lee, der im Austausch gegen einen den Amerikanern in die Hände gefallenen englischen General der Kriegsgefangenschaft entkommen war und unverzüglich daran ging, seinem Oberbefehlshaber Steine in den Weg zu werfen. Eine reguläre und professionelle Armee wie die britische, behauptete der ehemalige britische Offizier, dürfe von den amerikanischen Truppen, aus denen Steuben in wenigen Monaten keine ebenbürtige Armee hätte machen können, nicht offen angegriffen werden.

Ungeachtet dieser Einwände entschloß sich Washington, nicht nur den Marsch der Briten zu stören, sondern sie auch zum Kampf zu stellen. Eigentlich war er mehr auf Defensive als auf Offensive eingestellt und seine Truppe immer noch besser für den Guerillakrieg als für eine Feldschlacht geeignet. Aber die Niederlagen bei Brandywine und Germantown nagten an ihm, setzten seiner auf Zurückhaltung angelegten Natur zu, und der junge und feurige Lafayette drängte ihn, von seiner üblichen Bedachtsamkeit abzugehen.

Entgegen berechtigter Bedenken übergab er das Kommando über die 5000 Mann, die den Kampf eröffnen sollten, Charles Lee, der es zuerst abgelehnt hatte, aber es dann doch keinem anderen überlassen wollte. Am 27. Juni 1778 befahl ihm Washington, die bei Monmouth Court House, New Jersey, liegende Nachhut der Briten am nächsten Morgen anzugreifen. Der Commander-in-chief erwartete, daß dann Clintons Gros kehrtmachen und die gewünschte Schlacht annehmen würde, in die er mit seiner Hauptmacht von 6700 Mann eingreifen und sie zu seinen Gunsten entscheiden könnte.

Der Unterführer Lee, der davon wenig hielt, legte sich zu Bett, ohne in dem Befehl entsprechende Anweisungen gegeben zu haben. In aller Frühe des 28. Juni ließ Clinton, der sich so rasch wie möglich absetzen wollte, seine Truppen aufbrechen.

Lee hielt sich, trotz erneuertem Angriffsbefehl, weiterhin zurück, und als er sich endlich in Bewegung setzte, verlor er die Übersicht, gab Orders und Gegenorders. Die Briten nutzten die Chance und schritten zum Angriff auf die verwirrten Amerikaner. Daraufhin gab Lee seinen ersten klaren Befehl: Rückzug auf der ganzen Linie!

Die Zurückweichenden stießen auf die anrückende Hauptmacht Washingtons, mit der er in die Schlacht einzugreifen gedachte, die jedoch beendet zu sein schien, bevor sie noch begonnen hatte. Was er sah und was man ihm berichtete, brachte ihn in Rage. Als Lee auftauchte, verlor er die Beherrschung. Washington habe geflucht, daß die Blätter an den Bäumen gezittert hätten, wurde erzählt und kolportiert, der Oberbefehlshaber, der ansonsten nur mit strengen, mitunter eisigen Blicken zu tadeln pflegte, habe Lee angepfiffen: »Verfügen Sie Ihren fetten Hintern hinaus aufs Schlachtfeld!« Monatelang hatte er sich geplagt, aus seiner Truppe eine Armee zu machen, die sich mit einer konventionellen Streitmacht messen könnte. Nun schien sie schon die erste Bewährungsprobe nicht zu bestehen. Ganz umsonst waren seine – und Steubens – Bemühungen nicht gewesen.

Lees zurückweichende Haufen kamen zum Stehen, bildeten mit den von Washington herangeführten Truppen binnen kurzem eine Schlachtlinie und stellten sich den mit gefällten Bajonetten anrückenden Briten, die Lee so gefürchtet hatte, entschlossen entgegen. Sie hatten noch nicht alles vergessen, was ihnen in Valley Forge einexerziert worden war, und bewiesen, daß sie kampfbereit waren, wenn ihnen ein anfeuerndes Beispiel geboten und ein eindeutiges Kommando gegeben wurde. Niemals habe er seinen General in solcher Höchstform gesehen, berichtete Adjutant Alexander Hamilton: Seinem Feldherrnblick und seiner Führungskunst sei die Wende zugunsten der Amerikaner zu danken gewesen. »Niemals war Washington im Krieg größer als in dieser Aktion«, bilanzierte Lafayette. »Sein Erscheinen und Eingreifen stoppte den Rückzug. Seine Dispositionen führten zum Sieg.«

Der Lorbeer war geringer als das Lob. Die angreifenden Briten konnten zwar zurückgeschlagen, aber nicht daran gehindert werden, noch in der Nacht des 28. Juni ihren Marsch in Richtung New York fortzusetzen. Von einer großen Schlacht, die einen großen Sieger gehabt hätte, war ohnehin nicht zu sprechen; beide Seiten verloren je 350 Mann an Toten, Verwundeten und Vermißten, die an diesem Sommertag vom Hitzschlag Getroffenen eingerechnet.

Bei Monmouth hatte Washington zwar einen zweifelhaften Sieg über den äußeren Feind, aber einen nachhaltigen Erfolg über innere Gegner und Zweifler errungen. Charles Lee wurde vom Kriegsgericht von seinem Kommando suspendiert und vom Kongreß, in dem die Kritiker Washingtons abnahmen, aus der Armee ausgestoßen. Auf die Getreuen in seinem Lager konnte er mehr denn je zählen: auf Hamilton, der ihm mit dem Degen wie mit der Feder diente, und auf Lafayette, der sich zeitlebens der Auszeichnung bewußt blieb, daß er die Nacht nach Monmouth mit dem Generalissimus, auf dessen Mantel ruhend und über die Konsequenzen des Treffens sprechend, verbringen durfte. In der Truppe wurde dem Oberbefehlshaber nicht nur, wie bisher, Respekt, sondern zunehmend auch Sympathie entgegengebracht. Und im Volk wurde nach der Melodie der englischen Hymne »God save Great Washington« und »God damn the King« gesungen.

Aber King Georges Truppen standen immer noch im Land, nach Clintons Ankunft verstärkt in und um New York. Washington, der den Briten, die das Feld von Monmouth geräumt hatten, nachmarschiert war, bezog Stellung am Hudson oberhalb der Stadt. Er war wieder dort angelangt, wo er vor zwei Jahren aufgebrochen war, ohne eine militärische Entscheidung, nicht einmal eine Vorentscheidung erzielt zu haben.

Immerhin war die Zwischenbilanz für den König negativer als für ihn. Die Briten, die ausgezogen waren, Neu-England vom übrigen Amerika abzuschneiden sowie aus Philadelphia den Kongreß zu vertreiben, waren wieder auf den Brückenkopf New York zurückgeworfen. England begann kriegsmüde zu werden. Politiker, vor allem die opponierenden Whigs, wurden des angelsächsischen Bruderkrieges überdrüssig, und Militärs sahen ihre Siegeschancen auf einem Kontinent dahinschwinden, wo sie den Gegner nicht zu fassen bekamen.

Washington hatte zwar an Ansehen in der Armee wie im Volk gewonnen, aber die Kluft zwischen dem, was sie von ihm erwarteten, und dem, was er erfüllen konnte, war kaum schmäler geworden. Mit der Kriegsdauer nahm die Kriegsbegeisterung ab, nahmen die Probleme der Armee und des Armeeführers zu. Der Kontinentalkongreß, der den Oberbefehlshaber nur auf Zeit und – wie er hoffte – auf möglichst kurze Zeit gewählt hatte, befürchtete zunehmend, daß aus dem Konsul ein Diktator werden würde. Andererseits häuften sich die Klagen des Commander-in-chief, daß die politische Vertretung der Vereinigten Staaten dem militärischen Verfechter ihrer Unabhängigkeit nicht alles geben wollte oder konnte, was er benötigte und verlangte. Die Abgeordneten, die das Gesamtinteresse repräsentieren sollten, verfolgten unterschiedliche Parteiinteressen und hatten die Sonderinteressen der Einzelstaaten zu berücksichtigen, die mit der Dauer des Krieges zunehmend hervortraten.

»Die große Angelegenheit des Krieges kann nie gut geführt werden, wenn sie überhaupt geführt werden kann, solange die Macht des Kongresses allein im Empfehlen besteht«, konstatierte Washington. »Wenn ein Staat gehorcht, ein anderer den Gehorsam verweigert, ein dritter die Maßregeln verstümmelt und nur zum Teil annimmt, und alle in der Zeit und Art und Weise abweichen, so ist es kaum möglich, daß unsere Angelegenheiten gedeihen und etwas anderes als Fehlschlagen den besten Plänen folgen könne.«

Nicht einmal mit den Leistungen seines Virginia war Washington ganz zufrieden, geschweige denn mit dem Verhalten Delawares, das aus der Embargofront ausscherte und Gewinne einstrich, während die in ihr Ausharrenden Verluste hinnahmen. »Unser politisches System«, kritisierte Washington im Jahre 1778, »kann mit dem Mechanismus einer Uhr verglichen werden, und wir sollten uns eine Lehre davon nehmen; denn es hilft nichts, die kleineren Räder in Ordnung zu halten, wenn das große, welches die Stütze und das Triebrad des Ganzen ist, vernachlässigt wird.« Alle Räder und Rädchen der amerikanischen Uhr funktionierten nicht richtig. Im Kontinentalkongreß waren immer weniger Männer der ersten Stunde anzutreffen, und Nachrücker, die den schwindenden Einfluß des Gesamtorgans erkannt hatten, zogen sich in Gremien ihrer Heimatstaaten zurück, wo statt Gemeinnutz der Eigennutz vorherrschte. Und in den Einzelstaaten huldigten Einzelpersonen dem Egoismus, wurde die Devise der Unabhängigkeitsbewegung »Liberty and Property« primär als Freiheit interpretiert, sein Privatinteresse zu verfolgen und sein Privatvermögen zu mehren.

Robert Morris, ein Kaufherr und Bankier aus Philadelphia, erwarb sich den Titel »Finanzier der Revolution« und verdiente selber gut dabei. Als Mitglied des Kongreßausschusses, der die Aktivitäten des Pariser Agenten Silas Deane zu kontrollieren hatte, ermunterte er diesen: Durch die Anknüpfung amerikanisch-französischer Geschäftsverbindungen könne er seinem Land wie sich selber nützen; »denn es hat noch nie, seit ich mit der Welt vertraut bin, eine so günstige Gelegenheit gegeben, zu großen Vermögen zu kommen«. Silas Deane, der dies beherzigt zu haben schien, geriet ins Zwielicht. Hingegen wurde Robert Morris, der nach dem Motto »Was gut für mich, ist gut für Amerika« handelte, für die ihm als oberstem Finanzverwalter gelungene Abwendung des Staatsbankrotts gepriesen und ihm nachgesehen, daß er dies nicht für ein Vergeltsgott getan hatte.

Auch Washington nahm an Morris, dessen Gastfreundschaft er gerne genoß, keinen Hautgout wahr. Um so mehr stießen ihn kleinere Kriegsgewinnler ab. Der Feind im Land wurde von Farmern mit Lebensmitteln versorgt und von Kaufleuten mit Waren beliefert, die den selten mit harter Währung, meist mit Papiergeld bezahlenden Unabhängigkeitskämpfern vorenthalten blieben. Für überhöhte Preise bekam auch die Kontinentalarmee einiges ab. »Eine Ratte in Pferdegestalt ist gegenwärtig nicht für weniger als 200 Pfund zu haben«, klagte Washington, »ein Sattel nicht unter dreißig und vierzig, Stiefel kosten zwanzig.«

Den schwunghaften Außenhandel, der vor allem von Bombay Hook Island (Delaware) aus betrieben wurde, hielt Washington für landesverräterisch und schlug die Todesstrafe für die unverschämtesten Embargobrecher vor. Nur einschlägige Verstöße seiner Untergebenen, die im Unterschied zu jenen gewisser Zivilisten bescheiden blieben, konnte er ahnden. War es jedoch darbenden Soldaten zu verdenken, wenn sie wenigstens Brosamen vom Kuchen abhaben wollten? In Valley Forge ließ er einem Mann, der versucht hatte, dringend benötigten Proviant an den Feind zu verhökern, 250 Peitschenhiebe auf den nackten Rücken versetzen. Schwieriger war es, mit dem Handgeld verschwundene Angeworbene einzufangen und zu bestrafen, oder gar jene, die zum Feind überliefen, nicht nur einfache Soldaten, sondern auch höhere Offiziere.

Der spektakulärste Fall war jener des Generalmajors Benedict Arnold. Von Anfang an im Unabhängigkeitskrieg dabei, zeichnete er sich mehrfach aus, wurde zweimal verwundet und als besonders aktiver und mutiger Offizier von Washington gelobt. Zwei Eigenschaften wurden Arnold zum Verhängnis: der Ehrgeiz des Soldaten, der weit besser gewürdigt werden und noch höher kommen wollte, und die Profitsucht des Kaufmanns von Zivilberuf, der militärische Funktionen zu persönlicher Bereicherung mißbrauchte. Ein gegen ihn vom Kongreß eingeleitetes Verfahren endete mit einem Verweis. Zum Kommandanten von Westpoint ernannt, bot er den Briten an, die wichtige Festung am Hudson gegen Bezahlung von 10000 Pfund Sterling auszuliefern. Das Komplott wurde aufgedeckt, aber Arnold konnte sich ins feindliche Lager absetzen, kämpfte als britischer General gegen die alten Kameraden, die ihn verabscheuten, mit den neuen Kameraden, die ihn geringschätzten. »Verrat! Verrat! Verrat! Schwarz wie die Hölle!« schrie ein amerikanischer Oberst auf, der unter Arnold gedient hatte. »Jeder blickt verstohlen auf seinen Nebenmann, ob vielleicht nicht auch er ein Verräter sein könnte, und so weit sind wir schon gekommen, daß wir sogar uns selber mustern.« Der Oberbefehlshaber suchte seine Armee in einem Tagesbefehl zu beruhigen: Der Fall Arnold sei der bisher einzige dieser Art, die Truppe habe bislang allen Versuchungen des Feindes widerstanden, und die rechtzeitige Aufdeckung der Verschwörung sei ein Beweis dafür, daß das Auge Gottes auf der gerechten Sache ruhe und auch weiterhin über sie wachen werde.

Arnold konnten sie nicht fangen; dafür hängten sie den englischen Verbindungsmann des Verräters, Major John André, der mit belastendem Material in ihre Hände gefallen war. Auch Washington verschloß sich dem Argument, daß es ein Unterschied sei, ob ein Amerikaner sein Land verrate oder ein Brite nach dem Motto »Right or wrong, my country« den Vorteil seines Landes selbst mit zweifelhaften Mitteln verfolgte. Der Oberbefehlshaber bestätigte das Urteil des Kriegsgerichts, das André als Spion des Todes für schuldig befand, und befahl die Hinrichtung durch den Strang. Vergebens hatte ihn der Verurteilte gebeten, ihn als Offizier erschießen zu lassen. Er ließ ihm jedoch die Henkersmahlzeit von seiner Tafel zukommen. Der Exekution hielt er sich fern.

Dieses Verhalten brachte Alexander Hamilton, den Adjutanten und Sekretär, gegen seinen Oberbefehlshaber auf. Der junge Mann mit dem rötlichen Haar und den dunkelbraunen Augen, 1757 auf der britischen Antilleninsel Nevis als Sohn eines Schotten und einer Französin geboren, besaß ein ambivalentes Temperament, gab sich mal diszipliniert und distanziert, mal aufbrausend und ausfallend. Die Zügel hatte er bei Monmouth schießen lassen, als er auf Charles Lee traf, der den Angriffsbefehl mißachtet und den Rückzug angeordnet hatte. Hamilton sprang vom Pferd, zog seinen Degen und rief: »Wir sind verraten!« Washington, der kaum weniger betroffen war, blieb im Sattel und befahl ihm: »Mister Hamilton, steigen Sie auf!«

Als nun Washington dem verurteilten André einen Soldatentod durch Erschießen verweigerte und während der Hinrichtung am Galgen seelenruhig am Kaminfeuer sitzen blieb, konnte Hamilton kaum an sich halten. Er hatte den Inhaftierten besucht, war von dessen Gelassenheit, die auf Unschuldsbewußtsein schließen ließ, tief beeindruckt gewesen, hatte den Brief mit der Bitte Andrés, ihn als »Mann von Ehre« vor ein Peloton zu stellen, dem Oberbefehlshaber überbracht und war verbittert, als dieser ihn ignorierte. Gewisse Leute seien nur politischen Motiven zugänglich und mißverständen sie zuweilen aus Engstirnigkeit, schrieb Hamilton seiner Verlobten Elizabeth, der Tochter des Generalmajors Philipp Schuyler. Zu seinem Commander-in-chief vermochte der Adlatus nicht mehr ehrfürchtig aufzublicken.

Ein Zerwürfnis ließ nicht lange auf sich warten. Auslöser war eine Geringfügigkeit. Als sie sich auf der Treppe begegneten, befahl der Oberbefehlshaber dem Adjutanten, sofort zu ihm zu kommen. Hamilton lieferte zunächst einen dringenden Brief ab und ließ sich auf dem Rückweg von Lafayette eine Minute lang aufhalten. Washington erwartete ihn ungeduldig am oberen Ende der Treppe, warf ihm vor, nicht unverzüglich gekommen zu sein, und zieh ihn der Mißachtung seiner Person. Der Gerüffelte gab zu verstehen, daß er Offizier und kein Lakai sei, und bat um ein Frontkommando.

Der General sei ein aufrichtiger und ehrbarer Mann, er rage an Kompetenz wie Integrität unter seinen Konkurrenten hervor, und seine Popularität nütze der Sache Amerikas, resümierte Hamilton. Indessen zeichneten ihn weder Feinfühligkeit noch Gemütsruhe aus; er sei oft schlecht gelaunt und äußerst reizbar. Dennoch verdiente er mehr Verständnis, als der Adjutant, der sich nicht gerne unterordnete und sich in seiner dienenden Funktion stets unwohl gefühlt hatte, für seinen Chef aufbrachte. Die mit der Dauer des Krieges schwindende Aussicht, ihn bald zu beenden oder gar zu gewinnen, war nicht dazu angetan, Washington die stoische Ruhe, die sein Markenzeichen gewesen war und wieder werden sollte, hier und heute bewahren zu lassen.

Arnold hatte ihn verraten, Hamilton ihn verlassen, und schon begannen Truppen zu meutern. Am Neujahrstag 1781 verweigerten Soldaten der Pennsylvania Line im Lager von Mount Kemble den Gehorsam. Sie glaubten allen Grund dafür zu haben. Sie bekamen nicht genug zu essen, für drei Mann stand nur eine Decke zur Verfügung, und sie hatten seit einem Jahr keinen Sold mehr erhalten. Die Meuternden machten sich auf den Weg nach Philadelphia, wo sie die Verantwortlichen suchten. Der Präsident von Pennsylvania versprach ihnen Geld, Kleidung und Proviant, entließ 1 300 Mann, die erklärten, daß ihre Dienstzeit abgelaufen sei, und gab 1 100 weiteren Soldaten zwei Monate Urlaub. Durch diese Maßnahme einer Zivilbehörde verlor der Militärbefehlshaber mit einem Schlag zwanzig Prozent seiner Truppe.

Verderbliche Folgen für die ganze Armee befürchtete Washington. Noch im Januar 1781 meuterten ein paar Hundert Soldaten der New Jersey Line, weil ihnen die ihren Kameraden aus Pennsylvania gemachten Zugeständnisse vorenthalten wurden. Diesmal gab Washington Zivilisten keine Gelegenheit, sich in sein Metier einzumischen. Er ließ loyale Truppen aufmarschieren, die Meuterer zur Räson bringen und zwei Rädelsführer von ihren Kameraden erschießen.

Im Tagesbefehl vom 30. Januar 1781 verurteilte er die Meuterer, die vergessen hätten, was sie dem Lande schuldeten, belobigte die treugebliebenen Truppen und erwartete, daß der Ehrenschild der Armee nie wieder befleckt würde. Indessen gestand er sich ein, daß dies nicht auszuschließen wäre, wenn Zivilorgane den Soldaten weiterhin nicht gäben, was ihnen zustände, und wenn der Generalissimus sie nicht bald zum Siege und in den Frieden führte.

Dieses Ziel rückte in immer weitere Ferne. Allein auf sich gestellt, auf seine angeschlagene Armee und die versiegenden Ressourcen Amerikas angewiesen, konnte es Washington nicht erreichen. Nur mit Hilfe französischer Truppen schien dies möglich zu sein. Aber sie kamen und kamen nicht, und ihn überkam das Gefühl, auf verlorenem Posten zu stehen.

Die französische Streitmacht setzte sich mit der Schwerfälligkeit des Ancien régime in Bewegung. Zwar wurde schon bald nach Abschluß des Beistandspaktes ein Flottenverband über den Atlantik geschickt, aber die Überfahrt dauerte fast drei Monate. Als er endlich ankam, hatten die britischen Schiffe unbehindert Philadelphia verlassen, und der französische Admiral Charles-Hector d'Estaing hielt es für unmöglich, sie in ihrem Reduit in den Gewässern von New York anzugreifen. Chancen glaubte er in Newport, Rhode Island, zu haben, dem zweiten noch von den Briten kontrollierten Hafen. Der Plan eines Angriffes von Land und von See her scheiterte im August 1778 an d'Estaing, der sich nach Boston zurückzog, wo aufgebrachte Amerikaner gegen Franzosen vorgingen und einen ihrer Offiziere umbrachten.

Auch Washington erregte das mißglückte Debüt der amerikanisch-französischen Waffenbrüderschaft, aber er bemühte sich, die Aversionen gegen den Partner, der dringend gebraucht wurde und sich vielleicht ein andermal bewähren würde, zu dämpfen. Von d'Estaing war dies nicht zu erwarten. Er hängte ein Porträt Washingtons in seiner Kajüte auf, segelte nach Westindien und überließ die nordamerikanischen Gewässer dem gemeinsamen Gegner.

Unbehelligt landeten britische Truppen an der Südküste. Ende 1778 eröffneten sie dort eine neue Kriegsbühne, auf der sie viele loyalistische Statisten vorfanden. Mit Hilfe ihrer Milizen eroberten sie Savannah, den wichtigen Hafen und Umschlagplatz für Baumwolle, und besetzten einen Großteil von Georgia. Viel zu spät kam im September 1779 d'Estaing mit Schiffen und Soldaten zurück. Savannah war nicht zurückzugewinnen, und der Franzose suchte wieder die westindische Weite. Von einem Desaster sprach Washington, der wieder Mühe hatte, die gegen die Franzosen aufgebrachten Amerikaner zu besänftigen. Hoffnungen setzte er auf Lafayette, der nach Frankreich aufgebrochen war, um die Bundesgenossen auf Trab zu bringen. Der nächste Schlag der Briten richtete sich gegen den wichtigen Hafen und Handelsplatz Charleston. Am

12. Mai 1780 fiel das amerikanische Bollwerk im Süden, ergaben sich über 5000 Kontinentalarmisten und Milizmänner, und der britische General Lord Charles Cornwallis ging daran, South Carolina zu erobern.

Washington, der seine Südarmee eingebüßt hatte, beklagte im Hauptquartier Morristown, New Jersey, die schwerste Niederlage im Unabhängigkeitskrieg und befürchtete den Verlust des ganzen Südens. Am Ende des langen Tunnels sah er einen Lichtschimmer: Lafayette, der aus Frankreich zurückgekehrt war, berichtete ihm, daß ansehnliche See- und Landstreitkräfte des Bundesgenossen auf dem Weg nach Amerika waren. Vorerst mußte er im Dunkel weiterschreiten.

Aus dem Süden wurde eine neue Hiobsbotschaft gemeldet. Die aus North Carolina nach South Carolina marschierenden Amerikaner stießen am 20. August 1780 bei Camden auf 2200 Briten. Kaum waren die ersten Schüsse gefallen, flohen 2000 Milizmänner, und die verbliebenen 1000 Kontinentalarmisten hielten nicht lange stand. Generalmajor Kalb wurde tödlich verwundet, Generalmajor Gates, der noch vor kurzem Washington als Oberbefehlshaber ablösen wollte, setzte sich schnellstens ab; dreieinhalb Tage später war er 180 Meilen vom Schauplatz seiner Niederlage entfernt.

Vor Camden hatte Gates Anweisungen Washingtons nicht befolgt und dessen Aufforderungen, ihn über Operationen auf dem laufenden zu halten, nicht beantwortet. Das Debakel gestand er zunächst dem Kongreß und dann erst dem Oberbefehlshaber ein. Dieser übte Nachsicht gegen den Intimfeind, indessen mehr um der Sache als um der Person willen. Den Kongreß erinnerte er an seinen ständigen Hinweis, daß auf die Miliz kein Verlaß sei, wie an sein vergebliches Ersuchen um Aufstockung der Kontinentalarmee. Gates forderte er auf, das möglichst Beste aus einer unguten Sache zu machen, die Versprengten zu sammeln, die Reihen wieder zu schließen und den Feind am Vordringen nach North Carolina zu hindern. Dies gelang fürs erste. Bei King's Mountain besiegten Gebirgsschützen aus Virginia, Tennessee und den Carolinas eine britische Abteilung, die außer ihrem Kommandeur aus Loyalisten bestand. Hier zeigte sich deutlich, daß der Unabhängigkeitskrieg auch ein Bürgerkrieg zwischen rebellierenden Amerikanern und der Krone treugebliebenen Amerikanern war.

Für den Verlierer von Camden zeigte der Kongreß, der ihn so lange favorisiert hatte, weniger Verständnis als Washington, dem er in der Conway Cabal übel mitgespielt hatte. Der Oberbefehlshaber wurde angewiesen, Gates zurückzubeordern und vor ein Kriegsgericht zu stellen. Dies trat nicht zusammen, die Feigheit vor dem Feind blieb ungestraft, Horatio Gates wurde jedoch seines Kommandos enthoben und an seiner Stelle Generalmajor Nathaniel Greene zum Befehlshaber der neu zusammengetrommelten Südarmee ernannt.

Am 17. Januar 1781 errang sein Brigadier Daniel Morgan bei Cowpens einen glänzenden Sieg über ein britisches Kontingent. Dies hielt Cornwallis nicht davon ab, spornte ihn vielmehr an, mit seiner Hauptmacht die nach Norden ausweichenden Amerikaner zu verfolgen. Dabei entfernte er sich immer weiter von seinen Stützpunkten, ließ sich immer weiter in ein grenzenloses Land hineinlocken. Zwar besiegte er Greene am 15. März 1781 bei Guilford Court House in North Carolina, aber es war ein Pyrrhussieg, der ihn ein Viertel seiner Truppen kostete und ihn zum Rückzug an die Küste veranlaßte.

Eine Kriegsentscheidung zeichnete sich ab. Die Wende hatte sich bereits Mitte 1780 angebahnt, als eine französische Flotte aufkreuzte und französische Linientruppen ankamen. Ludwig XVI. ließ endlich schweres Geschütz auffahren, griff zur Ultima ratio, »dem letzten Mittel der Könige«, das dem Monarchen wie den Republikanern zu nützen begann.

Am 10. Juli 1780 erschien Generalleutnant Jean-Baptiste Donatien de Vimeur, Comte de Rochambeau, mit einem Flottenverband vor dem von den Briten geräumten Newport, Rhode Island, und setzte 5100 Mann mit Gewehren und Geschützen ab. Eine große Hilfe waren sie vorerst nicht. 2100 der Franzosen, die drei Monate auf See verbracht hatten, mußten wegen Skorbut behandelt werden. Bis sie den Briten die Zähne zeigen konnten, verging noch geraume Zeit, aber George Washington machte schon jetzt Pläne für gemeinsame Operationen. Er dachte an einen kombinierten Angriff auf New York, die zentrale Stellung der Briten in Nordamerika. Die dazu benötigten französischen Schiffe wurden jedoch in Newport von der Royal Navy blockiert, und Rochambeau wollte Verstärkungen abwarten.

Der Oberbefehl über die alliierten Streitkräfte war zwar dem amerikanischen General zugesprochen worden, aber er merkte bald, daß der französische Generalleutnant mit dem hochtrabenden Titel und den hochmögenden Ansprüchen ein schwieriger Compagnon war. Auch der Verbindungsmann zwischen den Hauptquartieren bekam dies zu spüren. Lafayette war zwar amerikanischer Generalmajor, aber nur französischer Capitaine, der ehrenhalber den Rang eines Colonel erhalten hatte. Rochambeau sei mit Samthandschuhen anzufassen, empfahl ihm Washington; denn die Amerikaner seien nicht stark genug, den Franzosen zu etwas zu bewegen, was er nicht wolle. Der dreiundzwanzigjährige Lafayette vermochte sein Temperament nicht zu zügeln, und die Folge war, daß der Generalleutnant ihn zurückwies und erklärte, daß er nur direkt mit dem Generalissimus verhandeln werde.

Washington verließ nur ungern seine Stellung vis-à-vis New York, verfügte sich jedoch am 20. September 1780 nach Hartford in Connecticut, um mit dem Bundesgenossen zu konferieren. Der Franzose und der Amerikaner tauschten Höflichkeiten aus, konnten sich aber nicht über ein gemeinsames Vorgehen verständigen. In der Tat war es zu früh, um zu einem entscheidenden Schlag auszuholen. Noch war der Gegner zu Land und vornehmlich zur See überlegen, konnte die Zufuhren aus Frankreich stören, ja unterbinden. Während die britische Amerika-Flotte durch zehn Linienschiffe unter Admiral George Rodney verstärkt wurde, blieben die acht französischen Linienschiffe in Newport blockiert, und keine neuen Segel unter der Lilienflagge tauchten am Horizont auf. George Washington, der sich zunächst gesorgt hatte, die Vereinigten Staaten könnten von Frankreich ins Schlepptau genommen werden, befürchtete nun, daß dieses vom Bourbonen gekappt und Amerika im Stich gelassen würde.

Inzwischen waren die Briten dabei, die Rebellenstaaten von Süden her aufzurollen. Im amerikanischen Lager breiteten sich Schwarzseherei und Mutlosigkeit aus, kam es zu Auflehnung, und Verrat. Schon griffen Rotröcke mit Hilfe des Überläufers Benedict Arnold nach Virginia, nahmen Portsmouth, Petersburg, die neue Hauptstadt Richmond und sprengten die nach Charlottesville ausgewichene Virginia Assembly auseinander. Schließlich ging Cornwallis mit seiner Hauptmacht an der Küste bei Yorktown in Stellung, wo er hinter sich das Meer hatte. Virginia war Kriegsschauplatz geworden. Wa-shington sah sein Mount Vernon gefährdet. Im April 1781 segelte die britische Schaluppe »Savage« den Potomac hinauf und legte am Ufer seines Herrensitzes an. Der Gutsverwalter meldete, die Eindringlinge hätten ein paar Sklaven entführt; um sie wiederzubekommen, habe er den gewünschten Proviant an Bord geliefert. Das sei ein schlimmer Präzedenzfall, den er besser vermieden hätte, wurde er vom Gutsbesitzer gerüffelt. Das kleinere Übel, schrieb ihm Washington, wäre das Niederbrennen seines Hauses und die Verwüstung seiner Plantage gewesen.

An seinem Verwalter auf Mount Vernon hatte er einiges, am Gouverneur von Virginia vieles auszusetzen: an Thomas Jefferson, der seinen Aufforderungen, als Oberkommandierender die virginische Miliz dem Feind entgegenzuführen, nicht nachgekommen, vor den anrückenden Briten in die Berge geflohen war. Der Formulierer der Unabhängigkeitserklärung hatte sich nicht an die darin unterstrichene Verpflichtung »zum Einsatz unseres Lebens, unseres Gutes und der uns heiligen Ehre« gehalten. Thomas Jefferson, der mit der Feder, nicht mit dem Schwert umzugehen verstand, appellierte an George Washington, den Oberbefehl der Kontinentalarmee mit dem Oberkommando des virginischen Aufgebotes zu vertauschen. An seiner Neigung, dem Heimatstaat, in dem seine Existenz läge und an dem sein Herz hinge, zu Hilfe zu eilen, sei nicht zu zweifeln, antwortete Washington. Ohne Virginia zu vergessen, habe er an Amerika zu denken, seine Pflichten als Commander-in-chief der Streitkräfte der Vereinigten Staaten zu erfüllen, selbst auf die Gefahr hin, daß sein Heimatland vorübergehend und vielleicht für immer verloren ginge. Er schloß es nicht aus, daß die Engländer die Franzosen zu einem Frieden auf der Grundlage des Status quo bewegen und die besetzten Gebiete im Süden und um New York behalten könnten.

Um Amerika stehe es schlecht, klagte Washington, aber er ließ die in der Unabhängigkeitserklärung ausgedrückte Hoffnung »auf den Schutz der göttlichen Vorsehung« nicht fahren. Indessen begann er zu zweifeln, ob er ihr Eingreifen noch erleben würde. Er durfte es, mit neunundvierzig, im Jahre 1781.

Seine Allerchristlichste Majestät, der König von Frankreich, entsandte im März 1781 Admiral François-Joseph-Paul Comte de Grasse mit einem starken Flottenverband und einigen Tausend Soldaten über den Atlantik. Wann und wo diese Streitmacht eingesetzt würde, blieb ungewiß. Washington hätte sie am liebsten vor New York auffahren lassen, dem er so lange gegenüberstand, ohne einen Angriff wagen zu können. Im Mai 1781 besprach er sich mit Rochambeau in Wethersfield, Connecticut. Der Amerikaner ging zuerst in die Kirche, wo er sich eine Predigt über das Bibelwort »Selig sind die Armen im Geiste, denn ihrer ist das Himmelreich« anhören mußte, in einem Moment, da der Oberbefehlshaber sich selig gepriesen hätte, wenn sein Mangel an Männern, Waffen und Geld einigermaßen behoben worden wäre. Rochambeau eröffnete Washington, daß sie nicht mit der Truppenzahl rechnen könnten, die er in Frankreich angefordert habe. Unklar blieb, zu welcher Zeit und an welchem Ort der nordamerikanischen Küste Admiral de Grasse, der nach Westindien gesegelt war, aufkreuzen würde.

Immerhin war Rochambeau einverstanden, von Rhode Island in Richtung New York zu marschieren, um sich mit der dort stehenden Kontinentalarmee zu vereinen, um – wie es der Amerikaner erwartete – den Angriff gegen das wichtigste

Bollwerk der Briten zu eröffnen oder – woran der Franzose vielleicht von Anfang an gedacht hatte – gemeinsam weiterzumarschieren und eine Entscheidung im Süden zu suchen.

Er habe sich auf beide Möglichkeiten vorzubereiten, notierte Washington am 20. Juli 1781. Er entschied sich für den Marsch nach Süden, als er Mitte August erfuhr, daß Admiral de Grasse mit Schiffen und Truppen in Richtung Chesapeake Bay und Yorktown segelte. Es fiel ihm schwer, von New York zu lassen, aber die Aussicht, sein Virginia zu befreien, machte es ihm leichter, und es blieb ihm auch keine andere Wahl, als mit den stärkeren Bataillonen zu marschieren. Die Chance war gegeben, der Armee Cornwallis einen Ausfall ins Land zu verwehren und den Rückzug über das Meer abzuschneiden.

Vor New York ließ Washington 2500 Mann zurück, zuwenig, um Clintons Armee in Schach zu halten, doch genug, um ihm durch Scheinaufmärsche und Scheinangriffe vorzutäuschen, daß er es nach wie vor mit dem Gros des Gegners zu tun hätte. In aller Heimlichkeit brachen am 19. August 1781 Washingtons 3500 Amerikaner und Rochambeaus 4500 Franzosen zum Eilmarsch nach Süden auf. Über Princeton und Trenton, wo früher errungene Erfolge zu neuen Taten anspornten, gelangten sie Anfang September nach Philadelphia. Der Präsident des Kongresses gab den Generälen ein Dinner, die Bewohner bestaunten die schick uniformierten und martialisch auftretenden Franzosen und feierten ihren Washington, der zu Fuß durch die illuminierte Stadt ging. Dann wurde zur oberen Chesapeake Bay weitermarschiert, wo die Truppen eingeschifft wurden. Washington schlug den Landweg ein, der ihn über Mount Vernon führte, wo er sechs Jahre lang nicht mehr gewesen war. Er umarmte seine Frau, warf einen Blick in die Bücher des Verwalters, schrieb Befehl um Befehl an die Armee und ritt weiter nach Williamsburg, um das Kommando über die sich versammelnden Kontingente zu übernehmen.

Am 26. September 1781 verfügte er über 8000 Amerikaner, einschließlich der bereits dort befindlichen Truppen Lafayettes, und 7700 Franzosen, einbegriffen die 3200 Mann, die Admiral de Grasse an Land gesetzt hatte. Unter dem Lilienbanner traten ausschließlich Linientruppen an, während hinter den weniger gut ausgerüsteten Kontinentalarmisten 3000 kaum geschulte Milizmänner standen. Vor der Küste lagen neben mehreren Fregatten und Schaluppen 28 französische Linienschiffe, an der Spitze Grasses Flaggschiff »Ville de Paris« mit 110 Kanonen. Die Hauptmacht für den Entscheidungskampf hatte Frankreich gestellt.

Die Voraussetzung für einen Sieg war die Gewinnung der Seeherrschaft. Sie hatte Admiral de Grasse bereits am 5. September 1781 in der Seeschlacht an den Virginia Capes errungen. Die unterlegene britische Flotte unter Admiral Thomas Graves, dessen Flaggschiff »London« schwer beschädigt worden war, zog sich nach New York zurück. Yorktown war blokkiert und die Belagerung der 7500 Briten unter Cornwallis, darunter 2000 deutsche Söldner und zahlreiche Loyalisten, konnte beginnen.

Die kleine Stadt am York River zählte 300 Häuser, drei Kirchen, ein Rathaus. Die meisten Einwohner waren vor den Briten geflohen, ohne diesen genügend Platz zu hinterlassen. Sie befestigten den Ort so gut es ging; eine Festung wurde daraus nicht. Ohne Auslauf in das Land und vom Nachschubweg über See abgeschnitten, hatten die Briten zunächst mit Hunger und Krankheit zu kämpfen. »Die Verpflegung ist fürchterlich, saumäßiges Pökelfleisch und Zwieback mit Würmern«, murrte ein Soldat. »Viele Leute haben Ruhr, Blutfluß, Durchfall und das Fieber.«

Der äußere Feind rückte am 28. September an: drei amerikanische Divisionen unter dem Kommando der Generalmajore Lincoln, Lafayette und Steuben. Die Miliz führte Thomas Nelson, ein gebürtiger Yorktowner, der anstelle von Thomas Jefferson zum Gouverneur von Virginia bestellt worden war. Rochambeau befehligte die drei französischen Brigaden. Alliierter Oberkommandeur war George Washington. Da ihm Admiral de Grasse erklärt hatte, nur bis Mitte, höchstens bis Ende Oktober mit seinen Schiffen und Truppen an der virginischen

Küste zu bleiben, durfte sich die Belagerung von Yorktown nicht lange hinziehen. Er forderte Rum an, weil ein »freigebiger Gebrauch von Spirituosen« nicht nur der Gesundheit seiner Männer nützen, sondern auch den Geist seiner Soldaten beflügeln sollte.

Vor Yorktown angekommen, sah Washington zu seiner Überraschung, daß die Briten die Außenbefestigungen aufgegeben und sich in unmittelbar vor der Stadt gelegene Stellungen zurückgezogen hatten. Vor der Premiere der Belagerung hatte Cornwallis die Generalprobe verloren. Nach dem Buche der klassischen Kriegführung hätte er die Belagerer möglichst weit und lange von seiner Zitadelle fernhalten müssen. Da er sich jedoch der eitlen Hoffnung hingab, bereits in wenigen Tagen auf dem Seeweg evakuiert zu werden, wollte er den Weg zu den rettenden Schiffen verkürzen. Doch die versprochene britische Flotte segelte von New York erst an jenem Tage ab, an dem er in Yorktown die weiße Flagge hissen mußte.

Die Belagerer machten sich den Fehler des Gegners zunutze, rückten in die verlassenen Außenbefestigungen ein, drangen an die Stadt heran, brachten die Artillerie, vor allem die von französischen Schiffen ausgeladenen Belagerungsgeschütze, in günstige Positionen. Am 9. Oktober drei Uhr nachmittags eröffneten die Franzosen das Bombardement, zwei Stunden später gab Washington den ersten amerikanischen Kanonenschuß ab. Unter dem Feuerschutz der Artillerie wurde der Belagerungsring immer enger gezogen. Es funktioniere wie bei einer Garotte, bemerkte ein Amerikaner und erwartete, daß Cornwallis rasch die Luft ausginge.

Der Brite bat um Pardon. Am 17. Oktober stieg ein Offizier über die Brustwehr, winkte mit einem weißen Taschentuch und überbrachte einen Brief mit der Bitte um Kapitulationsverhandlungen, die am nächsten Tage stattfanden. Washington gewährte dieselben Bedingungen, die seinem Generalmajor Lincoln bei Charleston eingeräumt worden waren. Damals mußten sich 5400 Amerikaner gefangengeben, 6000 Gewehre und 390 Geschütze abliefern. Bei Yorktown waren es nun 7247 bri-

Yorktown 1781: Kapitulation der Briten.
Tapete im Speisezimmer des Präsidenten der USA.

tische Offiziere und Soldaten, 840 Seeleute, 6658 Gewehre und 214 Kanonen.

Am 19. Oktober 1781, 2 Uhr nachmittags, zogen die Briten aus Yorktown, die Fahnen eingerollt in Futteralen, die Waffen, die sie abzugeben hatten, auf Hochglanz poliert. Die Sieger bildeten Spalier. Auf der einen Seite standen die königlich-französischen Liniensoldaten, geschniegelt und gebügelt zum Triumph über den Rivalen, auf der anderen Seite die amerikanischen Kontinentalarmisten, in heruntergekommener Montur, doch gehobener Stimmung. Militärkapellen spielten den alten Marsch »The World turned upside down«. Die Welt schien an diesem Tage tatsächlich kopfzustehen, Großbritannien unten und oben die zu Staaten gewordenen Kolonien in Nordamerika.

Unter Gentlemen war man geblieben. In Vertretung von General Cornwallis, der sich krankgemeldet hatte, wollte der an der Spitze der Kapitulierenden reitende Brigadegeneral Charles O'Hara seinen Degen dem Comte de Rochambeau übergeben. Vielleicht hielt er es für weniger schmachvoll, ihn einem europäischen Kameraden auszuhändigen; wahrscheinlich nahm er an, daß ohne den Franzosen der Amerikaner kaum gesiegt hätte. Doch Rochambeau verwies ihn an den alliierten Oberbefehlshaber Washington, der – ganz Kavalier alter Schule – entgegnete, er würde niemals den Degen »aus einer so tapferen Hand« annehmen. O'Hara wurde zu Benjamin Lincoln weitergeschickt, der bei Charleston seinen Degen an Henry Clinton übergeben hatte. Nun nahm er jenen des Briten und damit die Kapitulation an, reichte ihn jedoch umgehend zurück. Die britischen Regimenter marschierten zum »Surrender Field«, einer Wiese, wo sie ihre Waffen niederlegten.

Nach dem Schauspiel, das europäischem Zeremoniell entsprach und in das amerikanische Heldenbuch eingetragen wurde, lud Washington O'Hara zum Dinner. Steuben dachte daran, sein Pferd zu verkaufen, um gefangene Offiziere standesgemäß bewirten zu können. Lafayette prostete allen zu: den Franzosen, die sich für die Freiheit eingesetzt, den Amerikanern, die ihre Unabhängigkeit verteidigt hatten, und General Washington, mit dem er in den Ruhmeshimmel aufgestiegen war.

Offiziere des Königs von Frankreich, die sich nicht verhehlten, daß ohne ihr Engagement der Erfolg nicht möglich gewesen wäre, vergaßen darüber nicht, den amerikanischen Oberbefehlshaber, dem sie sich unterstellt hatten, gebührend zu würdigen. Washington sei die Verkörperung eines amerikanischen Heroen, meinte Comte Louis-Philippe de Ségur, und Chevalier François-Jean de Chastellux hob hervor, daß der Militär stets den Kongreß, die Volksvertretung respektiert und den Volkswillen ausgeführt habe; deshalb würde er auch von allen verehrt. »Dem ganzen Land erscheint er wie ein wohlwollender Gott«, fand der Militärpfarrer Claude Robin; die Amerikaner, ein kaltes Volk, tauten bei der bloßen Nennung seines Namens auf.

Washington sei »der Atlas Ihres Landes«, bedeutete ein französischer Offizier einem amerikanischen Kameraden. Die Last war enorm, die er – wie der griechische Titanensohn – auf dem Haupt und den Händen tragen mußte, und wer genau hinsah, gewahrte die ihm ins Gesicht geschriebene Mühsal. Aber er wankte nicht, wenn ihn Faustschläge der Briten und Fußtritte von Amerikanern trafen. Der amerikanische Atlas blieb im Kriege standhaft, was erwarten ließ, daß er auch im Frieden den Himmel der Republikaner weiter tragen würde.

Den Fall von Yorktown meldete Washington am 19. Oktober 1781 dem Kongreß mit der Bemerkung, er habe nicht angenommen, daß das britische Bollwerk schon so bald eingenommen werden könnte. Nun erwartete er nicht, daß dieser Sieg den Krieg rasch beenden und die Unabhängigkeit gewährleisten würde. »Das interessante Ereignis«, schrieb er am 18. November 1781 Robert Hanson Harrison, Chief Justice von Maryland, könnte, wenn richtig ausgenützt, viel Gutes zeitigen, wenn die Amerikaner jedoch lässig und nachlässig würden, wäre es besser gewesen, es hätte nie stattgefunden. Um den Frieden zu bekommen, müsse man zur Weiterführung des Krieges gewappnet sein. Noch standen britische Streitkräfte in New York, im tiefen Süden und im fernen Westen, kreuzte die Royal Navy vor der amerikanischen Küste. George Washington, der nach Jahren der Niederlagen, Teilerfolge und Rückschläge endlich einen eindeutigen Sieg errungen hatte, hätte gerne so weitergemacht und weitergesiegt, um möglichst bald einen Schlußpunkt zu setzen. Doch der Kontinentalkongreß wie die Einzelstaaten ließen nichts mehr springen, die Kontinentalarmee war erschöpft, die Milizen strebten nach Hause, und die Franzosen glaubten ihre Pflicht und Schuldigkeit getan zu haben; Admiral Grasse war nach Westindien abgesegelt und General Rochambeau rüstete zur Heimfahrt.

Um so mehr fühlte sich der Oberbefehlshaber gefordert, seine Truppen auf Kriegsfuß zu halten und weitere Operationen vorzubereiten. Washington dachte an einen Vorstoß bis Detroit, um die Engländer aus dem Nordwesten zu vertreiben, an Unternehmungen gegen Charleston in South Carolina und Savannah in Georgia, und vor allem an die Einnahme von New York, der britischen Zentralstellung in Nordamerika. Zu größeren Kampfhandlungen sollte es aber nicht mehr kommen. Die Engländer, die in fast sieben Jahren wenig erreicht und viel verloren hatten, waren noch kriegsverdrossener als die meisten Amerikaner, die meinten, bei Yorktown den Krieg gewonnen zu haben. Noch war er nicht beendet, als sie ihren Generalissimus bereits als Sieger feierten. »Washington, der Retter dieses Landes«, schallte es ihm in Philadelphia entgegen, als er dort Ende November 1781 erschien. Die Bürgerschaft, die sich unter der britischen Herrschaft geduckt hatte, ließ den Befreier hochleben, hob ihn in den Sternenhimmel. Auf einer Bühne waren, die dreizehn Staaten repräsentierend, dreizehn Säulen mit Köpfen amerikanischer Generäle zu sehen. Auf der höchsten war jener des Oberbefehlshabers angebracht, mit einem Lorbeerkranz und dem Motto: »Washington, der Stolz dieses Landes und der Schrecken Britanniens.« Er ließ es sich nicht anmerken, daß er Schmeicheleien nicht unzugänglich war, unterließ es nicht, den Bürgern, den Staaten und deren Gesamtvertretung zu verdeutlichen, daß Amerika im Geiste wie in Waffen stark bleiben müsse, wenn der Krieg, der schon so lange gedauert hatte, sich nicht noch länger hinziehen sollte.

Den Winter über blieb er in Philadelphia, im Frühjahr 1782 machte er sich auf den Weg zu seiner Armee im Norden, um die Entscheidung am Brennpunkt New York zu suchen. Dort kommandierte an Stelle des abberufenen Henry Clinton nun Guy Carleton, der angewiesen war, sich defensiv zu verhalten und, wenn er massiv angegriffen würde, unter der Bedingung aufzugeben, daß er mit seinen Truppen und dem loyalistischen Anhang das Land verlassen dürfte.

Zähneknirschend hatte König Georg III. am 20. März 1782 seinen Kriegspremier Lord North entlassen, nachdem das Parlament die Einstellung der Feindseligkeiten gegen die Amerikaner gefordert hatte. Neuer Premierminister wurde Marquess of Rockingham, ein liberaler Whig, der von Anfang an gegen den Krieg in Amerika gewesen war.

Aus Paris schrieb Benjamin Franklin dem militärischen Oberbefehlshaber Washington: Er habe ihm mehrmals zu Siegen über die feindlichen Generäle gratuliert, nun könne er ihn zum Sturz der feindlichen Politiker beglückwünschen. Denn Yorktown sei die Voraussetzung für den Erfolg der Opposition in England und damit für die amerikanische Angelegenheit gewesen. Weniger gefielen Washington die Berichte Franklins über eine wachsende Kriegsmüdigkeit des Königreichs Frankreich.

Die Nachricht von der Niederlage Admirals de Grasse gegen Admiral Rodney am 12. April 1782 in der Seeschlacht bei Santo Domingo war ein schwerer Schlag für Ludwig XVI. Er verschmerzte ihn, weil er sein wichtigstes Kriegsziel in Reichweite sah: die Verdrängung des britischen Rivalen aus dessen nordamerikanischen Kolonien. Sie war mit französischer Hilfe möglich geworden, die ihn genug gekostet hatte und nun nicht mehr nötig zu sein schien. Rochambeau wurde mit seiner Armee zurückbeordert. Washington sah ihn ungern scheiden. Der Franzose tröstete ihn mit einem Hinweis auf die Schlagkraft der amerikanischen Armee, die der preußischen gleichkomme. Washington revanchierte sich mit zwei bei Yorktown erbeuteten englischen Kanonen, die Rochambeau vor seinem Schloß an der Loire aufstellte. Jahre später nahmen sie Revolutionäre mit.

Anfang August 1782 wurde Washington von Carleton mitgeteilt, daß Friedensverhandlungen im Gange seien und er die Suspendierung der Kriegshandlungen angeordnet habe. Benjamin Franklin, der in Paris mit John Adams und John Jay für Amerika zu unterhandeln hatte, zeigte wenig Begeisterung: »Ich habe noch nie von einem Friedensschluß, selbst dem vorteilhaftesten, gehört, der nicht als unzulänglich beurteilt worden wäre und dessen Unterzeichner nicht als unbesonnen oder korrupt hingestellt worden wären.«

Doch mit dem, was er und seine Kollegen erreichten, waren die meisten seiner Landsleute zufrieden. Auch Washington war an einer Verständigung zwischen den Vereinigten Staaten, für deren Unabhängigkeit er gekämpft hatte, und England, dessen Kultur er weiterhin anhing, sehr gelegen. Wie Franklin erstrebte er einen dauerhaften Frieden zwischen den selbständig gewordenen Kolonien und dem Mutterland, dem sie so viel verdankten. Die amerikanischen Bevollmächtigten hielten sich nicht an die Weisung des Kongresses, nur im Einvernehmen mit dem französischen Bundesgenossen mit dem englischen Kriegsgegner und künftigen Friedenspartner zu verhandeln. Sie wußten, daß der Wortlaut des Bündnisvertrages, der ein gemeinsames Vorgehen im Kriegsverlauf und zum Friedensschluß vorschrieb, sich keineswegs mit der Bündniswirklichkeit deckte. Frankreich verfolgte seine eigenen Interessen, die nicht immer und überall mit denen der Vereinigten Staaten identisch waren, die nun darangingen, sich mit dem von der alten Macht praktizierten Machiavellismus als eine neue Macht zu erweisen. In direkten und geheimen Verhandlungen mit dem englischen Vertreter Richard Oswald, der daran interessiert war, die Risse in der gegnerischen Allianz zu vertiefen, wurde am 30. November 1782 ein Vorfriedensvertrag vereinbart.

Großbritannien entließ die Vereinigten Staaten in die Unabhängigkeit, anerkannte ihre unbeschränkte Hoheitsgewalt im Staatsgebiet zwischen Atlantik und Mississippi. Noch am 23. November hatte der französische Außenminister Vergennes erklärt, daß man dem »anmaßenden Streben« der Amerikaner nach der Mississippi-Grenze entgegentreten müsse. Ohne Frankreichs Zustimmung konnte der Vorfriedensvertrag nicht zum Friedensvertrag werden; die englisch-amerikanische Vereinbarung war in ein Vertragswerk zwischen allen am Kriege Beteiligten einzufügen.

Zur Beendigung des weltweiten Krieges durch den Frieden von Paris waren auch Verträge zwischen England und Frankreich, England und Spanien sowie England und den Niederlanden zu schließen. Durch den ersten Vertrag verlor Britannia Tobago in Westindien und Senegal in Afrika, durch den zweiten Menorca im Mittelmeer und Florida in Nordamerika und durch den dritten die den Holländern abgenommenen Gebiete. Der vierte Friedensvertrag zwischen Großbritannien und den United States wurde am 3. Februar 1783 unterzeichnet. Die Freiheit, Unabhängigkeit und Souveränität der dreizehn Vereinigten Staaten waren verbrieft und besiegelt sowie ihre Grenzen zwischen Atlantik und Mississippi, dem britischen Kanada und dem spanischen Florida markiert.

George Washington, der die Zukunft im Westen sah, begrüßte es, daß sich sein Land mit dem von den Franzosen als anmaßend bezeichneten Streben nach der Mississippi-Grenze durchgesetzt hatte, das Gebiet westlich der Appalachen und damit einen Siedlungsraum bekam, der das Territorium der dreizehn Staaten fast verdoppelte. Die Engländer zogen sich widerwillig aus dem Nordwesten zurück, in dem sie mit Hilfe von Indianern und Loyalisten dem amerikanischen Gegner bis zuletzt zugesetzt hatten.

Der britische Oberbefehlshaber verständigte am 6. April 1783 den amerikanischen Oberbefehlshaber, daß er offiziell vom Friedensschluß unterrichtet worden sei und daher die Feindseligkeiten beenden werde. Am 19. April – es war der achte Jahrestag des Gefechtes bei Lexington und Concord, mit dem der Unabhängigkeitskrieg begonnen hatte – befahl Washington seiner Armee die Einstellung der Kampfhandlungen. Die Militärgeistlichen wurden angewiesen, dem Allmächtigen zu danken, daß er nach dunkler Nacht den der »westlichen Hemisphäre« einen strahlenden Tag verheißenden Morgenstern aufgehen ließ. Offiziere und Soldaten wurden belobigt, daß sie ihr Land und dessen Sache erfolgreich verteidigt hatten, und beglückwünscht, daß sie endlich ins Zivilleben zurückkehren durften, nach dem sich nicht zuletzt ihr Generalissimus gesehnt hatte.

Der Anerkennung folgte die Ermahnung: Die Amerikaner könnten die Früchte ihres Sieges nur genießen, das Elysium der Freiheit bleiben und ein »Asyl der Armen und Unterdrückten aller Nationen und Religionen« werden, wenn sie »Freedom and Empire« in Einigkeit bewahrten. Deutlicher als in seiner Proklamation an die Armee wurde Washington in einem Brief an Lafayette: Die Einzelstaaten, die im Krieg zusammenfanden, müßten im Frieden zusammenbleiben, sich in einer Unionsverfassung zusammenbinden. An diese Aufgabe sollten alle herangehen, die es gut mit ihrem Lande meinten; er selbst werde dieser Friedenspflicht genauso nachkommen, wie er seine Kriegspflichten erfüllt habe.

Gliche George Washington dem Römer Julius Caesar oder dem Preußenkönig Friedrich II., wäre nicht auszuschließen, daß er an weitere Kriege dächte, sich vielleicht zum Diktator, gar zum Monarchen aufschwingen wollte, meinte Lafayette. Der Marquis schloß dies aus, weil er seinen Republikaner kannte. Indessen gab es etliche Politiker, die dies befürchteten, und nicht wenige Militärs, die sich dies wünschten.

Der Krieg habe die Schwäche der Republik aufgezeigt, schrieb Oberst Lewis Nicola an General George Washington. Trotzdem habe die von Politikern wenig geschätzte, dürftig ausgerüstete und schlecht bezahlte Armee Großes unter ihrem

Commander-in-chief vollbracht, der auch im Frieden Großes leisten würde, wenn er die befreiten Staaten wie seine Armee führte – als Imperator, wie ein Monarch. Washington beeilte sich, Nicola einen eigenhändigen Antwortbrief zu schicken, der zum Weiterreichen an alle bestimmt war, die seinen Republikanismus in Zweifel zögen.

»Kein Vorfall im Verlaufe des ganzen Krieges hat in mir einen schmerzlicheren Eindruck gemacht als Ihre Mitteilung, daß eine solche Idee in der Armee hat aufkommen und Verbreitung finden können, eine Idee, die ich nur verabscheuen kann und auf das energischste zurückweisen muß«, erwiderte er Nicola. »Es ist mir ganz unbegreiflich, wie mein Verhalten in irgendeiner Weise solch einem Anerbieten hat Vorschub leisten können, ein Anerbieten, das für mich das größte Unglück bedeuten würde, das unser Land befallen könnte.« Mit Nachdruck wies Washington die Unterstellung zurück, er habe seine Truppen in den Kampf und zum Sieg über das Heer des Königs von Großbritannien geführt, um sich von seinen Soldaten als Militärdiktator oder Militärmonarch auf den Schild heben zu lassen.

In einer Zeit, in der die Monarchie als Regelfall und eine Republik als ein Ausnahmefall galt, in England das Königtum durch das Parlament beschränkt wurde, war die Vorstellung, daß ein englisch geprägtes Amerika eine konstitutionelle Monarchie werden könnte, nicht von vornherein als abwegig abzutun. Doch für Washington, der die Figur dazu gehabt hätte, kam dies überhaupt nicht in Frage. Der General beschwor Oberst Nicola, sich einen derartigen Gedanken aus dem Kopf zu schlagen, und erwartete, daß dieser nie und nimmer mehr in seiner Armee umginge. Aber ein Schneeball war geworfen, der – wenn nicht rechtzeitig aufgefangen – eine Lawine hätte auslösen können.

Die republikanische Gesinnung so manchen Militärs wurde durch das Verhalten republikanischer Politiker beschädigt. Offiziere warfen Kongreßabgeordneten wie Staatenrepräsentanten vor, sie im Kriege nicht genügend unterstützt zu haben und im Frieden wie Mohren behandeln zu wollen, die ihre Schuldigkeit getan hatten. Wenn überhaupt, dann würden sie mit Papiergeld, der Kontinentalwährung, abgespeist. »Er ist nicht einen einzigen Kontinentalen wert« wurde ein geflügeltes Wort, und Kontinentalarmisten fühlten sich für das, was sie für »Liberty and Property« geleistet hatten, so wenig geschätzt wie schlecht entlohnt.

Über den wachsenden Unmut in der Armee informierte der Oberbefehlshaber den War Secretary, Benjamin Lincoln, und warnte, die Unzufriedenheit könnte zur Auflehnung werden, wenn nicht bald Abhilfe käme. Einen Kongreßmann aus Virginia bat er, der Petition von Offizieren um Beseitigung ihrer finanziellen Gravamina zu entsprechen. Aber der Kontinentalkongreß hatte außer inflationärem Geld und billigen Lobreden wenig zu bieten.

In der Armee, die bei Newburgh am Hudson lagerte, begannen seit dem 10. März 1783 Pamphlete zu zirkulieren, in denen kaum verhüllt zur Meuterei aufgerufen wurde: Da die Politiker nicht hören wollten, sollten sie »die Alternative der Armee« zu fühlen bekommen, die sich das holen könnte, was ihr vorenthalten wurde. George Washington hatte Verständnis für Klagen seiner Soldaten und war stets bemüht gewesen, Mißstände abzustellen. Als Oberbefehlshaber einer republikanischen Armee mußte er jedoch einer Herausforderung der Zivilgewalt entgegentreten, und als amerikanischer Bürger wollte er die gegen die Volksvertretung aufbegehrenden Militärs zur Staatsräson bringen. Wie er die Situation meisterte, bewies erneut, daß der Commander-in-chief seine Untergebenen im Griff hatte, und zeigte zudem, daß der Bürger in Uniform auch für hohe und höchste Staatsämter qualifiziert war. Er verbot ein von Unzufriedenen vorgesehenes Treffen und berief am 15. März 1783 eine Versammlung von Generälen und Offizieren ein. Der Theaterfreund bereitete seinen Auftritt wie ein Regisseur vor und führte ihn wie ein Schauspieler aus. Er ließ das Publikum im Ungewissen, ob er überhaupt kommen würde, ließ es warten und rätseln, und erschien endlich wie Deus ex machina auf der Bühne. Er nahm ein Papier zur Hand, holte seine Brille aus der Tasche und bat die Gentlemen, sie aufsetzen zu dürfen, denn er sei im Dienste seines Landes nicht nur grau, sondern auch fast blind geworden. Zuschauern traten Tränen in die Augen, und sie spitzten die Ohren.

Die in Umlauf gesetzten Pamphlete verstießen gegen die militärische Disziplin, den menschlichen Anstand und die patriotischen Pflichten, gab Washington den Versammelten zu verstehen. Sie dürften nicht jenen folgen, die sie vom rechten Wege abbringen wollten, sondern sollten auch im Frieden auf ihren Oberbefehlshaber hören, wie sie im Krieg auf ihn gehört hatten. Sei er nicht acht Jahre lang zu seiner Armee gestanden, habe er sie nicht durch dick und dünn zum Sieg geführt? Er würde sie auch jetzt nicht im Stich lassen, sich dafür einsetzen, daß sie das ihr Zustehende bekäme. Das war und werde nicht leicht sein, weil der Kongreß nicht wie eine Armee zu kommandieren sei. Aber gerade jene, die für die republikanische Freiheit gekämpft hatten, sollten die republikanische Instanz achten und ehren und nicht an ihr zu zweifeln und zu rütteln beginnen. Er habe ihn nie so groß wie in dieser Stunde erlebt, bemerkte Major Samuel Shaw, der Washington in so mancher Schlacht beobachtet hatte. Die »Newburgh Conspiracy« war erloschen, bevor sie aufgeflammt war. Die Offiziere, am Portepee gefaßt, sprachen einmütig nicht nur ihrer militärischen, sondern auch der zivilen Führung das Vertrauen aus.

Nun sei es an den Politikern, die berechtigten Ansprüche der Armee zu erfüllen, drängte Washington den Kontinentalkongreß, der weniger mit Geld als mit Patenten aufwarten konnte. Offiziere, die seit 1776 gedient hatten, stiegen vom 1783 erreichten Rang eine Stufe höher; ein Oberst ging als Brigadier ab. Für die Mannschaften blieb wenig übrig. Sie sollten ohne Löhnung und ohne Wegzehrung entlassen werden, hatten sich mit der Aussicht zu begnügen, bald nach Hause zu kommen, auch wenn sich viele dorthin durchbetteln mußten. In Pennsylvania, wohin von Newburgh im Staat New York der Arm des Oberbefehlshabers nicht reichte, empörten sich Soldaten, die ohne einen Cent heimgeschickt wurden. Sie zogen nach Philadelphia, und ein paar Hundert umstellten mit aufgepflanzten Bajonetten die Independence Hall, den Sitz der Staatsregierung wie des Kontinentalkongresses. Dessen Abgeordnete retirierten nach Princeton in New Jersey.

Die Würde des Hohen Hauses und die Hoheit der Vereinigten Staaten seien verletzt worden, erklärten die Abgeordneten, unternahmen jedoch wenig, um sie zu bewahren und zu befestigen. Sie wurden sich nicht einmal einig, wo Kontinentalkongreß und Konföderationsregierung ihren ständigen Sitz nehmen sollten. In Philadelphia war ihnen der Boden zu heiß geworden, in dem von den Briten befreiten New York gab es zu viele Loyalisten. Ins Auge gefaßt wurden Städte in Maryland, Annapolis oder Georgetown.

Kaum war der Frieden in Sicht, schien die Einigkeit, die der Krieg erzwungen hatte, in die Brüche zu gehen. Die »Articles of Confederation«, einer ersten Konstitution der USA, waren zwar 1781 offiziell verkündet worden, doch daß sie – in der Bedeutung des Wortes – in Kraft getreten wären, die Stärke gehabt hätten, die dreizehn Staaten enger zusammenzubinden, davon konnte keine Rede sein. Der Kontinentalkongreß blieb, was er gewesen war, ein gemeinsames Organ, das in den Einzelstaaten nur Gehör fand, wenn es den Gemeinnutz nicht überbetonte. Wie die Legislative so stand auch die Exekutive der Konföderation – gegliedert in Departements für Auswärtiges, Finanzen, Krieg, Admiralität und Post – in Konkurrenz mit den Institutionen der Staaten und zog den kürzeren, wenn sie Sonderinteressen zu nahe kam. Im Krieg stand Amerika im Lager Washingtons, im Frieden schmolz mit der Kontinentalarmee, die auch die Konföderationsarmee war, der wichtigste Integrationsfaktor dahin. Der Commander-in-chief sah das deutlicher und zeigte sich besorgter als jeder andere.

»Die Annahme, daß die allgemeinen Angelegenheiten dieses Landes von dreizehn Köpfen oder von einem Kopf ohne hinreichende Macht geleitet werden können, ist eine Widersinnigkeit, von deren schlimmen Folgen jeder Mann, der, wie ich, praktische Erfahrungen hat und nach ihnen urteilt, unbedingt

General Washington gibt 1783 in Annapolis dem Kongreß seine Kommandogewalt zurück.

überzeugt ist, wenn auch vielleicht niemand anders sie in so starker und peinigender Weise gespürt hat«, warnte Washington im Sommer 1783. Die Eigenständigkeit der dreizehn Staaten dürfte nicht angetastet werden, aber die Eigeninteressen müßten zum Gemeininteresse gebündelt werden. »Wenn man dem Kongreß nicht entsprechende Machtvollkommenheiten für die allgemeinen Belange der föderierten Union gibt, werden wir uns bald in kleine Teile auflösen und in den Augen Europas verächtlich, vielleicht sogar zum Spielball seiner Politik werden.«

Vom Konföderationskongreß und der Konföderationsregierung verlangte Washington, die ihnen eingeräumten Befugnisse auszufüllen, und die Einzelstaaten forderte er auf, endlich der Gesamtvertretung die weiterreichenden Kompetenzen zu geben, die ihr gebührten und die sie zur Wahrnehmung der nationalen Aufgaben im Innern wie nach außen benötigte. Noch stehe die Antwort auf die Frage aus, ob die Revolution ein Segen oder ein Fluch gewesen sei, schrieb er am 8. Juni 1783 in seinem »Circular to the States«. Glück vermöge sie der frei und unabhängig gewordenen Nation nur bringen, wenn man in allen Teilen des Landes von lokalen Voreingenommenheiten abrücke und regionale Sonderwege in eine Nationalstraße einmünden ließe. Nicht alle, doch dem Ganzen dienliche Staatenrechte müßten an die Bundesgewalt abgegeben werden, mit dem Ziel, »eine unauflösliche Union der Staaten unter einem Bundeshaupt« zu errichten.

Dem Kongreß, der Zivilgewalt, die ihn zum Militärbefehlshaber bestellt hatte, gab George Washington am 23. Dezember 1783 in Annapolis die Kommandogewalt zurück. Für den Armeeführer, der den Primat der Politik auch dann anerkannt hatte, wenn er und seine Truppe darunter leiden mußten, war es eine Selbstverständlichkeit, nach erfüllter Pflicht ins Zivilleben, das Bürgerdasein zurückzutreten. Die Abgeordneten behielten die Hüte auf den Köpfen, als sie seine Erklärung entgegennahmen, daß er stets ihren Anordnungen nachgekommen sei. Als er zum Andenken die Ernennungsurkunde erbat, wurde ihm

Der Sieger Washington zieht am 25. November 1783 in New York ein.

bedeutet, daß sie ihm in einer noch herzustellenden Goldschatulle überreicht werden würde. Das geschah nie, und auch die Statue, die der Kongreß ihm zu Ehren und als Zeichen seines Dankes zu errichten beschlossen hatte, wurde nie aufgestellt.

Gebührender war er von seinen Offizieren verabschiedet worden. In New York, das am 25. November 1783 der letzte Rotrock verlassen hatte, waren sie vom General in die Fraunces' Tavern geladen worden, wo er nach dem Lunch sein Glas erhob und allen »mit einem Herzen voll Liebe und Dankbarkeit« seine Anerkennung für allzeit treue Dienste aussprach. Dann gab er jedem die Hand und küßte ihn auf die Wange, wobei ihm Tränen in die Augen traten. Er brachte kein Wort mehr heraus, winkte nur matt, als er den Raum verließ und zu Fuß, begleitet von den Offizieren, nach Whitehall ging, ein Boot bestieg und bald ihren Blicken entschwand.

»Der bloße Gedanke, daß wir von dem Mann scheiden mußten, der uns durch einen langen und blutigen Krieg geführt und unter dessen Kommando unser Land Ruhm und die Unabhängigkeit gewonnen hat, und daß wir ihn in dieser Welt nie mehr zu Gesicht bekämen, erschien mir äußerst unerträglich«, bemerkte Oberst Benjamin Tallmadge. Ihm und seinen Kameraden blieb Washington im Gedächtnis, wie er in den Kampf voranritt, nach Rückschlägen, die häufiger als Erfolge waren, ihnen Mut zusprach, Strapazen mit ihnen teilte, die Armee zusammenhielt, zum Durchhalten antrieb, schließlich zum Siege führte und noch nach Kriegsende für sie sorgte, den Offizieren die volle Zahlung ihres Gehalts für fünf Jahre in barem Geld oder in sechsprozentigen Staatsschuldscheinen verschaffte.

Der Cincinnatusorden wurde gestiftet. Seine Mitglieder, Offiziere der Armee, verpflichteten sich, die Rechte und Freiheiten ihres Landes zu bewahren, für die nationale Union einzutreten und Mittel zur Unterstützung von Witwen und Waisen bereitzustellen. Das Ordenszeichen zeigte auf der Vorderseite den Römer Cincinnatus, dem drei Senatoren das Schwert in die Hand drückten, das er statt des neben seiner Hütte verbleibenden Pfluges zu führen hatte, und die Inschrift verkündete:

»Omnia relinquit servare rem publicam – Alles verläßt er, die Republik zu erhalten.«

George Washington, der Präsident des Ordens, kehrte wie Cincinnatus nach vollbrachter Tat zu Pflug und Herd zurück. »Ich habe mich auch in mir selbst zur Ruhe gesetzt«, schrieb der grau gewordene Einundfünfzigjährige an Lafayette: »Ich beneide niemanden und bin entschlossen, mit allem zufrieden zu sein, und dies, mein lieber Freund, ist meine Marschorder: Ich werde sanft hinabgleiten in den Strom der Zeit, bis man auch mich einst an der Seite meiner Väter zur letzten Ruhe legen wird.« Doch die Nation, der er im Krieg unentbehrlich gewesen war, benötigte ihn schon bald zur friedlichen Sicherung und zum politischen Ausbau des Erreichten.

DER EINIGER

Das verheißene Land

Am 24. Dezember 1783 kam George Washington heim. Als er sich Mount Vernon näherte, sah er brennende Kerzen in den Fenstern. Fast neun Jahre lang hatte er seinem Land gedient, nun war er wieder in seinem Haus und auf seinem Hof. Er fühle sich wie ein müder Wanderer, der endlich die Bürde, die er so lang und so weit trug, abgelegt habe, am glücklich erreichten Ziel erleichtert auf die Windungen und Hindernisse des zurückgelegten Weges zurückschaue und dem Himmel danke, daß er ihn nicht straucheln und fallen ließ, schrieb er dem Kriegskameraden Knox, und an Lafayette: Er lebe nun als Privatmann am Ufer des Potomac, unter seinem eigenen Weinstock und seinem eigenen Feigenbaum, fern vom Getümmel des Feldlagers wie der Geschäftigkeit des öffentlichen Lebens und tröste sich mit den bescheidenen Freuden, die einem Soldaten oder Staatsmann nie zuteil würden. Auf das Dach seines Herrenhauses setzte er eine Wetterfahne in Gestalt einer Friedenstaube, die ihm im Schnabel den Lorbeer brachte, den sich der Feldherr verdient hatte.

Der Schatten des Krieges war nicht durch Bukolik zu verscheuchen. Die Sorge, wohin das Land, dem er die Unabhängigkeit erkämpft hatte, treiben würde, blieb auf ihm lasten. Nach der jahrelangen Anspannung konnte er sich nicht von heute auf morgen aus der Verkrampfung lösen. Die Kraft, die er aufgeboten und sich dabei überanstrengt hatte, schien erschöpft zu sein; er wurde krank. Die Bäume, die er gepflanzt habe, wüchsen so rasch, als wollten sie es nicht versäumen, ihre grünen Mäntel über ihm auszubreiten, bevor er schon bald für immer dahinginge, meinte der auf die Mitte Fünfzig zugehende

Mann. Keiner in seiner Familie war alt geworden. Die Malaria schüttelte ihn, und das Rheuma plagte ihn so sehr, daß er sich kaum im Bett umdrehen und den Arm bis zum Kopf heben konnte. Wenn er in den Spiegel schaute, gewahrte er ein Gesicht, in dem die Furchen immer tiefer wurden, das ihm zunehmend fremder vorkam, jedenfalls nicht dem Bild entsprach, das sich andere von ihm machten und wie er sich selber gerne gesehen hätte.

Vieles hatte sich verändert. Lord Fairfax war 1781 gestorben, sein Landbesitz bereits 1776 von der revolutionären Virginia Assembly konfisziert worden; Washingtons Freund George Fairfax und sein Jugendschwarm Sally lebten nun in England. Als er wieder einmal, wie früher so oft, von Mount Vernon nach Belvoir hinüberritt, fand er nur noch eine Ruine vor. Bei ihrem Anblick dachte er daran, daß er im verfallenen Herrenhaus »die glücklichsten Augenblicke meines Lebens« verbracht hatte, und er beeilte sich fortzukommen, damit nicht auch die schöne Erinnerung in Trümmer ginge. Aus Sehnsucht nach Vergangenem hätte er sich am liebsten auf Vergangenes zurückgewendet, sich für immer nach Mount Vernon zurückgezogen. Den Wunsch, die Welt zu fliehen, konnte sich jedoch ein Mann nicht erfüllen, der die Gegenwart seines Landes mitgestaltet hatte und von dem Landsleute erwarteten, daß er auch an dessen Zukunft mitarbeite. Nostalgie stand einem Nationalhelden nicht an, wurde ihm jedenfalls nicht zugestanden. Kaum hatte er der Welt den Rücken gekehrt, klopfte die Welt an seine Tür, kam Brief auf Brief an, von denen er jeden beantworten zu müssen meinte, und gaben sich Besucher die Klinke in die Hand, die gastfreundlich aufzunehmen und aufmerksam anzuhören er sich schuldig zu sein glaubte.

Am 30. Juli 1785, eineinhalb Jahre nach seiner Heimkehr, notierte er in sein Tagebuch, daß er endlich allein mit seiner Frau dinieren konnte. Nicht ungern saß er mit alten Kameraden am Tisch, mit denen er gemeinsame Taten rekapitulierte und wie diese das Soldatenleben im Rückblick erfreulicher fand, als es wirklich gewesen war. Im Stall, wo sie ihr Gnadenbrot verzehrten, wurden die Rösser des Generals, »Nelson« und »Blue Skin«, gestreichelt, mit denen er in so manche Schlacht und zum Sieg geritten war.

Die Sympathie und mehr noch den Respekt, die ihm entgegengebracht wurden, genoß er, auch wenn er sich dies kaum anmerken ließ und sich darin gefiel, seinen Anteil am Erfolg herunterzuspielen. »Einem eingehend Prüfenden wird es offenkundig sein, daß eine Verkettung von Ursachen vorgelegen hat, um dieses Ergebnis hervorzubringen; sie würden aller Wahrscheinlichkeit nach zu keiner anderen Zeit und unter keinen anderen Umständen wieder so zusammentreffen.« Nur scheinbar stellte er damit sein Licht unter den Scheffel. Denn es zeichnete einen Feldherrn wie einen Staatsmann aus, daß er die Gegebenheiten genau zu erkennen und richtig auszunützen verstand.

Amerikaner wie Europäer wußten ihn zu rühmen. Selbst der »London Chronicle« konnte nicht umhin, ein Loblied auf ihn anzustimmen, eine Eloge auf den Besieger der Engländer aus einem amerikanischen Blatt abzudrucken: »Kein Mensch hat jemals in seinem Charakter vollkommener die Tugenden eines Philosophen mit den Talenten eines Generals vereinigt.« Dieser Mensch sei ein Genius, wie ihn die Natur höchst selten hervorbringe, gab ein Loyalist zu. In seinem Land wurde der Befreier zur Ehre der patriotischen Altäre erhoben. In der Nassau Hall des Princeton College hing – wie an anderen Erziehungsstätten – sein Bild als Vorbild für Lehrende und Lernende. Bereits 1775, als der Unabhängigkeitskrieg kaum begonnen hatte, wurde in Dorchester, Massachusetts, ein Kind auf den Namen George Washington getauft, und zahlreiche Eltern folgten diesem Beispiel in der Erwartung, daß ihre Sprößlinge dem Patron nacheiferten.

Einen gewissen Kontrast zwischen dem beschworenen Ideal und der Realität, der er sich auf Mount Vernon gegenübersah, gewahrte so mancher Besucher. Amerikaner hielten sich zurück, am Heldenbild zu deuteln, auch wenn ihnen Unterschiede zwischen dem Portrait und dessen Modell kaum entgangen sein mochten. Kein Blatt vor den Mund nahm ein Holländer, der statt der Lichtgestalt, die zu verehren er gekommen war, einen Mann mit Schattenseiten antraf, »kalt und ganz einfältig«. Hinter einem höflichen Benehmen vermutete ein anderer Europäer ein frostiges Wesen, keinen anziehenden Charakter. Das Idealisieren war und blieb Auftrag wie Geschäft von Künstlern. Maler bemühten sich, Farbe einer Figur abzugewinnen, die solche wenig aufwies. Ein Bildhauer wie Jean-Antoine Houdon vermochte Züge festzuhalten, wie sie Comte Louis-Philippe de Ségur an Washington bemerkt hatte: »Klarheit, Größe, Würde, Ruhe, Güte, Festigkeit sind in sein Antlitz gestanzt und prägen sein Gesicht ebenso wie sein Wesen.« Der Präsident habe einen Charakterkopf, der jenem eines Caesaren gleiche.

Der Franzose Houdon, der in Rom gelernt hatte, war 1785 mit drei Assistenten nach Mount Vernon gekommen, um für den Staat Virginia eine Statue seines berühmtesten Sohnes in Angriff zu nehmen. Der Künstler, der Idealität mit Realität zu vereinbaren suchte, verfertigte zunächst einen Gesichtsabdruck. Die dazukommende Stiefenkelin Nelly Custis erschrak, als sie den großen Mann, zu dem die Familie wie die Nation aufzublicken gewohnt war, längelang auf einem Tisch ausgestreckt sah, die Gestalt mit einem Leintuch bedeckt und das Gesicht mit Gips bepflastert. Es schien, als sollte einem Leichnam die Totenmaske abgenommen werden, doch die Absicht war, einen Lebenden in Marmor zu verewigen. Das erste Modell, eine Tonbüste, blieb auf Mount Vernon, die in Paris geschaffene Statue kam in das Kapitol der virginischen Hauptstadt Richmond.

Auf Mount Vernon stapelten sich die Briefe, in denen George Washington ersucht, ja beschworen wurde, die als Militär bewiesenen Fähigkeiten und das im Felde erworbene Ansehen als Zivilist in den Dienst der Vereinigten Staaten zu stellen, die sich zwar von der britischen Vergangenheit befreit hatten, aber einer ungewissen Zukunft entgegensahen. Von Sorge getrieben, pilgerten Amerikaner zum Refugium des Ruheständlers, um

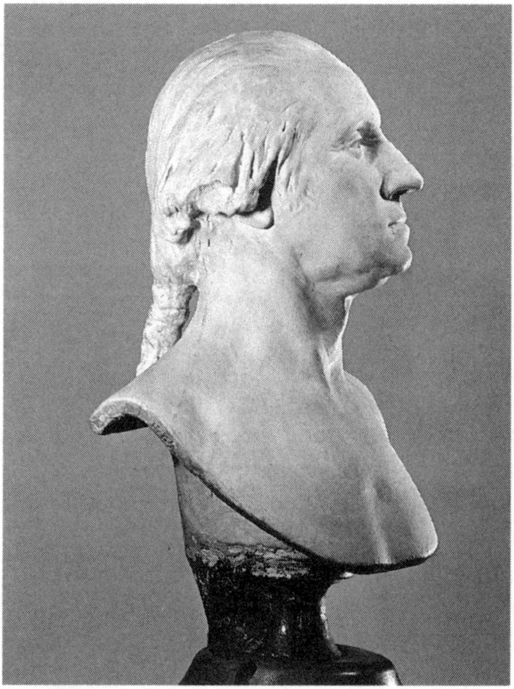

George Washington.
Büste von Jean-Antoine Houdon (1785).

ihn zu bitten, ja zu beknien, als Nothelfer der Nation in das öffentliche Leben zurückzukehren. Jeder wurde angehört, aber keiner erhört. Alle mußten die Begründung seiner Absage zur Kenntnis nehmen: In seinem Alter wünsche er sich nur noch, als einfacher Bürger auf eigenem Grund und Boden zu leben und zu sterben.

Ein Arkadien war sein Landgut nicht. Das geruhsame und beschauliche Dasein, das er sich nach den Aufregungen und Anstrengungen der Kriegszeit erhofft hatte, war ihm nicht beschieden. Der Heimkehrer, dem ein ländliches Idyll mit Schäferspielen und Hirtenliedern vorgeschwebt haben mochte, war eben kein Horaz, sondern ein Cincinnatus, der nach dem Schwert den Pflug in die Hand nehmen und auf seinen Feldern arbeiten mußte.

Während seiner langen Abwesenheit war die Plantage heruntergekommen, hatte noch weniger als früher abgeworfen. Der Verwalter, sein Vetter Lund Washington, hatte sich nicht besonders angestrengt, dem Besitzer, der auf dem laufenden gehalten werden wollte, Positives berichten zu können. Der General bekam fast immer Unerfreuliches zu hören. Der Boden gab nicht viel her, das Korn litt unter dem mal zu feuchten, mal zu trockenen Klima, Tabak war in England nicht mehr abzusetzen, während dort die Schulden durch Zinsen anwuchsen. Allerorten in Virginia war das Plantagensystem im Niedergang, schrieben die Gutsbesitzer rote Zahlen. Die Blütezeit der Monokultur war vorbei, das virginische Gold wurde immer weniger erzeugt, zu sinkenden Preisen verkauft, und das Papiergeld, das man dafür bekam, galt nicht viel; 1780 waren 60 Pfund der Virginia-Währung nur ein Pfund Sterling wert. Während des Krieges fiel der Gegner als Hauptabnehmer aus, und die Erschließung neuer Auslandsmärkte wurde durch die britische Seeblockade behindert. Nach dem Kriege, 1785, ging zwar ein Großteil der Tabakernte Virginias nach England, aber der Erlös floß nicht zurück, diente der Abzahlung von Vorkriegsschulden der Pflanzer. Dies war eine Bedingung der Besiegten für Handelsbeziehungen, auf die der Sieger angewiesen blieb.

Die Monokultur wurde auch dadurch beeinträchtigt, daß die Zahl der dafür benötigten Arbeitskräfte im Kriegsverlauf abgenommen hatte. 1781 waren aus Mount Vernon 17 Sklaven davongelaufen. Insgesamt verloren die virginischen Pflanzer 30000 Schwarze, die nicht von heute auf morgen zu ersetzen waren. Weniger arbeitsintensive Agrarprodukte, auf die der eine und andere Grundbesitzer – auch George Washington – ausgewichen war, wollten nicht recht gedeihen und trugen nicht viel ein. Überdies waren gegen Ende des Krieges, als sich die Kämpfe in den Süden verlagerten, viele Plantagen in Mitleidenschaft gezogen worden.

Mount Vernon war vom Sturm verschont geblieben. Das Herrenhaus stand noch, aber das Dach mußte neu gedeckt und manches andere ausgebessert oder angeschafft werden. Dazu fehlte Geld. Als Oberbefehlshaber hatte Washington kein Gehalt verlangt, die – nicht unbeträchtlichen – Spesen waren ausgegeben. »Ich werde mit leeren Taschen nach Hause kommen«, hatte er vorausgesagt und vorausgesehen, daß er Ebbe in der Kasse und einen wachsenden Schuldenberg vorfinden werde. Der Oberbefehlshaber a. D. hatte mit weit höheren Lebenshaltungskosten zu rechnen als ein gewöhnlicher Gutsbesitzer. Die ihn Besuchenden und Heimsuchenden, die sich beim Nationalhelden Rat und Hilfe holten, ihm ihre Reverenz erweisen oder auch nur ihre Neugierde befriedigen wollten, mußten so bewirtet werden, wie er es seinem Rufe schuldig war. Er habe eine überlaufene Taverne zu führen, seufzte er. An manchen Tagen hatte er bis zu achtzehn Hausgäste zu verköstigen und unterzubringen, wozu er ein fünfzehnköpfiges Dienstpersonal – weit mehr, als es für ihn und seine Familie nötig gewesen wäre – unterhalten mußte.

Der Herr auf Mount Vernon beschäftigte mehr Leute als der spätere erste Präsident der Vereinigten Staaten in den Anfängen seiner Regierung. An die vierhundert Menschen waren zu ernähren, zu bekleiden und teilweise zu entlohnen. Seine Belegschaft bestand in der Minderzahl aus freiem oder kontraktgebundenem weißen Gesinde und in der Überzahl aus schwarzen Sklaven. Von 322 Negroes waren höchstens ein Drittel einsatzfähig; das Gros bildeten Alte, Kinder und Kranke, die ihm zur Last fielen. Dennoch konnte er sich nicht entschließen, eine ihm von Reverend Thomas Coke vorgelegte Petition für die Emanzipation der Schwarzen zu unterschreiben.

Als er 1785 Inventur machte, zählte er 130 Pferde, 336 Rinder und 283 Schafe. Wieviel Schweine er hatte, war nicht festzustellen, denn sie liefen wild durch das Gelände; es waren jedenfalls so viele, daß im Dezember dieses Jahres 128 geschlachtet werden konnten, was fast 8 Tonnen Fleisch ergab. Die Ernteerträge an Getreide hielten sich in Grenzen. Seine Obstbäume wollten nicht recht gedeihen, und im schlechten Sommer 1785 gingen Zierbäume ein, mit denen er seinen amerikanischen Herrensitz wie ein englisches Mansion umgeben hatte.

Von den Mißständen seiner Landwirtschaft ließ sich der Pflanzer so wenig unterkriegen wie der General von den Widrigkeiten des Unabhängigkeitskrieges. Nachdem er erkannt hatte, daß er wie seine Landsleute seine Ökonomie zu wenig fachkundig betrieben, wandte er sich an einen Experten in England, Arthur Young, den Herausgeber der »Annals of Agriculture«. Ackerbau sei zwar stets unter seinen bevorzugten Beschäftigungen gewesen, schrieb er ihm 1786, aber er habe dazu nie die erforderliche Fertigkeit gehabt, und in den neun Jahren, in denen er anderweitig engagiert gewesen war, sei er ganz aus der Übung gekommen. Mit einem von Young vermittelten Fachwissen jedoch könnte das in Virginia vorhandene Agrarsystem, das »so unproduktiv für die Praktizierenden wie ruinös für die Gutsbesitzer« sei, nutzbringend verbessert werden.

Der Wunsch blieb der Vater des Gedankens. Weder Youngs Theorie noch die Praxis eines in England angeheuerten Verwalters erfüllten Washingtons Erwartungen. Was sich jenseits des Atlantiks bewährt hatte, erwies sich wenig ersprießlich in Virginia, wo die Böden ausgelaugt, das Klima problematisch,

Sklavenarbeit unter Kontrolle eines Aufsehers.

Schädlinge häufig und geschulte Arbeitskräfte selten waren. Das Saatgut, das ihm Young geschickt hatte, gedieh nicht wie erhofft. Der Eselshengst, ein Geschenk des Königs von Spanien, mit dem er eine Mauleselzucht beginnen wollte, erwies sich als wenig hilfreich. »Royal Gift«, wie ihn Washington nannte, zeigte zunächst wenig Neigung, sich mit republikanischen Pferdestuten einzulassen. Schließlich bequemte er sich zu Zugeständnissen an die egalitären Sitten und wurde der Stammvater einer amerikanischen Maultierrasse.

Betätigung in der Landwirtschaft, erklärte Washington, sei seiner Wesensart gemäß. Die persönliche Befriedigung, die er dabei empfand, fand jedoch keine Entsprechung im pekuniären Gewinn. To make money, die amerikanische Maxime, war aber auch eine Lebensregel des amerikanischen Gründervaters, und Geld machen, mit wachsendem Vermögen das verheißene Glück finden, hoffte er – wie andere – im vielversprechenden Westen zu können.

Dorthin hatte sich Washington schon früher gewandt, hatte sich als Pionier versucht und als Landspekulant bereichert. Den Erfolg, den er dabei gehabt hatte, glaubte er durch inzwischen gemachte Erfahrungen, gewonnenes Ansehen und geknüpfte Verbindungen steigern zu können. »Go West« versprach nicht nur persönlichen Gewinn, sondern auch patriotischen Nutzen. War es der Sieger im Unabhängigkeitskrieg, der als Vorbild der Nation gefeiert wurde, nicht seinem Rufe schuldig, bei der großen Zukunftsaufgabe, der Erschließung des weiten Kontinents, mit leuchtendem Beispiel voranzugehen? Jedenfalls war er dazu geschaffen und gewillt, die Verknüpfung von Idealismus und Materialismus vorzuleben.

Im Frieden von Paris war 1783 das gewaltige Gebiet zwischen den Appalachen und dem Mississippi den Vereinigten Staaten zugesprochen worden. Schon im Jahr darauf brach George Washington auf, um seine dortigen Ländereien zu besichtigen und sich nach neuen Möglichkeiten des Landerwerbs und Geldgewinns umzusehen. Unterwegs überholte er Wagenzüge, die dem Kanaan entgegenfuhren. Im späteren Staat Kentucky siedelten 1779 nicht mehr als 300 Menschen; 1785 waren es 30000 und 1790 über 73000. »Wir haben die fruchtbaren Ebenen des Ohio für die Armen, die Bedürftigen und die Unterdrückten der Erde geöffnet«, schrieb Washington an Lafayette; willkommen sei jeder, der das Neuland bebauen und es im Grenzland zu etwas bringen wolle.

Die Erträge, die Washington für sich selbst erwartete, hielten sich in Grenzen. Auf früher von ihm erworbenen Ländereien hatten sich Squatters niedergelassen, die sich aus alten Abhängigkeiten gelöst hatten und nicht bereit waren, sich in neue zu begeben, eine angemessene Pacht oder den geforderten Kaufpreis zu entrichten. Im Westen Pennsylvanias, wo Washington in Getreideanbau und Mühlen investiert hatte, fand er Simpson's Mill in einem Zustand vor, der keinerlei Rendite versprach. In Washington's Bottom geriet er auf seinem Land an Siedler, die jahrelang keinen Zins bezahlt hatten und das auch weiterhin nicht tun wollten. Um sie auszuweisen, strengte er einen Prozeß an, den er gewann, ohne daß sich die aufgewendeten Mühen und Kosten gelohnt hätten.

Washington verfügte freilich über genug Land – es sollte bis 1799 auf 70000 Acres anwachsen –, mit dem er gewinnträchtig spekulieren und aus dessen Kultivierung, wenn schon nicht sofort, so vielleicht später etliches herausgeholt werden konnte. Voraussetzung war, daß der Westen durch Verkehrswege zu Lande und zu Wasser erschlossen wurde. Der Zug der Siedler nach Westen wie die Lieferung ihrer Erzeugnisse in den Osten mußten erleichtert, der Handel in beiden Richtungen gefördert werden. »Bisher haben die Leute in den westlichen Ländern keinen Ansporn für ihren Fleiß gehabt, sie arbeiten wenig«, bemerkte Washington, »aber laßt uns gute Verbindungen mit ihren Siedlungen anlegen und ihnen in dieser Weise zeigen, wie leicht es ist, ihre Produkte auf unsere Märkte zu bringen, und wir werden über das Anwachsen unseres Handels selber erstaunt sein.«

Zu den nationalökonomischen kamen nationalpolitische Motive. War es nicht denkbar, daß die von persönlichem Freiheitsdrang in den Westen getriebenen Menschen dort auch staatliche Unabhängigkeit, losgelöst von den Vereinigten Staaten, anvisieren würden? War nicht zu befürchten, daß sie dabei von den Engländern, die vorerst noch in festen Plätzen im Nordwesten des den Amerikanern zugesprochenen Landes saßen und weiterhin in Kanada blieben, unterstützt werden würden? Mußte nicht angenommen werden, daß auch die Spanier im Süden versuchen würden, »ihren Handel und ihre Freundschaft zu gewinnen«? Die Bevölkerung des Westens, erkannte Washington, »steht jetzt wie auf der Achse einer Waage. Die leiseste Berührung kann sie der einen oder anderen Seite zuneigen«. Daraus folgerte der Mann, der sein Land nicht nur befreit hatte, sondern auch zu vergrößern beabsichtigte: »Es gibt nichts Besseres als gemeinsame Interessen, um ein Land oder einen Staat mit dem anderen enger zu verbinden. Ohne dieses Bindemittel wird die Bevölkerung des Westens, die sich der Hauptsache nach aus Ausländern zusammensetzt, keine besondere Vorliebe für uns entwickeln, und Handelsbeziehungen sind das einzige Band, das sie mit uns verbinden kann.«

Mit Amerikas Gesamtinteresse blieb Washingtons Eigeninteresse verknüpft. Auf dem Wege über die Allegheny Mountains entdeckte er, daß der Ursprung des Nordarms des Potomac, der zur Chesapeake Bay in Richtung Atlantik strömte, nur zehn Meilen von der Quelle des Youghiogheny River entfernt war, der zum Ohio und weiter zum Mississippi floß. Die Vorstellung ließ ihn nicht mehr los, daß die Herstellung einer Landverbindung durch Straßenbau zwischen den beiden Stromsystemen und Wasserwegen die wirtschaftliche Erschließung des Westens befördern und den Anschluß der neuen Territorien an die alten Staaten ermöglichen würde. Zunächst dachte er an eine Schiffbarmachung des Potomac. Im Geiste sah er bereits im Mount Vernon benachbarten Alexandria, bis wohin Seeschiffe gelangten, Flußschiffe mit Fracht aus dem Westen anlegen und mit Ware aus dem Osten ablegen. Diese Perspektive versprach, daß der Gutsherr auch ein Handelsherr, sein Fairfax

County ein wirtschaftliches und sein Virginia das politische Zentrum der Vereinigten Staaten werden könnte.

Auf seinem Erkundungsritt in den Westen traf Washington 1784 James Rumsey, der ihm das Modell eines Bootes zeigte, das »aufgrund seines Mechanismus reißende Strömungen zu durchfahren in der Lage wäre«. Diesen Pionier der Dampfschiffahrt bestellte er bald darauf zum Oberaufseher der Arbeiten der Potomac Navigation Company, die er 1785 mit dem Ziele gründete, durch Regulierung des Flußbettes und Anlegung von um Wasserfälle herumführenden Kanälen den Potomac zu einem Lebensstrom Virginias und Amerikas zu machen.

Der Eifer, mit dem der General a. D. für dieses Unternehmen eintrete, zeige, daß ein auf große Dinge gerichteter Geist wie er nicht untätig bleiben könne, bescheinigte ihm James Madison, ein aufgehender politischer Stern. Nach der Erringung der Unabhängigkeit des Landes erweise ihm Washington nun den Dienst, dessen natürlichen Reichtum zu erschließen. Wie der junge Virginier Madison dachten viele Amerikaner, bauten auf den berühmten Mann und investierten in die von ihm gegründete und geleitete Aktiengesellschaft trotz der allgemeinen Geldknappheit doppelt soviel Kapital wie vorgesehen.

Die Wege in das verheißene Land im Westen, in dem Milch und Honig flössen, würden nun gebahnt, schrieb Washington an Lafayette, und die Resultate, lobte die Virginia Legislature im voraus, würden »dauerhafte Denkmäler des Ruhms« des Wegbereiters sein. Doch die Ergebnisse entsprachen nicht den Erwartungen. Die Ausführung der Pläne der Potomac Navigation Company stieß auf natürliche Hindernisse, die mit den zur Verfügung stehenden Mitteln nicht zu meistern waren. Die in Europa entwickelte Kanaltechnik erwies sich in Amerika kaum als anwendbar, das gebirgige Gelände war schwerlich durch Schleusen Stufe um Stufe zu überwinden, die Entfernungen waren größer, die Böden schwieriger als in Frankreich, und der Potomac war kein Geselle der Douce France, sondern auf weite Strecken ein ungebärdiger und unberechenbarer Naturbursche.

Ein Pionier wie Washington, der mit Optimismus an alles

Neue und Schwere heranging, glaubte diese Probleme ebenso durch Energie und Beharrlichkeit lösen zu können wie jene des Krieges. Aber die amerikanische Natur erwies sich als ein stärkerer Gegner als die britische Armee. Das Kapital, das die Aktionäre, einschließlich der 10000 Dollar, die er aus eigenem Vermögen in das Unternehmen gesteckt hatte, war keine gewinnbringende Anlage. Er erlebte es noch, daß Boote das oberhalb von Alexandria gelegene Georgetown erreichten. Aber eine Dividende wurde erst nach Washingtons Tod bezahlt, und dreißig Jahre später war die Gesellschaft bankrott. Die Chesepeake & Ohio Canal Promoters, die ihr Werk fortsetzten und die Bundeshauptstadt Washington D.C. mit Pittsburgh in Pennsylvania verbinden wollten, gelangten bis 1850 nicht weiter als nach Cumberland am Fuße der Alleghenies.

Die Erschließung des Westens jenseits der Appalachen auf den anvisierten Wasserwegen kam nicht, wie erwünscht, voran. Aber die Prozedur, die zur Gründung der Potomac Navigation Company notwendig gewesen war und die Washington vorangetrieben hatte, beförderte den Prozeß eines engeren Zusammenschlusses der amerikanischen Republiken, die er als Politiker anstrebte. Anrainer des Potomac war nicht nur Virginia, sondern auch Maryland. Wie alle Einzelstaaten gingen sie gerne eigene Wege, aber der Kanalpromoter brachte sie dazu, daß sie sich zu einem beiden Nutzen versprechenden Vorhaben zusammentaten.

In Annapolis, der Hauptstadt von Maryland, hatte der Virginier Washington erfolgreich verhandelt. Nach der Gründung der Potomac Navigation Company präsidierte er der von beiden Staaten beschickten Konferenz, die beschloß, zur Koordinierung ihrer wirtschaftlichen Interessen jährlich zusammenzutreten, und die Einladung weiterer Staaten ins Auge faßte. Das Treffen fand im März 1785 auf Mount Vernon statt, unweit des Platzes, auf dem, bevor noch das Jahrhundert zu Ende ging, die Bundeshauptstadt der Vereinigten Staaten entstand. Sie erhielt den Namen des Mannes, der nach der militärischen Befreiung des Landes darangegangen war, die Ökonomie als Triebkraft der Union zu benützen.

Eine unvollendete Revolution

»Die Fundamente für ein großes Reich sind gelegt, und ich bin überzeugt, daß die Vorsehung ihr Werk nicht unvollendet lassen wird«, schrieb George Washington, der sich in deren Dienst gestellt sah, an den Chevalier de la Luzerne, dessen Land sich als deren Arm betätigt hatte. Als Gründe für seinen Optimismus führte der Amerikaner an: Gesetz und Ordnung herrschten zwischen New Hampshire und Georgia, Kriegsschäden würden behoben, Friedensaufgaben wie die Regulierung von Flüssen, Errichtung von Brücken und Bau von Straßen angepackt, und die Besiedlung der unermeßlichen Gebiete im Westen habe begonnen.

Schon zählte das neue Amerika über drei Millionen Einwohner, und in den Oststaaten, vornehmlich aber in den westlichen Territorien zwischen Appalachen und Mississippi, darüber hinaus bis zur Küste des Pazifik, war Platz für Millionen und aber Millionen. Die Kriegsverluste – durch Opfer der Kampfhandlungen und vor allem durch den Exodus der königstreuen Tories – waren durch Einwanderer, die das Gelobte Land suchten, rasch ausgeglichen. Allein nach Pennsylvania kamen zwischen 1783 und 1789 an die 25000 Menschen.

Gleich dageblieben waren 5000 deutsche Söldner der britischen Armee. Einfachen Soldaten, die während des Krieges überliefen, waren 50 Acres Land, einem Hauptmann, der mit 40 Mann desertierte, 800 Acres, 4 Zugochsen, 1 Zuchtstier, 2 Kühe und 2 Schweine zugesagt worden. Kriegsgefangene wurden in das Shenandoah-Tal in Virginia, nach Frederick in Maryland oder in die von Deutschen bewohnten Gegenden Pennsylvanias gebracht. Diese Staaten und auch New York wurden bevorzugte Siedlungsgebiete der im Lande verbliebenen »Hessen«.

Sie waren George Washington willkommen. Er schätzte Exsoldaten, von denen er die im Kriege bewiesene Disziplin auch im Frieden erwartete. Gerne sah er deutsche Einwanderer, die er für ebenso tüchtig wie gefügig hielt. Am liebsten begrüßte er Ankömmlinge aus England, Schottland und Irland, weil er hoffte, daß sie die Kultur des Mutterlandes im unabhängigen Amerika weiter pflegen und den englisch geprägten Charakter der Vereinigten Staaten vertiefen würden. Die Probleme eines aus Menschen vieler Nationen zusammengesetzten Staatsvolkes blieben ihm bewußt. Er konnte sich der Feststellung eines deutschen Beobachters nicht verschließen, daß eine aus fast allen Nationalitäten Europas entstandene Mixtur einer langen Gärung bedürfe, bis sie den Spiritus einer einheitlichen Nation erhielte.

Mehr als die ethnischen warfen ökonomische Probleme einige Schatten auf seinen Optimismus, den er nicht nur einem Ausländer wie Luzerne, sondern auch den an ihn als Integrator der Nation glaubenden Landsleuten demonstrieren zu müssen meinte. Nach dem Hoch der Siegesstimmung war Amerika in das Tief einer Wirtschaftskrise gefallen. Die Auswirkungen auf die Landwirtschaft las der Gutsbesitzer an seinen eigenen Bilanzen ab. Das Gewerbe hatte kriegsbedingte Aufträge eingebüßt, und seine Entwicklung wurde durch die ablehnende Haltung so manchen Amerikaners gegen Fabriken und Maschinen nicht gefördert; unter deren Räder, meinte Thomas Jefferson, würden die eben errungenen Freiheiten geraten. Die Eigenproduktion genügte nicht einmal für den Inlandsbedarf, geschweige denn für einen einträglichen Export. Die Folge war, daß mehr als zweimal so viel aus England eingeführt als dorthin ausgeführt wurde. »Nie zuvor war unser Handel so völlig von Großbritannien monopolisiert«, klagte James Madison. Es schien, als hätten die Amerikaner die Fesseln des englischen Merkantilismus gesprengt, um sich neue von dem zum Handelspartner gewordenen Kolonialherrn anlegen zu lassen.

Die Amerikaner mußten für die glücklich errungene Freiheit mit schmerzlichen Einbußen an ihrem Eigentum bezahlen. 1783 wurde die Inlandsschuld auf 34 Millionen und 1788 die Auslandsschuld auf 10 Millionen Dollar geschätzt. Nicht nur die öffentlichen, auch die privaten Finanzen waren in beklagenswertem Zustand. Die Inflation grassierte. Das ohnehin knappe Hartgeld wurde für die Abtragung von Auslandsschulden wie für die Begleichung von Einfuhren gebraucht. Das Papiergeld, en gros gedruckt, war immer weniger wert, wurde kaum mehr in Zahlung genommen. In Philadelphia bepflasterte ein Bürger seinen Hund mit Geldscheinen, führte ihn durch die Straßen, um zu zeigen, daß die Währung auf den Hund gekommen war.

Geld sei das einzige, was geachtet werde, fand James Warren aus Massachusetts, und fürchtete, daß Amerika durch einen Währungsverfall in seinen Grundfesten erschüttert würde. George Washington, der die Fundamente eines »great Empire« gelegt zu haben glaubte, hielt es für eine vordringliche Aufgabe, durch Überwindung von Regression und Inflation die Basis für den nationalen Aufbau zu sichern.

»Wenn hunderttausend Menschen einzeln nacheinander kommen, können sie nicht eine Tonne Gewicht heben, aber die vereinte Kraft von fünfzig könnte sie mit Leichtigkeit fortschaffen«, sagte Washington und meinte damit, daß die drei Millionen amerikanischer Bürger und die dreizehn amerikanischen Staaten die gestellten und nur von allen zu bewältigenden Aufgaben gemeinsam angehen müßten. Besonders zuversichtlich war er nicht. »Ich fürchte, die Tugend hat von unserem Lande in weitgehendem Maße Abschied genommen, und der Mangel an Sinn für Gerechtigkeit ist die Quelle der nationalen Nöte.« Der Gemeingeist habe sich verflüchtigt; die Einzelmenschen stellten den Egoismus über den Altruismus und die Einzelstaaten sträubten sich, Sonderinteressen zugunsten des Gesamtinteresses aufzugeben.

Letzteres war nicht nur auf ein Zuwenig an Tugend, sondern auch auf ein Zuviel an Tradition zurückzuführen. Die Staatwerdung hatte sich in den von Kolonien zu Republiken gewordenen Teilen und nicht in einem nationalen Gemeinwesen vollzogen. Mit Ausnahme von Rhode Island und Connecticut, die noch eine Zeitlang die königlichen Charters beibehielten, hatten sich alle Staaten Verfassungen gegeben, in denen in England entwickelte und auf die Kolonien übertragene Rechte und Freiheiten mehr oder weniger revolutionär fortgeschrieben worden waren.

Am weitesten ging Pennsylvania, wo die von Thomas Paine entwickelten linksdemokratischen Richtlinien in einer Weise befolgt wurden, die in Paris Zustimmung und 1791 Nachahmung fand, als Einkammersystem und Exekutivrat in Philadelphia bereits wieder abgeschafft worden waren. Nach rechts tendierte die Verfassung von Massachusetts. Sie trug die Handschrift von John Adams, der durch ein Zweikammersystem und eine wirksame Exekutivgewalt zu verhindern suchte, daß Kammerabgeordnete »Einfluß durch Maulaufreißen, nicht Nachdenken, durch Niedrigkeit, nicht Erhabenheit, durch Ignoranz, nicht Wissen, durch beschränkte Herzen, nicht große Seelen erlangen«.

Die anderen Staaten hatten in ihren Verfassungen einen Mittelweg eingeschlagen, auch Virginia. Dessen Institutionen entsprachen liberalen Ideen, die Washington konvenierten, bauten einer »Tyrannei der Legislaturen« vor, wie sie auch Jefferson zu vermeiden suchte, und die mehr konservative als progressive Constitution war durch die Bill of Rights ergänzt, die demokratische Ziele setzte.

Amerika war ein Pluralbegriff, eine Vielheit von Bevölkerungsgruppen und Gesellschaftsschichten wie politischen Vorstellungen und Einrichtungen. Der Vorteil des staatlichen Pluralismus lag darin, daß er einer politischen Zentralisierung und sozialen Radikalisierung wie später in Frankreich entgegenstand. Doch nachteilig wirkte sich aus, daß im Gesamtinteresse erforderliche Maßnahmen erschwert, wenn nicht gar vereitelt wurden. George Washington, dessen Kriegführung dadurch behindert worden war, sah im Frieden die nationale Entwicklung durch die Einzelstaaten gehemmt, die nach überstandener Gefahr auseinanderstrebten, ihre Eigeninteressen verfolgten, wirtschaftlich miteinander konkurrierten und sich im Wettlauf nach Westen gegenseitig auszustechen suchten.

Eifersucht zwischen den Staaten gefährdeten das im Krieg gemeinsam für Amerika Errungene, kritisierte Washington. »Ich glaube, daß das Blut und das Geld, das dahingegeben wurde, ohne rechten Zweck verschwendet worden ist, wenn wir nicht dadurch besser zusammengekittet werden können«, und das könnte nicht geschehen, wenn die Einzelstaaten täten, was sie wollten, »wenn den Vorschlägen der Obersten Gewalt so wenig Aufmerksamkeit geschenkt wird«. Eine »Oberste Gewalt« war zwar eingesetzt worden, aber sie verdiente diesen Namen nicht; denn sie hatte nicht die Befugnisse einer höchsten Instanz. Amerika war seit 1781 ein Staatenbund, doch die »Articles of Confederation«, um die jahrelang gefeilscht worden war, bestätigten eigentlich nur den Status quo des staatlichen Pluralismus. Die Organe der Konföderation besaßen nicht die Kompetenzen, mit denen ein Gemeinwillen hinreichend zu artikulieren oder gar durchzusetzen gewesen wäre. Der Konföderationskongreß war kein Nationalparlament, sondern eine Versammlung von Delegierten der Staaten, von denen jeder – das große Virginia wie das kleine Delaware – nur eine Stimme besaß. Wichtigere Beschlüsse bedurften einer Mehrheit von neun der dreizehn Staaten, und der Einstimmigkeit, wenn bei einer Sitzung nicht mehr als sieben Staaten vertreten waren.

Dem Konföderationskongreß fehlte die wichtigste Befugnis eines Parlaments: Gesetze zu erlassen und Steuern zu erheben. Nur Zahlungsaufforderungen konnte er an die Staaten stellen und auf ihre Zahlungswilligkeit hoffen. »Der Zahlungsaufforderung für 1784 ist nur teilweise Folge geleistet worden. Einige der Einzelstaaten haben überhaupt nicht gezahlt. Bis auf Virginia haben die meisten unbedeutende Beträge in die Konföderationskasse überwiesen«, konstatierte ein Delegierter aus Virginia, und 1786 ein Delegierter aus Massachusetts: »Briefe auf Briefe sind an die säumigen Staaten geschickt worden, alles ohne den gewünschten Erfolg. Wir haben kein Geld in der Konföderationskasse und keine Aussicht, welches zu erhalten.«

Pflichtverletzungen von einzelnen gegenüber dem Ganzen müßten geahndet werden, meinte Washington. Aber eine Exekutive, die das hätte tun können, war nicht vorhanden. Immerhin gab es Ansätze dazu in Kommissionen des Kongresses und in den von Sekretären geleiteten Departements. Der Generalpostmeister fing 1782 mit 26 Postreitern an und zählte 1788 bereits 66 Postämter. Der Sekretär für Auswärtige Angelegenheiten konnte auf den Verfassungsartikel verweisen, welcher der Konföderation die Befugnis zuwies, Verträge abzuschließen und Bündnisse einzugehen, doch die Kluft zwischen Papier und Praxis war tief. Da dem Kongreß nicht das Recht zustünde, den Handel zu regulieren, bemerkte Washington, »nehmen wir den Nationen der Welt gegenüber eine lächerliche Stellung ein, mit denen wir versuchen Handelsverträge einzugehen, ohne daß wir die Mittel haben, für die Ausführung derselben zu sorgen«.

Besonders schwer tat sich der Kriegssekretär Henry Knox, ein Kriegskamerad George Washingtons, der die Abneigung gegen ein stehendes Heer und den Widerwillen der Staaten, ein solches von der Konföderation aufstellen und befehligen zu lassen, zu spüren bekam. 1788 verfügte er über drei Schreiber, einen Boten, 679 Offiziere und Mannschaften – die ganze Konföderationsarmee. Den schwersten Stand hatte der Finanzsekretär Robert Morris, der die in- und ausländischen Gläubiger hinhalten und die Staaten um Zuschüsse angehen mußte; 1785 trat er zurück und wurde durch ein Komitee ersetzt.

»Vergeblich ist es, Achtung vom Ausland oder Ruhe zu Hause zu erwarten«, schrieb Washington an Lafayette, vergeblich sei es, »über die Beschränkung unseres Handels uns zu beklagen; vergeblich sind alle Versuche, die Zinsen für auswärtige Anleihen zu bezahlen«, und vergeblich sei es, davon zu reden, »daß uns in irgendeiner anderen Beziehung zu unserem Rechte verholfen werde – bis die Weisheit und Kraft der Union mehr vereinigt und besser verwendet werden kann«.

Noch sei eine solche Union, obwohl eine Notwendigkeit, nur eine Hoffnung, die Konföderation ein Schattenwesen, und ihre auf Krücken gehenden Organe erweckten den Eindruck, als ob sie bei jedem Schritte straucheln würden, klagte Washington. »Die Abneigung der einzelnen Staaten, dem Kongreß genügend Macht für die Bundesregierung zu übertragen, ihre unverständliche Eifersucht gegen ihn und untereinander und die Überzeugung, die jeden einzelnen zu durchdringen scheint, innerhalb seiner Grenzen allweise und allmächtig zu sein, wird unseren Zusammenbruch als Nation bedeuten, wenn nicht unser System geändert wird.«

»United States of America« nannte sich die Konföderation, aber von einer Unifizierung war sie noch weit entfernt, und die Einzelstaaten waren selber nicht so vereinheitlicht und gefestigt, daß ihr Pochen auf Eigenstaatlichkeit und ihr Anspruch auf Selbständigkeit wohlbegründet gewesen wäre. Dem in der Unabhängigkeitserklärung markierten Ziel, ein ungerechtes und untragbares durch ein gerechtes und einträgliches System zu ersetzen, hatten sich die Amerikaner zwar genähert, aber es noch nicht erreicht.

Eine Monarchie gleiche einem Handelsschiff, das stolz dahinsegle, aber vor Schiffbruch nicht gefeit sei, meinte Fisher Ames, »die Republik dagegen ist ein Floß, das zwar niemals untergeht, aber mit unseren Füßen stehen wir dauernd im Wasser«. Der Mann aus Massachusetts war nicht der einzige Amerikaner, der sich fragte, ob sich der Kampf um Unabhängigkeit und Selbstbestimmung überhaupt gelohnt habe. Wenn man schon nicht mit der britischen Monarchie weitersegeln wollte, wäre es dann nicht an der Zeit, anstatt sich auf dem republikanischen Floß – eigentlich waren es dreizehn Flöße – weiter zu quälen, auf ein monarchisches Schiff, indessen unter amerikanischer Flagge, umzusteigen?

George Washington, in dem so mancher den künftigen Kapitän sah, strebte nicht nach einer solchen Kommandobrücke und wollte auf ihr auch keinen anderen Landsmann sehen. »Man erzählt mir, daß sogar achtenswerte Männer ohne Abscheu von einer monarchischen Regierungsform sprechen«, bemerkte er im Jahre 1786. »Aus Gedanken folgen Worte; und von da zu Handlungen ist es oft nur ein einziger Schritt. Das ist unabänderlich und furchtbar! Welcher Triumph für unsere Feinde, wenn sich ihre Voraussagen verwirklichen! Welcher Triumph für die Wortführer des Despotismus, wenn sie finden, daß wir nicht fähig sind, uns selbst zu regieren, und daß Systeme, die sich auf gleiche Freiheit gründen, bloße Ideale und Illusionen sind!«

Für die Freiheit seines Landes hatte er im Unabhängigkeitskrieg gekämpft, und um sie zu sichern, verlangte er die Einheit der gewonnenen Republik. »Ich begreife nicht, wie wir länger als eine Nation bestehen können, ohne irgendwo eine Macht eingesetzt zu haben, die in ebenso tatkräftiger Weise die ganze Union durchdrängen wird, wie das Ansehen der Staatsregierungen sich über die einzelnen Staaten ausdehnt.« Einen demokratisch begründeten und parlamentarisch kontrollierten Nationalstaat strebte er an. Insofern stimmte er Benjamin Rush aus Pennsylvania zu, der erklärt hatte: »Der Amerikanische Krieg ist vorbei, aber noch lange nicht die Amerikanische Revolution.« Wenn damit gemeint gewesen wäre, daß nach dem Sturz der britischen Monarchie und der Errichtung eines republikanischen Systems auch die überkommene soziale Ordnung umgewälzt, Gleichheit total und Demokratie pur verwirklicht werden sollte, so hätte der Angehörige der alten wie der neuen Führungsschicht der Besitzenden und Gebildeten, Erfahrenen und Bewährten nicht beipflichten können.

Diese Elite hatte sich vornehmlich von England losgesagt, weil ihr die englischen politischen Freiheiten beschnitten, ihre gesellschaftliche Stellung beeinträchtigt und ihr ökonomische Entfaltung versagt worden war. Die Rechte freigeborener Engländer, die nun freigeborene Amerikaner waren, zu gewährleisten, ihre gesellschaftliche Position beizubehalten, ihren Besitz zu sichern und dessen Mehrung zu ermöglichen – das war das

Ziel ihrer Revolution gewesen, die im Grunde eine konservative Revolution und nicht eine Revolution war, durch die unten Gebliebene nach oben kommen und eine demokratische Herrschaft errichten wollten, wie es jetzt schon in Amerika von Anhängern des Thomas Paine und bald schon in Frankreich Danton und Robespierre als Ziel der Volksbeglückung und Menschheitsentwicklung vorschwebte.

Freiheit für jeden im Streben nach persönlichem Erfolg, Gleichheit vor Gott wie dem Gesetz und Brüderlichkeit in einem Staat, der sich eine Verfassung auf dieser Grundlage gab – und nicht eine Freiheit, die jedem erlaubte, nach eigenem Gutdünken zu leben und zu handeln, keine Gleichheit, die alle über einen Kamm scherte und jedem sein Glück zuteilte, keine Brüderlichkeit, die jedem, der sich nicht mit jedem verbrüdern wollte, an Leib und Leben bedrohte: keine Demokratie im letzteren, aber eine Republik im ersteren Sinne war das Ideal George Washingtons, für das er im Krieg gestritten und das er im Frieden einer Verwirklichung nahezubringen bestrebt blieb.

Im Unterschied zu Ideologen, die geneigt schienen, die Formulierung eines Prinzips bereits für dessen Realisierung zu halten, blieb dem Pragmatiker bewußt, daß nicht alles möglich und vieles auch nicht wünschenswert war. Sein Menschenbild war nicht vom Optimismus Rousseaus, sondern vom Erbsündebegriff der Bibel geprägt und von mehr schlechten als guten Erfahrungen bestätigt worden. »Wir müssen den Menschen so nehmen, wie er ist«, erklärte George Washington. »Vollkommenheit ist den Sterblichen nicht gegeben.«

Der Politiker folgerte daraus: »Wenn die Menschen sich selbst überlassen bleiben, sind sie unfähig, sich selbst zu regieren«, denn »Intrigen, eigennützige Absichten, rücksichtslose Charaktere, Unwissenheit und Eifersucht« würden überhandnehmen. Deshalb »brauchen wir eine starke Regierung, durch die unser Leben, unsere Freiheit und unser Besitz gesichert wird, oder wir müssen an das Schlimmste denken«. Der persönlich zum Pessimismus neigende Zeitgenosse des 18. Jahrhunderts kam nicht ganz ohne Optimismus aus: »Es ist eines der Übel demokratischer Regierungen, daß das Volk, das nicht immer richtig sieht und häufig mißleitet wird, oft fühlen muß, ehe es richtig handeln kann; dann aber heilen Übel dieser Art meist von selbst aus.« Nicht allein sein Menschenbild, auch seine Interessenlage bestimmten die politischen Anschauungen und Aktivitäten eines Mannes, dem selber nichts Menschliches fremd war. Der Gutsbesitzer und Landspekulant gedachte nicht zu den Siedlern des Hinterlandes, den weißen Servants oder gar den schwarzen Sklaven hinabzusteigen, die er zwar human, aber nicht gesellschaftlich gleichwertig und politisch gleichberechtigt zu behandeln beabsichtigte.

Ähnlich wie Washington dachten viele Angehörige der Oberschicht, von denen sich so mancher durch Ansprüche des »ignobile vulgus« beunruhigt fühlte, der die Verheißung der Unabhängigkeitserklärung, daß alle Menschen gleich geschaffen und mit unveräußerlichen Rechten ausgestattet seien, wie die Versprechung der »Articles of Confederation«, daß man die Vereinigten Staaten primär zur »gemeinsamen und allgemeinen Wohlfahrt« gegründet habe, für bare Münze nehmen und ein gleich großes Stück vom Kuchen des Nationalproduktes und eine gleichgewichtige Stimme in den Volksvertretungen bekommen wollten.

Noch war der breiten Masse der befreiten Amerikaner erst in der Theorie und nicht in der Praxis ein ökonomischer Aufschwung und sozialer Aufstieg beschieden. Eine kleine Minderheit von circa 10 Prozent Wohlhabender, ja Reicher (Plantagenbesitzer, Großkaufleute, gewerbliche Unternehmer, auch Anwälte und Ärzte) stand einer großen Mehrheit von weit weniger oder gar nichts Besitzenden und Verdienenden gegenüber. Zur Mittelschicht – mehr als 50 Prozent – gehörten Farmer, Handwerker und Kleinhändler, zur Unterschicht – etwa 15 Prozent – zählten arme Weiße, Arbeiter, Tagelöhner, Dienstpersonal und Kontraktgesinde, und die Underdogs blieben die rund 20 Prozent Negersklaven, denen jegliche Aufstiegsmöglichkeit verwehrt wurde. Die Klassenunterschiede waren nicht einmal verwischt, geschweige denn aufgehoben. Eigentumsdelikte wurden streng geahndet; 1785 bestand die Hälfte der Insassen der New Yorker Gefängnisse aus Schuldnern.

Diejenigen, die das Land besitzen, sollen es auch regieren, meinte John Jay, der die ökonomischen und sozialen Interessen der New Yorker Aristokratie, in die er eingeheiratet hatte, als Rechtsanwalt vertrat und als Sekretär für Auswärtige Angelegenheiten der Konföderation deren politischen Anliegen nachkam. John Adams aus Boston plädierte im Sinne der Kaufleute der Küste, die das Eigentum vor »demokratischer Freibeuterei« zu sichern suchten, gegen ein genuin demokratisches Wahlrecht: Menschen, die kein Eigentum hätten, seien mit öffentlichen Angelegenheiten zuwenig vertraut, könnten sich kein eigenes Urteil bilden, seien zu abhängig von anderen. Wenn man also jedem Nichteigentümer das Wahlrecht gäbe, wäre das »nicht eine Einladung zur Korruption«, würde dann nicht der Aufhebung aller Unterschiede Vorschub geleistet und die Einebnung aller Rangunterschiede bewirkt?

Diese Frage beantworteten fast alle Staaten mit der Einführung beziehungsweise Weiterführung eines an Besitz gebundenen Zensuswahlrechtes. Die politische Mitbestimmung wurde von einer »Property Qualification« abhängig gemacht, die streng beim aktiven und noch strenger beim passiven Wahlrecht beachtet wurde. Noch im Jahre 1790 gab es unter den ca. 10000 männlichen Bewohnern – Frauen wurden nicht mitgerechnet – der Stadt New York nur 1303 den Eigentumsnachweis erbringende und damit stimmberechtigte Vollbürger. Virginia machte bei der restriktiven Gewährung des Wahlrechts keine Ausnahme; dessen Demokratisierung hätte George Washington nicht gebilligt und mitgetragen, erst recht nicht, nachdem ein Ereignis in Massachusetts ihm wie allen Privilegierten gezeigt hatte, wohin es führen würde, wenn man Nichtprivilegierte nicht im Zaume hielt.

»Wenn Repräsentation allein dem Eigentum entsprechen sollte, dann müßte ein Mann, der sechsmal so viel besitzt wie ein anderer, auch sechsmal so viel Macht haben, obwohl das natürliche Recht beider auf Freiheit das gleiche ist. Ein solches

Regierungssystem wäre der Natur zuwider, denn es würde Ungleichheit und Ungerechtigkeit unter den Menschen schaffen und einige zu Herren über die anderen erheben«, hieß es 1776 in der Flugschrift »The People the Best Governors«, als Neu-Engländer an der Spitze der Freiheitsbewegung marschierten. Aber 1780 hatten sich bei der Verfassunggebung in Massachusetts die Bemittelten gegen die Minderbemittelten durchgesetzt, drohte der vom Pamphletisten befürchtete Zustand einzutreten, »daß die Habgierigen über die Armen herrschen«. Einer solchen Entwicklung wollten kleine Leute im Hinterland, deren Erwartungen nicht erfüllt und die unter der Nachkriegsdepression und drückenden Steuerlast in Not geraten waren, energisch entgegentreten. Auf immer mehr Höfen wehten, als Ankündigung der Zwangsversteigerung, rote Fahnen, die im Sommer 1786 zu Panieren eines Bauernaufstandes wurden.

Unter der Führung von Daniel Shay, einem ehemaligen Hauptmann, rotteten sich bewaffnete Landleute zusammen, verhinderten Schuldnerprozesse und Zwangsversteigerungen, forderten die Streichung privater und öffentlicher Schulden. »Sie glauben«, berichtete der vom Konföderationskongreß nach Massachusetts entsandte Kriegssekretär Henry Knox, »daß das Eigentum der Vereinigten Staaten vor der Wegnahme durch die Briten durch die gemeinsamen Anstrengungen aller Amerikaner geschützt worden ist und deshalb das gemeinsame Eigentum aller sein muß; wer sich diesem Glauben entgegenzustellen wagt, ist ein Feind der Gerechtigkeit und der Billigkeit und muß vom Erdboden vertilgt werden.«

Shay's Rebellion alarmierte alle Amerikaner. »Ich bin über alle Maßen niedergedrückt, wenn ich an die Wolken denke, die über dem leuchtendsten Morgen, der jemals einem Lande aufgegangen ist, heraufgezogen sind«, klagte George Washington. »Wie traurig ist der Gedanke, daß wir in so kurzer Zeit so große Schritte auf die Erfüllung der Voraussage unserer transatlantischen Feinde hin getan haben: Überlaßt sie sich selber, und ihr Staat wird sich bald auflösen.« Verständnis für die Rebellen, die seiner Meinung nach gegen die Verdrängung des demokratischen Ideals aus der gouvernementalen Realität aufbegehrten, zeigte Thomas Jefferson: »Welches Land kann seine Freiheit bewahren, wenn seine Regenten nicht von Zeit zu Zeit daran erinnert werden, daß das Volk den Geist des Widerstands bewahrt? Laßt es zu den Waffen greifen. Der Freiheitsbaum muß von Zeit zu Zeit mit dem Blut von Tyrannen und Patrioten begossen werden. Das ist sein natürlicher Dünger.«

Es sei ein Unterschied, ob Untertanen gegen monarchischen Absolutismus oder Bürger gegen eine vom Volk durch dessen Repräsentanten gegebene Verfassung rebellierten, argumentierte Washington und plädierte für eine Niederschlagung des Aufstandes: »Präzedenzfälle sind gefährliche Dinge. Haltet die Zügel der Regierung straff und in fester Hand, und straft jede Verletzung der Verfassung. Ist diese fehlerhaft, so verbessert sie, aber es darf nicht geduldet werden, daß auf ihr herumgetreten wird, solange sie besteht.«

So dachten auch Bürger Bostons, die 20000 Dollar sammelten, damit 4000 Milizmänner aufgeboten werden konnten, die am 25. Januar 1787 bei Springfield 1200 Rebellen auseinandertrieben. Das – von einer legalen Volksvertretung beschlossene – Gesetz und die – vom gewählten Gouverneur verteidigte – Ordnung waren wiederhergestellt. Fehler, die Washington vermieden sehen wollte, wurden korrigiert, so die Steuerschraube gelockert. Auch Jeffersons Mahnung, daß man den Aufrührern verzeihen und sie beruhigen sollte, wurde beherzigt: 790 ließ man laufen, 14 Unterführer wurden verurteilt, doch begnadigt; der Hauptanführer, Daniel Shay, war entkommen.

Individuen müßten Institutionen eingeordnet bleiben, wenn sie, ihrer unvollkommenen Natur entsprechend, nicht zu ihrem eigenen wie zum Nachteil der Gemeinschaft außer Rand und Band geraten sollten, meinte Washington. Die Beschränkung dürfte freilich nicht zu eng sein, die Bewegung, zu deren Entstehen und Fortschreiten er beigetragen hatte, nicht zum Stehen gebracht oder gar rückgängig gemacht werden. Aber der Fluß müßte kanalisiert werden, damit die Evolution zu »Liberty and Property« weitergehen könne und nicht in eine durch heftige

Gleichheitsströmungen Freiheit und Eigentum fortschwemmende Revolution münde.

Auch Washington, der ein »Übermaß an Demokratie« zu verhindern suchte, hatte erkannt, daß in Amerika ein Demokratisierungsprozeß in Gang gekommen war, den zurückzudrehen weder möglich noch ratsam gewesen wäre. Sein Bestreben blieb, ihn unter Kontrolle zu halten, ihm nicht zuviel Auslauf zu gestatten, doch ihn auch nicht in einer Weise einzuengen, die dazu führen könnte, daß die hinter zu hohen Dämmen aufgestaute Flut sich gewaltsam Bahn brechen würde.

Maß halten, einen Mittelweg gehen – das war und blieb seine Maxime. An feudalistischen Relikten der britischen Vergangenheit konnte nicht festgehalten werden. Adelstitel und Erbämter wurden verboten, Erblehen und Erstgeburtsrecht sowie der Erbzins abgeschafft, beschlagnahmte Kronländer und enteignete Loyalistengüter in kleineren Parzellen verkauft oder vergeben, und im Westen lag Land für jeden. Die Demokratisierung des Grundbesitzes zeitigte Folgen für die soziale Struktur und die politische Partizipation: Mehr Eigentümer, die zu Land und Geld gekommen waren, erfüllten die Eigentumsqualifikation für das aktive wie passive Wahlrecht. In die Parlamente gelangten zunehmend Vertreter der mittleren Schichten, mehr im Norden als im Süden, wo der Einfluß der Landaristokraten zurückgestuft, doch nicht ausgeschaltet wurde.

Der Herr auf Mount Vernon blieb daran interessiert, daß die alte Führungsschicht Virginias auch die neue Elite blieb, aber er hatte eingesehen, daß sie sich mit mehr als nur einem Tropfen demokratischen Öls salben müßte. Der Herr auf Monticello, Thomas Jefferson, gab zwar seinen Großgrundbesitz nicht auf und behielt auch schwarze Sklaven bei, aber er hielt das Gleichheitsprinzip hoch und gab seiner Hoffnung Ausdruck, daß das Interesse der Plebejer die Oberhand über das Interesse der Patrizier gewinnen werde.

Die Verwirklichung des demokratischen Programms der »Bill of Rights«, das nach virginischem Vorbild von weiteren fünf Staaten übernommen wurde, hielt Jefferson für ein Nahziel, Washington hingegen für ein Fernziel, das erst durch einen menschlichen, gesellschaftlichen und politischen Reifeprozeß zu erreichen wäre. Meinungsverschiedenheiten zwischen den beiden Virginiern, die zu Differenzen zwischen dem späteren ersten und dem dritten Präsidenten der Vereinigten Staaten führten, waren schon jetzt wahrzunehmen. George Washington, der ein loyaler Anhänger der Anglikanischen Kirche gewesen war, wurde auch ein treues Mitglied ihrer amerikanischen Nachfolgerin, der Protestant Episcopal Church. Thomas Jefferson, der weniger an Gott als an die Menschen glaubte, hatte 1779 eine »Bill for establishing religious freedom« formuliert, die 1786 in Virginia zum Gesetz erhoben wurde. Alle Konfessionen anzuerkennen und jeden nach seiner Fasson selig werden zu lassen, lag auch im Sinne Washingtons. Aber die von ihm vermutete Absicht Jeffersons, mit einer Trennung von Kirche und Staat auch Glauben und Politik auseinanderzubringen, vermochte der Mann, der bemüht blieb, sich an die Zehn Gebote im privaten wie im öffentlichen Leben zu halten, nicht billigen.

Gewährung von Religionsfreiheit und Gleichstellung der Religionsgemeinschaften war für Thomas Jefferson ein Element des von ihm betriebenen Demokratisierungsprozesses. Dies galt auch für sein Bestreben, die kirchlichen Bildungsstätten durch staatliche Erziehungsanstalten zu ersetzen, die allen Volksschichten offenstehen, von der Volksgemeinschaft unterhalten und Elementarunterricht für eine Volksherrschaft erteilen sollten. Washington, der nicht wie Jefferson die Chance gehabt hatte, im anglikanisch geprägten William and Mary College in Williamsburg herangebildet zu werden, doch 1788 zu dessen Chancellor gewählt wurde, wußte den Wert von Schulen zu schätzen, in denen die Glaubens- und Sittenlehre ein wichtiges Unterrichtsfach blieb. Das erwartete er auch von Bildungsinstituten, an deren Gründung und Entwicklung er sich beteiligte, so 1785 der Alexandria Academy für Waisen und Kinder armer Leute. Sein Plan einer Nationalen Universität war nicht zu verwirklichen.

Bei seinem – schließlich geglückten – Vorhaben, der Nation anstelle der losen Konföderationsverfassung eine festere Unionskonstitution zu geben, stieß Washington auf Jeffersons Widerspruch. »Diejenigen, welche die Erde bebauen, bilden das auserwählte Volk Gottes«, meinte der amerikanische Jünger Rousseaus, und folgerte daraus, daß nur aus den Feldern der Landleute die Saat der Demokratie aufsprießen könnte, die vor anderen, Gewerbe und Handel treibenden Städtern geschützt werden müßte. Da letztere, von ihren Interessen gedrängt, auf eine Union mit einer zentralen Regierung hinarbeiteten, sollten die Einzelstaaten ihre verfassungsmäßige Eigenstaatlichkeit nicht aufgeben, über eine lose Konföderation nicht hinausgehen, die britische Zentralgewalt, die man eben abgeschüttelt hatte, nicht durch eine amerikanische Zentralgewalt ablösen lassen. Weit mehr als der Gutsherr von Monticello, der sich als Intellektueller von Anfang an mehr theoretisch als praktisch in der Politik engagiert hatte, war jener auf Mount Vernon ein Landwirt mit Leib und Seele. Doch Washington zog daraus keine ideologischen Konsequenzen. Der Realist hatte erkannt, daß die Vereinigten Staaten für ihr Wachstum zunehmend der Industrie und des Handels bedürften, deren Erfordernisse eine nationale Wirtschafts- und Finanzpolitik, einen gemeinsamen Markt im Innern und eine einheitliche Regulierung des Außenhandels verlangten.

Washington kannte seine Amerikaner, war nicht geneigt, in ihnen – wie Jefferson – ein »auserwähltes Volk« zu erblicken, in dessen Brust »die wahre und echte Tugend gepflanzt« worden sei, und erwartete schon gar nicht, daß sie sich im privaten wie im öffentlichen Leben immer und überall tugendhaft benähmen. »Ein zügelloser Geist« greife um sich, kommentierte er Shay's Rebellion und befürchtete, daß er sich nicht auf Massachusetts beschränken würde. »Erfahrung hat uns gelehrt, daß die Menschen keine Maßnahmen, die zu ihrem eigenen Besten gedacht sind, ohne die Hilfe einer zwingenden Gewalt annehmen und zur Durchführung bringen.« Die Alarmsignale schrieen »nach einem Entschluß« – zur Bildung einer nationalen Regierung, die in der Lage wäre, für die Einhaltung der parlamentarisch beschlossenen Gesetze und die Aufrechterhaltung der verfassungsmäßigen Ordnung zu sorgen, allen Amerikanern das Leben zu erhalten, die Freiheit zu sichern, das Eigentum zu garantieren, die Wohlfahrt zu ermöglichen.

Die Zeit arbeitete zunächst für die Unionsbestrebungen Washingtons und nicht für die Demokratisierungsbemühungen Jeffersons. Zu einer Unifikation der United States, damit sie dieser Bezeichnung voll und ganz entsprächen, drängten Sachzwänge, die durch demokratische Bedenken, ideologische Einwände wie partikularistische Interessen nicht auszuschalten waren. Ihre Sachwalter wurden Patrioten, Federalists wie Washington, die in der Föderalisierung außer der materiellen Notwendigkeit auch eine ideelle Aufgabe sahen.

Eine »more perfect Union« verlangten Amerikaner, deren Blick weiter reichte als von den Kirchtürmen der Gemeinden und den Dachreitern der Staatenhäuser. Dazu gehörte in erster Linie John Jay aus New York, der als amerikanischer Friedensunterhändler in Paris Ausblick in die Welt wie Einsicht in die Unerläßlichkeit, im Konzert der Mächte mitzuspielen, gewonnen hatte. Dem Sekretär für Auswärtige Angelegenheiten der Konföderation wurde zwar – mangels Interesse und Sachkenntnis – vom Kongreß kaum hineingeredet, wie er spielen sollte, doch über das Was ließ er ihn im unklaren, legte ihm kein außenpolitisches Konzept vor. Die Konföderationsregierung müßte hinreichende Kompetenz zur Bewältigung der allgemeinen Aufgaben bekommen, hatte Jay bereits 1783 gefordert und dazu nicht zuletzt die Friedenssicherung durch eine aktive Diplomatie und ein Gewehr bei Fuß stehendes Heer gezählt.

Unter den Veteranen des Unabhängigkeitskrieges, beim Generalissimus angefangen, waren entschiedene Befürworter einer »vollkommeneren Union« zu finden. Sie versprachen sich davon nicht nur eine honorige Würdigung ihrer Verdienste um das Vaterland, sondern auch eine wirksame Sicherung gegen Eifersüchteleien anderer Nationen wie gegen Rachegelüste der besiegten Engländer. Die auf klägliche Reste zusammengeschrumpfte Konföderationsarmee könnte einen Feind eher zu einem Angriff ermuntern als von ihm abschrecken, meinten Militärexperten. »Eine Militärschule, in der hauptsächlich der presbyterianische Katechismus gelehrt wird, Arsenale, die mit dem Worte Gottes und den Erbsünden des Kongresses gefüllt sind«, gewahrte Steuben. »Was wird die Welt sagen, wenn dieser große unabhängige Staat, der die Mittel zu acht Kriegsjahren gegen Großbritannien aufgebracht hat, sich nicht fähig erweist, sich selbständig durch ein einziges Friedensjahr durchhalten zu können?«

»Geld, das keinen Gold- und Silberwert hat«, jammerten wie Steuben fast alle Amerikaner, aber nicht jeder schloß daraus, daß zur Behebung der Misere eine nationale Wirtschafts- und Finanzpolitik vonnöten wäre. Dies forderten Gewerbetreibende, die über verbliebene Handelsbeschränkungen im Innern wie das Ausbleiben einer gemeinsamen Außenhandelspolitik klagten. Auch Kapitalbesitzer, die ihr Vermögen behalten, und die nicht wenigen, die es im Kriege vermehrt hatten, sowie vornehmlich die Geldgeschäfte betreibenden Bankiers waren an einer stabilen Währung interessiert, die nur zentral zu gewährleisten war.

Die Inflation hatte 1785 einen Höhepunkt erreicht. Im Jahr darauf wurde der Dollar als Münzeinheit eingeführt, und alle waren daran interessiert, daß er kein Papierdollar blieb, sondern ein Silberdollar wurde. Die Schrittmacher des wirtschaftlichen Fortschritts, die gewinnbringende Tätigkeiten verfolgten und dafür gewinnfördernde Maßnahmen verlangten, drängten auf eine Nationalregierung. Nicht zum letztenmal in der Geschichte trieb die ökonomische Entwicklung zu einer Zollunion, einer Wirtschaftsgemeinschaft, einer politischen Föderation.

Nur gemeinsam war die große Zukunftsaufgabe zu lösen: die Erschließung des Westens und seine Einbeziehung in die amerikanische Republik. Jenseits der Appalachen besaßen nur sieben der dreizehn Staaten Landansprüche. Wo sich die Interessen der ersten überschnitten, kam es zu zwischenstaatlichen Vereinbarungen wie zwischen Virginia und Maryland bei der von Washington gegründeten Potomac Navigation Company. Die anderen sechs Staaten, die sich vom Zukunftsreich jenseits der Grenzen ausgeschlossen sahen, verlangten vom Konföderationskongreß, den sie ansonsten kaum für Gemeinschaftsaufgaben bemühten, daß er den gesamten Westen zur nationalen Domäne erkläre.

In dieser Beziehung erwies sich auch Jefferson, der Verfechter der Einzelstaatlichkeit, als Vorkämpfer eines größeren und zugleich enger zusammengerückten Amerikas. Bereits 1781 hatte er veranlaßt, daß Virginia auf seine Ansprüche im »Old Northwest« verzichtete; andere Staaten folgten diesem Beispiel. Seine Anregung, die Besiedlung dieses Gebietes zentral zu organisieren, griff der Konföderationskongreß auf und begann 1785 mit dessen Vermessung und Einteilung in Bezirke und Unterbezirke. Schließlich erließ er 1787 die »Northwest Ordinance«: Das Territorium sollte zunächst durch einen vom Kongreß gewählten Governeur verwaltet werden. Ein Teilgebiet sollte eine Legislative bekommen, sobald in ihm 5000 freie Männer lebten. Wenn deren Zahl 60000 erreichte, konnte es als neuer Staat der Vereinigten Staaten anerkannt werden.

Die Einbeziehung des Westens erfolgte im Auftrag und zum Vorteil des Bundes, was der Unionist Washington begrüßte, doch nicht zum Nachteil der Gleichheit, worauf der Demokrat Jefferson bestand. Die »Northwest Ordinance« verfügte für die neuen Territorien und künftigen Staaten religiöse Freiheit und öffentliche Schulen und verbot die Sklaverei; die Zusage, die Indianer gerecht zu behandeln, blieb ein leeres Versprechen.

Die allgemeine Entwicklung förderte einen engeren Zusammenschluß der konföderierten Staaten, aber die Union, wie sie Washington ansteuerte, wäre schwerlich zustande gekommen, wenn die angestrebte Form nicht mit dem Inhalt eines politische Konsequenzen fordernden Zusammengehörigkeitsgefühls und Nationalbewußtseins, des sich zum Sendungsglauben verdichtenden Amerikanismus zu füllen gewesen wäre.

Sprache, Sitten, Gewohnheiten, politische Gedanken und religiöse Gefühle der gemischten Menge seien auf einen Nenner, den amerikanischen, gebracht, bemerkte Jedidiah Morse in seiner »American Geography«. Zum erstenmal in der Geschichte sei ein Reich durch die freie Wahl seiner Bewohner gegründet worden, die Menschenrechte könnten sich entfalten, Fortschritte auf allen Gebieten erzielt werden, erklärte Timothy Dwight, der Dichter des Nationalepos »Conquest of Canaan«. Die »Vision des Columbus« von Joel Barlow sah in Amerika den erlesensten und erhabensten Teil der Erde, die Weltstation der Menschheitsverbesserung.

Ein Nationalfeiertag war der jährliche Gedenktag der Unabhängigkeitserklärung, der 4. Juli, an dem sich Amerika selber huldigte und den Amerikanismus als beispielgebend für das Universum pries. Redner paraphrasierten die Postulate der Deklaration, Dwight's Nationallied »Columbia, Columbia, auf zum Ruhm, Königin der Welt und Kind des Himmels!« wurde gesungen, und in Philadelphia ertönte die Freiheitsglocke so laut, als sollte ihr Klang über die Stadt hinaus, weit in das Land hinein, im ganzen Erdenrund erklingen. In seinem Ganzen, nicht in seinen Teilen offenbare sich Amerika, meinte Thomas Paine abstrakt. Dieses Amerika sei in der Welt nicht als Virginia oder Pennsylvania, sondern als amerikanische Union bekannt, konstatierte konkret George Washington, der von mehr und mehr Amerikanern als Inkarnation des Amerikanismus und Integrator der Vereinigten Staaten angesehen wurde.

Verkörperte er nicht den Nationalcharakter in seiner Ambivalenz von Idealismus und Realismus, Altruismus und Egoismus? Artikulierte er nicht den Nationalgeist, der Prinzipien betonte und Macht erstrebte, um jene durch diese zu bewahren und zu verbreiten? Symbolisierte er nicht die nationale Einheit, die indessen noch nicht so gefestigt war, um Beständigkeit zu versprechen? Konzentrierten sich nicht die Hoffnungen jener, welche die Vereinigten Staaten nicht allein als Weltmissionar, sondern auch und vor allem als Weltmacht sehen wollten, auf diesen George Washington, der als Feldherr die Amerikaner zum Sieg geführt hatte und sie als Staatsmann aus dem Staatenbund in einen Bundesstaat führen könnte?

»Aber nicht allein die allgemeinen Tendenzen entscheiden in dem Fortgang der Geschichte; es bedarf immer großer Persönlichkeiten, die sie zur Geltung bringen«, bemerkte der Historiker Leopold von Ranke. Eine solche Persönlichkeit war George Washington, der durch das, was er tat, und noch mehr durch das, was er war, der Sentenz »Leben, Freiheit und Streben nach Glück« zur Gültigkeit und der Tendenz nach einer sie gewährleistenden Union zur Verwirklichung verhalf.

Die Unionsverfassung

Dem Ziel, der innenpolitischen Stabilisierung wie außenpolitischen Absicherung der Vereinigten Staaten durch eine Unionsverfassung und eine Bundesregierung, kam Washington Zug um Zug näher, teils durch Parolen, die er ausgab und die andere anspornten, und durch Aktionen, die er in die Wege leitete. Die Schiffbarmachung des Potomac, für die er sich eingesetzt hatte, erforderte nicht nur die Zusammenarbeit zwischen Virginia und Maryland; auch an die Einbeziehung von Pennsylvania und Delaware in dieses Gemeinschaftsunternehmen war gedacht. Im Jahre 1786 ging Washingtons Heimatland weiter und lud alle dreizehn Staaten auf den ersten Montag im September zu einer Konferenz nach Annapolis, um eine »im gemeinsamen Interesse liegende und ihrer dauerhaften Übereinstimmung dienende« Handelspolitik zu erwägen. Washington, der erkrankt war, konnte persönlich nicht teilnehmen, wollte jedoch auf dem laufenden gehalten werden. »Sind die Handelskommissare zusammengetreten? Kommen sie bei ihren Beratungen voran? Wie lange werden sie voraussichtlich zusammensitzen? Ist anzunehmen, daß etwas Nützliches herauskommen wird?« erkundigte er sich. Was er zu hören bekam, war nicht ermutigend.

Auf der Handelskonferenz waren nur fünf Staaten vertreten, Virginia, Pennsylvania, Delaware, New Jersey und New York. Darunter waren zwei Verfechter eines engeren Zusammenschlusses, James Madison, der bereits in der Virginia Assembly dafür eingetreten war, dem Kongreß die Regulierung des Handels zu übertragen, und Alexander Hamilton, der – ganz im Sinne Washingtons, seines ehemaligen Oberbefehlshabers – an alle Mitglieder der Konföderation einen Aufruf verfaßte, am zweiten Montag im Mai 1787 in Philadelphia zu einem »Generalkonvent mit erweiterter Vollmacht« zusammenzukommen, um nicht nur Handelsfragen zu besprechen, sondern auch Vorschläge für Abänderungen der Konföderationsartikel zu erarbeiten, mit dem Ziel, die Bundesverfassung instand zu setzen, »den dringendsten Bedürfnissen der Union Rechnung zu tragen«.

Dafür sei es höchste Zeit, fanden Unionisten. Die Rebellion in Massachusetts zeigte ihnen an, daß Gesetz und Ordnung nicht nur in diesem Staat, sondern im ganzen Staatenbund gefährdet waren. Ein Anstoß von außen drohte ihn zu sprengen. Vom amerikanisch-spanischen Handelsvertrag profitierten nur Mitglieder im Norden und in der Mitte, so daß Vertreter der dortigen Staaten für einen Sonderbund plädierten.

Der Aufruf von Annapolis, einen Generalkonvent nach Philadelphia einzuberufen, fand Zustimmung wie Ablehnung. Im Konföderationskongreß war man davon nicht erbaut, denn es konnte nicht ausgeschlossen werden, daß statt einer Verbesserung der »Articles of Confederation« eine neue Verfassung zustande käme, die jetzige Abgeordnete und Amtsträger um Posten und Einfluß bringen würde. Verteidiger der Souveränität der Einzelstaaten befürchteten von einer Bundesgewalt weniger Demokratie und mehr Autokratie. Vorkämpfer einer Unionsverfassung appellierten an die Amerikaner, ihren Patriotismus, den sie im Ringen um die Unabhängigkeit bewiesen hätten, auch bei deren Gewährleistung durch einen nationalen Bund zu demonstrieren.

»Die meisten der gegenwärtigen Probleme dieses Landes erwachsen aus der Machtlosigkeit und anderen Schwächen unserer Regierungen«, erklärte Benjamin Rush aus Philadelphia, der die amerikanische Revolution noch nicht für beendet hielt und sie durch »ein neues Regierungssystem« vollendet sehen wollte. Wo aber waren die Männer, die im ersten Akt, dem Unabhängigkeitskrieg, agiert hatten und nun für den zweiten Akt, die Verfassunggebung, gebraucht würden? »Ich bedauere zutiefst, daß man unter den Patrioten und Helden des Krieges eine so weit verbreitete Neigung zum Rückzug in das Privatleben antrifft«, schrieb Rush. »In einer Republik ist jeder Mann öffentliches Eigentum. Seine Zeit, seine Begabung, seine Jugend, sein Mannesalter, sein Alter, ja sein Leben und was er hat gehören seinem Land.«

Diese Mahnung war nicht zuletzt an die Adresse George Washingtons gerichtet, der zwar Sendschreiben ausschickte, aber keine Anstalten zu treffen schien, sein Refugium zu verlassen und wieder in die Arena zu steigen – der Herr auf Mount Vernon, der den Pamphletisten an einen jener alten, erfahrenen Seeleute erinnerte, »die sich schlafen legen, wenn sie das Schiff vor dem Untergang bewahrt haben, und, sobald der Sturm nachläßt, ihr Leben und ihren Besitz für die restliche Reise den unerfahrenen Seeleuten überlassen«.

Washingtons Virginier, die in ihrer Assembly der Einberufung des Generalkonvents nach Philadelphia mit dem Ziel der »Errichtung einer Bundesregierung« zustimmten, faßten ihren bewährtesten und berühmtesten Landsmann am Portepee. Governeur Edmund Randolph meldete ihm, daß die Versammlung ihn einstimmig zum Vorsitzenden der virginischen Delegation berufen habe. »Das wird mächtig dazu beitragen«, schrieb James Madison nach Mount Vernon, »den Eifer unserer Legislatur und ihre Meinung von der Größe des Augenblicks zu bezeugen.« Dies wurde dadurch hervorgehoben, daß in der gedruckten und im Lande verbreiteten Liste der Delegierten des größten Staates sein Name in Kapitalbuchstaben – »HIS EXCELLENCY GENERAL WASHINGTON« – an der Spitze stand.

Die Ehre wußte er zu schätzen, aber er zögerte, dem Rufe zu folgen. Er würde es begrüßen, wenn ein anderer an seiner Stelle bestimmt würde, antwortete er dem Governeur, der zurückschrieb: Welche Gründe auch immer ihn zur Abstinenz bewögen, sie fielen in der Krise, in der die Vereinigten Staaten steckten und in die sie durch sein Fernbleiben noch tiefer gerieten, nicht ins Gewicht.

Persönliche Motive waren für Washington nicht die geringsten. Der Rheumatismus plagte den Fünfundfünfzigjährigen so sehr, daß er sich kaum bewegen konnte. Seine im Krieg heruntergekommene Plantage hatte er immer noch nicht in die Höhe gebracht. Es fehlte an Geld zur Entrichtung von Steuern und erst recht für die Aufbringung der Spesen eines längeren Aufenthaltes in Philadelphia. Schwerer wogen andere Gründe. Er hatte bei der Niederlegung des Oberbefehls feierlich gelobt, sich für immer aus dem öffentlichen Leben zurückzuziehen. Selbst die Präsidentschaft des »Order of Cincinnati«, die ihm seine Offiziere aufgedrängt hatten, wollte er aufgeben, gar nicht mehr zur nächsten Tagung erscheinen. Diese sollte wie der Generalkonvent im Mai 1787 in Philadelphia stattfinden. Wie würde er dastehen, wenn er nicht zu seinen Kameraden, aber zu den Politikern käme?

Noch hatte der Konföderationskongreß den Generalkonvent nicht befürwortet, fehlte diesem die Legalität, auf die ein so rechtsbewußter Mann wie Washington unbedingt Wert legte. Noch war nicht ausgemacht, daß alle Staaten vertreten sein würden, und anzunehmen, daß der eine oder andere Delegierte entsenden würde, die eher zu destruktiver als zu konstruktiver Mitarbeit angehalten waren. Unter solchen Umständen »möchte ich mich nicht an diesem Unternehmen beteiligen«, schrieb Washington am 2. April 1787 an Henry Knox. Wenn jedoch die Delegierten mit Vollmachten kämen, die den Generalkonvent in die Lage versetzten, den Unzulänglichkeiten der Konföderationsverfassung auf den Grund zu gehen und ihr eine Radikalkur zu verordnen, »dann wäre es eine ehrenwerte Beschäftigung«. Als sich abzeichnete, daß sie eine solche sein würde, konnte und wollte sich Washington nicht entziehen. Der Druck der öffentlichen Meinung sei so stark gewesen, schrieb er an Lafayette, daß er die Berufung in den Konvent annehmen mußte, auf dem es darum ginge, ob Amerika eine »Leben, Freiheit und Eigentum« garantierende Regierung bekommen oder in Konfusion und Anarchie versinken würde. Nachdem die Mitwirkung von zwölf der dreizehn Staaten – nur

Rhode Island schloß sich aus – feststand und der Konföderationskongreß die Zusammenkunft sanktioniert hatte, eröffnete Washington dem Governeur, daß er, wenn es seine Gesundheit erlaube, mit der virginischen Delegation nach Philadelphia gehen wolle.

Eine Hintertüre ließ er sich offen. Erst am 27. April 1787 informierte er Knox, daß er, obwohl er den Arm immer noch in der Schlinge trage, sich endgültig zur Teilnahme entschlossen habe. Leicht fiel es ihm nicht. Am 3. Mai ritt er noch einmal über seine Plantage, begleitet von seinem Neffen George Augustine Washington, den er zum Verwalter eingesetzt hatte, um ihn noch einmal in alles einzuweisen. Am 9. Mai, kurz nach Sonnenaufgang, verließ er Mount Vernon mit Kopfweh und Magenschmerzen wie in der quälenden Ungewißheit, ob er einem Erfolg oder einem Mißerfolg über den Potomac in Richtung Philadelphia entgegenritt.

Was sie von ihm hielten und was sie von ihm erwarteten, wurde ihm am 13. Mai bei seiner Ankunft demonstriert. Der ehemalige Oberbefehlshaber der amerikanischen Streitkräfte wurde von der Light Horse Troop, drei Generälen und dem Präsidenten der Legislatur von Pennsylvania feierlich eingeholt; Kanonen schossen Salut, Glocken läuteten und der Beifall der Bürger schien die Voraussage seines Freundes Knox zu bestätigen: »Ihr Erscheinen wird heilsam sein, ihre Gegenwart wird der Versammlung ein Nationalansehen verleihen und mehr als irgend etwas anderes die Annahme der Vorschläge des Konvents herbeiführen.« James Madison war sich da nicht so sicher. Besorgt darüber, daß mit dem Ansehen Washingtons das aller Unionisten beschädigt werden könnte, hatte er die Frage aufgeworfen, ob es nicht ratsam wäre, wenn er sein Erscheinen aufschöbe, bis mit einem positiven Ausgang der Verhandlungen zu rechnen wäre.

Danach sah es vorerst nicht aus. Am 14. Mai 1787, am Tage nach der Ankunft Washingtons, sollte der Konvent eröffnet werden, aber die Teilnehmer waren noch nicht vollzählig. »Diese Verzögerungen verdrießen die pünktlich Erschienenen«, konstatierte Washington. Immerhin nützten die rechtzeitig Angekommenen und zu einem gemeinsamen Vorgehen bereiten Delegierten die Zeit, um sich abzusprechen. Benjamin Franklin, der Präsident von Pennsylvania und Leiter der Delegation dieses Staates, plädierte für George Washington als Präsident des Konvents; er hätte gerne selber diese Rolle übernommen, aber der Einundachtzigjährige war krank und schwach sowie einsichtig genug, um dem um sechsundzwanzig Jahre Jüngeren, der in der Gegenwart berühmter als er geworden war, das in die Zukunft weisende Amt zu überlassen.

Nach und nach trafen die Delegationen ein. Der harte Winter hatte die Straßen in schlechtem Zustand hinterlassen, und die Reisenden waren noch länger als sonst unterwegs. Der Kontinent sei eben zu groß, die Staaten lägen zu weit auseinander, meinten Angehörige jener, die es vorgezogen hätten, für sich zu bleiben. Gerade deshalb, wandten Befürworter der Union ein, müßten sie wenigstens politisch zusammengefaßt werden, damit sie sich nicht vollends auseinanderlebten. Washington hatte seit langem eine Verbesserung der Verkehrswege verlangt, um die Kommunikation zu verbessern und die Unifikation voranzubringen. Endlich, am 25. Mai 1787, konnte die zur Beschlußfähigkeit erforderliche Anzahl von sieben Staatenvertretungen festgestellt und die Convention im selben Raum des State House von Philadelphia, in dem die Unabhängigkeitserklärung angenommen worden war, eröffnet werden. Schließlich waren 55 Delegierte aus zwölf Staaten an Ort und Stelle.

Nicht einmal Europa habe je eine respektablere Versammlung von Talenten, Kenntnissen, Selbstlosigkeit und Patriotismus gesehen, staunte der französische Vertreter Louis Otto. Im selben Jahr trat in Frankreich die Notabelnversammlung zusammen, die das Königtum nicht aus der Sackgasse herauszuführen und die Französische Revolution nicht zu vermeiden vermochte. In Philadelphia schickte sich eine Elite an, die mit der Unabhängigkeitserklärung begonnene Amerikanische Revolution durch eine nationale Verfassunggebung erfolgreich zu beenden.

Von den 55 Mitgliedern des Konvents, die freilich nie vollzählig versammelt waren, hatten 42 dem Kongreß angehört, davon zwei als Präsidenten. Acht zählten zu den Unterzeichnern der Declaration of Independence. Zwei waren in der Kriegszeit Staatengouverneure gewesen. 32 hatten in der Befreiungsarmee gedient, vom Feldkaplan bis zum Generalissimus, vier in Washingtons Stab. Praktisch jeder hatte sich politische Sporen in den Kolonialgremien und dann in den Versammlungen und Regierungen der Staaten verdient, und nicht wenige waren an deren Verfassunggebung beteiligt gewesen. Die Mehrheit besaß College-Bildung und einige waren Graduierte der hohen Schulen von Princeton, Yale, William and Mary und Harvard.

Das Durchschnittsalter der Delegierten betrug 42 Jahre. Neben dem einundachtzigjährigen Patriarchen Benjamin Franklin, der weiterhin den Präzeptor Amerikas spielte, saßen der zweiunddreißigjährige Alexander Hamilton, der als besonders beschlagen in Verfassungsfragen galt, und der sechsunddreißigjährige James Madison, der sich für die Hauptarbeit bereithielt. Zwei Matadore betraten nicht die Arena, standen auf diplomatischen Posten in Europa: Thomas Jefferson in Paris, der in dem von ihm als Versammlung von »Halbgöttern« bezeichneten Konvent nicht den demokratischen Herrgott spielen konnte, und John Adams in London, der – wie so oft, wenn er nicht die erste Geige spielen durfte, Mißtöne im Orchester wahrnahm – unbefriedigt und nicht unrichtig bilanzierte: »Das Werk des verfassunggebenden Konvents war das Werk der Großkaufleute in unseren Hafenstädten, der sklavenhaltenden Südstaaten, der Offiziere der Revolutionsarmee und der besitzenden Stände im ganzen Land.«

In der Tat tendierte der Konvent nach rechts und nicht nur, weil führende Linke nicht zugegen waren, außer Thomas Jefferson auch Patrick Henry und Samuel Adams, die nur im souveränen Einzelstaat ein demokratisches Entwicklungsland sahen. In Philadelphia hatten sich Konservative versammelt, die nicht allein ihre ökonomischen Errungenschaften, gesellschaftlichen Privilegien und politischen Positionen behalten, sondern auch und nicht zuletzt die freiheitliche Ordnung durch eine Bundesverfassung in einer nationalen Union erhalten wollten.

George Washington war der gewichtigste Unionist, ein Konservativer auch er, aber einer, der den Fortschritt in geregelten Bahnen zu fördern gedachte. Entschiedene Demokraten, die zwar egalitäre Utopien anvisierten, aber nicht vom Status quo der Einzelstaatlichkeit lassen wollten, hielt er eher für Rückschrittler und sich selbst für einen Progressiven. An seinem Republikanismus wollte er nicht deuteln und rütteln lassen; er hatte ihn durch Taten bewiesen und immer wieder in Worte gefaßt: »Republikanertum ist kein Phantom einer irregeleiteten Phantasie. Im Gegenteil, unter keiner anderen Regierungsform werden Gesetze besser gehalten, Freiheit und Eigentum sichergestellt und Glück und Zufriedenheit gleichförmiger unter die Menschheit verteilt.«

Ein solches Bekenntnis vermochten auch Demokraten gutzuheißen, die sich eine gleichförmigere Verteilung von Einkommen und Einfluß gewünscht hätten. Der Patriotismus und die Verdienste Washingtons um das Vaterland standen in allen Lagern außer Zweifel. Nationalgesinnte Konservative und Liberale waren ohnehin der Meinung, daß der Befreier des Landes auch zu dessen Einiger berufen, kein anderer Amerikaner geeigneter sei, als Präsident des Verfassungskonvents das Patronat über das Einigungswerk zu übernehmen.

So wurde George Washington am 25. Mai 1787 einstimmig an die Spitze der Versammlung gewählt. Eigentlich hätte ihn Benjamin Franklin offiziell vorschlagen sollen, aber er entschuldigte sich wegen Krankheit, wollte vielleicht auch die Erhebung des Mannes, der ihn als ersten Amerikaner ausgestochen hatte, nicht persönlich vornehmen. Diese Aufgabe übernahm der als »Finanzier der Revolution« bezeichnete Robert Morris, der sich nun auch in der Rolle eines Heroldes der Union gefiel und stolz darauf war, in seinem stattlichen Haus in Philadelphia den Mann zu beherbergen, dessen Wahl in der

Stadt und im ganzen Land beifällig aufgenommen wurde. George Washington, hieß es in den »Notes of William Pierce on the Federal Convention«, habe das Land zu Unabhängigkeit und Frieden geführt und stehe ihm nun bei, ein Government zu bilden, »um das Volk glücklich zu machen«. Wie früher Gustav Wasa, der Schwede, sei er der Befreier seines Landes, wie Peter der Große, der Russe, erscheine er als der Politiker und der Staatsmann, und wie Cincinnatus, der Römer, sei der Amerikaner nach gewonnenem Krieg an seinen Herd zurückgekehrt, um jetzt, wiederum seinem Lande dienend, auf den politischen Schauplatz zu treten.

Der mit Vergleichen Gepriesene, dem diese nicht alle genehm waren, legte erneut Bescheidenheit an den Tag. Der Gewählte bedankte sich für Vertrauen und bat um Nachsicht, wenn ihm aus mangelnder Erfahrung Fehler unterliefen. Dann wurde er von Robert Morris und John Rutledge zu dem im Sitzungsraum auf einem Podest hinter einem Desk stehenden Präsidentenstuhl geführt. An dessen Lehne prangte eine waagrecht halbierte Sonne, aber niemand vermochte an diesem 25. Mai 1787 vorauszusehen, ob es eine sinkende oder eine aufsteigende Sonne war.

Der Präsident wurde in englischer Sprache und nach britischer Tradition der Speaker genannt, aber George Washingtons Amtsauffassung und Amtsführung entsprachen eher der ersten Bezeichnung, die – aus den lateinischen Wörtern praeses und praesidere abgeleitet – auf einen Vorsteher und Beschützer hindeutete, der eine Versammlung zu leiten wie zu beschirmen habe und nicht dazu da war, ihr Vorgesprochenes nachsprechen zu lassen. Viel zu reden war ohnehin nicht seine Art, und als langjähriges Mitglied des virginischen Parlaments war er gut damit gefahren, das Wort nur zu ergreifen, wenn es unbedingt nötig erschien. Diese Erfahrung gab er einem in die Virginia Assembly gewählten Neffen weiter: Er solle sich selten zu Wort melden, und wenn, dann nicht versuchen, andere zu überreden, denn selbst wenn ihm dies gelänge, wäre dies mehr aus Widerwillen als in Zustimmung erfolgt.

In diese Versuchung konnte ein Präsident von vornherein nicht kommen, denn er war gehalten, über der Versammlung, ihren Parteien und Fraktionen zu sitzen, dafür zu sorgen, daß die Debatten in geregelten Bahnen verliefen; es stand ihm nicht an, in den Gang der Verhandlungen einzugreifen oder ihnen gar eine Richtung vorzugeben. George Washington konnte darauf bauen, daß ihn alle als Hüter der Ordnung respektierten und jeder es zu vermeiden suchte, von ihm zur Ordnung gerufen zu werden. Beiträge zur Diskussion wurden von dem bereits zu einer Denkmalfigur gewordenen Mann kaum erwartet. Er beeindruckte durch das, was er darstellte und ausstrahlte.

So präsidierte er im engen Raum des State House, in dem die Hitze und Feuchtigkeit eines früh einsetzenden und lange anhaltenden Sommers fast unerträglich waren, täglich fünf bis sechs, mitunter sieben Stunden, sechsmal in der Woche, über vier Monate lang bei den Sitzungen, in denen meist nie mehr als 30 der 55 Delegierte anwesend waren. Diese Gentlemen, gekleidet nach der englischen Mode, die auf ein anderes Klima zugeschnitten war, gerieten rasch ins Schwitzen und schnell in Rage, im Unterschied zu ihrem Vorsitzenden, der zwar bei seiner Konstitution besonders unter der Temperatur im Saale litt, aber wie aus dem Ei gepellt auf seinem Sonnenstuhl saß, sich nie gehen ließ, in der Haltung, die er seinem Ruf wie seinem Amt schuldig war, die Redner, die gemäß dem Protokoll ihn anzusprechen hatten, im Auge behielt und ihren Ausführungen folgte, ohne sich anmerken zu lassen, was er von ihnen hielt oder ob er sie richtig verstand.

Für einen ungestörten Ablauf der Beratungen war gesorgt. Auf das Kopfsteinpflaster vor dem State House hatte man Sand gestreut, damit kein Wagenrumpeln die Deliberationen belästige. Die Sitzungen fanden hinter verschlossenen Türen statt. Resolutionen durften nur im Konferenzraum kursieren; als eines Tages eine Kopie auf dem Fußboden gefunden wurde, mahnte der Präsident: »Ich muß Sie bitten, künftig sorgsamer zu sein, damit unsere Verhandlungen nicht in die Zeitungen geraten und die öffentliche Ruhe nicht durch vorzeitige Spekulationen gestört wird.« In Philadelphia gab es genug Journalisten, die darauf lauerten, daß etwas nach außen drang, das sich als Aufmacher ihrer Blätter eignen und das Informationsbedürfnis der Öffentlichkeit befriedigen könnte.

Es sei abscheulich, daß der Konvent die Zungen seiner Mitglieder gefesselt habe, grollte in Paris Thomas Jefferson, der prinzipiell für Öffentlichkeitsarbeit war, persönlich zu gerne gewußt hätte, was in Philadelphia geschah, und sich als Politiker sorgte, daß seine Antiunionisten bei den Verfassungsberatungen den kürzeren ziehen würden. George Washington, der für seine Gesinnung weit und breit bekannt war, sah sich als über die Parteien gesetzter Präsident veranlaßt, diesen Hauptgegner seiner Unionisten nicht gänzlich uninformiert zu lassen. Zuviel konnte er ihm noch nicht mitteilen, und schon gar nicht das, was Jefferson gerne gehört hätte. Das Geschäft des Konvents sei noch im Gange, schrieb er ihm am 30. Mai 1787, das Ergebnis nicht vorauszusehen, aber man müßte davon ausgehen, daß die Konföderation am Ende sei und das Land in Verwirrung und Gesetzlosigkeit geriete, wenn sich nicht bald ein Ausweg öffnete.

Einen solchen – den einzigen, den George Washington für gangbar hielt – erschloß sein Landsmann James Madison. In Princeton hatte er sich »sehr frühe und starke Eindrücke von der bürgerlichen wie auch der religiösen Freiheit verschafft« und diese in der virginischen Versammlung wie im Kontinental- und Konföderationskongreß in die Praxis umzusetzen versucht. Sie in einer gesamtamerikanischen Verfassung zu verankern und für immer zu garantieren, war er nach Philadelphia gekommen.

Der gelernte Jurist hatte Theorien antiker wie moderner Staatsrechtler und die Geschichte von Staatenföderationen, vom Achäischen Bund bis zur Schweizer Eidgenossenschaft, eingehend studiert. Beim Griechen Polybios hatte er gelesen: Die Monarchie tendiere zum Absolutismus, die Aristokratie zur Oligarchie, die Demokratie zur Mehrheitsdiktatur oder Anarchie, und daher sei es angezeigt, diese drei Herrschaftsformen zu kombinieren, »indem man das Gleichgewicht durch ein Spiel der entgegengesetzten Kräfte aufrechterhält«. Diese Theorie fand Madison beim Franzosen Montesquieu bestätigt und fortentwickelt, in der an der konstitutionell-monarchischen Verfassung Englands abgelesenen Lehre von der Teilung der Gewalten in Legislative, Exekutive und Judikative: »Daß man die Macht nicht mißbrauchen kann, ist es notwendig, daß durch die Ordnung der Dinge die Macht der Macht Schranken setzt.«

Gegensätzliches galt es in Einklang zu bringen: Eigennutz und Gemeinnutz, Freiheit und Gleichheit, Eigenständigkeit der Staaten und eine Gesamtstaatlichkeit der Nation. Das Eigentum der Besitzenden sollte geschützt, aber den Nichtbesitzenden der Erwerb von Eigentum ermöglicht werden. Alle Gewalt müßte vom Volke ausgehen, doch es dürfte nicht so weit kommen, daß in einer »reinen Demokratie« die Mehrheit der Minderheit ihren Willen aufzwänge. An die Quadratur des Kreises hatte sich Madison gewagt, und er meinte, das Ei des Kolumbus gefunden zu haben: Die Mitglieder der Gesellschaft wie die Glieder des Staates müßten sich gegenseitig anspornen und wechselseitig bremsen – in einem System von rational konstruierten Checks and balances, Kontrollen und Gegengewichten, in einem liberalen Rechtsstaat, einer repräsentativen Demokratie und einem amerikanischen Bundesstaat.

Ein an diesen Kernpunkten orientiertes Programm hatte James Madison entwickelt. Darin wurde eine den Konföderationskongreß ablösende nationale Regierung, eine über den Einzelstaaten stehende Bundesgewalt gefordert. Seinen Entwurf hatte er nach Mount Vernon geschickt, und Washington hatte sich einen Auszug angefertigt, in dem er das Verlangen nach einer »gebührenden Oberhoheit der nationalen Autorität« unterstrich.

In Philadelphia beschlossen die virginischen Delegierten den hauptsächlich von James Madison ausgearbeiteten »Virginia

Plan«, den Governeur Edmund Randolph am 29. Mai 1787 im Konvent vorlegte. Er zielte auf eine nationale Legislatur mit zwei Kammern, eine nationale Exekutive und eine nationale Judikative. »Gegen alle Gesetze der Einzelstaaten, welche nach Ansicht der Nationallegislatur den Unionsartikeln widersprechen, hat diese ein Veto« und dürfe »die bewaffnete Macht der Union gegen alle aufrufen, die gegen diese Artikel fehlen«. Nicht zuletzt war den Virginiern, die den bevölkertsten und reichsten Staat repräsentierten, daran gelegen, daß »das Stimmrecht in der Nationallegislatur mit den Beiträgen der einzelnen Staaten zum Bundesschatz oder mit der Zahl der freien Einwohner ins Verhältnis gesetzt wird«.

Mit einem unitarischen Zug, der zudem die größeren Staaten begünstigte, begann das Schachspiel um die Konstitution. Er entsprach der Intention Washingtons, aber als Präsident des Konvents durfte er diesem Antrag nicht applaudieren oder gar die Debatte in diese Richtung zu lenken versuchen. Doch James Madison, der Urheber des »Virginia Plan«, der direkt unter dem Desk des Speakers saß, mit dem Rücken zu ihm, war sich gewiß, daß er Rückhalt beim amtierenden Vorsitzenden und heimlichen Oberhaupt der Unionisten gefunden hatte.

Mit Alexander Hamilton war George Washington weniger zufrieden. Bei Yorktown hatte der Oberst eine britische Schlüsselstellung gestürmt, und sein ehemaliger Oberbefehlshaber hätte sich gewünscht, daß er nun mit gleicher Bravour und nicht ohne Besonnenheit gegen die sich hinter der Staatensouveränität verschanzenden Staatenvertreter vorgegangen wäre. Obwohl ein hervorragender Verfassungsexperte, trat der Repräsentant New Yorks zunächst auf der Stelle. Das mochte daran liegen, daß er von den ihn flankierenden anderen Delegierten seines Staates, die beide Antiunionisten waren, in seiner Bewegungsfreiheit gehindert wurde.

Als er endlich aus dem Glied heraustrat, legte er sich dermaßen ins Zeug, daß er über das von den Unionisten markierte Ziel hinausschoß: In Anlehnung an die konstitutionell-monarchische Verfassung Englands, nach seiner Meinung der besten und einzigen, welche die Kraft der Regierung und die Sicherheit des Bürgers miteinander vereinige, forderte er eine Zentralgewalt mit einem auf Lebenszeit gewählten Präsidenten mit unbedingtem Vetorecht.

Einen Bärendienst erwies Hamilton damit Washington. Bereits zu Beginn des Konvents hatte Franklin das Amt des Unionspräsidenten für den besten Mann verlangt und keinen Zweifel daran gelassen, daß er damit Washington meinte. Damit fand er offene Ohren bei Delegierten aller Couleurs. Amerikaner, die sich eben vom König von England befreit hatten, wollten jedoch keinen amerikanischen Monarchen haben, auch wenn er demokratisch berufen wäre und konstitutionell regierte. Der Erkorene, den Hamilton in petto hatte, George Washington, dachte nicht im Traum daran, sich auf einen solchen Thron heben zu lassen oder einen anderen darauf sitzen zu sehen.

Trotz Hamiltons Eskapade ließ sich für die Unionisten der Konvent nicht schlecht an. Er habe nicht erwartet, daß die Meinungen der verschiedenen Mitglieder so weit, wie bisher gelungen, zur Übereinstimmung gebracht werden könnten, hatte Washington bereits am 3. Juni geschrieben. Am 19. Juni stellte der Präsident fest, daß sich für den in den Beratungen in kaum ins Gewicht fallenden Einzelheiten abgeänderten »Virginia Plan« die Vertreter von sieben Staaten grundsätzlich ausgesprochen hatten.

Doch gerieten die Verhandlungen, die schon kurz vor dem Unionsziel gestanden zu haben schienen, ins Stocken. »Demagogen« widersetzten sich jedem gesamtstaatlichen Regierungssystem, klagte Washington am 1. Juli einem Verwandten, und am 10. Juli schrieb er Hamilton, der verbittert über die Gegner und enttäuscht über die Freunde den Konvent verlassen hatte: Es stehe nicht gut um ihre Sache, und er wünschte sich, er käme zurück. Der Oberst a. D. hielt den Wunsch seines ehemaligen Generals für einen Befehl und ließ nicht lange auf sich warten.

Die Offensive der Unionisten war durch einen Gegenangriff der Antiunionisten aufgehalten worden. Die von Washington als Demagogen bezeichneten Verfechter der nach ihrer Ansicht mit den Staatenrechten gekoppelten Volksrechte konnten in die Redeschlacht nicht ihre Elitetruppe werfen. Es fehlten die Intelligenz Jeffersons, die Eloquenz Patrick Henrys und die Rankûne Samuel Adams. An die Front wurde George Mason geschickt, der Gutsnachbar und ein Intimfeind Washingtons, das ergraute Haupt der virginischen Demokraten. Dem Verfasser der »Virginia Bill of Rights« ging es in erster Linie darum, daß – wenn schon eine Unionsverfassung nicht zu vermeiden wäre – sie einen Grundrechtekatalog nach virginischem Beispiel erhielte. Mason verbiß sich derart in sein Hauptanliegen, daß er, als der Konvent nicht darauf einging, drohte: Er würde sich lieber die rechte Hand abhacken, als eine Bundeskonstitution ohne »Bill of Rights« auch nur anzufassen.

Das linke Lager hatte zwar nicht seine Feldherren, aber tüchtige Troupiers nach Philadelphia geschickt, die gegen den »Virginia Plan« mit dem »New Jersey Plan« antraten. Dieser ging davon aus, daß das Konföderationsstatut nur in Teilen revidiert und nicht im ganzen abgeschafft und durch eine Konstitution, wie sie die Unionisten verlangten, ersetzt werden sollte. Das lag im Sinne der Bürgerrechtler, die von einer Zentralverfassung weniger Demokratie und mehr Autokratie erwarteten, wie der Staatenrechtler, vor allem der kleineren Staaten, die befürchteten, in einer rein proportional zusammengesetzten Zentrallegislative von den größeren Staaten überstimmt zu werden. Wenn schon, dann sollte das Zentralparlament – nach linkem Grundsatz – nur aus einer einzigen Kammer bestehen und in dieser – nach einzelstaatlichem Grundsatz – jeder Staat wie bisher mit je einer Stimme vertreten sein. Und die Bundesexekutive sollte nicht aus einer, sondern mehreren Personen bestehen, die jederzeit von einer Mehrheit der Staatenexekutiven abgesetzt werden könnten.

Die Verfechter des »New Jersey Plan« zogen gegen die Verteidiger des »Virginia Plan« ins Feld; wer sich behaupten konnte, war im rhetorischen Getümmel noch nicht klar auszumachen. George Washington befürchtete, daß die Unionisten, wenn schon nicht ganz geschlagen, so doch stark angeschlagen aus dem Kampf hervorgehen würden. Benjamin Franklin hielt es für angebracht, den Schlachtengott in einem gemeinsamen Gebet um eine der Nation nützende Entscheidung anzurufen; denn er glaube, »daß wir ohne Seine Mitwirkung und Seinen Beistand bei diesem politischen Bau keinen besseren Erfolg haben werden als die Baumeister von Babel«. George Washington, der meinte, daß an Gottes Segen, wenn schon nicht alles, so doch viel gelegen wäre, zeigte sich diesem Vorschlag nicht abgeneigt. Aber als Präsident mußte er feststellen, daß der Antrag, die Sitzungen mit Gebeten zu eröffnen, von der überwältigenden Mehrheit abgelehnt wurde.

Als weltlicher Nothelfer trat Roger Sherman aus Connecticut auf den Plan. Der Veteran der Befreiungsbewegung hatte die Unabhängigkeitserklärung mitunterzeichnet und wollte nun eine Bundesverfassung mitverabschieden, die es allen recht machen würde: Unionisten wie Antiunionisten, Liberalen wie Demokraten, den großen wie den kleinen Staaten. Luther Martin aus Maryland stemmte sich bis zuletzt gegen einen Kompromiß: »Zehn Staaten sollen an Händen und Füßen gebunden werden und der Willkür der drei übrigen ausgeliefert werden«, behauptete er und warf George Washington vor, daß er als Konventspräsident diesem Anschlag nicht nur nicht entgegengetreten sei, sondern ihn »herzlich gebilligt« habe.

Luther Martin ritt gegen Windmühlenflügel an, denn mit dem »Connecticut Compromise« fanden sich fast alle Vertreter der kleineren Staaten ab, und jene der größeren Staaten, die Unionisten zumal, vergaben sich mit seiner Annahme nicht allzuviel. Der Kompromiß sah vor, daß im neuen Kongreß, im Unterhaus, dem House of Representatives, die Staaten im Verhältnis zu ihrer Einwohnerzahl, und im Oberhaus, dem Senat, jeder Staat, ungeachtet seiner Einwohnerzahl, durch zwei Abgeordnete vertreten sein sollte. So wurde eine Balance zwischen unitarischen und partikularen Interessen hergestellt, dem Volkshaus ein Staatenhaus gegenübergestellt, ein Ausgleich im Sinne der Checks and balances erreicht. Die Voraussetzung für die Errichtung einer Bundesgewalt war geschaffen, welche die nationalen Aufgaben erfüllen könnte, ohne daß die Eigenständigkeit der Bundesstaaten zu sehr eingeschränkt worden wäre.

Von heute auf morgen war dieses Ergebnis nicht zu erzielen, lang und heftig wurde über Einzelheiten debattiert, denn wie immer steckte der Teufel im Detail. Noch am 19. August 1787, zwei Wochen nach der Vorlage des Verfassungsentwurfes durch den zur Ausarbeitung eingesetzten Ausschuß, schrieb Washington an Knox: »Langsam, ich wünschte hinzufügen zu können und sicher, rückt das Werk des Konvents vorwärts; doch zu sagen, wann es fertig oder was das Ergebnis sein wird, ist mehr, als ich wagen darf zu tun, und deshalb werde ich mir nicht erlauben, eine Meinung darüber zu äußern.« Am 8. September begann ein Redaktionskomitee mit der Endformulierung unter Federführung von Gouverneur Morris. Das Ergebnis wurde am 12. September dem Plenum vorgelegt und ein paar Tage lang diskutiert. Letzte Versuche von Opponenten, das Unionsgefährt zu bremsen, wenn es schon nicht mehr zu stoppen war, wurden vereitelt. Schließlich wurde der Verfassungstext auf Pergament geschrieben und zur Unterzeichnung vorbereitet.

»Wir, das Volk der Vereinigten Staaten«, heißt es in der Präambel, »von der Absicht geleitet, unseren Bund zu vervollkommnen, die Gerechtigkeit zu verwirklichen, die Ruhe im Innern zu sichern, für die Landesverteidigung zu sorgen, das allgemeine Wohl zu fördern und das Glück der Freiheit uns selbst und unseren Nachkommen zu bewahren, setzen diese Verfassung für die Vereinigten Staaten von Amerika in Kraft.«

Den allgemeinen Grundsätzen entsprechen die einzelnen Artikel. Der Kongreß ist das gesetzgebende Organ der gesamten Nation, wobei das Repräsentantenhaus die Allgemeinheit der Bürger und der Senat die Staaten vertritt; der Bundeskongreß bekommt Kompetenzen, die dem Konföderationskongreß zum Nachteil der Gesamtheit vorenthalten waren, vor allem das Recht der Steuererhebung sowie der Regulierung von Finanzen, Handel und Verkehr.

»Die vollziehende Gewalt liegt bei dem Präsidenten der Vereinigten Staaten von Amerika«, bestimmt Artikel 2. Das Staatsoberhaupt ist zugleich Regierungschef und nimmt, unabhängig von der Legislative, an der Gesetzgebung teil, befehligt die Streitkräfte und führt die auswärtigen Geschäfte. Seine Befugnisse sind weitgehend und doch – im System der Checks and balances – in Schranken gehalten. Auf vier Jahre durch Wahlmänner gewählt, hat er zwar ein Vetorecht gegen Gesetzesvorlagen des Kongresses, dieser kann es jedoch mit Zweidrittelmehrheit überstimmen. Zahlreiche Ernennungen des Präsidenten müssen vom Senat ebenso wie die Verträge mit anderen Staaten bestätigt werden. Und über allen wacht das Oberste Bundesgericht; es kann den Präsidenten bei schweren Verfehlungen unter Strafanklage stellen und durch ein Gerichtsverfahren seines Amtes entheben.

Im großen und ganzen erhielt der Präsident eine Machtfülle, die ihm in diesem Ausmaß vielleicht nicht zugestanden worden wäre, wenn nicht die für das Verfassungswerk ausschlaggebenden Unionisten im Präsidenten des Konvents den prädestinierten Präsidenten der USA gesehen hätten. Die Kompetenzen schienen auf George Washington zugeschnitten worden zu sein, von dem angenommen wurde, daß er die ihm übertragene Macht stets zum Vorteil der Nation gebrauchen und nie zu deren Nachteil mißbrauchen würde.

»Herr Präsident! Ich bekenne, daß diese Verfassung verschiedene Teile enthält, die ich im Augenblick nicht billige, aber ich bin nicht sicher, daß ich sie niemals billigen werde«, erklärte am 17. September 1787, auf der letzten Sitzung des Konvents, Benjamin Franklin in seinem Schlußwort, das er von James Wilson aus Pennsylvania verlesen ließ, der sich wie er als Moderator der Verhandlungen bewährt hatte. »In diesem Sinne, Sir, stimme ich dieser Verfassung mit allen etwaigen Fehlern zu. Denn ich meine, daß wir jetzt eine Bundesregierung brauchen; und es gibt keine Regierungsform, die, gut praktiziert, nicht ein Segen für das Volk sein kann.«

Ein Regierungssystem, welches das Glück des Volkes wirksam zu gewährleisten vermöge, hänge auch und nicht zuletzt von der »Klugheit und Integrität der Regierenden« ab, meinte Franklin, zum Präsidenten gewandt, und rief den Konvent auf, »zur Dokumentation unserer Einmütigkeit diese Verfassung zu unterzeichnen«. Im allerletzten Moment wurde der Antrag gestellt, die Zahl der Mitglieder des Repräsentantenhauses dadurch zu erhöhen, daß statt auf 40000 schon auf 30000 Einwohner ein Repräsentant käme und mit der Zahl der Abgeordneten die Bedeutung des Volkshauses vermehrt würde. In diesem Augenblick beteiligte sich der Konventspräsident zum erstenmal an der Debatte und bat um Annahme dieses Antrags, der im Sinne der Rechte und der Interessen des Volkes liege. Daraufhin wurde er im beschworenen »Geiste der Freundschaft und gegenseitigen Nachgiebigkeit« einstimmig angenommen. George Washington hatte sich zum guten Schluß als Brückenbauer betätigt und seine Befähigung zum Pontifex Maximus bewiesen.

Drei Delegierte wollten an diesem 17. September 1787 nicht über die goldene Brücke gehen: Edmund Randolph und George Mason aus Virginia, was den Virginier Washington besonders schmerzte, und Elbridge Gerry aus Massachusetts. Dreizehn Abgeordnete waren bereits abgereist, von denen einige wahrscheinlich die Verfassung abgelehnt hätten. Neununddreißig der zweiundvierzig Anwesenden unterzeichneten im Namen der zwölf im Konvent vertretenen Staaten »im zwölften Jahr der Unabhängigkeit« die Constitution of the United States.

Als erster unterschrieb »Go. Washington, President and Deputy from Virginia«. Vom Turm des State House in Philadelphia ertönte wieder die Freiheitsglocke, die zum letztenmal 1783 bei Ende des Krieges erklungen war, und läutete, wie der US-Präsident in spe hoffte, »die Befestigung unserer Union« ein, »in welcher unsere Wohlfahrt, unser Glück, unsere Sicherheit, vielleicht unsere nationale Existenz enthalten ist«.

Nun war Benjamin Franklin klargeworden, was die waagrecht halbierte Sonne an der Lehne des Präsidentenstuhls be-

Der Präsident der Constititional Convention in Philadelphia bei seiner einzigen Rede vor der verfassunggebenden Versammlung.

deutete: »Ich habe oft und oft im Laufe der Beratungen und im Wechsel meiner Hoffnungen und Befürchtungen hinsichtlich des Ausgangs dorthin geschaut, ohne sagen zu können, ob die Sonne aufgehe oder untergehe. Jetzt endlich habe ich das Glück zu wissen: Es ist die aufgehende Sonne.«

George Washington, der als Präsident des Konvents der Sonne an seiner Stuhllehne den Rücken gekehrt hatte, äußerte sich zurückhaltender: Die Constitution, im Geheimnisdunkel des Verhandlungsraumes entstanden, trete nun ins grelle Tageslicht der Öffentlichkeit. Um in Kraft zu treten, bedurfte die Bundesverfassung der Ratifikation durch neun der für diese Aufgabe zu wählenden Staatenkonvente. George Washington schloß nicht aus, daß man sie dort eher tadeln als loben würde.

»E pluribus unum«

Auf der Rückreise von Philadelphia nach Mount Vernon entging George Washington mit knapper Not einem Kutschenunfall. War dies ein Anzeichen, daß die auf den Weg zur Ratifikation gebrachte Unionsverfassung gegen die auf der Strecke lauernde Gefahr ebenso gefeit sein könnte wie ihr prominentester Befürworter auf der Heimfahrt? Vorsichtshalber suchte er, kaum zu Hause, Einwände der Gegner zu widerlegen.

An Patrick Henry schickte er eine Kopie der Konstitution mit der Bemerkung: Er selber hätte sie sich vollkommener gewünscht, aber der Konvent habe das gegenwärtig Bestmögliche erreicht und die Tür für künftige Zusatzartikel sei offengeblieben. Auch entschiedene Staaten- und Bürgerrechtler, meinte Washington, könnten sich mit der republikanischen Bundesverfassung und ihren Entwicklungsmöglichkeiten abfinden.

In der Tat waren in ihr die Einzelinteressen der Staaten keineswegs überwunden, vielmehr zu allgemeinem Nutzen in das Gesamtinteresse der Union eingebunden. Die Konstitution des Bundes gewährleistete jedem Mitgliedstaat eine republikanische Regierungsform, und auch die Nationalregierung basierte auf dem Prinzip der Volkssouveränität, blieb dem Grundsatz verpflichtet: »Nicht Menschen, sondern Gesetze sollen herrschen«, die hier wie dort von Parlamenten gegeben worden sind. Noch enthielt die Unionsverfassung keine »Bill of Rights«, aber die in den Einzelstaaten garantierten Grundrechte waren anerkannt.

Eigentlich hätten es die in der Federal Convention überstimmten Bannerträger der Volks- und Staatenrechte bei einem Zähneknirschen belassen können. Aber sie verdammten die

»Constitution of the United States« und rannten gegen sie in Zeitungen, Flugschriften, Bürgerversammlungen und Staatenlegislaturen an.

Aus Paris lieferte Thomas Jefferson Parolen und Argumente. In der neuen Verfassung gebe es Dinge, »die all meine Geneigtheit, sie zu unterschreiben, wankend machen«, schrieb er im November 1787 an John Adams, der sie lieber heute als morgen angenommen gesehen hätte. Am wenigsten gefiel Jefferson die Position des Präsidenten, der, »einmal im Amt und mit der Militärgewalt der Union in Händen, ohne Hilfe und Hemmung durch einen Exekutivrat nicht leicht zu entthronen sein würde«. Am meisten vermißte der Virginier eine »Bill of Rights«, wie sie in Virginia beispielgebend in Kraft getreten war. Immerhin hatte der auf diplomatischem Posten im Ausland stehende Jefferson erkannt, daß die Union für das Ansehen Amerikas in der Welt erforderlich wäre, und bald sah er ein, daß sie das Glück der Amerikaner im eigenen Lande zu fördern vermöchte. Demokratischen Gesinnungsgenossen in Virginia, die über ihre Staatsgrenzen nicht hinausblickten und kaum hinauskamen, fehlte mit dem Einblick in größere Zusammenhänge die Einsicht in die Notwendigkeit eines Zusammenschlusses.

Landsmann Benjamin Harrison, dem George Washington eine Kopie der Konstitution zugeschickt hatte, war davon nicht erbaut: »Das Schwert und die Kompetenzen«, die dem Präsidenten wie dem Kongreß überantwortet würden, »müssen nach der Natur der Dinge früher oder später zu einer Tyrannei führen«, die hinter römischen Vorbildern nicht zurückstünde. In das gleiche Horn stieß George Mason. »Diese Regierung wird mit einer gemäßigten Aristokratie beginnen; es ist unmöglich vorauszusehen, ob sie in ihrem Fortgang eine Monarchie oder eine verderbte Aristokratie erzeugen wird.«

Auch Patrick Henry ließ sich weder von den Argumenten George Washingtons noch von der Annahme, daß dieser als präsumptiver Präsident weder die Lust noch das Zeug zum Tyrannen habe, von seiner Ablehnung der Unionsverfassung abbringen. Der amerikanische Paulus schien sich in einen viginischen Saulus zurückverwandelt zu haben: »Was haben die Staaten noch zu tun? Für die Armen zu sorgen, Straßen zu bauen und instand zu halten, Brücken zu errichten und so weiter und so fort. Schafft doch gleich die Staatenlegislaturen ab!« Mit den Rechten der Einzelstaaten seien die Freiheiten der einzelnen Bürger in Gefahr, behauptete Patrick Henry. Aber er stand nicht an, seinem Virginia Sonderrechte einzuräumen und nicht jedem Virginier die gleichen Freiheiten zuzubilligen. Wenn auch die Sklaverei zu bedauern sei, so verböten es doch die Interessen der Südstaaten, sie abzuschaffen.

Der Same des Bürgerkrieges sei ausgestreut, befürchtete Benjamin Harrison; »die südlichen Staaten werden wenig mehr als bloße Anhängsel der nördlichen sein«, hatte der ehemalige Gouverneur von Virginia seinem Landsmann George Washington zu bedenken gegeben. Auch die wirtschaftlichen Interessen des Gutsherrn auf Mount Vernon wären durch eine Abschaffung der Sklaverei am Nervus rerum getroffen worden. So hatte er nichts dagegen einzuwenden gehabt, daß sich der Konvent nicht auf ein in der Verfassung festzulegendes Verbot des Sklavenhandels einigen konnte; lediglich dessen Einschränkung ab dem Jahre 1808 wurde in Aussicht gestellt.

Auch für Washington zählten Interessen. Aber er hatte erkannt, daß seine persönlichen Belange wie die seines Heimatstaates nur in einer die Einzelinteressen bündelnden Unionsverfassung zu gewährleisten wären. Den Amerikanern, zumindest einer ausschlaggebenden Mehrheit, zu dieser Einsicht zu verhelfen, setzte er das Prestige ein, das er als Oberbefehlshaber im Unabhängigkeitskrieg gewonnen, sowie den Einfluß, den er als Präsident der Federal Convention erlangt hatte. Von Mount Vernon ging Brief auf Brief ins Land hinaus, von New Hampshire bis Georgia. »Noch nie in meinem Leben habe ich ihn so sehr auf etwas erpicht gesehen wie auf die Annahme der neuen Regierungsform«, bemerkte ein Freund Washingtons. In den Sendschreiben betonte er die wichtigsten Gebote seines Credos: Erstens, die Zentralgewalt bekäme nicht mehr Macht als zur Erledigung der gemeinsamen Aufgaben erforderlich sei.

Zweitens, die Gewalten der Bundesregierung würden in einer Weise geteilt, die jegliche Willkür ausschlösse – so lange das Volk entschlossen bleibe, seine Selbstbestimmung wahrzunehmen. »Wenn dieses unfähig wird, sich selbst zu regieren und bereit für einen Herrn, dann ist es von wenig Bedeutung, woher derselbe kommt.«

Mount Vernon schien, wie es sich Washingtons ehemaliger Stabsoffizier David Humphreys gewünscht hatte, »der Brennpunkt aller Intelligenz der Neuen Welt zu werden«. Nach wie vor wirkte George Washington weniger durch das, was er selber erdacht hatte und weitergab, sondern durch das, was er von anderen aufgenommen hatte und damit für Orientierung im Zwielicht der Auseinandersetzungen zwischen Unionisten und Antiunionisten zu sorgen vermochte.

Die Quellen, aus denen er selber schöpfte, suchte er anderen zu erschließen. So empfahl er den Wiederabdruck von Aufsätzen, in denen der Pennsylvanier John Dickinson die Constitution verteidigte, oder einer Rede, in der James Wilson aus Philadelphia ihre Annahme befürwortete. David Stuart in Richmond forderte er auf, die »Federalist Papers«, das bedeutendste Plädoyer für die Unionsverfassung, in einer dortigen Zeitung nachdrucken zu lassen. Unter dem Pseudonym »Publius« – nach dem legendären Publius Valerius, der nach dem Sturz des Königs Tarquinius Superbus die Republik in Rom errichtete – erschien von Herbst 1787 bis zum Frühjahr 1788 in New Yorker Zeitungen eine Artikelserie aus den Federn von Alexander Hamilton, James Madison und John Jay, die als »Federalist Papers« in Buchform veröffentlicht wurde. Die Verfasser verwiesen auf die Nachteile der staatenbündischen Konföderation und die Vorteile einer bundesstaatlichen Union, erläuterten die Grundsätze der Constitution, analysierten deren Inhalt und warben um Zustimmung und Annahme.

In den »Federalist Papers« betonte James Madison die Sicherung der »Liberty« durch die Konstruktion der Checks and balances vor den von oben, einer Monarchie oder Oligarchie, oder von unten, einer »reinen Demokratie«, drohenden Gefahren: »Im richtigen Aufbau der Union besitzen wir also ein republikanisches Hilfsmittel gegen die Krankheiten, die eine republikanische Regierung am häufigsten befallen.« Alexander Hamilton legte besonderen Wert auf die Garantie des »Property« im Lande und den Machtgewinn in der Welt durch die »Errichtung eines großen amerikanischen Systems«, das »jeder Beherrschung durch die Macht und den Einfluß von jenseits des Ozeans überlegen und das imstande ist, die Bedingungen für die Beziehungen zwischen der Alten und der Neuen Welt zu diktieren«. Die Verknüpfung von Idealen und Interessen in den »Federalist Papers« entsprach den Vorstellungen Washingtons. »Ich habe jedes Werk gelesen, welches über den einen oder anderen Punkt dieser großen Streitfrage gedruckt worden ist, soweit ich sie mir habe verschaffen können, und fern von leerer Höflichkeit will ich sagen, daß ich kein anderes gesehen, welches nach meinem Dafürhalten so gut geeignet gewesen wäre, einen unbefangenen Sinn zu belehren«, schrieb er an Madison. »Wenn die vorübergehenden Umstände und die Flugschriften, welche diese Krise begleiteten, bereits verschwunden sind, dann wird dieses Werk noch die Beachtung der Nachwelt verdienen, weil darin die Grundsätze der Freiheit und die wichtigsten Kapitel der Politik, welche die Menschheit stets anziehen werden, solange sie in bürgerlichen Gesellschaften vereinigt ist, mit Unparteilichkeit und Geschick abgehandelt sind.«

Die Nachwelt wußte die in den »Federalist Papers« entwickelte Theorie eines freiheitlichen Bundesstaates und einer pluralistischen Republik mehr zu würdigen als die Mitwelt. Die Verfasser, die sich bewußt an jene wendeten, die bereit und in der Lage wären, schwierigen Gedankengängen zu folgen und zu einem abgewogenen Urteil zu gelangen, rechneten nicht mit einer großen Leserschaft im zeitgenössischen Amerika. Aber sie sprachen Multiplikatoren an, die ihre Beweisführung in populäre Argumente und politische Postulate umzusetzen wußten. Jedenfalls hatten die Antiföderalisten den Föderalisten keine Theorie dieses Tiefganges und keine Kampfschrift entgegenzusetzen, deren Wirksamkeit mit jener der »Federalist Papers« vergleichbar gewesen wäre.

Ausschlaggebend für die Annahme der Verfassung waren nicht Papiere, sondern Personen, die ihr Programm glaubwürdig vertraten – in erster Linie die Persönlichkeit, in der die meisten Amerikaner einen Garanten der Constitution und den ersten Präsidenten der Union erblickten: George Washington. Sein Ansehen sei entscheidend für die Akzeptanz der neuen Regierungsform gewesen, stellten der Föderalist Alexander Hamilton wie der Antiföderalist James Monroe übereinstimmend fest. »Die Meinung General Washingtons fiel so schwer ins Gewicht, daß sie mehr als alles andere dazu beitrug, die vorliegende Verfassung durchzudrücken. Das außerordentlich große Vertrauen zu seinem Patriotismus, seiner Lauterkeit und seiner Intelligenz stellt heute ihre Hauptstütze dar«, bilanzierte ein französischer Beobachter. »Das Vertrauen des Volkes zum Retter des Landes bringt alle Proteste zum Schweigen.«

Als Präsident der Federal Convention hatte er sich in die Verfassungsdiskussion kaum eingemischt. Gouverneur Morris bescheinigte ihm jedoch: »Wenn Sie diesem Konvent nicht beigewohnt hätten und der nämliche Verfassungstext der Welt übergeben worden wäre, so würde er eine kühlere Aufnahme, weniger und lauere Verteidiger und mehr und eifrigere Gegner gefunden haben.« Einer von diesen, James Monroe, klagte einem anderen, Thomas Jefferson, der Einfluß Washingtons habe im virginischen Konvent die Einwände der Opposition weggeschwemmt. Dabei war er nicht zur Ratifizierungsdebatte nach Richmond gekommen; dennoch reichte sein Segen nicht zu einem Ergebnis, wie er es in seinem Heimatstaat erwartet hatte. Am 25. Juni 1788 wurde die Constitution of the United States in Virginia mit 89 gegen 79, mit einer Mehrheit von nur zehn Stimmen angenommen. In Delaware, New Jersey und Georgia war sie einstimmig ratifiziert worden, in Massachusetts mit 187 zu 168, Pennsylvania mit 46 zu 23, Connecticut mit 128 zu 40, Maryland mit 63 zu 11, South Carolina mit 149 zu 73 und – am 21. Juni – in New Hampshire mit 57 zu 46 Stimmen.

Virginia, sonst stets bei der Avantgarde, war diesmal bei der Nachhut, aber nicht das Schlußlicht. New York folgte erst am 26. Juli (30 : 27); auf sich warten ließen bis 1789 North Carolina (193 : 75) und bis 1790 Rhode Island, das zögerte, eine zu sehr der abgeschüttelten britischen gleichende amerikanische Verfassung anzunehmen.

Bereits mit der Zustimmung in New Hampshire war die für das Inkrafttreten erforderliche Anzahl von neun Staaten erreicht worden. »Wenn der Same des Glücks, der hier gesät ist, zu keimen anfängt und wenn jeder beginnt unter seinem eigenen Weinstock und Feigenbaum die Früchte der Freiheit zu schmecken, dann wird man alle diese Segnungen (denn alle diese Segnungen werden kommen) dem begünstigenden Einfluß der neuen Regierung zuschreiben«, hatte Washington an Lafayette geschrieben, als der achte Staat den Beitritt zur Union erklärt hatte. Als nun der neunte mit New Hampshire und der zehnte mit Virginia hinzugekommen war, geriet er in Hochstimmung. »Diese Flut von guten Nachrichten fast zur selben Zeit«, schrieb er seinem nach New Hampshire geschickten Sekretär Tobias Lear, habe den Einwohnern von Alexandria, die alle föderalistisch gesinnt seien, reichlich Grund zum Feiern gegeben. Die Stadt war illuminiert, Kanonen donnerten, es wurde getanzt, und bei einem Festmahl, zu dem Washington geladen war, wurden die Hervorbringungen der Küche von den ausgebrachten Toasts bei weitem übertroffen. Nicht allein in Alexandria ließen sie George Washington hochleben. Von Baltimore segelte das Schiffchen »The Federalist« nach Mount Vernon, als Präsent für den Mann, der es in den Hafen der Union gesteuert hatte. In der »Grand Federal Procession« in Philadelphia trug Oberst John Shee zu Pferd eine Fahne, auf der, von Palmzweig und Lorbeerkranz umrahmt, in silbernen Lettern stand: »Washington, der Freund seines Landes«; in der Mitte des Festwagens der Schnitzer und Vergolder erhob sich eine von einer Büste Washingtons gekrönte und von den Stars and Stripes umwehte Säule. In Wilmington, Delaware, wurde auf ihn der Trinkspruch ausgebracht: »Farmer Washington, möge er wie ein zweiter Cincinnatus vom Pflug geholt werden, um ein großes Volk zu regieren.«

Das Siegel der Vereinigten Staaten zeigte einen Amerika symbolisierenden Adler im Glorienschein der dreizehn Staatensterne, im Schnabel ein Band mit der Inschrift: »E pluribus unum – aus vielen eines«. Dreizehn Staaten hatten sich zu einem Bundesstaat vereinigt, und nun setzten sie auf den einen, der ihm vorstehen und ihn befestigen sollte: George Washington.

Washington war im Sommer 1788 als Farmer vollauf in Anspruch genommen. Nach einem nassen und windigen Frühjahr wollten Weizen und Buchweizen nicht gedeihen. Am 4. Juli, als er den ganzen Tag bei strömendem Regen über seine Ländereien ritt, stellte er fest, daß das Getreide zu naß war, um geschnitten zu werden. Es folgte ein Hurrikan, der Bäume entwurzelte, Zäune einriß und Felder verwüstete. Der angeschwollene Potomac trat über die Ufer, warf Boote an Land, zerschmetterte das Schiffchen »The Federalist«, das die Bürger von Baltimore dem Promoter der Unionsverfassung verehrt hatten. In der Schatulle herrschte Ebbe. Niemals sei er so knapp bei Kasse gewesen wie in den letzten zwölf Monaten, und er befürchte, daß dies auch in den nächsten zwölf Monaten der Fall sein werde, konstatierte der Landwirt. Sein Gut werfe nur hier und da etwas ab, nur Tropfen auf den heißen Stein.

Während seine Mittel schrumpften, wuchs sein politischer Kredit. »Der große Washington soll das Land regieren«, sangen Amerikaner, die es kaum erwarten konnten, bis er die in der Konstitution auf seine Person zugeschnittene Präsidentschaft übernahm. »Ihr kühles, sich immer gleichbleibendes Temperament ist unumgänglich notwendig, unserer neuen Regierung einen entschlossenen männlichen Ton zu geben«, schrieb ihm Gouverneur Morris. »Pferde, einmal eingeritten, können von einer Frau oder einem Kind geführt werden, aber nicht, wenn sie zum ersten Male das Gebiß fühlen. Sie müssen daher, ich sage müssen, in den Sattel steigen.«

In seinem Alter und bei seinen Verhältnissen, lautete der Tenor der Antworten des Sechsundfünfzigjährigen auf derartige Aufforderungen, wünsche er sich nur noch, als Privatmann auf seiner Farm zu leben und zu sterben. Dies war eine Begründung, die seiner notorischen Bescheidenheit zur Zierde gereichte, doch kaum der einzige Grund seines Zögerns, sich – womit er rechnen konnte – zum ersten Präsidenten der Vereinigten Staaten wählen zu lassen. Fürchtete er, den Anforderungen nicht gewachsen zu sein, bei ungenügender Erfüllung der Amtspflichten die Reputation, die er sich als Befreier und Einiger erworben hatte, einzubüßen? Auf dem Gang zum Präsidentenstuhl, gestand er seinem Freund Henry Knox, käme er sich wie ein Verurteilter vor, der zur Hinrichtung geführt werde.

Lag jedoch der Weg zur Präsidentschaft nicht in der Konsequenz seiner Laufbahn? War er es nicht seinem Rufe schuldig, einer Berufung durch seine Landsleute Folge zu leisten und zum Gelingen des nicht nur für Amerika, sondern für die Welt wichtigen Experimentes der Selbstregierung eines Volkes an erster Stelle beizutragen? Wenn sie ihn wählten, weil sie meinten, daß sie ihn bräuchten, ließ er schließlich seinen ehemaligen Generalmajor Benjamin Lincoln wissen, bliebe ihm nichts anderes übrig, als sich zu fügen.

Ein Terminplan für die Präsidentenwahl wurde festgelegt: Erster Mittwoch im Januar 1789 Wahl der Elektoren, erster Mittwoch im Februar Abgabe der Stimmzettel in den einzelnen Staaten, erster Mittwoch im März Auszählung der Stimmzettel durch den in New York zusammengetretenen Kongreß. An diesem 4. März 1789 läuteten zwar dort die Glocken und donnerten die Kanonen, aber – die Wege waren lang, und nicht alle hatten es eilig – das Repräsentantenhaus war erst am 1. April, der Senat erst am 6. April beschlußfähig. An diesem Tage konnten endlich die Stimmen der Wahlmänner ausgezählt werden.

Das Ergebnis verkündete der amtierende Senatspräsident John Langdon: »Seine Exzellenz George Washington, Esq., wurde, in Übereinstimmung mit der Verfassung, einstimmig in das Amt des Präsidenten dieser Vereinigten Staaten von Amerika gewählt.« Vizepräsident wurde John Adams, ein Federalist auch er, aber ein Zweiter, der sich vom Ersten in Herkunft, Laufbahn und Wesensart unterschied. Das System der Checks and balances hatte sich zum erstenmal bewährt: Neben den Virginier, einem Mann des Südens, Soldaten, Landwirt und Pragmatiker, trat ein Mann aus dem Norden, aus Massachusetts, Rechtsanwalt und Intellektueller. Nun war offiziell, was inoffiziell bereits bekannt gewesen war. Washington hatte gewußt, daß alles auf ihn zulaufen würde. Er fand sich damit ab, »ohne die zur Führung des Steuers erforderliche politische Geschicklichkeit, Fähigkeit und Neigung«, sich auf »einen Ozean von Schwierigkeiten« hinauszuwagen. Was er jedoch versprechen könne, beschied er dem ihm gut zuredenden Henry Knox, seien »Integrität und Festigkeit«.

Inzwischen arbeitete er Anweisungen für den Verwalter seines Landgutes aus und entwarf Leitsätze für die Antrittsrede. Richard Conway in Alexandria bat er, ihm 600 Pfund Sterling zu leihen, damit er die Reise nach New York bezahlen könne. Sie galt es anzutreten, nachdem am 14. April 1789 der Kurier des Kongresses, Charles Thompson, mit der amtlichen Nachricht seiner Wahl eingetroffen war. Zwei Tage später schrieb er in sein Tagebuch. »Gegen 10 Uhr nahm ich Abschied von Mount Vernon, dem privaten Leben und häuslichen Glück, und, bedrückt von bangeren und schmerzlicheren Gefühlen, als ich in Worte zu fassen vermag, brach ich, begleitet von Mr. Thompson und Oberst Humphreys, nach New York auf, in der besten Absicht, meinem Land, seinem Rufe folgend, zu dienen, doch mit wenig Hoffnung, seinen Erwartungen zu entsprechen.«

Es wurde ein Triumphzug für den Mann, den die Nation als ihren Besten zu ihrem Ersten erkoren hatte. Bereits das nahe Alexandria ehrte ihn mit einem Festmahl, bedachte ihn mit Lobpreisungen und überschüttete ihn mit Segenswünschen. »Gehen Sie hin und machen Sie ein dankbares Volk glücklich«, rief ihm der Bürgermeister zu, und Washington antwortete, daß er auch jene glücklich zu machen gedächte, die mit der Konstitution und seiner Person nicht ganz zufrieden seien. Am Tage darauf wurde »The Most Illustrious President of the United States of America« bis Georgetown in einer Prozession geleitet, die – wie es einem Teilnehmer vorkam – »größer war als irgendein römischer Triumphator je um sich sah«. In Baltimore erwarteten ihn Geschützsalven und Trinksprüche, und Philadelphia ließ es ihn nicht entgelten, daß der Präsident nicht im Vorort der Unabhängigkeitsbewegung bleiben konnte, sondern zur neuen Hauptstadt New York weiterziehen mußte, in der die Unionsbestrebungen eher behindert als gefördert worden waren. Um so mehr fühlten sich die Bewohner der »Stadt der Bruderliebe« bemüßigt, mit einem begeisterten Empfang des Präsidenten ihren ungebrochenen Patriotismus zu demonstrieren. Tausende und aber Tausende jubelten George Washington zu, als er auf einem Schimmel durch die mit Triumphbögen überspannten Straßen ritt. Unter dem größten und schönsten wurde der General-Präsident von Fräulein Angelica Peale mit einem Lorbeerkranz gekrönt.

In Trenton, einem Schauplatz des Unabhängigkeitskrieges, zogen ihm Frauen und Mädchen in weißen Kleidern entgegen, streuten Blumen und besangen »den Helden, der die Mütter beschirmte und die Töchter beschützen werde«. Von Elizabethtown brachte ihn eine Barke mit dreizehn, die Staaten repräsentierenden Ruderern in den Hafen von New York. Schiffe schossen Salut, darunter eine spanische Fregatte mit größeren Kanonen, als sie die USA besaßen. An Murray's Wharf, am Ende der Wall Street, empfing ihn Governeur George Clinton mit einer Herzlichkeit, die dessen Kritik an der Unionsverfassung bemäntelte und die Genugtuung über die gewinnbringende Beförderung des Handelsplatzes zur Bundeshauptstadt nicht verhehlte. George Washington trug New Yorkern und ihrem Governeur nichts nach. Die Begeisterung, mit der sie ihn willkommen hießen, erbaute ihn, doch zugleich beunruhigte ihn der Gedanke, daß auf das »Hosiannah« eine »Crucifige« folgen könnte, wenn er es ihnen nicht recht machen würde.

DER PRÄSIDENT

In Amt und Würden

Am 30. April 1789 legte George Washington den Amtseid ab: »Ich schwöre feierlich, daß ich das Amt des Präsidenten der Vereinigten Staaten getreulich verwalten und die Verfassung der Vereinigten Staaten nach besten Kräften erhalten, schützen und verteidigen will.« In der Galerie der Federal Hall in New York stehend, sprach er mit geschlossenen Augen »So helfe mir Gott!«, trat an das Gitter und verbeugte sich vor dem Volk, das ihn berufen hatte und ihm zujubelte, Bewohner der Hauptstadt, die in den Straßen so dicht gedrängt standen, daß man – wie ein Augenzeuge berichtete – auf ihren Köpfen hätte dahinschreiten können.

Die Kleidung, die er bei der Amtseinführung trug, konnten alle Patrioten billigen. Der dunkelbraune Anzug war aus dem ersten im Lande, in Hartford, gefertigten feinen Wollstoff geschneidert. Das Made in America wurde im Bericht der »United States Gazette« hervorgehoben: Das Gewebe sei von einem ausländischen Fabrikat nicht zu unterscheiden gewesen. Im Jahre 1789, da in Frankreich die Sansculotten sich zur Großen Revolution anschickten, war der amerikanische Präsident noch à la Ancien régime gekleidet, mit Culottes, den kurzen Kniehosen, weißen Seidenstrümpfen und Schuhen mit silbernen Schnallen. Sein Haar war gepudert und am Hinterkopf zu einem Zopf gebunden.

An der Seite trug er einen Zierdegen, gewissermaßen eine Zivilminiatur des Kriegsschwertes, mit dem der Oberbefehlshaber die Unabhängigkeit erkämpft, die er nun als Staatsoberhaupt im Frieden zu erhalten hatte. Die Knöpfe seines Rockes trugen den Adler des von ihm mitgegründeten Bundes, den er jetzt an erster Stelle mitregieren mußte – im Zeichen des die Union symbolisierenden Sternenbanners, das im Moment seiner Eidesleistung auf der Federal Hall gehißt wurde.

Von der Galerie begab er sich in den Sitzungsraum des Senats zu den dort versammelten Mitgliedern beider Kammern. Der Konföderationskongreß hatte den Oberkommandierenden der Streitkräfte sitzend empfangen, der Unionskongreß erhob sich beim Eintreten des Präsidenten der Vereinigten Staaten. Die Abgeordneten und mit ihnen das Volk und die Bundesstaaten wurden in der Antrittsrede ermahnt, Eintracht zu beweisen und »lokale Vorurteile« wie »Parteigegensätze« zu vergessen; denn die Welt blicke auf Amerika, um zu sehen, wie es Gebrauch von seiner Freiheit machen werde.

Als der Präsident die Inaugural Adress verlas, schien man es ihm anzumerken, daß er nicht unbedingt davon überzeugt war, die ihm wie Herkulesaufgaben vorkommenden Amtspflichten so zu erfüllen, wie es von ihm erwartet wurde. Der Inaugurierte sei »aufgeregt und verwirrt« gewesen, »mehr als er es jemals bei aufgefahrenen Kanonen und angelegten Musketen gewesen war«, fand Senator William Maclay aus Pennsylvania; »es tat mir weh, daß er nicht der Erste in allem sein konnte«. Fisher Ames aus Massachusetts, der George Washington für »die personifizierte Tugend« hielt, »die sich an jene wandte, die sie zu ihren Jüngern zu machen gedachte«, mußte bemerken, daß sein von der Zeit verheertes Gesicht, das »ernste, fast düstere« Aussehen, die »leicht bebende Stimme«, sein ganzes Auftreten wenig dem angenommenen Inbegriff von Tugendmacht und Überzeugungskraft entsprach. Seine Unsicherheit kam in der Inaugural Address in der Andeutung zum Ausdruck, daß er den Amtspflichten ohne die Amtsgnade von oben kaum gewachsen wäre. Sie erbat er im Anschluß an die Zeremonien in der Federal Hall in der St. Paul's Chapel. In dieser nach dem Vorbild von St. Martin-in-the-Field in London erbauten Protestant Episcopal Church wurde für das Mitglied dieser Kirche und den Präsidenten der USA ein Stuhl mit Baldachin bereitgestellt. Sonntag für Sonntag konnte er hier das »Allmächtige

Der erste Präsident der Vereinigten Staaten legt in New York seinen Amtseid ab.

Wesen« anrufen, das – wie er in seiner Antrittsrede betont hatte – das Universum regiere, dem Rat der Nationen präsidiere und jeglicher menschlichen Unzulänglichkeit abzuhelfen vermöge.

Am Abend dieses 30. April 1789 feierte New York mit einem zweistündigen Feuerwerk an der Battery die Einführung des Unionspräsidenten und die Erhebung zur Bundeshauptstadt. Zu dieser Ehre war es eher zufällig gekommen. Am Ende des Unabhängigkeitskrieges hatte der sich von unzufriedenen Soldaten bedroht fühlende Konföderationskongreß Philadelphia verlassen und sich 1785 in New York niedergelassen, wo er nun vom Unionskongreß und der Unionsregierung abgelöst wurde.

Die neue Metropole hatte an der Spitze von Manhattan Platz. Es gab 22 Kirchen und Bethäuser für 13 Konfessionen und 4200 Häuser, einige noch im holländischen Neu-Amsterdam-Stil, die meisten in englischer Kolonialarchitektur, viele von Gärten umgeben und keines mehr als dreistöckig. Die Straßen waren eng und krumm, tagsüber wenig belebt, nachts kaum beleuchtet und immer schmutzig. Die hygienischen Verhältnisse ließen zu wünschen übrig, und auch das wechselhafte Klima mit seinen kalten Wintern und heißen Sommern trug dazu bei, daß die 1789 gezählten 27 Ärzte genug zu tun hatten. Das Hospital war im Vorjahr demoliert worden, von New Yorkern, die gegen Mediziner vorgingen, die für anatomische Versuche einige Leichen geraubt hatten.

Am Broadway wohnten Handwerker und Krämer, aber auch Prominente wie Robert Livingston, der Washington den Amtseid abgenommen hatte, und des Präsidenten föderalistische Parteigänger Henry Knox und John Jay. Als vornehmste Adresse galt die Wall Street. In Nummer 58 residierte Alexander Hamilton, der Sekretär des Schatzamtes, der Finanzminister der Union. An der Ecke zur Broadstreet erhob sich die Federal Hall, das Kapitol der Vereinigten Staaten. Die alte City Hall war vom Franzosen Pierre-Charles L'Enfant, einem Veteranen des Unabhängigkeitskrieges, zum Sitz von Senat und Repräsentantenhaus umgebaut worden, zum »größten und erstklassigsten Bauwerk des Kontinents«, wie ein Kongreßmitglied erklärte. Die Räume entsprachen nicht diesem Anspruch. Die Vertreter des Gesamtvolkes und der Einzelstaaten mußten enger zusammenrücken, als es dem einen oder anderen genehm sein mochte.

Auf dem Bowling Green war vom 1770 errichteten und 1776 gestürzten Reiterdenkmal Georgs III. der Sockel übriggeblieben. An die Königsherrschaft erinnerte an der Battery das Fort George. An diesem Platz sollte die Residenz des Präsidenten errichtet werden. Ungeachtet des Einwandes, die Lage sei zu exponiert und die Umgebung zu schäbig, wurde mit dem Bau begonnen. Noch bevor er fertiggestellt war, zogen Regierung und Kongreß gegen Ende 1790 nach Philadelphia um. Das stattliche Haus wurde Sitz des Governeurs von New York und dann das Zollhaus.

Immerhin war New York seit 1785 Hauptstadt der Konföderation und seit 1789 Hauptstadt der Union gewesen. Der wichtige Hafen- und Handelsplatz zählte im Jahr der Amtseinführung Washingtons rund 30000 Einwohner, darunter über 2000 Negersklaven, zu deren Beschäftigung es gehörte, nachts die Abtritte zu leeren und den Inhalt – in Kübeln auf den Köpfen – zum Fluß zu tragen und zu entleeren.

Glanz und Elend wohnten dicht beieinander. Neben Häusern standen Hütten, auf den Straßen wurden dürftig gekleidete Fußgänger von Kutschen zur Seite gedrängt, in denen nach englischer Mode ausstaffierte Gentlemen saßen und Ladies, die Frankreichs Haute Couture bevorzugten, eine Vorliebe für ausladende Hüte hatten und Stammkundinnen der Juweliere in der Wall-Street, Pearl Street und Maiden Lane waren. Auf den vornehmen Tafeln – nicht zuletzt jener des Präsidenten – fehlte es nicht an Fleisch, Kuchen und Madeira-Wein, während bei zahlreichen New Yorkern Schmalhans Küchenmeister war. Insassen des Armenhauses beklagten sich über von Commissioners gelieferte ranzige Butter und schlechtes Mehl.

Neben dem Armenhaus lag das dreistöckige Schuldgefängnis, das stets überfüllt war, auch nach dem 13. Februar 1789, als die Haft für Schulden bis zu 10 Pfund Sterling auf dreißig Tage und jene für höhere Beträge auf drei Monate ermäßigt worden war. Den Insassen wurden im Dezember 1789 von Washington 50 Guineen zur Aufbesserung ihrer kargen Verpflegung überwiesen.

Zwischen Armenhaus und Gefängnis standen Galgen in einer grell bemalten chinesischen Pagode, als sollte nicht verhehlt werden, daß im gelobten Freiheitsland immer noch das Strafgesetz von Mandarinen galt. Der Tod stand auf Verrat, Mord, Falschmünzerei, Notzucht, Kirchenraub, Einbruch in ein bewohntes Haus und Brandstiftung. 1789 wurden zehn Todesurteile gefällt, am 23. Oktober fünf vollstreckt. Mehr zu tun als der Henker bekam der Auspeitscher, aber seit 1787 durfte er einem wegen Diebstahls Verurteilten nicht mehr als 39 Hiebe an einem Tag versetzen.

Leid und Freud wurde in 300 Wirtshäusern und Schenken hinuntergespült. Die vornehmste Gaststätte war die City Tavern, die berühmteste Fraunces' Tavern mit den Erinnerungen an das Abschiedsessen, das Washington am Ende des Krieges seinen Offizieren gegeben hatte. Das einzige Theater der Stadt war bis 1798 das John Street Theatre, in dem The Old American Company ihre von den Behörden argwöhnisch beäugten und von den Besuchern nicht immer beifällig aufgenommenen Künste zum besten gab. Gespielt wurden meist Stücke englischer und amerikanischer Autoren. Annonciert wurden sie nicht mehr mit der Formel »Vivant Rex et Regina«, sondern mit »Vivat Republica«.

»President's March«, eine erste amerikanische Nationalhymne erklang, als George Washington am 24. November 1789 das John Street Theatre betrat. »Als The President erschien«, berichtete der »New York Daily Adviser«, »erhob sich das Publikum und empfing ihn mit wärmstem, dem Herzen freier Menschen entströmendem Applaus«. Washington hatte zwei seiner Verehrerinnen, Abigail Adams, die Gemahlin des Vizepräsidenten, und Elizabeth Hamilton, die Gemahlin des Finanzministers, in seine Loge eingeladen. Gegeben wurde die

Komödie »Darby's Return« des Amerikaners William Dunlap. Sie handelte von einem in seine irische Heimat zurückgekehrten Soldaten, der vom Unabhängigkeitskrieg erzählte und das Ergebnis rühmte: Eine Revolution durch das Volk und für das Volk. Die Bedeutung dieser Aussage war freilich durch seichte Scherze beeinträchtigt, die »unseren geliebten Herrscher« – wie die Zeitung den Präsidenten zum Mißvergnügen so manchen Revolutionärs nannte – in ein bei ihm selten wahrgenommenes Lachen ausbrechen ließen.

Mit ernstem Amtsgesicht kam er den Repräsentationspflichten nach. Der Spitzenstellung im Staate und seinem Renommee im Volke meinte er es schuldig zu sein, achtunggebietend zu erscheinen. Wozu er ohnehin neigte, hatte ihm Vizepräsident John Adams geraten: »prunkvoll und majestätisch« aufzutreten und damit die »Würde und Autorität« der Präsidentschaft hervorzuheben. Dies schien um so ratsamer zu sein, als der äußere Rahmen, der ihm zur Verfügung stand, kaum dem vorgestellten Bild entsprach.

In New York residierte er in angemieteten Häusern. Das erste, Nummer 3 Cherry Street, bot wenig Platz. Das zweite, das McComb Mansion, war stattlicher und geräumiger, aber nicht für Repräsentationsbedürfnisse des Präsidenten eingerichtet. Ein Sekretär wurde beauftragt, Präsentierteller zu besorgen, und Gouverneur Morris kaufte in Paris Tafelaufsätze aus Porzellan, Allegorien der Künste und Wissenschaften; das Glanzstück stellte »Apollo, die Schäfer unterweisend« dar. Das Ganze sei von edler Einfachheit, von guter Substanz und würdiger Form, wie es George Washington gemäß sei, schrieb Morris an den Präsidenten, der bemüht blieb, den Aufwand in Grenzen zu halten.

Um ein Amt angemessen auszuüben, müsse der Inhaber entsprechend honoriert werden und das um so mehr, je höher er im Rang stehe und größere Verantwortung trage, meinte Washington. Der Vizepräsident bezog jährlich 5000, der Präsident 25 000 Dollar. Dies erschien ihm nicht zuviel zu sein, denn er hatte davon die Kosten für Sekretäre, Hausangestellte, Repräsentation und Reisen zu bestreiten. Aus seiner Privatschatulle konnte der verschuldete Gutsherr nicht viel beisteuern. Auch als Präsident drehte er jeden Dollar dreimal um, schaute auf den Cent, ließ alle Rechnungen überprüfen. Außer einem Sekretär, einem Assistenten und drei Hilfskräften bezahlte er den Haushofmeister Samuel Fraunces, den Patron der berühmten Taverne, ein Dutzend weiße und schwarze Diener, eine Haushälterin mit drei Helferinnen sowie einen Kammerdiener. Im Dezember 1789 wurden per Annonce ein Koch und ein Kutscher gesucht; das wiederholte Erscheinen der Anzeige ließ darauf schließen, daß entweder das Angebot zu gering oder der Auftraggeber zu wählerisch war.

Ein »Hof«, wie eingefleischte Republikaner behaupteten, war das Haus des Präsidenten nicht, weder hinsichtlich seines Umfanges noch seiner Umgangsformen. Der Vertreter des Königs von Frankreich fand die Residenz zu dürftig, ja kümmerlich, ein Vertreter der holländischen Republik die Haushaltung zu einfach, ja knickrig. Der Hausherr bemühte sich, so aufzutreten, wie er es dem Staatsoberhaupt eines großen und vielversprechenden Landes angemessen hielt, aber auch, wozu er sich als ein vom Volk gewählter und in Volksnähe zu bleibender Präsident einer Republik verpflichtet fühlte. George Washington suchte eine Mittellinie einzuhalten, aber er war sich nie sicher, ob ihm dies gelingen würde.

Recht machen konnte er es weder seinen Anhängern zur Rechten noch seinen Gegnern zur Linken. Konservativen, die ihn als »Patriot King« inthronisieren wollten, mit Prädikaten wie »Illustrious« und »Gracious« bekränzten und seinen Geburtstag am 22. Februar neben dem 4. Juli, dem Independence Day, als zweiten Nationalfeiertag begingen, mißfiel der seinem republikanischen Bekenntnis entsprechende Herrschaftsstil. Und Progressive, die den Königskult hinter sich gelassen zu haben glaubten, sahen sich schon von einem Präsidentenkult eingeholt, der in Richtung einer Monarchie mit einem sich zur Verfügung haltenden Monarchen zu tendieren schien. Sie registrierten einen republikanischen Gepflogenheiten zuwiderlaufenden »präsidialen Pomp«, zum Beispiel, daß George Washington vierspännig in einer kanariengelben Staatskarosse fuhr, die mit vergoldeten Nymphen und seinem Hauswappen verziert war.

Die wöchentliche Audienz beim Präsidenten wurde, wie der Morgenempfang bei einem Monarchen, Lever genannt. Als antirepublikanisch kritisierte Senator William Maclay diese Veranstaltung, ohne den Veranstalter monarchischer Umtriebe zu verdächtigen. Auch an einem der regelmäßigen Staatsdinners nahm er mit gemischten Gefühlen teil: Die Geladenen saßen stocksteif auf ihren Stühlen, gestatteten ihren strengen Mienen keinerlei Andeutung, daß sie Tafelfreuden genössen, und der Gastgeber trommelte zwischen den Gängen mit Messer und Gabel auf dem Tisch einen vorweggenommenen Zapfenstreich, konnte es kaum erwarten, die Tafel aufzuheben und die Gäste mit ausgesuchter Höflichkeit und kaum verhohlener Erleichterung zu verabschieden.

»Unsere Politiker sind beschäftigt, die Etikette unseres neuen Hofes festzulegen«, notierte Baron Steuben. »Ich bin, als alter Hofmann um meine Meinung darüber angegangen worden. Ich beginne damit, daß ich nach dem Dessert das Aufknacken der Nüsse aufgeben werde.« Der ehemalige Hofmarschall des Fürsten von Hohenzollern-Hechingen zog Vergleiche zwischen dessen Duodezhof und dem Präsidentenhaushalt, die nicht gerade zum Vorteil des letzteren ausfielen. Vor allem mokierte er sich über die Damenkränzchen der Präsidentengattin. »Was die Empfänge der Königin betrifft, darüber will ich mich nicht weiter äußern. Ich wünschte, sie würden spät abends und ohne Lampenlicht stattfinden.«

Die New Yorker High Society vermißte glanzvolle Soireen und rauschende Feste, auf denen Damen die wieder in Mode gekommenen Reifröcke, Herren seidene Breeches vorführen, die ganze Gesellschaft ihre Hauptstadtrolle spielen könnten. Die Bälle, auf denen das Präsidentenpaar nur selten erschien, waren nicht dazu angetan, die hochgespannten Erwartungen zu erfüllen. Frau Martha war so gekleidet und benahm sich so, als sei sie zu einem Provinzrout in Alexandria gekommen. Ein Tanz mit Mr. President, der sich mit seinen langen Beinen und großen Füßen nicht gerade elegant bewegte, gereichte der Auserwählten mehr zur Ehre als zum Vergnügen.

Am 14. Mai 1789 – zwei Monate vor dem Bastillesturm – wurde dem republikanischen Präsidenten und jenen, die ihn für einen präsumptiven König hielten, vor Augen geführt, wie eine Monarchie noch in ihrer Agonie zu feiern verstand. Der französische Gesandte, Comte de Moustier, hatte zu Ehren des Verbündeten im Kriege und Partners im Frieden ein grandioses Fest arrangiert. »The President of the United States« wurde von einem Ballett empfangen; die Tänzer in amerikanischen und französischen Uniformen und die Tänzerinnen in den Farben Frankreichs und Amerikas zelebrierten den Pas de deux Nations. Ein Büfett bot amerikanische Quantitäten in französischer Qualität zur Erfrischung und Stärkung der bis in die Nacht hinein Feiernden.

Um selber derartige Festivitäten zu veranstalten, hatte George Washington weder Lust noch Zeit, noch Geld. Auch Einladungen begann er sich zu entziehen. Schon von den Heimsuchungen in der Residenz, auch wenn er sie auf bestimmte Tage und Stunden beschränkt hatte, wurde er von dringenden und wichtigen Tätigkeiten abgehalten. Er mußte mit seinen Kräften haushalten, von denen er im Kriege und danach zu viele verausgabt hatte. Von all dem Neuen, das auf ihn zukam, den schweren Aufgaben, die er zu bewältigen, und der großen Verantwortung, die er zu tragen hatte, fühlte er sich überlastet, und die Überanstrengung machte ihn krank.

Im Juni 1789, zwei Monate nach seiner Amtsübernahme, bekam er hohes Fieber, und es bildete sich ein Karbunkel am Oberschenkel. Sechs Wochen lang mußte er auf einer Seite im Bett liegen, und es ging ihm so schlecht, daß die Ärzte, Dr. John Bard und dessen Sohn Samuel, kaum mehr vom Krankenlager wichen. Die Straße vor der Residenz wurde für den Wagenverkehr gesperrt. Eine Operation verschaffte Erleichterung, noch keine Genesung. Die Wunde des Einschnittes sei immer noch offen, klagte der Patient am 8. September. Die Krankheit des Präsidenten, meinte der französische Gesandte, sei »emotionalen Ursprungs«, verursacht durch die Umstellung auf Neues und Ungewohntes sowie die Unsicherheit, ob er die übernommenen Pflichten zum Segen des Landes zu erfüllen vermöchte.

Endlich konnte er seine Amtsgeschäfte wiederaufnehmen. Am 3. Oktober bestimmte er den 26. November 1789 als Thanksgiving Day. Alle Amerikaner sollten an diesem Tag dem »Allmächtigen Gott« danken, daß er ihnen zu Freiheit und Einheit verholfen hatte, und den »Herrn und Herrscher der Nationen« bitten, seine Hand weiterhin über den Vereinigten Staaten zu halten. Am ersten Thanksgiving Day, einem stürmischen Tag, traf George Washington in der St. Paul's Chapel nur wenige Beter an.

George Washington ging regelmäßig in seine Kirche. Der erste Amerikaner hielt sich an die Aufforderung, die er in der Proklamation des Thanksgiving Day an alle gerichtet hatte: Den Beistand des Allmächtigen für die genaue und pünktliche Erfüllung ihrer Pflichten zu erbitten, damit die Union der Nation zum Segen gereiche.

Im »brain work« blieb er auf James Madison angewiesen und wurde zunehmend von Alexander Hamilton abhängig, von den beiden Unionisten, die ihn zur Annahme der Präsidentschaft gedrängt hatten und ihm nun bei der Ausübung des »directory work« beistanden. Die rechte Hand in der Kanzlei war Sekretär Tobias Lear, der alles mit seiner Feder zu Papier brachte und darauf bedacht blieb, daß jedes Papier die Handschrift seines Vorgesetzten trug.

Der erste Präsident fühlte sich verpflichtet, seine konstitutionellen Kompetenzen voll und ganz auszuüben, denn er hatte dem Amt die Konturen zu geben und Maßstäbe für die Regierung zu setzen. Indessen hütete er sich, die Befugnisse zu überziehen, einsame Beschlüsse zu fassen und eigenmächtige Entscheidungen zu treffen, und das nicht nur aus Einsicht in seine

Unzulänglichkeiten, sondern auch vor allem in Respektierung der Verfassung. Deshalb legte er Wert auf Teamarbeit in der von ihm geleiteten Exekutive und auf ein Zusammenwirken mit der Legislative, dem Repräsentantenhaus, welches das Volk, und dem Senat, der die Einzelstaaten der Union vertrat.

Sein guter Wille wurde nicht in der von ihm erwarteten Weise erwidert. So scheiterte ein erster Versuch, sich im Senat »Rat und Zustimmung« zu holen. Einen Vertragsentwurf zur Regelung von Indianerangelegenheiten in Händen, betrat der Präsident an einem Samstagmorgen das Oberhaus, um mit dem Senat, der bei derartigen Angelegenheiten mitzureden hatte, die Einzelheiten zu besprechen und sich im voraus dessen Einverständnisses zu versichern. Der Vorsitzende, Vizepräsident John Adams, verlas das Papier, aber der Lärm vorbeifahrender Wagen übertönte seine Stimme. Auch das Ersuchen des Präsidenten um Ratgebung und Zustimmung wurde nicht klar und deutlich vernommen. Endlich begannen die Senatoren zu debattieren, mit dem Ergebnis, ein Komitee mit der weiteren Behandlung zu befassen.

Washingtons Gesicht lief rot an. »Das vereitelt den ganzen Zweck meines Kommens«, erklärte er den verdutzten Senatoren. »Eine Pause entstand, die längere Zeit dauerte«, berichtete William Maclay. »Die Gereiztheit des Präsidenten legte sich langsam. Wir warteten darauf, daß er sich zurückzöge. Er tat es auch mit dem Ausdruck höchster Unzufriedenheit... Der Präsident hatte jetzt vor, dem Senat den Nacken zu beugen.«

Das konnte und das wollte er nicht. Aber er nahm Abstand von Verhandlungen mit dem Senat vor seinen Entscheidungen, ging dazu über, jene, die dessen Zustimmung bedurften, ihm im nachhinein in Form von Botschaften zugehen zu lassen. Bei dieser Prozedur geriet der Senat, dem der Präsident eine primäre Rolle bei seiner Beschlußfassung hatte einräumen wollen, ins Hintertreffen gegenüber dem Kabinett, in dem er zunehmend Rat und Unterstützung suchte. Dessen selbstbewußte und durchsetzungsfähige Mitglieder neigten dazu, ihn in Richtung eines »persönlichen Regiments« zu drängen. Sie mochten daran gedacht haben, als Kamarilla das Kommando zu übernehmen, zumindest mit zu führen, mußten aber bald feststellen, daß sich der für die Exekutive allein verantwortliche Präsident das Heft nicht aus der Hand nehmen ließ.

General Washington hatte Vorschläge kundiger Stabsoffiziere entgegengenommen, sich jedoch die Entscheidung über Annahme oder Ablehnung vorbehalten. Präsident Washington, im neuen Metier nicht so firm wie im alten, war noch mehr auf Adlaten angewiesen, wobei er Gefahr lief, auf sie mehr als seinerzeit auf seine Adjutanten einzugehen oder gar von ihnen abhängig zu werden. Davor sollten ihn die bei der Auswahl der Mitarbeiter beachteten Kriterien bewahren. Zum einen galt es, solche auszusuchen, auf die er sich nicht nur persönlich, sondern auch politisch verlassen könnte. Zum anderen fühlte er sich als Präsident aller Amerikaner gehalten, auch solche in die Regierungsverantwortung einzubinden, die sich zwar mit der Union abgefunden hatten, aber lieber bei der Konföderation geblieben wären. Washington mußte damit rechnen, daß sich die Auseinandersetzung zwischen Federalists und Antifederalists im Lande in seinem Kabinett fortsetzen würde, aber er konnte auch annehmen, daß Differenzen zwischen Parteigängern dem Präsidenten ähnliche Vorteile verschaffen würden wie einst das »Divide et impera« einem Caesaren.

Als unproblematisch galt die Ernennung von Henry Knox zum Leiter des War Departments. Der Generalmajor versprach in der neuen Regierung ein Paladin des Präsidenten zu werden. Von ihm war zu erwarten, daß er vom Vorgesetzten, der vom Militärwesen mehr verstand als er selber, Befehle gehorsam entgegenzunehmen und geflissentlich auszuführen bereitstand. Übernehmen brauchte er sich dabei nicht. Die ganze Unionsarmee zählte vorerst nur 887 Offiziere und Mannschaften.

Problematischer war die Berufung von Alexander Hamilton zum Leiter des Treasury Departments, des Schatzamtes. Ihm fiel von vornherein eine tragende Rolle im Kabinett zu, denn Geld war für das noch instabile weit mehr als für ein bereits stabilisiertes Staatswesen von großer Bedeutung. Für ausreichend Einnahmen zu sorgen und es für vorrangig befundene Zwecke auszugeben, war eine Aufgabe, die dem Finanzminister eine Macht über seine Kollegen geben und jener des Präsidenten Abbruch tun konnte. Es war zu vermuten, daß Hamilton, ehrgeizig und machthungrig wie er war, jede Gelegenheit ergreifen würde, seinen Einfluß zu mehren, und versuchen würde, mit seinem ungestümen Temperament den nicht unbeeinflußbaren Washington von dessen Mittelweg abzubringen und auf seinen eigenen Rechtskurs hinzudrängen.

Der Gedanke lag nahe, dem rechten Unionisten einen linken Antiunionisten entgegenzusetzen. Doch dies war nicht das primäre Motiv des Präsidenten bei der Berufung von Thomas Jefferson zum Leiter des Departments für Auswärtige Angelegenheiten, das bald in State Department umbenannt wurde. Sein Wunschkandidat war John Jay gewesen, der sich als Federalist wie als Diplomat hervorgetan hatte, aber nun das Amt des Obersten Bundesrichters vorzog. Thomas Jefferson war George Washingtons zweite Wahl. Das geistige Haupt der Antiunionisten hatte von Anfang an gegen den unionistischen Stachel gelöckt, und es war nicht auszuschließen, daß er selbst als Minister der Vereinigten Staaten damit fortfahren würde. Als Gesandter in Paris hatte er Auslandserfahrungen gesammelt, die ihn für das Außenamt empfahlen, ohne sich diplomatische Gepflogenheiten in politicis angeeignet zu haben, die sich Washington vom Leiter dieses auch mit inneren Angelegenheiten befaßten Departments erwartet hätte.

Mit Jefferson und Hamilton hatte sich der Präsident zwei parteipolitisch engagierte und energisch agierende Minister in sein Kabinett geholt. Der eine zog nach links, der andere nach rechts, wobei der letztere, nicht ohne Hilfestellung des konservativ gestimmten Washington, zunehmend an Terrain gewann und den Staatschef, der eigentlich über den Lagern stehen und den nationalen Schiedsrichter spielen wollte, ein Stück weit mit sich zog.

Jefferson war wie Washington Virginier, und ein weiterer,

Edmund Randolph, wurde zum Attorney General, dem obersten Verwalter des Justizwesens berufen. Obwohl Hamilton aus New York und der Postmaster General, Samuel Osgood, aus Massachusetts kam, konnte kaum von einer regionalen Ausgewogenheit der höchsten Regierungsämter gesprochen werden. Um nicht noch mehr Wasser auf die Mühlen der Antiföderalisten zu leiten, bemühte sich der Präsident, bei der Auswahl der Bundesbeamten die Interessen der Bundesstaaten besser zu berücksichtigen. Wie ein feudalistischer Patriarch, der auch einen Staat nach Gutsherrenart zu regieren gedachte, praktizierte er ein »System der Patronage«, wollte keinen einstellen, von dessen Eignung er sich nicht persönlich überzeugt, den ihm zumindest eine Vertrauensperson empfohlen hatte. Andererseits glich er sich mit parteipolitischen Erwägungen verbundenen demokratischen Usancen an, wollte keinen in Dienst nehmen, »dessen politische Anschauungen im Gegensatz stünden zu den Grundsätzen, zu denen sich die Regierung bekenne«.

In der Exekutive hatten die Föderalisten das Übergewicht und in der Legislative die Mehrheit. Im Repräsentantenhaus hielt dessen Sprecher James Madison die »Freunde der Regierung« zusammen und verstand sie für die nicht zuletzt von ihm abgesteckten Ziele des Präsidenten in Bewegung zu setzen. Nicht so leicht in diese Richtung zu bringen waren Mitglieder des Senats. Dies lag zum einen daran, daß die Interessen der Staaten, die sie zu vertreten hatten, nicht immer mit denen des Bundes übereinstimmten, zum anderen an der Person des den Vorsitz führenden Vizepräsidenten.

John Adams, ein Unionist auch er, der gerne Präsident geworden wäre, mußte George Washington, dem er sich überlegen fühlte, den Vortritt lassen und sich mit der Vizepräsidentschaft begnügen, »dem unbedeutendsten Amt, das jemals erfunden wurde«. Die Zurücksetzung suchte der Zweite durch ein Auftreten zu kompensieren, das jenem des Ersten kaum nachstand, ohne daß es »His Rotundity«, wie er wegen seiner mehr in die Breite als in die Höhe gehenden Gestalt genannt wurde, gelungen wäre, eine Figur wie George Washington zu machen, als dessen Anrede er »His Highness« vorgeschlagen hatte.

Der Puritaner litt unter dem Ausbleiben eigenen Regierungserfolges, und der Intellektuelle, der pointiert zu formulieren pflegte, neigte zu den zugespitzten Äußerungen entsprechenden Handlungen, die Gegner wie Freunde vor den Kopf stießen. Auch deshalb und nicht nur aus persönlicher Abneigung, zog ihn der Präsident selten zu Rate, was Adams Aversion gegen Washington verstärkte, die in dem Urteil gipfelte: Die »Talente« dieses Herrn hätten vor allem in einem ansehnlichen Gesicht, einer stattlichen Figur, einer eleganten Form und einer präzisen Haltung bestanden, und daß er aus Virginia kam, wo man in jeder Gans einen Schwan erblickte.

In der Sache stand der Vizepräsident nicht an, dem Präsidenten und damit der Union beizustehen. Als Vorsitzender des Senats stand er über den Debatten, gewann jedoch politisches Gewicht, wenn er bei Stimmengleichheit den Ausschlag gab und sein Votum in die Waagschale der Bundesregierung warf. Dies kam George Washington gelegen, führte aber nicht dazu, daß er John Adams als Person mehr geschätzt hätte oder dazu übergegangen wäre, den Vize in Chefsachen mitreden oder gar mitbestimmen zu lassen.

Der Präsident arbeitete sich, so gut und so rasch es ging, in die ungewohnte Materie ein. »Die Konstitution auf dem Papier ist eine andere als im Leben. Ausübung und Gebrauch der Autorität hängt von der Persönlichkeit ab«, schrieb Gouverneur Morris an George Washington. »Ihr ruhiges, sich stets gleichbleibendes Wesen ist unumgänglich notwendig, um unserer neuen Regierung eine feste und männliche Note zu geben.« Man mußte es ihm nicht eigens sagen. Der erste Präsident versah das höchste Amt mit einer Würde, die ihm die Achtung der Amerikaner eintrug, die sich von seiner Person auf das Amt übertrug.

Noch waren die Vereinigten Staaten von Amerika nicht nur in

der Bezeichnung, sondern auch nach den realen Verhältnissen ein Pluralbegriff. Um die Vielheit in einer Einheit zusammenzufassen, bedurfte es einer Integration, und George Washington wurde der Integrator. Die Bundesstaaten, die er zu regieren hatte, wollte er näher und besser kennenlernen. Am 18. Oktober 1789 brach George Washington nach Neu-England auf. Vor dreizehn Jahren hatte er als Oberbefehlshaber die Stadt Boston belagert und befreit, aber das Land war ihm fremd geblieben, und es gab dort immer noch Leute, die der Union im allgemeinen und seiner Person im besonderen nicht gewogen waren. Er wollte sie von seiner Absicht zu überzeugen, den Einzelstaaten zu lassen, was ihnen zukam.

Die Schwierigkeiten, die weit von der Zentrale entfernt liegenden Länder mit ihren Eigenheiten unter Dach und Fach der Union zu bringen, wurde ihm bereits durch die Länge der Wege und die Beschwernisse der Reise verdeutlicht. Kaum war die Kutsche über die Manhattan mit dem Festland verbindende Kingsbridge gerollt, rumpelte sie auf Straßen dahin, die diesen Namen kaum verdienten. Brücken über die dem Meer zuströmenden Wasserläufe waren selten; das Übersetzen mit primitiven Fähren war zeitraubend und nicht ungefährlich. Tavernen hatten auch dem Präsidenten kaum bequeme Betten und nicht immer zufriedenstellende Speisen zu bieten; in eine wurde er gar nicht eingelassen, weil die Frau des Wirtes erklärte, daß ihr dafür zuständiger Mann nicht daheim sei. Von New York bis New Haven in Connecticut war er, an der Küste entlang, zwei Tage unterwegs. Von dort wandte er sich landeinwärts und kam nach einer Woche bis Worcester in Massachusetts.

Stets hielt er die Augen offen und sein Tagebuch bereit. Schon auf der ersten Etappe zwischen Greenwich und Fairfield interessierte den Landbesitzer vor allem die Landwirtschaft. Die Farmer seien dabei, notierte er, die geernteten Äpfel zu Apfelsaft zu verarbeiten; die Weizenernte sei nicht schlecht ausgefallen. Agrarprodukte, Salzfleisch, Indian Corn und Bauholz, würden von Norwalk und Fairfield nach Westindien ausgeführt. In Wallingford nahm er Notiz von Seidenraupen, in Milford von Getreidemühlen und Sägewerken.

George Washington las Adam Smith, der in seinem Hauptwerk »Wealth of Nations« den Reichtum eines Landes nicht in der landwirtschaftlichen Erzeugung erblickte. Der Gutsherr von Mount Vernon mochte dieser Auffassung nicht zustimmen, aber der Präsident erwartete von der Entwicklung des Manufakturwesens einen wesentlichen Beitrag zum Wohlstand der Nation. In Stratford besichtigte er einen Betrieb, der Leinwand herstellte, und in Hartford bestellte er in dem Textilwerk einen weiteren Anzug aus dem dort gewebten Wollstoff. Dem Militär gefielen namentlich das United States Arsenal und die Pulvermühle in Windsor.

Bostons Handel und Wandel beeindruckten ihn. In einem Betrieb zählte er 28 Webstühle und 14 Mädchen, »die mit beiden Händen spinnen, den Flachs um die Taille gewickelt. Kinder (Mädchen) drehen die Räder«, und sie arbeiteten von 8 Uhr morgens bis 6 Uhr abends. In Beverley besichtigte er die »Cotton Manufactory« mit ihren in England »eben erfundenen« Maschinen. In den Häfen sah er Boote für den Fang von Kabeljau und Wal, kleinere Schiffe für den Küstenhandel und größere Schiffe für den Überseehandel. Exportiert wurden hauptsächlich Salzfisch, Bauholz und verschiedene Lebensmittel.

In Massachusetts wie vorher in Connecticut und anschließend in New Hampshire gewahrte er eine wachsende Wirtschaft und Bevölkerung, die davon zu profitieren schien. Wer wie er materielle Prosperität als Voraussetzung für gesellschaftlichen Wohlstand und staatliches Wohlergehen ansah, schöpfte Hoffnung für die Zukunft der auf »Property and Liberty« gegründeten und eine Gleichheit der Lebensverhältnisse anvisierenden Vereinigten Staaten von Amerika. In Connecticut, bemerkte Washington, gebe es bereits »great equality«: wenige, fast gar keine reichen Leute und keine Armen, und alle lebten in Häusern, von denen eines dem anderen gleiche. In Newburyport, Massachusetts, erlebte er, daß überkommene Rangordnungen noch intakt waren. In der Prozession, die ihn in die

Stadt geleitete, gingen die Stadträte, der Marshall und der High Sheriff voran, gefolgt von Geistlichen, Ärzten, Rechtsanwälten und Beamten, dann kamen Handel- und Gewerbetreibende, Schiffskapitäne und Seeleute, schließlich die Schulmeister mit den Schulkindern. In verschiedenen Kirchen wurde gebetet. Washington besuchte während der Reise zum Gottesdienst am Sonntag die Episcopal Church, der er angehörte, und eine Congregational Church der neu-englischen Puritaner.

Indessen gab es im gemeinsamen Unionshaus – so fand es der Reisende bestätigt – weiterhin unterschiedliche Staatenwohnungen, deren Bewohner sich nur schwer an die allgemeine Hausordnung gewöhnten. In Boston kam es zu protokollarischen Mißhelligkeiten zwischen dem Präsidenten George Washington und dem Governeur John Hancock, der gern selber Oberhaupt der USA geworden wäre und es nun dem erfolgreichen Rivalen zeigen wollte, daß er bei sich zu Haus in Massachusetts der Erste geblieben sei. Der Governeur ging davon aus, daß der Präsident ihm den ersten Besuch abzustatten habe. Dieser lehnte jedoch die Einladung in sein Haus ab und zog das bestellte Quartier vor.

Hancock revanchierte sich. Als Washington vor der Stadt aus der Kutsche auf seinen Schimmel umstieg, damit ihn alle beim Einzug sehen könnten, war der Governeur zum Empfang nicht erschienen. In der Annahme, daß Hancock von der Menschenmenge aufgehalten worden sei, wartete der Präsident eine Zeitlang vergebens auf ihn und erkältete sich im kalten Nordostwind. Schließlich ritt er in Boston ein, aber nicht einmal die Huldigungen von Tausenden und aber Tausenden Bürgern halfen ihm über die Kränkung hinweg. Er erschien nicht zum Dinner bei Hancock, der einsehen mußte, daß er zu weit gegangen war, und sich schriftlich entschuldigte, daß es ihm sein Podagra nicht erlaubt habe, den hohen Gast persönlich zu empfangen. Er sei bis 14 Uhr zu Haus, schrieb Washington zurück, und es würde dem Präsidenten ein Vergnügen sein, den Governeur zu sehen; er ersuche ihn jedoch, dabei seine Gesundheit nicht aufs Spiel zu setzen. Der Gerüffelte kam sofort, auf Diener gestützt und den angeblichen Gichtfuß mit rotem Tuch umwickelt. Erst am nächsten Abend erwiderte Washington den Besuch.

Mit dem Federal Salut von 13 Kanonen, eine Kanone für jeden Bundesstaat, pflegten sie den Präsidenten der Vereinigten Staaten zu begrüßen, »Columbias Lieblingssohn« und den »Mann, der alle Herzen vereint«, wie es auf einem Triumphbogen in Boston hieß. Doch dem Gefeierten blieb nicht verborgen, daß noch viel Zeit und Mühe vonnöten wären, um die Einzelstaaten enger miteinander zu verbinden, alle ihre Einwohner zu bewußten und getreuen Bürgern des Gesamtstaates heranzubilden. Noch war Kritik an der »königlichen Rundreise« mit »Weihrauch und Lobreden« zu vernehmen. Doch die Mehrheit der Neu-Engländer akklamierte mit George Washington der von ihm repräsentierten Union.

Besonderen Anklang fand der Kavalier alter Schule bei den Damen. Sie besaßen zwar kein Wahlrecht, aber es waren Frauen, die einen eigenen Kopf hatten und auch wußten, was ihre Männer zu wollen hätten. Abigail Adams, die Gemahlin des Vizepräsidenten John Adams, war ebenso eine Verehrerin George Washingtons wie Eliza Powell, die Gattin eines Handelsherrn, die schwärmte: Seine physische Figur erhöhe seine politische Statur. Alle wußten es zu schätzen, daß der stattliche Mann mit seinen ritterlichen Manieren ihnen den Hof machte. Ausdruck fand sein platonischer Hang zum schönen Geschlecht in Notizen des Tagebuchs. So entzückten ihn bei einem Empfang in Portsmouth, New Hampshire, »an die fünfundsiebzig Ladies, fein gekleidet, viele hübsch« und mit dunkleren Haaren als die Damen des Südens. Den Betriebsleiter der Textilmanufaktur in Boston beglückwünschte er, daß er als Spinnerinnen die am besten aussehenden Mädchen der Stadt bekommen habe.

Im Brief an Catherine Macaulay Graham, eine englische Verehrerin, zog er eine Bilanz seiner »Yankee Tour«. Überall habe er Fortschritte gesehen: florierende Farmen, aufblühende Städte, neugegründete Manufakturen, zunehmenden Handel und ein Volk, das sich eines von ihm zu seinem Besten eingesetzten Regierungssystems erfreue. In England sollten sie wissen, daß die Voraussagen, mit dem unabhängigen Amerika würde es abwärts gehen, nicht eingetroffen waren. Sich selber verhehlte er nicht, daß die Vereinigten Staaten erst am Anfang standen.

Am 13. November 1789 war er wieder in New York und im Amtsgeschirr. Gesetz um Gesetz galt es auf den Weg und über den Berg zu bringen. Was schon begonnen und was noch zu vollbringen war, verkündete er am 8. Januar 1790 in der ersten »State-of-the-Union«-Botschaft. Der Präsident fuhr in der Staatskutsche zur Federal Hall und schritt zur Senate Chamber, in der die Mitglieder beider Häuser des Kongresses versammelt waren. Sie hörten sich stehend die Verlautbarung des Staatsoberhauptes und Regierungschefs an, der in dem aus der Wollmanufaktur Hartford mitgebrachten Anzug vor ihnen stand.

Wer dabeigewesen war, als Washington vor einem Dreivierteljahr seine Inaugural Adress verlesen hatte, konnte feststellen, daß er sicherer auftrat und seine Stimme fester klang, und daraus schließen, daß er sich in das Amt eingelebt und dessen Aufgaben angepackt hatte. Entgegenkommend und zugleich entwaffnend, wie es seine Art war, gratulierte er zunächst den Abgeordneten zum guten Zustand und den günstigen Aussichten der öffentlichen Angelegenheiten, um sie anschließend für Maßnahmen einzunehmen, die nicht jedem Volksvertreter und Staatenrepräsentanten zupaß kamen. Dies galt in erster Linie für seinen Entschluß, die militärischen Kräfte zu verstärken. Wozu denn, wenn man eben einen Krieg glücklich beendet hatte? Nur eine beachtliche Streitmacht könne neue Waffengänge vermeiden helfen, meinte der General a. D., der an das »Si vis pacem, para bellum« glaubte: »Wer den Frieden will, muß zum Kriege rüsten.« Überzeugender klang in manchen Ohren das Argument, daß die Westgrenze gegen die anhaltenden Übergriffe der Indianer zu sichern sei. Am liebsten hörten sie den Hinweis, daß die Ausrüstung einer Armee das Manufakturwesen fördern, Unternehmern Gewinn, Arbeitern Lohn und dem Gemeinwesen Steuern bringen würde.

Ein uniformiertes stehendes Heer, Einheitlichkeit der Währung wie der Maße und Gewichte und ein ständiger auswärtiger Dienst seien unerläßlich, erklärte der Präsident, der weitere Aufgaben aufzählte: Entwicklung von Landwirtschaft und Industrie aus eigenen Kräften, ohne sich im Ausland gemachten Erfindungen und erzielten Errungenschaften zu verschließen, Steigerung des Binnen- wie Außenhandels und Verbesserung der Verbindungen zwischen den weit auseinanderliegenden Teilen des Landes durch Straßenbau und Postwesen. Auch die Notwendigkeit einer Förderung von Wissenschaft und Literatur vergaß er nicht zu erwähnen. Die Visite in der Harvard Universität mit ihren Laboratorien und der Bibliothek mit 13000 Bänden hatte ihn nachhaltig beeindruckt.

Ein derartiges Programm verlange entsprechende Mittel, die noch nicht zur Verfügung stünden und die zu beschaffen von äußerster Wichtigkeit für das nationale Ansehen und Gedeihen sei, fand Washington und ging daran, vorhandene Rinnsale auszuschöpfen und ergiebigere Quellen zu erschließen. Die Hauptarbeit nahm ihm Finanzminister Hamilton ab, doch als Präsident hatte er die Hauptlast der Verantwortung zu tragen, und sie drückte ihn so schwer, daß er nahe daran war, unter der Bürde zusammenzubrechen.

Im Mai 1790 bekam er eine Lungenentzündung. Die New Yorker Ärzte riefen eine Koryphäe aus Philadelphia herbei. Das Kollegium rechnete mit dem Ableben des Patienten. Doch der Achtundfünfzigjährige überstand die Krise, zur Erleichterung des ganzen Volkes, wie Thomas Jefferson berichtete: Dessen Angst um seinen Präsidenten habe bestätigt, »wieviel von seinem Leben abhängt«.

Der »Vater seines Landes« war zur Unabhängigkeitsfeier wieder genesen. Am 5. Juli 1790 sprachen Mitglieder der Regierung und des Kongresses in seinem New Yorker Haus vor, um dem Befreier und Einiger ihre Verehrung zu bezeugen. In der St. Paul's Chapel hörte sich George Washington einen Prediger an, der – zu ihm gewandt – Errungenschaften der Vereinigten Staaten »unter einer exzellenten Regierung unserer

Wahl« hervorhob. Am 8. Dezember 1790 ergriff der Präsident vor beiden Häusern des Kongresses das Wort. In seiner zweiten »State-of-the-Union«-Botschaft verwies er auf die im vergangenen Jahr erzielten Fortschritte: Steigerung des Handels, Verbesserung der Finanzen und die baldige Vergrößerung des Landes durch die Staaten Vermont und Kentucky. Diese Botschaft verlas der Präsident in dem an das State House von Pennsylvania, die Independence Hall, angebauten County Court House, das als neuer Sitz des Senats und des Repräsentantenhauses fortan Congress Hall hieß. Anstelle von New York war Philadelphia die provisorische Bundeshauptstadt geworden.

Am 2. September 1790 war der Präsident mit militärischen Ehren und bürgerlichen Ovationen in Philadelphia empfangen worden. Anschließend verbrachte er einen Urlaub auf Mount Vernon und kam rechtzeitig zum Zusammentritt des Kongresses am 6. Dezember 1790 in die Stadt.

Benjamin Franklin durfte dies nicht mehr erleben. Der Vierundachtzigjährige war am 17. April 1790 in Philadelphia, wo er als Präzeptor Amerikas gewirkt hatte, zufrieden mit seiner Lebensleistung sanft entschlafen. Für seinen Grabstein hatte er die Inschrift verfaßt: »Hier liegt der Leib Benjamin Franklins, eines Buchdruckers (gleich dem Deckel eines alten Buches, aus dem der Inhalt herausgenommen, und der seiner Inschrift und Vergoldung beraubt ist), eine Speise für die Würmer; doch wird das Werk selbst nicht verloren sein, sondern (wie er glaubt) dermaleinst erscheinen in einer neuen schöneren Ausgabe, durchgesehen und verbessert von dem Verfasser.«

Er sei des Daseins überdrüssig geworden, hatte Benjamin Franklin am 18. September 1789 an George Washington geschrieben, aber nun sei er dankbar, daß er die Konstituierung der Vereinigten Staaten und die Inauguration des von ihm geschätzten und geachteten Präsidenten noch erlebt habe. Seinen Spazierstock mit einem goldenen Knauf in der Form einer Freiheitskappe hinterließ er seinem und dem »Freund der Menschheit, General Washington« als Stab und Stütze auf dem Weg in eine gute Zukunft.

Der Bedachte konnte auf den Spuren des Erblassers in Philadelphia wandeln: Zur von Franklin gegründeten Bibliothek, die nun als erste Library of Congress diente, zum Backsteingebäude der von Franklin ins Leben gerufenen American Philosophical Society, weiter zu dem auf Initiative des »guten Menschen von Philadelphia« errichteten Pennsylvania Hospital, vorbei an Häusern, an denen das Zeichen »Hand-in-Hand« der auf ihn zurückgehenden Fire Insurance Company angebracht war, bis hin zum letzten Wohnsitz des Patriarchen und dessen Grab auf dem Friedhof der Christ Church. Erinnerungen tauchten auf, an die Plädoyers des Politikers für die Unionsverfassung wie an die Vorführung der vom Mechaniker erfundenen Mangel, einer Maschine zum Glätten von Wäsche, die George Washington für nützlich in allen großen Familien fand.

An die Seinen hatte der Präsident zu denken, der mit Frau, zwei Stiefenkeln, zwei Sekretären, zwei Dienstmädchen, vier weißen und vier schwarzen Dienern von New York nach Philadelphia umziehen mußte. Die Mühe wurde durch die Erwartung aufgewogen, daß es ihm in dem über 40000 Einwohner zählenden, dem ihm konvenierenden englischen Stil weiter pflegenden Philadelphia besser gefallen würde als in New York und er in dieser aristokratisch geprägten Stadt auch angemessener wohnen könnte.

Seine Residenz wurde das distinguierte Haus in der Market Street, das seinem Freund Robert Morris gehörte und in dem er bereits als Präsident des Verfassungskonvents gewohnt hatte. Dessen Einrichtung als Anwesen des Präsidenten der Vereinigten Staaten hatte er in die Hand genommen. Den First Floor bestimmte er für die Empfangsräume, den Second Floor für die Wohnung der Familie und sein Büro. Die gewohnten Möbel brachte er mit, den Haushofmeister Samuel Fraunces ließ er zurück. Mit dem Ersatzmann war er nicht zufrieden, er kostete zuviel und mischte sich zu oft in der Küche ein.

Alles in allem fühlte er sich in Philadelphia wohler als in New York, nicht zuletzt, weil der ihm vertraute Süden mit seinem

Mount Vernon näher lag. Washington nahm sich vor, so bald wie möglich den Südstaaten einen Besuch abzustatten. Im Herbst 1789 war er in Neu-England gewesen und hatte sich im Sommer 1790 in dem endlich der Union beigetretenen Rhode Island umgesehen. Eine Tour von Maryland bis Georgia galt ihm mehr als eine Pflichtübung des Präsidenten, das Land näher kennenzulernen und dessen Bewohner enger an die Union anzuschließen. Für den Southerner war das auch eine Sentimental Journey und für das Staatsoberhaupt ein Heimspiel.

Endlich konnte er die Reise antreten, für die er sich ein Vierteljahr Zeit nehmen wollte. Am 20. März 1791 verließ er Philadelphia mit einem Sekretär, fünf Dienern, elf Pferden, einer Staatskutsche und einem Gepäckwagen. Das Betreten seines Kanaan wurde ihm nicht leicht gemacht. Bei der Überfahrt über die Chesapeake Bay lief in stürmischer Nacht das Boot auf Grund. In einer Koje, die für ihn viel zu kurz war, erwartete er gestiefelt und gespornt den Morgen. Ein Segler kam zu Hilfe und brachte ihn nach Annapolis, der Hauptstadt von Maryland, die ihn mit dem Federal Salute empfing.

Über Mount Vernon, wo er nach dem Rechten sah, ging es weiter nach Süden. Noch einmal schien ihm der Eintritt ins Gelobte Land verwehrt zu werden. Auf der Fähre bei Colchester gingen die Pferde über Bord und hätten die Kutsche beinahe mit ins Wasser gerissen. Es ging gut ab, was Washington der göttlichen Vorsehung wie der Mithilfe amerikanischer Bürger zuschrieb.

In Richmond, der Hauptstadt Virginias, wurde der Landsmann begeistert empfangen. Mit Befriedigung vernahm er, daß die Bevölkerung im Gegensatz zu manchen ihrer Abgeordneten mit der Unionspolitik im großen und ganzen einverstanden war. Der Klage, daß die Landwirtschaft, vornehmlich der Tabakanbau, nicht mehr der goldene Boden Virginias sei, begegnete der Präsident, der als Gutsbesitzer deren Berechtigung kannte, mit der Aufforderung, Schafe zu züchten und deren Wolle in zu gründenden Manufakturen zu verarbeiten.

In North Carolina, der nächsten Etappe, begegnete er einem Agrarprodukt, das Zukunft zu haben schien: Baumwolle. Weiter in South Carolina und anschließend in Georgia erfuhr er, daß sich auch andere landwirtschaftliche Erzeugnisse auszahlten: Reis und Indigo. Im Unterschied zu virginischen Gütern, auch seinem eigenen, die sich auf vielseitigen Anbau verlegt hatten und in ihrem Streben nach Autarkie Kleinzentren mit Dorfcharakter geworden waren, pflegten die dortigen Plantagen ihre Monokulturen und glichen Großbetrieben, die Waren für den Absatz im In- und Ausland produzierten. Im »Low Country« von South Carolina und Georgia kamen auf einen weißen Freeman fünf schwarze Sklaven. Dort verdienten weniger als zwei Prozent der weißen Familien Amerikas an mehr als einem Fünftel des Exports und bezogen beinahe ein Fünftel des Imports der Vereinigten Staaten.

Washingtons Herrenhaus auf Mount Vernon war ein Chalet im Vergleich mit einem Herrenschloß im tiefen Süden. Die großen Küstenorte blühten als Hafenplätze, Aristokratensitze und Vergnügungsstätten auf. Die Lichterstadt war Charleston in South Carolina. Sie empfing den Präsidenten mit allem Glanz und Pomp, den sie aufzubieten vermochte. Zwölf Schiffskapitäne ruderten das Galaboot, das ihn von Haddrel's Point zum Stadtkai brachte. Eine Woche lang löste ein Fest das andere ab, auf denen namentlich die Damen um die Gunst des Gastes wetteiferten. »256 elegante und hübsche Ladies« zählte er bei einer Tanzveranstaltung in der Exchange. Bei einem Ball im Governor's House hatte sich »eine auserwählte Damengesellschaft« Porträts von George Washington in die aufgetakelten Frisuren gesteckt.

Das kleinere und nicht so reiche Savannah, Georgia, wollte hinter Charleston nicht allzuweit zurückstehen, bot immerhin acht Schiffskapitäne auf, die den Präsidenten den Savannah River hinabruderten, und »an die hundert gutgekleidete und ansehnliche Ladies«, die ihn auf einem Ball umschwärmten. Die Hafenstadt exportierte, wie der Besucher notierte, Reis, Tabak, Holz, Indigo, Hanf und Baumwolle, war an drei Seiten von Reisfeldern umgeben, und der Wind blies Sand durch die Straßen und in die Häuser.

Auf der Rückfahrt erlebte Washington im Landesinneren einen anderen, kargen und ärmlichen Süden, fuhr durch trokkene und unfruchtbare Gebiete; erst ab Charlotte in North Carolina sah er wieder grüne Wiesen und ertragreiche Felder. Je weiter er nach Norden kam, desto ergiebiger wurde das Land und dichter die Besiedelung. Am 12. Juni 1791 war er nach einer Reise von über 1700 Meilen wieder in Mount Vernon und fand, daß es nirgends schöner und besser sei als daheim in Virginia.

In keiner anderen Gegend mochte er sich – nach den Provisorien in New York und Philadelphia – die Bundeshauptstadt der Vereinigten Staaten vorstellen. Dabei dachte er an den Vorteil für seine engere Heimat wie den Nutzen für die gesamte Nation. In der geographischen Mitte zwischen dem Süden und Norden sah er den politischen Mittelpunkt der Union und einen Ausgangspunkt für die weitere Erschließung des Westens, die vornehmlich von hier – unter Beteiligung Washingtons – ausgegangen war und fortgeführt werden konnte.

Die Weichen waren schon gestellt. Da keine Stadt einer anderen die Würde und die Vorteile des ständigen Sitzes des Federal Government gönnte, einigte man sich darauf, die Federal City im Zentrum der Gründerstaaten auf bundeseigenem Boden zu gründen. Bereits 1790 beschloß der Kongreß, sie am Ufer des Potomac zu errichten. Der Präsident bemühte sich persönlich, die genaue Lage und den erforderlichen Umfang zu bestimmen. »Am 30. Tag des März im Jahre unseres Herrn 1791 und im fünfzehnten Jahr der Unabhängigkeit der Vereinigten Staaten« legte er den Federal District zwischen Alexandria, Hamburg, Georgetown und Carrollburg fest. Am 4. April beauftragte er Pierre-Charles L'Enfant mit der Planung der Bundeshauptstadt auf den zehn Quadratmeilen am linken Ufer des Potomac zwischen Rock Creek und Anacostia River.

Der Franzose entwarf im Geiste des rationalistischen und im Stil des klassizistischen 18. Jahrhunderts eine Metropole der

Zukunft. Auf dem Reißbrett zog er mit dem Lineal breite und schier endlose Avenuen, Straßen des Fortschritts. Diesem entgegenstehende, von der Vergangenheit geschaffene Hindernisse und in der Gegenwart bestehende Schwierigkeiten waren bei der Ausführung des Plans zu überwinden. Die Staaten Maryland und Virginia mußten wohl oder übel Teile ihres Territoriums abtreten; 1846 bekam Virginia seinen Anteil zurück, so daß der Federal District von seinen ursprünglich 100 Quadratmeilen auf 69 Quadratmeilen schrumpfte. Die dortigen Grundherren wollten ihren angestammten Besitz nicht ohne weiteres aufgeben, sich zumindest die abzutretenden Grundstücke teuer bezahlen lassen. Abgeordneten und Beamten graute es vor einem Umzug in »eine schreckliche, malariaverseuchte Gegend«, in die »Wälder am Potomac«.

Der Föderalist George Washington handelte sich einen weiteren Minuspunkt beim Antiföderalisten Thomas Jefferson ein. Als Virginier hatte der Secretary of State für die Bundeshauptstadt am Potomac geworben und sie maßgeblich mit durchgesetzt. Aber der Führer einer demokratischen Landvolkbewegung stellte sich die Federal City eher als ein Landstädtchen wie Williamsburg vor und nicht, wie der an die Größe und Macht der USA denkende Präsident, als ein neues Rom. Der Herr auf Monticello, der sich den Titel eines »Vaters der amerikanischen Architektur« zu verdienen suchte, verwand es nicht, daß der Herr auf Mount Vernon nicht auf seinen Landsmann, sondern auf den Franzosen setzte, der einem Plan Jeffersons »wirkliche Größe und wahre Schönheit« absprach.

Mit Pierre-Charles L'Enfant ritt George Washington am 28. Juni 1791 über den Baugrund, um die Lage der beiden wichtigsten Hauptstadtbauten festzulegen. Das Haus des Präsidenten wollte er näher am Kapitol haben, mit dessen Ortsbestimmung durch den Stadtplaner er einverstanden war. »Ich konnte keinen anderen Platz finden, der für den Bau eines Kongreßgebäudes so geeignet wäre wie das westliche Ende des Jenkins-Hügels«, erklärte L'Enfant. »Er steht da wie ein Sockel, der auf ein Denkmal wartet.«

Es dauerte und dauerte, bis das Kapitol in seiner ganzen Pracht dastand und die Kuppel sich in den Himmel der Macht erhob. Doch schon am 8. September 1791 wurde das Bundesterritorium als »District of Columbia« bezeichnet und die Federal City auf den Namen »Washington« getauft. Das von Columbus entdeckte Amerika war darangegangen, dem alten Europa über den Kopf zu wachsen, und die nach dem Gründerpräsidenten der USA benannte Bundeshauptstadt hatte sich auf den Weg zur Weltmetropole begeben.

Zwei Parteien

Ohne Finanzkraft gebe es keine Staatsmacht, betonte Alexander Hamilton. Der Leiter des Schatzamtes blieb bemüht, durch seine Finanzpolitik mit der Gewalt der Bundesregierung seinen Einfluß als wichtigstes Kabinettsmitglied zu stärken.

Bereits vor seiner Berufung zum Secretary of the Treasury war am 8. April 1789 von James Madison der First Federal Revenue Act im Kongreß auf den Weg gebracht und am 4. Juli vom Präsidenten unterzeichnet worden. Durch Zölle auf Importe erhielt die Bundesregierung dringend benötigte Einkünfte. An die 800000 Dollar flossen in den fünf Monaten nach Inkrafttreten des Gesetzes in die Bundeskasse. George Washington sah die Existenz des Federal Government fürs erste gesichert, indes seine Position nicht unbedingt gestärkt. Seine Nominierungen der Bundesbeamten wurden zwar im allgemeinen vom Senat bestätigt, aber die Ernennung von Benjamin Fishbourne zum Naval Officer des Hafens von Savannah abgelehnt. Beide Senatoren aus Georgia hatten sich gegen den Kandidaten des Präsidenten ausgesprochen. Vergebens machte Washington geltend, daß sich Fishbourne als Offizier der Befreiungsarmee ausgezeichnet habe. So blieb ihm nichts anderes übrig, als einen anderen Offizier zu benennen und es hinzunehmen, daß auch künftig die Berufung eines Bundesbeamten gegen den Willen der Senatoren seines Heimatstaates nicht in Frage kam.

Nicht zu verhindern vermochten die Staatenrechtler, daß der Bundespräsident bald über ein stattliches Bundesbeamtenkorps verfügte, das loyal zum Federal Government stand und für dieses effizient zu arbeiten begann. Das am 7. August 1789 geschaffene Schatzamt konnte binnen kurzem auf 2000 Zollagenten zählen und dessen Leiter darangehen, den Bundesfinanzen und mit ihnen der Bundesgewalt eine breitere und sicherere Basis zu verschaffen.

Alexander Hamilton legte am 14. Januar 1790 seinen ersten Finanzbericht vor, dem elf Monate später zwei weitere folgten und sein Finanzprogramm eines »konservativen Zentralismus« vervollständigten. Der entschiedenste, ehrgeizigste, tatkräftigste und skrupelloseste der Unionisten hatte das Ziel anvisiert: durch Finanzstärke und Wirtschaftskraft den Vereinigten Staaten von Amerika zu unangefochtener Bundesmacht und unbestrittener Weltgeltung zu verhelfen. Zunächst galt es, der vom Unabhängigkeitskrieg hinterlassenen Finanzmisere Herr zu werden und mit deren Überwindung durch Maßnahmen der Bundesregierung deren Ansehen wie Kompetenzen zu vermehren. Hamilton betrieb eine sichere Fundierung der Staatsschulden. Die von der Konföderation hinterlassenen bezifferte er auf 54 Millionen Dollar, die von der Union ebenfalls zu übernehmenden und zu tilgenden Schulden der Einzelstaaten auf 25 Millionen Dollar. Alle Anleihen sollten zum Nennwert zurückgezahlt werden, obgleich die amerikanischen Staatspapiere bis auf ein Viertel ihres Nennwertes gefallen, von Spekulanten zu Niedrigstpreisen aufgekauft worden waren.

Der Bund schien sich auf ein schlechtes Geschäft eingelassen zu haben, aber Hamilton vertraute darauf, daß es sich als gewinnbringend erweisen würde. Er ging davon aus, daß sich jede Regierung, wenn sie Erfolg haben wollte, »auf die Klasse der Besitzenden, auf die gesellschaftliche Oberschicht« stützen, sich ihrer durch eine ihren Bedürfnissen entgegenkommende Finanz- und Wirtschaftspolitik versichern müßte. Seine Rechnung ging auf: Wohlhabende Bürger, die ihr Kapital sichern, vermehren, in einträglichen Unternehmungen anzulegen gedachten, wurden die wichtigsten Parteigänger der Union und die ergebensten Paladine des Präsidenten.

Den Bund von Privatkapital und Regierungsmacht befestigte die »First Bank of the United States«, die Alexander Hamilton

Alexander Hamilton.

als private Körperschaft unter staatlicher Kontrolle gründete. Durch das zentrale Geldinstitut wurden Geldtransaktionen leichter und sicherer gemacht. Kapital floß in Handel und Gewerbe. In seinem »Report on Manufacture« plädierte der Finanzminister für angemessene Zollsätze zum Schutze der Entwicklung einer nationalen Industrie und veranlaßte ein Gesetz zur Unterstützung der heimischen Fabrikanten. Der Bundeskasse erschloß er eine neue Geldquelle durch die Erhebung einer Verbrauchssteuer auf alkoholische Getränke. Davon waren alle Amerikaner betroffen, denen Hamilton zeigen wollte, daß es eine Zentralgewalt gab, die jedem einzelnen in den Beutel greifen konnte.

Gegen den »Hamiltonianism« erhob sich Widerspruch, ja Widerstand. Nicht allein Farmer im westlichen Hinterland, die am Kornbrennen verdienten, sondern zahlreiche Amerikaner, die Whisky wie Rum für ein Konsumgut hielten, das ihnen so wichtig wie Franzosen das Weißbrot und Bayern das Bier erschien, waren von der Spirituosensteuer betroffen.

Noch war Amerika ein Agrarland, und kleine wie größere Landwirte wollten es dabei belassen und Hamilton nicht auf dem Weg zu einer Industrienation und Welthandelsmacht folgen. Gegen Hamiltons Finanz- und Wirtschaftspolitik stellte sich in erster Linie Thomas Jefferson. Der Secretary of State, der sich für die Hauptrolle in der Bundesregierung berufen fühlte und sich von den Starauftritten des Secretary of the Treasury in den Hintergrund gedrängt sah, begann erst heimlich und bald offen gegen den Kabinettskollegen anzugehen. Der Antiunionist, der sich mit der Union hatte abfinden müssen, bekämpfte den Zentralisten und der liberale Demokrat den rechten Kapitalisten. Der Agrarier Jefferson machte sich zum Sprecher der großen wie kleinen Farmer: »Wir sind ein Volk von Landwirten«, und »der Mann, der dem täglichen Gang der Landarbeit folgt, ist Gottes edelste Schöpfung«, er sei der prädestinierte Träger und zuverlässigste Garant eines freiheitlichen Staatswesens.

Der Herr auf Mount Vernon, ein Landmann mit Leib und

Thomas Jefferson.

Seele, hätte dem Herrn auf Monticello zustimmen mögen, wenn er sich nicht als Präsident der Vereinigten Staaten für verpflichtet gehalten hätte, alle Maßnahmen, die auf die Steigerung der Bundesgewalt wie die Mehrung der Staatswohlfahrt zielten, mit seiner Kraft und Kompetenz zu unterstützen. Die Industrielle Revolution, die in England begonnen hatte, durfte bei der Vollendung der Amerikanischen Revolution nicht außer acht gelassen werden. Die von ihm geführte Bundesregierung mußte die Mittel bekommen, die zur Erfüllung der gesamtstaatlichen Aufgaben notwendig waren.

Die Art und Weise ihrer Beschaffung überließ er seinem Finanzminister, der mehr als er davon verstand. An der Formulierung der Finanzberichte war er nicht beteiligt gewesen, aber er billigte die Inhalte und unterschrieb die Ergebnisse. Dabei nahm es der auf seine Prärogative pochende Washington in Kauf, daß er von Jefferson als Erfüllungsgehilfe Hamiltons hingestellt wurde und dieser ihn als unentbehrlichen Schild für seine Vorstöße bezeichnete. Mehr und mehr neigte Washington dazu, Angriffe auf seinen Finanzminister als Attacken gegen den Präsidenten zu verstehen.

In einem Fall, als das Vorgehen Hamiltons nicht nur finanzpolitische, sondern auch verfassungsrechtliche Probleme aufwarf, versuchte er eine neutrale Position einzunehmen. Die Gründung einer Bundesbank sei in der Konstitution nicht ausdrücklich vorgesehen, hieß es im Kongreß, und deshalb habe der Präsident zu prüfen, ob er gegen ein entsprechendes Gesetz sein Veto einlegen müsse. Jefferson war dieser Meinung und auch Madison, der von Washington beauftragt wurde, die Notwendigkeit eines Veto zu begründen und eine entsprechende Botschaft zu entwerfen. Andererseits forderte er Hamilton auf, die Verfassungsmäßigkeit eines Bundesbankgesetzes zu beweisen.

In seiner »Defense of the Constitutionality of the Bank« argumentierte der Finanzminister: In der Verfassung hätten nicht alle Rechte der Bundesgewalt aufgeführt werden können, aber in ihr sei vorgesehen, daß sie »eine Auslegung erfahren solle, die zu allgemeinem Besten des Volkes gereiche«. Die »Elastische Formel« räume dem Kongreß das Recht ein, »alle Gesetze zu erlassen, die notwendig und angemessen sind«, die in der Verfassung aufgezählten Kompetenzen auszufüllen und auszuüben. Dazu gehöre die Befugnis, Steuern zu erheben, Schulden abzuzahlen und Geld aufzunehmen. Dafür sei die Bundesbank hilfreich, ja vonnöten, und deshalb habe das Federal Government auf Grund seiner »stillschweigend mit einbegriffenen Gewalt« das Recht, eine Bundesbank zu gründen. Diese »weite Auslegung« der Konstitution, das Prinzip der »implied powers« wurde später vom Obersten Bundesgericht und jetzt schon vom Bundespräsidenten anerkannt. George Washington unterschrieb am 25. Februar 1791 die Bankvorlage und erhob sie damit zum Gesetz.

Seine Genugtuung, die Bundesgewalt gestärkt zu haben, wurde durch die Begleiterscheinung beeinträchtigt, daß sich im Kabinett eine Kluft zwischen den beiden wichtigsten Ministern, Hamilton und Jefferson, aufgetan hatte, deren Überbrückung dem sich als Pontifex fühlenden Präsidenten nicht mehr gelingen sollte. Zunehmend lief er Gefahr, in die Auseinandersetzung zwischen den sich hinter den beiden Protagonisten bildenden Parteien hineingezogen zu werden: den Liberal-Konservativen Hamiltons, die von ihren Gegnern als »Aristokraten« bezeichnet, wenn nicht gar als »Blutsauger« beschimpft wurden – und den Demokraten Jeffersons, die sich »Republikaner« nannten und vorgaben, allein die Anliegen des Volkes zu vertreten, doch von ihren Gegenspielern als »Volksverhetzer« und »Volksverführer« hingestellt wurden. Es sollte damit enden, daß George Washington, der als Landesvater über den Lagern stehen wollte, von der Rechten in Beschlag genommen wurde und bei der Linken auf Ablehnung stieß.

Die Hoffnung erwies sich als trügerisch, die Ergänzung der vornehmlich von Konservativen durchgesetzten »Constitution of the United States« durch die vor allem von Demokraten verlangte »Bill of Rights« könnte einen Parteienstreit verhindern, zumindest entschärfen. Die 1791 der Bundesverfassung angehängten zehn Amendments garantierten bürgerliche Grundrechte: Religionsfreiheit, Rede- und Pressefreiheit, das Recht, sich friedlich zu versammeln und Petitionen einzureichen, Waffen zu besitzen und zu tragen. »Das Recht des Volkes auf Sicherheit der Person und der Wohnung, auf Sicherheit von Papieren und von Besitz vor unbilligen Durchsuchungen, Verhaftungen oder Beschlagnahmung darf nicht verletzt werden«, hieß es in Artikel 4, und Artikel 5 bestimmte: »Niemand darf des Lebens, der Freiheit oder des Eigentums ohne ordnungsmäßiges Rechtsverfahren beraubt werden; auch darf privates Eigentum zu öffentlichen Zwecken nicht ohne angemessene Entschädigung enteignet werden.«

Thomas Jefferson, der »Leben, Freiheit und das Streben nach Glück« in der Unabhängigkeitserklärung zu den »unveräußerlichen Rechten« der Menschen zählte, hätte zufrieden sein können, daß Grundrechte der Bürger nun nicht nur in Verfassungen von Einzelstaaten, sondern auch in der Konstitution der Union gewährleistet waren. Indes störte es den entschiedenen Demokraten, daß die laut Theorie »gleichgeschaffenen Menschen« in der Praxis ökonomisch, sozial und politisch verschieden waren und es nach dem Willen der besitzenden Klasse und herrschenden Elite bleiben sollten. Alexander Hamilton mißtraute der Volksmasse, ihrer Fähigkeit, das Wahre zu erkennen, das Rechte zu verlangen und das Richtige zu tun. Die Menschen würden weniger von der Ratio als von Emotionen beherrscht, die in der Politik nichts Positives verhießen: »Das eigentliche Übel, an dem wir leiden, ist Demokratie.«

Der Präsident stimmte mehr mit Hamilton als mit Jefferson überein, der ihm immerhin bescheinigte: »Washington wünschte ehrlich dem Volke so viel Selbstregierung, als es fähig sei, selbst auszuüben. Der einzige Punkt, in dem er und ich immer in unseren Ansichten auseinandergingen, war der, daß ich mehr Vertrauen als er in die natürliche Redlichkeit und Besonnenheit des Volkes und in die Sicherheit und Ausdehnung hatte, bis zu welcher es mit der Kontrolle seiner Regierung betraut werden könne.« Der auf Ausgleich und Vermittlung bedachte Präsident verfolgte mit wachsender Sorge die sich verschärfenden Auseinandersetzungen zwischen den Parteien. Vieles, was er zum allgemeinen Besten überwunden zu haben glaubte, erhob sich wieder und schien sich zu behaupten.

Der Gegensatz zwischen Nord und Süd brach erneut auf; Hamilton fand vor allem in Neu-England und Jefferson – was Washington besonders schmerzte – in Virginia Anklang und Anhänger. Staatenrechte, die er in die Unionsverfassung eingebunden zu haben meinte, wurden reklamiert. In der Auseinandersetzung um die Bundesbank untermauerte Jefferson seine Opposition mit Artikel 10 der »Bill of Rights«: »Die Machtbefugnisse, die durch die Constitution weder den Vereinigten Staaten übertragen noch den Einzelstaaten entzogen sind, bleiben den einzelnen Staaten oder dem Volke vorbehalten.«

James Madison, der sich als Federalist hervorgetan, im Verfassungskonvent als Moderator zwischen Unionisten und Antiunionisten gewirkt und mit der Durchsetzung der Bill of Rights im Kongreß die Erwartung geweckt hatte, daß die Demokraten sich zufriedengeben würden, schloß sich Jefferson an. Er war verstimmt, daß der Präsident die durch das Bundesbankgesetz aufgeworfene Verfassungsfrage nicht in seinem, sondern im Sinne Hamiltons beantwortet hatte. Wenn auch sein Verstand auf Law and Order gerichtet blieb, so schlug sein Herz doch links, und er war und blieb ein Southerner, der Interessen seiner Heimat durch Northeners beeinträchtigt sah.

Die in der »Bill of Rights« garantierte Pressefreiheit erwies sich als ein Vehikel des Parteienstreits. Zu einem Federführer der Demokraten berief James Madison seinen Studienfreund Philip Freneau. Der Dichter und Journalist wurde von Thomas Jefferson im State Department als Übersetzer mit festem Gehalt und ohne Arbeitspflicht angestellt, so daß er in gesicherter Existenz und mit ganzer Kraft in der von ihm in Philadelphia gegründeten und von seiner Partei subventionierten »National Gazette« den Federkrieg gegen den »monarchistischen Verschwörer« Hamilton und für Jefferson, den »Koloß der Freiheit«, eröffnen konnte. Noch hatten die Konservativen die meisten Zeitungen und besseren Journalisten auf ihrer Seite, in erster Linie die »Gazette of the United States« von John Fenno. Dem Verleger, der sich der Zentralregierung verschrieben hatte, wurden vom Finanzminister Druckaufträge der Regierung zugeschanzt. Je mehr erteilt wurden, desto stärker ertönte das Lob des Gönners und um so heftiger die Verdammung dessen Gegners.

Im Kabinett, unter den gestrengen Blicken des Präsidenten, suchten der Secretary of State und der Secretary of the Treasury den Eindruck zu erwecken, als hätten sie mit den Pressekampagnen nichts zu tun. Mit Freneau habe er lediglich den darbenden »Poeten der Revolution« unterstützen wollen und nicht annehmen können, daß dieser in der »National Gazette« nicht nur monarchische und aristokratische Tendenzen gewisser Publizisten, sondern auch die Regierung und eines ihrer Mitglieder kritisieren würde, suchte sich Jefferson bei Washington zu salvieren. Vorwürfe gegen den Finanzminister seien jedoch nicht aus der Luft gegriffen, denn Hamilton begünstige Korruption wie Spekulation und bringe damit das Federal Government und nicht zuletzt den Bundespräsidenten in Mißkredit.

Alexander Hamilton begnügte sich nicht wie Thomas Jefferson damit, seiner Partei ein Sprachrohr zu geben. Er griff selbst zur Feder und schrieb unter Pseudonymen wie »Caesar« oder »Catullus« geharnischte Zeitungsartikel gegen seine Gegenspieler, die er antigouvernementaler und damit antiamerikanischer Umtriebe bezichtigte. Jefferson und Madison untergrüben die Grundsätze einer guten Regierung und gefährdeten die Union, den Frieden und das Glück des Landes, beschwerte er sich beim Präsidenten, der Unbill von den Angeklagten wie vom Ankläger auf sich zukommen sah.

Washington kannte seine Pappenheimer. Hamilton, der bei Monmouth so schnell den Degen gezogen und »Verrat!« gerufen hatte, neigte jetzt dazu, ebenso rasch die Feder gegen jene zu zücken, die er als seine Gegner für Verräter hielt. Jefferson, der sich als virginischer Milizkommandeur vor den anrückenden Briten in die Berge abgesetzt hatte, schien wiederum andere die Kastanien aus dem Feuer holen zu lassen. Der Oberbefehlshaber hatte die Haltung Hamiltons gerügt und das Verhalten Jeffersons mißbilligt. Der Präsident hielt es für angezeigt, den einen wie den anderen Streithahn zur Kabinettsordnung zu rufen. Im vierten Jahr der ersten Amtsperiode forderte er den Schatzsekretär auf, sein Temperament zu zügeln, den Bogen nicht zu überspannen, und ermahnte den Staatssekretär, mehr Toleranz gegenüber Ansichten und Handlungen eines anderen zu üben. Beide Regierungsmitglieder versicherte er seiner Wertschätzung und verschwieg ihnen nicht seine Sorge, daß interne Meinungsverschiedenheiten, die sich zu Machtkämpfen auswüchsen, vitale Interessen des Gemeinwesens verletzten, dem sich beide verschrieben hätten.

Wenn Washington auch Hamilton näher als Jefferson stand und sich den Liberal-Konservativen mehr als den Demokraten verbunden fühlte, so beteuerte und bewies er immer wieder, daß der Platz des Präsidenten über den Parteien und Fraktionen sein müsse und zu bleiben habe. Seine Minister hielt er an langer Leine, hütete sich, in die Gesetzgebung des Kongresses einzugreifen und sich in deren Ausführung einzuschalten. Er ließ es nicht zu, daß sich bei Wahlen ein Kandidat auf ihn berief.

Als John Francis Mercer, der wieder in den Kongreß einziehen wollte, in seiner Kampagne behauptete, der Präsident habe seinem Neffen Bushrod Washington erklärt, er und kein anderer sei der beste Repräsentant, den Maryland je entsandt habe, beeilte sich George Washington, dies öffentlich zu dementieren und Mercer zu schreiben: Er habe sich nie über die Tauglichkeit oder Untauglichkeit eines Kongreßkandidaten geäußert, weil er sich bewußt sei, »daß die Ausübung eines Einflusses (auch wenn ich wirklich einen solchen besäße) höchst unschicklich wäre«. Mitunter mag er versucht gewesen sein, sich für Politiker auszusprechen und sich für eine Politik einzusetzen, die das Staatsschiff in seinem Sinne und zu seinen Zielen voranbrächten. Seine Auffassung des Präsidentenamtes hielt ihn davon ab, auch wenn er sich zunehmend nicht als Kapitän, sondern als Galionsfigur des Schiffes gefühlt haben mochte, auf dem sich die Offiziere über den einzuschlagenden Kurs immer heftiger stritten.

Das Jahr 1792 brachte soviel Unerfreuliches, daß der Präsident das Ende der Amtsperiode herbeisehnte. Die Parteien waren nicht zusammenzubringen, eine Panik auf dem Geldmarkt trieb die Oppositionsmühle an, diskreditierte die Finanzpolitik Hamiltons, beschädigte das Ansehen der Regierung und beeinträchtigte die Reputation Washingtons.

Das erste Veto, das er gegen ein Gesetz des Kongresses einlegte, beunruhigte seine Freunde und besänftigte nicht seine Gegner. Nachdem die Bevölkerung der Vereinigten Staaten auf vier Millionen Menschen angewachsen war, mußte die Anzahl der Parlamentarier jener der Bürger angeglichen werden. Washington hatte sich im Verfassungskonvent dafür eingesetzt, daß auf je 30000 Einwohner ein Repräsentant kam; nun war er bei der Neufestsetzung des Zahlenverhältnisses wiederum gefordert. Als die Northener mit knappster Mehrheit eine sie begünstigende und die Southerners benachteiligende Lösung durchsetzten, blockierte er das Gesetz durch sein Veto. Daraufhin beschloß der Kongreß, daß künftig auf 33000 Einwohner ein Abgeordneter kommen solle, und dieses Gesetz ließ der Präsident passieren.

Eigentlich hatte er sich vorgenommen, Volkshaus wie Staatenhaus die ihnen in der Verfassung zugesprochene Arbeit unbeeinflußt und ungehindert tun zu lassen und es tunlichst zu vermeiden, von dem ihm in der Konstitution zugestandenen Vetorecht Gebrauch zu machen. Nun hatte er, obgleich ihm Hamilton davon abgeraten hatte, auf Zureden Jeffersons dazu gegriffen. Die Minuspunkte, die er sich dadurch bei seinen Anhängern im Norden einhandelte, wurden nicht durch Pluspunkte bei den Opponenten im Süden ausgeglichen. Die Bilanz des Präsidenten begann defizitär zu werden.

In seiner vierten Botschaft über den Zustand der Union, die

er am 6. November 1792 im Kongreß vortrug, klang Pessimismus an. Dem Hinweis auf die Fortdauer der nationalen Wohlfahrt könne er nicht die Mitteilung hinzufügen, »daß die Feindseligkeiten, durch die Indianer unsere westlichen Grenzen in Bedrängnis gebracht haben, eingestellt worden sind«. Allein Kentucky meldete in einem einzigen Jahr nicht weniger als 1500 Opfer. Im Nordwesten, wo die Indianer von den immer noch in befestigten Stellungen sitzenden Briten unterstützt wurden, scheiterten Strafexpeditionen der Amerikaner. Generalmajor Arthur St. Clair verlor 1791 im Ohio-Tal 900 seiner 1400 schlecht ausgerüsteten und wenig disziplinierten Bundessoldaten und Milizmänner.

Washington saß in Philadelphia bei einem Festessen, als er hinausgerufen wurde und die eben eingetroffene Hiobsbotschaft vernahm. Zur Tischgesellschaft zurückgekehrt, ließ er sich seine Bestürzung nicht anmerken, aber als die Tafel aufgehoben war, machte er sich durch einen Wutausbruch Luft. Wenn ihm auch der Gedanke an »Ausrottung« der indianischen Unruhestifter nicht fernlag, so gelangte er doch zu der Einsicht, daß das Problem mit Gewalt allein nicht zu lösen wäre, die Bevölkerung der Vereinigten Staaten das Ihre beitragen müßte, mit den Ureinwohnern des Kontinents friedlich und schiedlich auszukommen. In seiner 1792 vorgetragenen Botschaft über den Zustand der Union schlug er einen gedämpften Ton an, rief er den Kongreß auf, gerechte und humane Maßnahmen für einen Ausgleich, ja eine Aussöhnung zu beschließen.

Weder die Siedler, die unentwegt nach Westen vordrangen und in Gebiete der Rothäute einfielen, noch Indianer, die mit ihren Jagdgebieten ihre Eigenständigkeit verteidigten, hörten auf den Präsidenten. So mußte er bald neue, schlagkräftigere Streitkräfte in Marsch setzen. Generalmajor Anthony Wayne schlug 1794 am Eriesee die verbündeten Stämme. Im Jahr darauf, im Vertrag von Greenville, traten die Besiegten ein Gebiet von über 25 000 Quadratmeilen in den späteren Bundesstaaten Ohio und Indiana an die Sieger ab und erhielten dafür Waren im Werte von 20000 Dollar sowie jährliche Hilfsgelder in Höhe von 10000 Dollar zugesprochen. »Mad« Anthony Wayne wurde fortan als Musterexemplar eines Westerners gefeiert; 1930 gab der Regisseur Raoul Walsh dem in seinem Film »The Big Trail« auftretenden Schauspieler Marion Michael Morrison das Pseudonym John Wayne.

Im Westen lag die Zukunft, die bereits begonnen hatte. In der Gegenwart stellten Westerners ihren ersten Präsidenten vor ernste Probleme. Im Hinterland von Pennsylvania, wo ein Viertel des amerikanischen Whiskys erzeugt wurde, erhob sich Widerstand gegen die Spirituosensteuer, die Hamilton 1791 eingeführt und Washington gebilligt hatte. Im Jahr darauf wurden Steuereinnehmer mit »Teeren und Federn« bedroht. Der Präsident, der nicht nur Steuerverweigerer, sondern auch Separatisten am Werk sah, erließ am 15. September 1792 eine Proklamation, in der er jedem, der das Staatsgesetz mißachte und gegen die Staatsgewalt aufbegehre, Strafverfolgung androhte. In der »State-of-the-Union-Botschaft« vom 6. November bekräftigte er seine Entschlossenheit, keinerlei Verstöße gegen Law and Order hinzunehmen.

War dies sein Schwanengesang? Elektoren, die zum zweitenmal den Präsidenten der Vereinigten Staaten zu wählen hatten, waren auf den ersten Montag im Dezember 1792 einberufen worden, ohne die Gewißheit zu haben, daß der Favorit, George Washington, für eine zweite Amtszeit zur Verfügung stünde. Am 22. Februar 1792 war er sechzig geworden. Jeder Blick in den Spiegel zeigte ihm, daß er nicht mehr die physische Figur besaß, die nicht allein seine Verehrerin Eliza Powell, sondern die meisten Amerikaner als Merkmal der politischen Statur angesehen hatten. Das Zivil, das er trug, stand ihm nicht so gut wie die Uniform, verlieh dem Präsidenten nicht die Haltung, die den General ausgezeichnet hatte. Schon ging er etwas gebückt, er sah und hörte schlecht, konnte sich vieles nicht mehr merken und an manches nicht mehr erinnern. Beim Schreiben zitterte die Hand. Die Wangen waren eingefallen und selten öffnete er den Mund, entblößte ungern das künstliche

Gebiß aus Nilpferdzähnen, das vom Portwein schwarz geworden war. Immerhin hatte er seine Brüder überlebt und war bereits fünfzehn Jahre älter als der durchschnittliche Virginier geworden. Doch dies schien eher ein Grund zu sein, Gottes Güte nicht allzusehr zu strapazieren, sich alsbald nach Mount Vernon zurückzuziehen und die verbleibenden, schon gezählten Jahre so gut es noch ging zu genießen, anstatt sich den Lebensabend durch neue Amtslasten zu vergällen.

George Washington war als Person hinfällig und als Präsident amtsmüde geworden. Er konnte nur bitter lächeln, wenn ihn Eliza Powell bekniete, sich erneut in Präsidentenpositur zu setzen, weil schon seine Figur dazu geschaffen sei, Vertrauen in einem Volke zu erwecken, das edle Tugend in heroischer Form schätze. Er mußte sich sarkastische Bemerkungen verkneifen, wenn er von Hamilton wie Jefferson beschworen wurde, sich ein zweites Mal wählen zu lassen, ausgerechnet von den beiden Kontrahenten, deren Hahnenkämpfe ihm die Amtszeit verleidet hatten. Ihre Motive waren ihm nicht verborgen geblieben. Der Secretary of the Treasury, der ins Hintertreffen zu geraten drohte, konnte den liberal-konservativen Washington weniger denn je als Schild entbehren. Und der Secretary of State verfügte noch nicht über hinreichend Prätorianer, die ihn schon jetzt als Präsidenten auf den Schild hätten heben können.

Bei Washingtons hing der Haussegen schief. Frau Martha, der protokollarischen Pflichten der Präsidentengattin längst überdrüssig, hielt nichts von einem Da capo auf dem Hofparkett, strebte heim nach Mount Vernon, um endlich wieder die Herrin im eigenen Hause zu spielen und Geselligkeit mit ihresgleichen zu pflegen. Als George ihr an einem trüben Novembertag des Jahres 1792 eröffnete, daß er sich wieder als Präsident zur Verfügung stellen wolle, begehrte Martha – vielleicht zum erstenmal in ihrer Ehe – heftig auf, fing sich jedoch rasch und fand sich mit seinem Entschluß ab. »Arme Patsy«, sagte der Gemahl, als er sie in die Arme schloß, und unterdrückte ein »Armer George«, das ihm auf der Zunge lag.

Die Saat, die der Patriot ausgestreut hatte, war während seiner Präsidentschaft, trotz aller Hege und Pflege, nicht so aufgegangen, wie er es erwartet hatte, und er konnte erst recht nicht hoffen, daß in einer weiteren Amtsperiode gewuchertes Unkraut zu beseitigen und drohende Unwetter abzuhalten wären. Aber durfte ein George Washington, welcher der erste Mann im Staate war und als erster Mann im Lande galt, gerade in dieser schwierigen Situation das Feld räumen? War er nicht der einzige, zumindest der Geeignetste, der Überheblichkeiten der Rechten wie Übertreibungen der Linken Einhalt gebieten könnte? Hatte ihm nicht Alexander Hamilton nahegelegt, der Union aus der Finanzkrise herauszuhelfen und damit das Vertrauen in die Administration wiederherzustellen? War ihm nicht von Thomas Jefferson bescheinigt worden, daß die Zuversicht der ganzen Nation auf ihn konzentriert und in ihn investiert sei?

Jedenfalls war kein Kandidat in Sicht, der es gewagt hätte, ihn herauszufordern, und es war anzunehmen, daß ihn die Elektoren in jedem Falle wählen würden, ob er sich nun erklärt hätte oder nicht. So blieb ihm nichts anderes übrig, als ein zweites Mal anzutreten, denn es wäre ihm wie Fahnenflucht vorgekommen, wenn er sich der als Befehl aufgefaßten Berufung durch die Nation entzogen hätte.

Die Parteien, die um George Washington nicht herumkamen, stritten sich um den gleichzeitig zu wählenden Vizepräsidenten. Die Liberal-Konservativen setzten wiederum auf den bisherigen Amtsinhaber, John Adams, den sie als Nachfolger George Washingtons aufbauen wollten. Dieser hielt von seinem Kronprinzen nicht allzuviel, hatte ihn wie ein Monarch einen ungeliebten, aber unvermeidlichen Erben behandelt. Dennoch zog er ihn dem Kandidaten der Linken vor. George Clinton, der Governeur von New York, hatte sich als Antiunionist hervorgetan und gebärdete sich nun demokratischer als Jefferson und Madison. Der Präsident hütete sich zwar, in den Wahlkampf einzugreifen und sich gegen ihn auszusprechen, aber er atmete auf, als Clinton mit 50 Stimmen gegen die 77 Stimmen Adams' den kürzeren zog.

Washington wurde mit 132 Stimmen bei drei Enthaltungen wiedergewählt. Das große Vertrauen, das die Nation in ihn setzte, bedrückte den Präsidenten. Es belastete ihn, daß er es mit einer verstärkten demokratischen Fraktion im Repräsentantenhaus zu tun bekam, und neben Hamilton stand ihm auch Jefferson wieder ins Kabinett, so daß mit einer vermehrten, aber nicht verbesserten Neuauflage des Parteienstreites im Kongreß wie in der Regierung zu rechnen war.

Kaum war der Präsident im Amt bestätigt, attackierte zu Beginn des Jahres 1793 die Linke im Parlament direkt Hamilton und indirekt Washington. Der Angriff wurde zwar abgeschlagen, aber die Verteidiger mußten sich auf neue Vorstöße einstellen. Sie sollten sich zunehmend gegen den Präsidenten richten, der seinen Finanzminister aus Regierungsräson deckte und, mit ihm in die Defensive gedrängt, auch politisch mehr und mehr an die Seite Hamiltons rückte.

Am 22. Februar 1793 erschienen nicht alle Repräsentanten, um ihm zum 61. Geburtstag zu gratulieren. Die »National Gazette«, das Organ Jeffersons, verbat sich »royal pomp and power«, und der Secretary of State plädierte für eine Inauguration unter Ausschluß der Öffentlichkeit; denn im Unterschied zu 1789 in New York wäre 1793 in Philadelphia nicht nur Beifall für den Präsidenten zu erwarten. Der Feierlichkeiten ohnehin scheuende Washington war mit einer Amtseinführung in den vier Wänden der Congress Hall einverstanden.

Am 4. März, 12 Uhr mittags, versammelten sich Mitglieder des Oberhauses geschlossen und jene des Unterhauses nicht vollzählig in der Senate Chamber. Seine zweite Inaugural-Adress verlas Washington mit noch weniger fester Stimme als seine erste. Er beschränkte sich auf wenige Sätze, verzichtete darauf, ein Programm vorzulegen, dessen Verwirklichung unter den gegebenen Umständen vielleicht nicht mehr möglich gewesen wäre. Wert legte er auf den Hinweis: Sollte sich herausstellen, daß er die mit dem Amtseid übernommenen Amtspflichten »willentlich oder wissentlich« verletzt habe, verdiene er – außer der in der Verfassung vorgesehenen Strafverfolgung – den Schuldvorwurf der Zeugen dieser Zeremonie.

Danach verließ er die Congress Hall und begab sich in seine Residenz, begleitet vom Marshall des Districts und dem High Sheriff des County sowie deren Deputies, von einer zu seinem Schutz vor etwaigen Belästigungen aufgebotenen Polizeieskorte.

Sechs Wochen vorher, am 17. Januar 1793, war in Paris der im Vorjahr gestürzte König Ludwig XVI. unter dem Applaus eines Volkshaufens geköpft worden. Am 1. Februar erklärte die Französische Republik, die bereits gegen Österreich und Preußen kämpfte, den Krieg an Großbritannien und die Niederlande sowie am 7. März an Spanien.

Erstaunlich sei, wie rasch und wirksam nationale Revolutionen um sich griffen, doch wann, wo und wie sie enden würden, wisse nur »der große Herrscher aller Begebenheiten«, schrieb George Washington am 23. März seinem Vertrauten David Humphreys, und einem englischen Verehrer, dem Earl of Buchan, bedeutete er am 22. April: Die Vereinigten Staaten von Amerika wünschten aufrichtig, sich aus den politischen Ränken und Querelen der europäischen Nationen herauszuhalten und »mit allen Bewohnern der Erde« in Handelsaustausch zu bleiben und in Frieden und Freundschaft zu leben. Mit jeder mit ihnen verbundenen Macht gerecht umzugehen, um von dieser Gleiches zu erfahren, werde, wie er hoffe, »immer als das hervorragendste Merkmal der Administration dieses Landes anzutreffen sein«.

»Strikte Neutralität« strebte Präsident Washington an. Dieser Begriff mißfiel Jefferson. Der Außenminister mißtraute dem alten Gegner England und vertraute dem alten Bundesgenossen Frankreich, und der Demokrat sympathisierte mit der Französischen Revolution. Hamilton hingegen, den es zum englischen Mutterland hinzog und den die Exzesse französischer Revolutionäre abstießen, hielt es, auch wenn er gerne an die Seite Großbritanniens getreten wäre, für angezeigt, klipp und klar die »Neutralität« der Vereinigten Staaten zu erklären.

Dieses Wort war in der Proklamation des Präsidenten vom

22. April 1793 nicht expressis verbis enthalten. In der Sache jedoch wurde eindeutig eine Position zwischen den Kriegführenden bezogen. Dies gebot die Staatsräson der Union, nicht unbedingt das Interesse der Parteien. Die Amerikanische Revolution hatte die Französische Revolution befruchtet. Nun beflügelte deren Eskalation den Streit zwischen den Lagern und machte dem Präsidenten, der auch innenpolitisch neutral bleiben wollte, immer schwerer zu schaffen.

Frankreich oder England

Aus Frankreich hatte George Washington den Schlüssel der Bastille und ein Bild der von Parisern erstürmten Zwingburg der Bourbonen erhalten. »Zweifellos haben die Prinzipien Amerikas die Bastille geöffnet, daher kommt der Schlüssel an die richtige Stelle«, erklärte der Überbringer, Thomas Paine. Es sei ein Tribut eines »Missionars der Freiheit an deren Erzvater«, schrieb der Absender, der Marquis de Lafayette.

»Unsere Revolution kommt so gut voran, wie sie es in einer Nation vermag, die ihre Freiheit mit einem Schlag bekam und noch dazu neigt, Ausschweifung für Freiheit zu halten«, hieß es im Begleitbrief vom 17. März 1790. Die Nationalversammlung habe mehr Haßgefühle gegen das alte Regime als Erfahrung in der Organisation eines neuen und konstitutionellen Systems. Zwei Parteien stünden sich gegenüber, die aristokratische, die eine Gegenrevolution anstrebe, und die aufrührerische, die es auf die Zerstörung aller Autorität und vielleicht auch des Lebens der Herrschenden abgesehen habe.

Der Marquis de Lafayette, der »Missionar der Freiheit«, der das amerikanische Evangelium in Frankreich predigte und sich für eine Konstitution à la USA einsetzte, konnte seinem ehemaligen General beachtliche Anfangserfolge melden. Aus den Staaten hatte er eine Kopie der Unabhängigkeitserklärung mitgebracht, die er an die Wand hängte und Platz daneben für eine französische Erklärung nach amerikanischem Muster ließ. Sie konnte er bereits im August 1789 anbringen. Die »Déclaration des droits de l'homme et du citoyen« war von der Nationalversammlung auf Antrag und nach Entwurf ihres Vizepräsidenten Lafayette beschlossen worden.

»Das Ziel jeder politischen Vereinigung ist die Erhaltung der natürlichen und unveräußerlichen Menschenrechte. Diese Rechte sind Freiheit, Eigentum, Sicherheit und Widerstand gegen Unterdrückung«, hieß es darin. Mit einer solchen Erklärung hatte auch die Amerikanische Revolution begonnen, aber die Grundsätze waren in eine Verfassungsform gegossen worden, die ihre Anwendung und Ausübung ermöglichte. Dieser Weg wurde auch zu Beginn der Französischen Revolution eingeschlagen, aber das Ziel, das jenseits des Atlantiks vorgegeben worden war, sollte nicht erreicht werden.

Präsident Washington, der von Lafayette den Schlüssel der Bastille erhalten hatte, revanchierte sich mit einem Paar Schuhschnallen. Wollte er damit einer für seinen Geschmack zu pathetischen mit einer prosaischen Geste begegnen? Suchte er den dreiunddreißigjähren »Sohn«, der immer noch dazu neigte, den zweiten vor dem ersten Schritt zu tun, darauf hinzuweisen, daß er vorsichtiger und umsichtiger vorangehen sollte? Jedenfalls bedeutete er ihm, daß in Frankreich eine Verknüpfung von Demokratie und Autorität sowohl Ausschreitungen des »ungestümen Pöbels« wie Willkürakte eines absolutistischen Königs zu verhindern vermöchte. Wie um dies zu unterstreichen, hängte er in seinem Herrenhaus auf Mount Vernon neben den Schlüssel der Bastille ein Porträt Ludwigs XVI. Ihm schwebte für Frankreich eine konstitutionell-monarchische Verfassung nach englischem Muster vor; seine Ratschläge an Lafayette zeigten in diese Richtung.

Ein »Patriot King« jedoch konnte der Bourbone nicht sein, und selbst einen solchen wollten französische Republikaner nicht haben. So geriet Lafayette, der einen von Washington empfohlenen Mittelweg verfolgte, zwischen die Fronten. Der Jakobiner Marat führte eine Pressekampagne gegen Lafayette, den »Helden zweier Welten«, der vielleicht ein amerikanischer, jedoch kein französischer Patriot geworden, im Grunde ein royalistischer Marquis geblieben sei. »Ich sehe durchaus, daß Monsieur de Lafayette uns retten will, aber wer wird uns vor Monsieur de Lafayette retten?« fragte sich Königin Marie-

Antoinette. Rechte wie Linke verdächtigten ihn, der Washington Frankreichs werden zu wollen.

Ins Abseits geriet Lafayette nach der im Juni 1791 mißglückten Flucht des Königspaares ins Ausland. Der Marquis mußte den Oberbefehl über die Pariser Nationalgarde abgeben und ein Frontkommando im Krieg gegen Österreich übernehmen. Nachdem im August 1792 das Königsschloß gestürmt und das Königtum suspendiert worden war, suchte sich Lafayette, der noch im letzten Moment vor der Legislative für den Monarchen eingetreten war, vor einer drohenden Verhaftung nach Amerika abzusetzen. In Flandern lief er den Österreichern in die Hände, die ihn erst 1797 aus dem Gefängnis in Olmütz entließen.

An seinem Schicksal nahm Washington wie ein Vater an dem eines Sohnes Anteil. Als Staatsmann verfolgte er die Eskalation der Französischen Revolution mit wachsender Besorgnis. Das Recht werde sich zu guter Letzt gegen Royalisten wie Radikalrevolutionäre durchsetzen, hatte er Lafayette am 24. Juli 1791 geschrieben. Als Mitte August die Nachricht von dem mit der Flucht des Königs gescheiterten Ausgleich zwischen Demokratie und Monarchie in ein Lever des Präsidenten in Philadelphia platzte, notierte Jefferson, er habe Washington nie so niedergeschlagen gesehen.

Noch wollte er die Hoffnung nicht aufgeben, wie er Gouverneur Morris, dem Vertreter der Vereinigten Staaten in Paris, wissen ließ, daß Unordnung, Unterdrückung und Ungewißheit bald »zugunsten der Menschenrechte« beendigt sein würden. Doch der sich als »Philosoph« fühlende Washington, »dem das Glück von 24 Millionen Franzosen nicht gleichgültig sein kann«, erhielt aus Paris eine Hiobsbotschaft nach der anderen. Im September 1792 wurden in Pariser Gefängnissen über tausend politische Gefangene, meistens Priester, vom Mob ermordet, der König abgesetzt und im Dezember 1792 vor das Gericht des Nationalkonvents gestellt.

Am 9. Januar 1793 begab sich Präsident Washington in Philadelphia auf den Platz an Walnut and Fourth Streets, um sich den Ballonaufstieg von Jean-Pierre Blanchard anzusehen. Acht Jahre zuvor hatte der Franzose zusammen mit dem Amerikaner John Jeffries zum erstenmal den Ärmelkanal in der Luft überquert. Als ihm dies zu Ohren gekommen war, hatte George Washington an seinen ehemaligen Brigadier du Portail in Frankreich geschrieben: Dieses Ereignis lasse erwarten, »daß unsere Freunde in Paris, anstatt den Ozean zu durchpflügen, in kurzer Zeit durch die Lüfte nach Amerika fliegen werden«.

In Philadelphia war Blanchards Ballon mit dem Sternenbanner und mit der Trikolore geschmückt. Als er aufstieg und entschwebte, mochte Washington auch seine Hoffnung entschwinden sehen, daß »Freiheit, Gleichheit, Brüderlichkeit«, für welche die drei Farben standen, durch die Französische Revolution im Dreiklang verwirklicht werden könnten. Der Terror gegen jene begann, deren persönliche Freiheit der deklarierten Gleichheit entgegenstand und denen der Schädel eingeschlagen beziehungsweise der Kopf abgeschlagen wurde, die sich nicht mit jedem verbrüdern wollten. Revolutionstribunale ließen nicht nur König und Königin, Adelige, Geistliche und Großbürger, sondern auch – in der Mehrzahl – Kleinbürger und Bauern hinrichten, insgesamt, wie Historiker zählten, 16 594 Menschen.

Dieser Terror ließ selbst Thomas Jefferson erschaudern, der meinte, der Freiheitsbaum müsse von Zeit zu Zeit mit Blut gedüngt werden, und sich von einem konsequenten Fortschreiten der Französischen Revolution nicht nur eine Förderung der Freiheit in Europa, sondern auch deren Absicherung in Amerika versprach. Ein Scheitern in Frankreich, befürchtete der Demokrat, würde amerikanischen Konservativen ein Argument für die Notwendigkeit einer konstitutionellen Monarchie und einer Erhebung des gegenwärtigen Präsidenten zu einem Bürgerkönig liefern.

George Washington hatte sich das Aufgehen der amerikanischen Samen »Leben, Freiheit und das Streben nach Glück« in Frankreich anders vorgestellt. Als sie in der ersten, einer liberal-demokratischen Phase aus dem umgepflügten Boden aufgeschossen waren, hatte er gehofft, daß Frankreich, wenn schon nicht ein republikanisches Amerika, so doch ein reformerisches England werden könnte. Als dann die zweite, eine radikaldemokratische Phase anhob, in der eine vielversprechende Saat verhagelt wurde, befürchtete er eine bedrohliche Rückwirkung auf die Vereinigten Staaten, deren Revolution in der Balance von persönlicher Freiheit, bürgerlicher Gleichheit und nationaler Solidarität verlaufen war.

Schon wurde ein Missionar der Revolution à la française über den Atlantik nach Amerika geschickt. Am 8. April 1793 landete der dreißigjährige Edmond-Charles Genet, der erste Gesandte der Französischen Republik, in den Vereinigten Staaten, in Charleston, South Carolina. Daß er aus Sankt Petersburg, der russischen Hochburg der europäischen Reaktion, ausgewiesen worden war, empfahl in allen Amerikanern. Daß er als Sendbote der radikalen Französischen Revolution kam, begeisterte Demokraten, welche die gemäßigte Amerikanische Revolution für unvollendet hielten, und alarmierte Liberal-Konservative, die darin eine politische und konstitutionelle Reform und keine ökonomische und soziale Umwälzung gesehen hatten und es dabei belassen wollten.

George Washington sah französische Wolken am amerikanischen Himmel aufziehen. Denn der Agitator Genet beabsichtigte Nordamerika zu einer Dependance der von Paris begonnenen und geführten Weltrevolution zu machen. Und der Diplomat Genet versuchte, die Vereinigten Staaten unter Berufung auf die mit Ludwig XVI. geschlossene Allianz in den Krieg Frankreichs gegen England und Spanien hineinzuziehen, zumindest ihr Territorium als Operationsbasis gegen die Gegner seiner Nation und – wie er den Amerikanern weiszumachen suchte – die Feinde der Menschheit zu benützen.

Der Diplomat Genet genierte sich nicht, gegen alle Regeln der zwischenstaatlichen Beziehungen nicht nur in die Innenpolitik einzugreifen, sondern auch Potential der USA für Frankreichs Krieg zu mobilisieren. Kaum eingetroffen, begann er damit, amerikanische Schiffe als Kaper gegen die feindliche

Handelsflotte einzusetzen und Freiwillige zu Expeditionen in spanische und englische Gebiete anzuwerben. Vom War Department erwartete er sich Kanonen, von denen im Unabhängigkeitskrieg die Franzosen mehr als genug geliefert hätten, und benötigte Gelder vom Schatzamt der Vereinigten Staaten, die bei ihrem Kriegsfinanzier immer noch Schulden hatten. Der Vertreter der Französischen Republik versuchte deren außenpolitischen Zielen vom amerikanischen Boden aus näher zu kommen, das unter der französischen Monarchie an England verlorene Kanada zurückzugewinnen sowie Louisiana und Florida den Spaniern zu entreißen.

Genet war nicht in der Bundeshauptstadt Philadelphia, sondern in Charleston gelandet, einem Ort der Südstaaten, in denen Demokraten den Ton angaben. Dort wurde er begeistert empfangen, und nicht nur von ideologisch motivierten Linken. Pflanzer aus South Carolina, die bis zu dreihundert Sklaven hielten, sprachen die Gleichheitsparolen nach und dachten dabei an die vom Franzosen angestrebte Vertreibung der Spanier aus Louisiana und Florida, die ihnen Mehrung ihres Landbesitzes, einschließlich des Sklavenbestandes, versprach. Für die »Armée du Mississippi« und die »Armée des Florides« ließen sich 1600 Amerikaner anwerben; das Kommando übernahm der zum französischen General beförderte Westerner George Rogers Clark. Kaufleuten – jetzt schon in Charleston und bald in New York – winkten einträgliche Geschäfte: zwei Drittel der Beute der von ihnen ausgerüsteten Kaperschiffe und Einkünfte aus der Versorgung der französischen Flotte.

Eingriffe des Franzosen in die Souveränität der Vereinigten Staaten und deren Hinnahme, ja Unterstützung durch amerikanische Staatsangehörige – das war für George Washington ein Doppelpack, an dem er schwer zu tragen hatte. Erleichterung versprach er sich von der Neutralitätserklärung vom 22. April 1793, der feierlichen Bekundung seiner Entschlossenheit, mit allen Nationen in Frieden zu leben: mit England, mit dem 1783 ein Friedensvertrag abgeschlossen worden war, wie mit Frankreich, mit dem seit 1778 ein Allianzvertrag bestand.

Auch nach dem Systemwechsel in Paris betrachtete der Präsident in Philadelphia diesen nicht für aufgelöst. Aber er sah – im Gegensatz zum Vertreter der von ihm anerkannten Französischen Republik und vielen mit der Französischen Revolution sympathisierenden Amerikanern – keinerlei Verpflichtung, dem Allianzpartner, der ihm gestern von so großem Nutzen gewesen war, hier und heute direkt oder auch nur indirekt im Krieg gegen England beizustehen.

So wurden in der Neutralitätserklärung alle Bürger der Vereinigten Staaten aufgefordert, sich unparteiisch gegenüber den Kriegführenden zu verhalten, und jenen, die sich nicht daran hielten, Strafverfolgung angedroht. Sie anzukündigen war eine, sie durchzuführen eine andere Sache. Es stellte sich heraus, daß nicht jeder Verstoß gegen die vom Kongreß zum Gesetz erhobene Proklamation des Präsidenten zu ahnden war. Die Bundesexekutive verfügte noch über keine US-Navy, die Kaperschiffe hätte aufbringen können. Es gab nicht genug Bundesbeamte, um alle Geschäfte mit Konterbande zu unterbinden. Die schwachen, an einer langen Westgrenze verstreuten Bundestruppen wären kaum imstande gewesen, einen Angriff der von Genet rekrutierten Hilfstruppen in Richtung Louisiana oder Florida aufzuhalten. Die Bundesregierung war auf die freiwillige Mithilfe der Gouverneure und Gerichte von Bundesstaaten angewiesen, die sich nicht so wirksam erwies, wie es sich der Präsident gewünscht hätte. Selbst auf das Oberste Bundesgericht, das mal so und mal anders entschied, konnte er nicht bauen.

Finanzminister Hamilton, der am liebsten vom Neutralitätsweg abgewichen und in die englische Straße eingebogen wäre, lag dem Präsidenten mit Hinweisen in den Ohren, wie teuer den USA ihr de jure unparteiisches, doch de facto profranzösisches Verhalten zu stehen kam: Aus seiner knappen Kasse mußte er an Engländer rund 145 000 Dollar Entschädigungsgelder für mit amerikanischer Hilfe aufgebrachte Prisen zahlen. Andererseits entgingen ihm Einnahmen, weil mehr und mehr amerikanische Schiffe, die den Handel mit Französisch-Westindien und dem französischen Mutterland aufrechtzuerhalten suchten, von der Royal Navy abgefangen wurden.

Ausgerechnet der Außenminister, der den vom Kapitän vorgegebenen Neutralitätskurs steuern sollte, verfolgte eigene Ziele. Unter Thomas Jefferson drohte das amerikanische Schiff profranzösische Schlagseite zu bekommen. Der Secretary of State unterstützte heimlich Genet, der ein den Spaniern abgenommenes Louisiana als eigenen Staat unter französischem Protektorat etablieren wollte. Damit kam er nicht nur dem Präsidenten, sondern mit ihm jenen Amerikanern in die Quere, welche die Grenze ihres Landes zum Mississippi vorverlegen wollten.

Aus seinen Sympathien für die französischen Radikalrevolutionäre machte Thomas Jefferson, der Führer der demokratischen Partei, kein Hehl, und er hatte nichts dagegen, daß die im Lande sich bildenden »Jakobinerklubs« – elf im Jahre 1793 und vierundzwanzig im Jahre 1794 – Washington als anglophilen Verderber der Nation niederschrieen und den frankophilen Jefferson als Vollender der Amerikanischen Revolution hochleben ließen. Freneaus »National Gazette«, von ihm und Madison munitioniert, feuerte Salve auf Salve nach wie vor auf den Finanzminister und schon auf den Präsidenten.

An einem glühend heißen Augusttag in Philadelphia, der auch ein untertemperiertes Gemüt zum Kochen bringen konnte, geriet Washington in Zorn: In einer Kabinettsitzung verwahrte er sich mit einer Heftigkeit, zu der er sich selten hinreißen ließ, gegen die Angriffe auf seine Person und Administration, beklagte es, daß er sich ein zweites Mal für ein Amt zur Verfügung gestellt habe, in dem er nur Undank ernte. Es werde ihm vorgeworfen, König werden zu wollen, ihm, der lieber Farmer als selbst Kaiser der Welt sein wolle.

Diesen Vorfall notierte Jefferson in seinem Tagebuch. Zwischen den Zeilen war zu lesen, daß er einen Staatschef, der sich selber nicht mehr in der Gewalt habe, nicht länger für die Machtausübung geeignet halte. Indessen blieb dem Oppositionsführer nichts anderes übrig, als auf die nächsten Wahlen zu setzen. Doch er wußte, daß sie für seine Partei nur zu gewinnen wären, wenn sie bei aller Hinwendung zur »französischen Schwesterrepublik« die Interessen der eigenen Nation nicht aus den Augen verlöre. Als diese von Genet, der sich wie ein Statthalter eines französischen Imperiums in der amerikanischen Provinz aufzuführen begann, immer mehr verletzt wurden, siegte in Jefferson die Staatsräson über die Revolutionsemotion. Der Secretary of State schwenkte auf den Kurs des Präsidenten ein, nicht ohne sich vorzunehmen, so bald als möglich das Steuerruder aus der Hand zu geben und als Außenminister zurückzutreten.

Schließlich verlangte das Kabinett einmütig die Rückberufung des Gesandten Genet. Die vorausgegangenen Auseinandersetzungen hätten sich seine Mitglieder sparen können. Denn die in Paris an die Macht gekommenen Jakobiner enthoben den Girondisten Genet seines Postens und gedachten ihn, wie andere Angehörige der Gegenpartei, zu enthaupten. Ein Nachfolger wurde nach Amerika entsandt, mit dem Auftrag, seinen Vorgänger festzunehmen und ihn dem Revolutionstribunal zur Aburteilung zu überstellen. George Washington gewährte Genet politisches Asyl und demonstrierte damit den Unterschied zwischen proklamierter und praktizierter Humanität. Genet blieb in den Staaten, heiratete in die entschieden demokratische und hinreichend betuchte Familie des Governeurs von New York, George Clinton, ein und betätigte sich fortan statt mit der Errichtung von politischen mit der Konstruktion von technischen Luftgebilden, so mit von Segeln getriebenen Luftfahrzeugen in Fischform.

Die »Democratic-Republican Societies« traten weiterhin wie amerikanische Jakobinerklubs auf. Die vornehmlich der besitzenden Klasse angehörenden Genossen scheuten indes zurück, wie ihre französischen Vorbilder den radikalen Worten radikale Taten folgen zu lassen. Tinte statt Blut wurde vergossen, der Präsident der Vereinigten Staaten nicht wie der König von Frankreich vor ein Revolutionstribunal gestellt, doch in Parteiversammlungen angeklagt und in der Parteipresse verurteilt.

Thomas Greenleafs »New York Journal« bezeichnete Washington als einen Menschen, der, hauptsächlich durch Glücksspiel, Zechereien, Pferderennen und Pferdepeitschen erzogen, ein Gotteslästerer geworden sei. Die Frage wurde aufgeworfen, ob ein solcher Mann noch länger als Oberhaupt von God's own country tragbar wäre.

Washington argwöhnte, daß Jefferson, auch wenn er solche Giftpfeile nicht selber abschoß, so doch den Bogen dafür spannte. Den Secretary of State in der Regierung und im Auge zu behalten, erschien dem Präsidenten als das kleinere neben dem größeren Übel, daß sein Gegenspieler, jeglicher Kabinettsdisziplin ledig, voll und ganz die Rolle des Oppositionsführers übernehmen könnte. Das trat ein, nachdem Jefferson Ende 1793 als Außenminister zurückgetreten war. Im Repräsentantenhaus verfügten die von Jeffersons Mitstreiter Madison geführten Demokraten über eine Mehrheit, und die auf sie eingeschworenen Klubs betrieben außerparlamentarische Opposition, begannen die Straße gegen die Administration zu mobilisieren. In Boston, New York und Philadelphia kam es zu Demonstrationen; Vizepräsident John Adams befürchtete, der Mob könnte die Residenz des Präsidenten stürmen und seine Regierung stürzen.

George Washington verstand seine Amerikaner nicht mehr. Hatten ihre Vertreter ihn nicht zweimal, unter dem Beifall des Volkes, einmütig zum Präsidenten gewählt? War er nicht bemüht gewesen, beiden Parteien, auch wenn er deren Bildung nicht für richtig hielt, gerecht zu werden, selbst der Linken entgegenzukommen? Hatte er nicht als Secretary of State für den ausgeschiedenen Thomas Jefferson einen der Ihren, Edmund Randolph, berufen und damit seine Bereitschaft bekundet, sein Amt überparteilich zu führen? Dessen ungeachtet häuften demokratische Parlamentarier Klagen gegen ihn an. Es genügten Funken, um die bei Getreidebauern und Whiskybrennern im westlichen Pennsylvania angestiegene Unzufriedenheit mit der von der Bundesregierung verlangten Spirituosensteuer zum Lodern zu bringen. Die »Mingo Creek Society«, einer der Jakobinerklubs, trug dazu bei, daß die an ihrem Geldbeutel Getroffenen mit ideologischen Argumenten dazu angespornt wurden, sich nicht nur, wie bisher, um die Entrichtung der Steuer zu drücken, sondern sich gegen die Steuereinnehmer und da-mit gegen die Bundesregierung aufzulehnen. Französische und spanische Agenten schürten den Aufruhr in der Absicht, Westgebiete zur Trennung von den USA und zur Errichtung von Separatstaaten zu bewegen.

Im Juli 1794 wurde das Haus des Steuerinspektors John Neville in Bower Hill zerstört, und am 1. August kamen an die 7000 Bewaffnete auf Braddock's Field zusammen; das Gros marschierte auf Pittsburgh und drohte auf Philadelphia weiterzumarschieren. Die »Whisky Rebellion« war in vollem Gange. Bundesfinanzminister wie Bundespräsident sahen mit dem Gesetz des Bundesparlaments und der Autorität der Bundesregierung die Einheit der Union gefährdet. Der Widerstand sei zum Aufstand geworden, erklärte Washington in seiner Proklamation vom 7. August 1794 und forderte die Rebellen auf, die Waffen niederzulegen, nach Hause zu gehen, das Gesetz zu befolgen. Als Zureden nichts half, Verhandlungen im Sande verliefen, die Aufmüpfigen nicht hören wollten, sollten sie die Staatsgewalt zu fühlen bekommen. Der Präsident machte von seinem Recht Gebrauch, Milizen in Einzelstaaten zu mobilisieren. Pennsylvania, New Jersey, Maryland und Virginia stellten rund 13 000 Mann, eine Truppenmacht, über die General Washington kaum im Unabhängigkeitskrieg verfügt hatte, und deren Oberbefehl nun Präsident Washington übernahm.

Der Zweiundsechzigjährige legte seine alte Uniform an und zog wiederum ins Feld, diesmal nicht gegen Briten, um sein Land von Fremdherrschaft zu befreien, sondern gegen Amerikaner, um – wie er betonte – die Resultate des damaligen Sieges, die »Segnungen der Revolution« zu bewahren und zu befestigen. Er war in seinem Element, als er im Aufmarschgebiet die angetretenen Milizen besichtigte, sie – wie einst in Valley Forge – in Reih und Glied brachte und die Marschorders gab.

Nachdem er das Kommando an Generalmajor Henry Lee,

den Governeur von Virginia, übergeben und Schatzkanzler Alexander Hamilton, den Urheber der Spirituosensteuer, sozusagen als Bundeskommissar bei der Truppe gelassen hatte, kehrte der Präsident in die Bundeshauptstadt zurück. Er erwartete, daß die Rebellen zu Paaren getrieben würden, war jedoch erleichtert, als ihm gemeldet wurde, daß sie vor den anrückenden Milizen auseinandergelaufen seien. Zwanzig Anführer, deren man habhaft geworden war, kamen in Philadelphia vor Gericht; achtzehn wurden nach Hause geschickt, zwei zum Tode verurteilt. Der Präsident, der Genugtuung empfand, daß der Aufstand »ohne das Vergießen eines Tropfen Blutes« beendet worden war, begnadigte sie.

Er konnte es nicht allen recht machen. Hamilton und seine Anhänger bedauerten es, daß nicht härter durchgegriffen worden war. Die glimpflich davongekommenen Aufrührer, denen gar nichts anderes übriggeblieben war, als sich vor der geballten Macht zu ducken, setzten mehr den je auf die Demokraten, die das Vorgehen des Präsidenten mißbilligt hatten und die Aufregung, die darüber – nicht nur in Pennsylvania – entstanden war, für ihre parteipolitischen Zwecke auszunützen begannen.

Nicht allein Hamilton, auch Washington goß Öl in die Glut. In seiner sechsten Botschaft über den Stand der Union erklärte der Präsident am 19. November 1794: Die »Democratic-Republican Societies«, die im Grunde weder demokratisch noch republikanisch seien, hätten die Rebellion ausgelöst, und wenn man sie nicht unterdrückte, würden sie das Government in seinen Grundfesten erschüttern. Kaum verhüllt äußerte er seine Ansicht, daß die demokratische Opposition die Jakobinerklubs als Speerspitze gegen ihn einsetze – gegen den Präsidenten der Vereinigten Staaten, der sein Bestes gegeben habe, die Verfassung der Vereinigten Staaten zu schützen und zu verteidigen, und deshalb Unterstützung vom Kongreß und dem von ihm vertretenen Volk verdiene.

Jefferson hatte ihn gewarnt: Wenn er direkt die »Democratic-Republican Societies« und damit indirekt die gesamte

Linke angreife, würde der Präsident nicht mehr als Haupt der Nation, sondern als das Haupt einer Partei angesehen werden. Die Teilung der Nation in zwei Lager, die er hatte vermeiden wollen, wurde nun von ihm selber gefördert. Durch sein eigenes Zutun entwickelte sich die Allparteienregierung, die er angestrebt und zustande gebracht hatte, zu einer liberal-konservativen Parteiregierung unter einem Staatschef, der seine ihr entsprechende Gesinnung zunehmend herauskehrte.

Die Französische Revolution, die von der Amerikanischen Revolution mit angeregt worden war, beeinflußte nun deren Ausgestaltung. Wie jenseits gerieten diesseits des Atlantiks Linke und Rechte aneinander, und die innenpolitische Kontroverse wurde durch die außenpolitische Streitfrage verschärft, ob es die Vereinigten Staaten mit der demokratischen Französischen Republik oder mit dem konstitutionell-monarchischen England halten sollten.

Für die Außenpolitik waren im Verfassungstext dem Präsidenten Zuständigkeiten eingeräumt worden, die er in der Verfassungswirklichkeit ausfüllte und ausdehnte. Die Mitwirkung des Senats, der mit Zweidrittelmehrheit die vom Präsidenten abgeschlossenen Verträge zu ratifizieren hatte, hielt ihn nicht davon ab, in eigener Verantwortung die Außenpolitik zu gestalten.

Diplomatie war eigentlich nicht seine Stärke. Eigenschaften, die in diesem Metier für erforderlich gehalten wurden, waren ihm von Hause aus fremd. Für ihn waren Worte nicht dazu da, Absichten zu verschleiern; er pflegte geradeheraus seine Meinung zu sagen und seine Vorhaben unmißverständlich zu vertreten. Immerhin hatte er im Krieg wohl oder übel das Taktieren, ja Finassieren und Lavieren gelernt, doch ohne so weit zu gehen, die Mittel zum Zweck zu heiligen. Für eine auf Frieden bedachte Außenpolitik brachte er nützliche Wesenszüge mit: das Bemühen um Verständnis für andere und die Neigung zum Ausgleich zwischen eigenen und fremden Belangen.

Als Staatschef fühlte er sich nicht nur gehalten, die Richtlinien der Außenpolitik zu bestimmen und über ihre Einhaltung zu wachen, sondern auch deren Ausführung in die Hand zu nehmen und sich dabei weder vom Senat noch vom Secretary of State ins Handwerk pfuschen zu lassen.

Am Beginn seiner ersten Amtszeit entsandte er – am Senat vorbei, dessen Zustimmung er hätte einholen müssen – seinen Vertrauten Gouverneur Morris als persönlichen Gesandten nach London mit dem Auftrag, im Friedensvertrag von 1783 offengebliebene Fragen zu besprechen. Mit einer ähnlichen Mission in Madrid betraute er seinen ehemaligen Adjutanten David Humphreys.

Eine »persönliche Außenpolitik« war durch die Verfassung der Vereinigten Staaten nicht gedeckt, und eine »Geheimdiplomatie« entsprach Gepflogenheiten europäischer Kabinette, die man hinter sich gelassen zu haben glaubte. Thomas Jefferson plädierte als Demokrat für eine neue, dem republikanischen System angemessene Außenpolitik, die, von der Volksvertretung konzipiert und kontrolliert, von deren Beauftragten in aller Öffentlichkeit darzulegen und auszuführen sei. Indessen tendierte er als Secretary of State dazu, die Diplomatie in klassischer Weise zu betreiben, wobei er sich vom Präsidenten, der dabei das erste und letzte Wort beanspruchte, eingeschränkt sah. So hatte er einen doppelten Grund, mit Washington unzufrieden zu sein, und seine innenpolitische wurde durch seine außenpolitische Opposition gesteigert.

Frankreich oder England – an der Frage, ob die USA in die Fußstapfen der Französischen Revolution und an die Seite der Französischen Republik im Krieg mit dem United Kingdom treten sollten, schieden sich die Geister. Thomas Jefferson erinnerte an den 1778 mit König Ludwig XVI. abgeschlossenen Beistandspakt, der auch nach dessen Sturz gültig geblieben sei, da man Verträge nicht mit Regierungen, sondern mit Nationen schlösse. George Washington, der mit Hilfe königlich-französischer Streitkräfte den Unabhängigkeitskrieg gewonnen hatte, hielt den Pakt durch den Regierungswechsel für aufgelöst; da

Frankreich nun einen Angriffskrieg führe, sei er ohnehin hinfällig geworden. Indessen brach er die Beziehungen mit dem Bündnispartner von 1778 nicht ab, suchte jedoch jene mit dem Kriegsgegner von 1776 und Friedenspartner von 1783 auszubauen – dem vom revolutionären Frankreich herausgeforderten Vereinigten Königreich.

Ausschlaggebend waren nicht seine Distanzierung von der französischen Radikalrevolution und seine Affinität zum britischen Konstitutionalismus. Der Staatsräson verpflichtet, hielt er Emotionen in der Außenpolitik noch weniger als in der Innenpolitik für angebracht. Dies unterschied ihn von Jefferson, aus dessen Entwurf der Unabhängigkeitserklärung der Passus über eine Kollektivschuld des englischen Volkes gestrichen wurde und dessen sich in Engländerhaß und Franzosenliebe gefallenden Anhängern er zu bedenken gab: Eine Nation, die anderen ständig Feindseligkeit oder Affenliebe entgegenbringe, laufe Gefahr, ein Sklave dieser Gefühlsregungen zu werden und ihre eigenen Interessen aus dem Auge zu verlieren.

Der Pragmatiker Washington sah Grund genug, den Draht nach London nicht nur nicht abreißen, sondern ihn für die Minimierung bestehender Gefahren spielen zu lassen. Noch saßen Rotröcke mit ihren indianischen Hilfswilligen im Nordwesten des Territoriums der USA, besaßen die Engländer in Kanada eine Ausfallbasis gegen die Vereinigten Staaten. Diese waren nach wie vor auf die Handelsbeziehungen mit Großbritannien angewiesen; eine Behinderung oder gar ein Abbruch hätte mit den ökonomischen auch soziale Folgen gehabt. Andererseits mußte er die Verbindungen mit dem alten Bündnispartner Frankreich, auch mit dessen neuem Regime, aufrechterhalten; hätte er sie gekappt, wäre er innenpolitisch, hätte er sie verstärkt, wäre er außenpolitisch in Bedrängnis geraten. Das Ei des Kolumbus glaubte der Präsident mit seiner Neutralitätserklärung vom 22. April 1793 gefunden zu haben. Aber das schwierige Problem war nicht so einfach zu lösen. Zunehmend wurde die Neue Welt, die sich aus den Händeln der Alten Welt heraushalten wollte, vom Konflikt zwischen Frankreich und

England in Mitleidenschaft gezogen und drohte in ihn hineingezogen zu werden.

Genets antibritische Aktionen, von amerikanischem Boden aus und mit Unterstützung amerikanischer Bürger, wurden in England als Verletzungen der Neutralität beurteilt. Andererseits wurden die USA von britischen Maßnahmen betroffen, die sie als Verstöße gegen die Neutralität verurteilten. Die Seeblockade, die Großbritannien gegen Frankreich, einschließlich der überseeischen Gebiete, verfügte, versetzte dem amerikanischen Handel, vor allem mit Französisch-Westindien, einen schweren Schlag. An die 250 Schiffe wurden von der Royal Navy aufgebracht, Frachtladungen beschlagnahmt und Besatzungen in den Dienst der britischen Marine gezwungen.

Das war Wasser auf die Mühlen der profranzösischen Demokraten, und auch probritische Liberal-Konservative gerieten in Erregung. Der Kongreß beschloß ein Handelsembargo, verlangte Wirtschaftssanktionen. Rufe nach einem »zweiten Unabhängigkeitskrieg« wurden laut, vor allem im Westen, wo Siedler die Briten beschuldigten, Indianer zu Überfällen aufzustacheln. Öl ins Feuer goß der Gouverneur von Kanada, Lord Dorchester, der den indianischen Verbündeten versprach, daß sie nach einem bevorstehenden Krieg mit den USA nicht mit leeren Händen dastehen würden.

George Washington, der stets der Meinung war, daß man, wenn man den Frieden erhalten wolle, zum Krieg gerüstet sein müsse, begrüßte anvisierte militärische Maßnahmen: Die Bundesarmee sollte auf 15000, die Staatenmiliz auf 80000 Mann vermehrt, eine Kriegsmarine geschaffen werden. Das Wünschbare deckte sich nicht mit dem Machbaren. Immerhin liefen sechs Fregatten vom Stapel, kam die US Navy in Fahrt. Gegen die Royal Navy konnte sie noch lange nicht ansegeln.

Einen zweiten Krieg gegen Großbritannien wollte Washington, der den ersten nur mit Mühe und Glück durchgestanden hatte, nicht beginnen. Er wußte, daß er ihn nicht gewinnen und was er dabei verlieren würde. Mit der Unabhängigkeit stand die Wohlfahrt auf dem Spiel. Die Regierungseinkünfte von

1793 waren fast zweieinhalbmal höher als 1789. Das Nationalprodukt hatte um rund 50 Prozent zugenommen, das Realeinkommen pro Kopf war im Jahr um 9 Prozent gestiegen. Amerikaner verdienten mehr und lebten besser; 1793 wurde achtmal so viel Kaffee und beinahe viermal so viel Zucker importiert als 1789, im ersten Jahr von Washingtons erster Amtszeit.

Neutralität sei »das wirksame Instrument unserer wachsenden Prosperität«, hatte Washington erklärt. Zunehmend wurde er gewahr, daß der Platz zwischen den Kriegsgegnern nicht ohne Probleme für das Wohlergehen seines Landes war. Um der Gefahr zu entgehen, zwischen die Fronten zu geraten, meinte er sich für einen der beiden entscheiden zu müssen. Er wählte den britischen Stuhl, auf dem er zwar auch nicht bequem, aber immer noch bequemer als auf dem französischen sitzen würde.

Die englische Regierung wie das englische Volk wünschten mit den USA in einem »guten Verhältnis« zu leben, habe ihm Außenminister Lord William Grenville versichert, ließ Anfang 1794 der amerikanische Gesandte in London, Thomas Pinckney, seinen Präsidenten in Philadelphia wissen. Dies war mehr als eine diplomatische Floskel. London erlaubte direkten Handel zwischen den Vereinigten Staaten und Französisch-Westindien, und auch der Seeverkehr mit dem französischen Mutterland lief wieder an.

Während in Frankreich der Terror herrschte und seine Armee in Europa die Macht der Nation ausweitete und Ideen der Revolution verbreitete, erschien England als Anwalt der alten Staatenordnung, die den Frieden gesichert hatte und wiederum gewährleisten sollte. George Washington hielt die Zeit für gekommen, sich mit dem Vereinigten Königreich zu verständigen, durch Verhandlungen zu einem Übereinkommen zu gelangen.

Um den Frieden zu bewahren werde er John Jay als »Sondergesandten der Vereinigten Staaten zu seiner Britischen Majestät« nach London schicken, ließ der Präsident am 16. April 1794 den Senat wissen. Obwohl sie den Obersten Bundesrichter als einen der Ihren schätzten, hätten liberal-konservative Senatoren lieber ihren Parteiführer Hamilton mit dieser Mission betraut gesehen. Sie dürfe nicht vom Parteienstreit beeinträchtigt werden, meinte Washington, ohne ihn vermeiden zu können. Auch der über den Lagern stehende Chief Justice paßte den Demokraten nicht, die nicht mit England, sondern mit Frankreich unterhandeln wollten.

Um ihnen entgegenzukommen, ersetzte der Präsident auf dem Gesandtenposten in Paris den Erz-Unionisten Gouverneur Morris durch den Erz-Demokraten James Monroe. Dies besänftigte die Opposition so wenig wie die Beauftragung des demokratischen Staatssekretärs mit dem Entwurf von Instruktionen für den Sondergesandten John Jay. Da Edmund Randolph zögerte, kam der ebenfalls um Rat gebetene Alexander Hamilton mit seinen Vorschlägen zum Zug: Jay solle nicht zu hart verhandeln, jedoch vier Ziele anstreben: Entschädigung für die Beschlagnahme amerikanischer Handelsschiffe, Räumung der britischen Stellungen im Northwest Territory der USA, Kompensation für die von den Engländern im Unabhängigkeitskrieg befreiten Sklaven und – last not least – Abschluß eines Handelsvertrages.

Der Präsident hielt sich bei der Abfassung der Instruktion an den Entwurf des Finanzministers und ließ die offizielle Direktive vom Außenminister unterschreiben. Am 12. Mai 1794 segelte John Jay von New York nach London ab. Die Society of St. Tammany hatte ihm ein Abschiedsdinner gegeben, bei dem zwei Toasts ausgebracht wurden, die in ihrer Gegensätzlichkeit auf die Schwierigkeit seines Auftrages verwiesen. Möge seine Mission in England erfolgreich sein, lautete der eine Trinkspruch und der andere: Mögen die Armeen Frankreichs siegen!

Auf der bis 15. Juni dauernden Überfahrt hatte der Sondergesandte genug Zeit, sich mit den einzelnen Punkten der Instruktion die allgemeine Direktive des Präsidenten einzuschärfen: Es sei sein Wunsch und Wille, einen Konflikt zu vermeiden, aber die Gründe, die ihn rechtfertigen könnten, müßten beseitigt, die Rechte der Vereinigten Staaten gewahrt und ihnen zugefügtes Unrecht wiedergutgemacht werden. Im Ohr behielt John Jay die beiden sich widersprechenden Toasts. Der Unterhändler ahnte, daß er – was auch immer er aus London mitbrächte – zu Hause auf Widerspruch stoßen würde.

Die Engländer empfingen den Amerikaner wie einen verloren geglaubten und endlich zurückgekehrten Sohn. Der Weg zur Verständigung dürfe nicht durch Hindernisse erschwert oder gar verbaut werden, hatte Hamilton gemahnt, und Washington ihm bedeutet, daß der Vermeidung eines Krieges und der Erhaltung des Friedens alles andere unterzuordnen sei. John Jay versuchte fünf Monate lang das Bestmögliche für sein Land zu erreichen. Das Ergebnis, der von ihm und dem britischen Außenminister Lord William Grenville am 19. November 1794 unterzeichnete Vertrag, blieb, trotz all seiner Bemühungen, hinter den ihm mitgegebenen Instruktionen zurück.

Selbst Artikel 2, der den Rückzug der Engländer aus dem Northwest Territory der USA festlegte, war nicht als ein voller Erfolg zu verbuchen; denn durch die Siege des Generalmajors Wayne über die mit den Rotröcken verbündeten Rothäute waren die letzten britischen Bastionen auf amerikanischem Boden unhaltbar geworden und der Weg für eine ungestörte Besiedlung dieses Gebietes geebnet.

Ein voller Mißerfolg war Artikel 17: »Schiffe, die feindliches Eigentum als Konterbande führen, sind aufzubringen und in den nächsten Hafen einzuschleppen«, sowie der in Artikel 18 zum Vorteil der Briten definierte Begriff »Konterbande«, womit die Beschlagnahme amerikanischer Schiffsfrachten weitgehend gerechtfertigt wurde. Die Frage der »gegenseitigen Entschädigungen« wurde Kommissionen zur Lösung übertragen, auf die lange Bank geschoben. Von einer Kompensation für die im Unabhängigkeitskrieg von den Engländern befreiten Negersklaven war nicht einmal die Rede. Zwar wurde Britisch-Ostindien für den Handel der Amerikaner geöffnet, jener mit Britisch-Westindien, an dem ihnen besonders gelegen war, blieb beschränkt.

Immerhin sei das erste und wichtigste Verhandlungsziel erreicht worden, die Vermeidung eines Krieges und die Erhaltung des Friedens, meldete der Sondergesandte seinem Präsidenten und gab ihm zu verstehen, daß dies kaum möglich gewesen wäre, wenn der Verhandlungspartner nicht vollstes Vertrauen in den persönlichen Charakter und die politischen Intentionen George Washingtons gehabt hätte. Bei einem Dinner, an dem die wichtigsten Minister und zweihundert Kaufleute teilnahmen, seien auf »The President of the United States« statt der üblichen drei spontan sechs Toasts ausgebracht worden.

Der Familienstreit zwischen den Angelsachsen jenseits und diesseits des Atlantiks schien – freilich durch Nachgeben der Amerikaner – endgültig beigelegt, die in Artikel 1 des Grenville-Jay-Vertrages beschworene »unverbrüchliche Freundschaft zwischen beiden Mächten« verbrieft zu sein.

Washington hielt es für angezeigt, den Vertragstext vorerst geheimzuhalten, zumindest solange, bis sich der am 8. Juni zusammentretende Senat damit beschäftigt habe. Von dessen liberal-konservativer und pro-britischer Mehrheit erhoffte er sich ein positives Votum, welches das zu erwartende negative Echo im Lande zu dämpfen vermöchte. Auch der Senat hatte am Vertrag einiges auszusetzen, strich Artikel 12 über die Beschränkung des Handels mit Westindien und billigte am 24. Juni die verbliebenen, nicht allseits befriedigenden Bestimmungen mit knapper Mehrheit.

Der Disput im Senat war ein Säuseln im Vergleich zum Sturm, der sich im Lande nach Bekanntwerden des Vertragstextes erhob. Der Präsident hatte beabsichtigt, ihn erst am 1. Juli zu publizieren. Aber er gelangte schon vorher in einer Weise in die Öffentlichkeit, die einen Vorgeschmack auf den Stil der Opposition in der unvermeidlichen Auseinandersetzung gab. Senator Stevens Thomas Mason von Virginia gab unter der Hand eine Kopie des Jay Treaty an Benjamin Franklin Bache, den Herausgeber des demokratischen Kampfblattes »Aurora«, das mit politischem wie pekuniärem Gewinn für die Verbreitung sorgte. Gegner der Regierung witterten Morgenluft, mobilisierten die Straße, gebärdeten sich so, als sei ein den

Tod der amerikanischen Freiheit ankündigendes Abendrot aufgeleuchtet.

Jay wurde in effigie verbrannt, Hamilton mit Steinen beworfen und Washington verbal attackiert: Er habe sich dem britischen Erzfeind ergeben und die Franzosen verraten. Die Angriffe gegen seine Politik steigerten sich zu Anwürfen gegen seine Person. Der Präsident, schrieb ein Radikaldemokrat, »bietet jetzt der gesamten Volksherrschaft Trotz, die ihn zu dem gemacht, was er ist, und ihn auch wieder stürzen kann. Es wäre besser für ihn gewesen, er hätte sich in der Zeit seiner höchsten Glorie eine Hand abschlagen lassen als einseitig seine Glorie zu vernichten.« Von Zeitungen und in Volksversammlungen wurde gefordert: Der Präsident müsse den Vertrag zurückweisen oder zurücktreten.

Sie verunglimpften ihn als Traitor und tobten gegen den Jay Treaty, als sei dieser »ein toller Hund«, klagte Washington und gestand sich ein, daß der von ihm nicht ohne Zögern akzeptierte Vertrag dem Land nicht unbedingt Lorbeeren eintrug.

Aber war Politik, vor allem Außenpolitik, nicht die Kunst des Möglichen und ein unter widrigen Umständen erreichter mangelhafter Vertrag nicht besser als gar kein Vertrag? War es nicht sinnvoller, dem angelsächsischen Mutterland, mit dem man kulturell verbunden geblieben war, auch politisch wieder näher zu kommen als an einem Frankreich festzuhalten, das mit seiner Radikalrevolution die gemäßigte Amerikanische Revolution auszustechen versuchte? Schien es nicht zweckmäßiger zu sein, sich mit der Seemacht England, die für die USA eine ständige Bedrohung war, zu verständigen als mit der Landmacht Frankreich, die sich in europäische Kriege verbissen hatte und kaum Zeit und Kraft gefunden hätte, die Vereinigten Staaten noch einmal in einem Konflikt mit Großbritannien herauszuhauen?

Zweifellos enthielt der Grenville-Jay-Vertrag auch Bestimmungen, die sich nicht nur gewinnbringend für die territoriale Ausdehnung und den ökonomischen Aufschwung der USA, sondern auch vorteilhaft für die internationalen Beziehungen auswirkten. So wurde vereinbart, daß ein Kriegszustand zwischen den Staaten niemals zum Vorwand dienen dürfe, Privateigentum zu beschlagnahmen oder eingegangene Kontrakte aufzuheben. Schule machte die Einsetzung von Kommissionen zur Schlichtung von Streitigkeiten zwischen Staaten; bis zum Jahre 1900 löste die US-Regierung 57 Streitfälle – allein 20 zwischen Amerika und England – durch schiedsrichterliche Entscheidungen.

Auch die Pluspunkte des Vertrages wurden von Demokraten nicht gewürdigt, die mit dessen Ablehnung den Weg für eine Ablösung Washingtons durch einen Präsidenten ihrer Partei ebnen wollten. Die Opposition wurde – außerhalb wie innerhalb des Parlaments – von Thomas Jefferson und James Madison geführt. Zur Fronde gehörten auch der Gesandte James Monroe, der von Paris aus profranzösische und antibritische Munition lieferte, und Staatssekretär Edmund Randolph, der im Kabinett die Politik seines Präsidenten zu konterkarieren suchte.

Aus dem Sommerurlaub schrieb Washington am 29. Juli 1795 dem Secretary of State nach Philadelphia: Er habe nie, seit er der Administration vorstehe, eine Krise wie die gegenwärtige erlebt. Weder der Absender noch der Adressat wußten zu diesem Zeitpunkt, daß die Krise vor einer Wende zugunsten des Präsidenten und seiner Anhänger und zuungunsten Randolphs und seiner Genossen stand.

Auf Mount Vernon, wo er seinen Urlaub verbrachte, erhielt Washington eine Eilpost: Der Präsident, beschwor ihn Timothy Pickering, der Henry Knox als Secretary of War abgelöst hatte, möge umgehend nach Philadelphia zurückkehren, wegen eines besonderen Grundes, über den er nur unter vier Augen informiert werden könnte. Sintflutartige Regenfälle hatten Straßen überflutet und Brücken weggeschwemmt, so daß Washington länger als sonst unterwegs war, und von Stunde zu Stunde wuchs die Spannung, was wohl seine Rückkehr so dringend erforderlich gemacht habe. Endlich in der Hauptstadt angekommen, setzte er sich zunächst mit dem Staatssekretär zusammen. Pickering ließ den Präsidenten aus dem Konferenzraum rufen, deutete auf die Tür, hinter der Randolph wartete, und sagte: »Dieser Mann ist ein Verräter!«

Pickerings Begründung der Beschuldigung: Aus einem Bericht des französischen Gesandten an seine Regierung, der von den Briten auf See abgefangen und ihm vom britischen Gesandten zugeleitet worden sei, gehe hervor, daß der amerikanische Außenminister mit dem französischen Diplomaten gegen die eigene Regierung zusammengespielt habe, um daraus nicht allein politische Vorteile, sondern sogar finanzielle Gewinne für Parteifreunde und sich selbst zu ziehen.

George Washington, dessen Nerven wegen der unentwegten Angriffe der Demokraten gegen seine Politik und seine Person blank lagen, traute dem Repräsentanten der Opposition im Kabinett ohne weiteres einen Verrat zu. Er wußte nicht, daß der britische Geheimdienst das Ganze eingefädelt hatte. Bei einer Kabinettsitzung übergab er Randolph den ihn inkriminierenden Bericht und verlangte eine Erklärung. Der Staatssekretär trat zurück und der Präsident unterschrieb den von ihm von Anfang an gebilligten und bereits vom Senat ratifizierten Vertrag mit England.

Die Demokraten hatten eine Schlacht verloren, und die Liberal-Konservativen, die zum Sammeln geblasen hatten, gingen daran, den Krieg zu gewinnen. Alexander Hamilton, der am 31. Januar 1795 seinen Posten als Schatzsekretär aufgegeben hatte, gab als Publizist die Parolen aus. Seine unter dem Pseudonym Camillus veröffentlichten Artikel fanden eine ähnliche Beachtung wie jene, die er in der Auseinandersetzung um die Unionsverfassung unter dem Pseudonym Publius geschrieben hatte. Camillus war der Name jenes Römers, der, vom Plebs wegen seiner patrizischen Gesinnung wie seinem plutokratischen Gebaren verurteilt, in die Verbannung ging, aus der er zurückkehrte, um das von den Galliern eroberte Rom zu befreien. Der neue Camillus feuerte nun zum Angriff auf die mit den Neo-Galliern verbündeten Demokraten an.

Auch George Washington griff zur Feder, suchte brieflich Parteigänger zu motivieren und Parteigegner zu neutralisieren.

Für das, was er für richtig hielt, habe er sich stets eingesetzt, und so werde er auch den Jay Treaty gegen alle Widerstände durchsetzen, schrieb er seinem alten Freund Henry Knox, und seinem alten Gegner Patrick Henry: Er handele weder für England noch für Frankreich, sondern einzig und allein für Amerika; wer einseitig für die eine oder andere fremde Macht eintrete, »zerschlägt vielleicht für immer den Zement, der die Union zusammenhält«.

Nordstaatler, die sich von einem politischen Ausgleich mit dem Mutterland wirtschaftlichen Aufstieg versprachen, hörten auf den Präsidenten, während Südstaatler weiter opponierten. Viele von ihnen verwanden es nicht, daß im Vertrag von einer Entschädigung für von Engländern befreite Sklaven und einer Tilgung ihrer in England aufgelaufenen Privatschulden nicht die Rede war. Yankees wie Southerners verbrämten materielle Interessen mit idealistischen Motiven, die besonders den sich demokratisch gebärdenden Sklavenhaltern schlecht anstanden.

Die Opposition im Süden gegen den Jay Treaty bröckelte ab, nachdem ein anderer Sondergesandter des Präsidenten, Thomas Pinckney, am 27. Oktober 1795 in Madrid einen für die USA rundum günstigen Vertrag geschlossen hatte. Die Gefahr aus den spanisch besetzten Gebieten war gebannt, den Amerikanern wurde die Benutzung des Mississippi als Handelsweg und ein Stapelplatz für Ausfuhrwaren in New Orleans zugestanden. Der Jay Treaty öffnete im Nordwesten das Tor für Siedler, der Pinckney Treaty versprach weitere Gewinne im Südwesten. Amerikaner, denen die Zukunft gehörte, scharten sich um den Präsidenten, der Hindernisse auf dem Weg zur Eroberung des Kontinents beseitigt hatte.

Seine demokratischen Widersacher sammelten sich im März 1796 in dem von ihnen dominierten Repräsentantenhaus zu einem letzten Gefecht. Sie stellten zwei Forderungen: Erstens, der Präsident solle alle den Jay-Vertrag betreffenden Staatsakten offenlegen, wie es in einer Republik, in der dem Volk respektive dessen Vertretern nichts vorenthalten werden dürfe, unabdingbar sei. Zweitens, die Verfassung habe zwar die Führung der Außenpolitik primär dem Präsidenten und sekundär dem Senat zugewiesen, doch zugleich dem Repräsentantenhaus das Recht eingeräumt, die erforderlichen Gelder für deren Ausführung zu genehmigen oder – wie im anstehenden Fall – zu verweigern.

Beide Forderungen wurden von Washington entschieden zurückgewiesen: Erstens, ohne Geheimdiplomatie sei auch in einer Republik die Außenpolitik nicht zu gestalten und das Interesse des Staates nicht zu verfolgen. Zweitens, dem Volkshaus stehe es nicht zu, einem vom Präsidenten aufgrund seiner verfassungsmäßigen Vollmacht geschlossenen und vom Staatenhaus gebilligten Vertrag durch Verweigerung von Mitteln – in diesem Falle von 90000 Dollar – zur Inkraftsetzung einzelner Klauseln das ganze Abkommen zu blockieren.

»Die Respektierung der Verfassung wie die Befolgung meiner Amtspflicht verbieten ein Einverständnis mit ihrem Ansuchen«, ließ er das Repräsentantenhaus wissen. Die feste Haltung des Präsidenten wie deren zunehmende Unterstützung im Lande machten der Opposition zu schaffen. Eine erste Abstimmung hatte sie noch mit 62 zu 37 und eine zweite mit 57 zu 35 Stimmen gewonnen. Die entscheidende Abstimmung – Ende April 1796 – verlor sie mit 48 gegen 51 Stimmen.

George Washington hatte die Kraftprobe bestanden, seine Vorrechte als Präsident gewahrt und Präzedenzfälle für Nachfolger geschaffen. James Madison, der jetzige Oppositionsführer im Repräsentantenhaus und spätere vierte Präsident, konnte erst sechzehn Jahre später einen Krieg gegen England beginnen. Thomas Jefferson, das Oberhaupt der Demokraten und der nachmalige dritte Präsident, bezeichnete die Friedenspolitik Washingtons als »Konspiration mit den Feinden unseres Landes«, durch welche »die Ehre und der Glaube unserer Nation« geopfert würden. Sein Ceterum censeo lautete: Die Ehre der USA verlange die Reaktivierung des Bündnisses mit Frankreich und der amerikanische Glaube ein tätiges Bekenntnis zur Französischen Revolution.

»Der Bundesadler hindert Jefferson an der Verbrennung der Constitution of the United States auf dem Altar des revolutionären Despotismus«, kommentierte ein liberal-konservatives Blatt seine diesbezügliche Karikatur. Der Bundespräsident hätte diese Auslegung unterstreichen können. Doch George Washington war nicht länger bereit, die verbliebene Kraft seiner gezählten Jahre im Amt aufzuopfern.

Verzicht und Vermächtnis

Im Staatsamt habe er sich verbrannt, er sei es satt, sich länger puffen und stoßen zu lassen, werde die immer schwerer gewordene Bürde nicht länger tragen, ließ der Präsident seine Anhänger wissen, die ihn für eine dritte Amtsperiode zu gewinnen suchten. Sie zweifelten nicht daran, daß er mit überwältigender Mehrheit wiedergewählt werden würde, was auch seine Gegner annahmen. Dieser Mann, seufzte Jefferson, steche alle anderen in der Gunst des Volkes aus.

Washington wollte nicht mehr. Alt und müde geworden, gingen ihm die Freunde ab, die seine Amtslast mitgetragen hatten. Anfang 1795 trafen ihn die Rücktritte von Henry Knox, des alten Kriegskameraden und zuverlässigen Kriegssekretärs, und von Schatzsekretär Alexander Hamilton, der ihm vieles abgenommen und doch die Entscheidungen belassen hatte.

Vom rechten Hamilton, der 1804 im Duell mit dem linken Aaron Burr fallen sollte, war Präsident Washington immer mehr zur liberal-konservativen Partei hingezogen worden. Demokraten, die sich von einem Mann der Gegenpartei regiert sahen, sprachen ihm die Eignung zum Integrator ab und stellten seine Integrität in Frage.

Es traf ihn schwer, daß sie ihn als neuen Caesar bezeichneten, und noch schwerer, daß sie ihn beschuldigten, ständig seine Jahresbezüge von 25 000 Dollar zu überziehen und sich auf Kosten des Staates zu bereichern. Dabei blieb für ihn, der davon die Kosten für das Sekretariat, den Haushalt, den Aufwand und die Reisespesen des Präsidenten zu bestreiten hatte, bei gestiegenen Lebenshaltungskosten und ausbleibenden Gehaltsaufbesserungen immer weniger übrig. Gegen Ende seiner Amtszeit sah er sich gezwungen, Land zu verkaufen, um seine Ausgaben zu decken.

Er werde mit »böswilligem Fleiß« und »beharrlicher Falschheit« von oppositionellen Journalisten angegriffen, und er sei nicht länger bereit, sich von »schändlichen Schmierern« beleidigen zu lassen. Ihm fehlte die Elefantenhaut eines Berufspolitikers. Während der zweiten Amtszeit, in der eine Krise nach der anderen zu bewältigen war, schwand die Fähigkeit dahin, die den Befreier der Nation und den Gründer der Union ausgezeichnet hatte: Durchhalten bis zum sich Durchsetzen. Ein drittes Mal wollte er sich nicht ins Geschirr spannen lassen. Auf Erreichtes und Fortzuführendes verwies er bei seinem letzten öffentlichen Auftritt am 7. Dezember 1796, in seiner vor dem Kongreß abgegebenen achten Botschaft über den Stand der Union. Drei Errungenschaften konnte er sich zugute halten: Erstens, die Erhaltung des Friedens durch die Neutralitätserklärung und die Verträge mit England und Spanien. Zweitens, die durch beide Abkommen ermöglichte Erweiterung der Grenzen auf dem amerikanischen Kontinent. Drittens, einen ökonomischen Aufschwung durch die Finanz- und Wirtschaftspolitik seiner Administration.

Zahlen sprachen für sich. Das Bruttonationalprodukt stieg durchschnittlich um fast 30 Prozent pro Jahr. Die Amerikaner waren darangegangen, mit ihrem Prokopfeinkommen andere Nationen zu übertreffen. Die Einwohnerzahl näherte sich der fünften Million. Drei Staaten, Vermont, Kentucky und Tennessee, waren zu den dreizehn Gründerstaaten hinzugekommen. Die Stars and Stripes wehten auf allen Weltmeeren; die Handelsflotte hatte sich mehr als verdoppelt, der Wert der Exporte vervierfacht.

Dem Kongreß, der Nation und auch sich selbst gratulierte George Washington zum »Erfolg des Experiments« und bat den »Höchsten Herrscher des Universums«, weiterhin über den Vereinigten Staaten zu wachen, damit »die Tugend und das Glück des Volkes bewahrt blieben und das von ihm zum Schutze seiner Freiheiten eingesetzte Regierungssystem für immer währe«. Der Senat sprach dem Scheidenden Dank und Anerkennung aus. Dies habe er nicht verdient, erklärte im Repräsentantenhaus William Branch Giles, ein Sprachrohr Jeffersons; zumindest sei der Hinweis auf »das Maßhalten, die Weisheit und die Festigkeit« Washingtons aus der Adresse zu streichen. Sein Antrag erhielt nur zwölf Stimmen, zwölf Stimmen zuviel, wie nicht nur die Anhängerschaft des Präsidenten, sondern auch dieser selbst meinte.

In den Händen solcher Leute wollte er sein Werk nicht sehen. Aber er hielt sich aus dem Wahlkampf heraus, verwies auf die gebotene Überparteilichkeit, versuchte dem Land und der Welt die Funktionsfähigkeit eines republikanischen Systems zu beweisen. Hätte er sich für einen Präsidentschaftskandidaten und einen Vizepräsidentschaftskandidaten ausgesprochen, wären diese sicherlich von den Liberal-Konservativen einhellig aufgestellt und von den das Volk vertretenden Elektoren einmütig gewählt worden. So schickten sie mehrere Bewerber ins Rennen, während die Demokraten, die im Gegensatz zu ihnen bereits über eine Parteiorganisation verfügten, sich auf Jefferson konzentrierten.

Die Liberal-Konservativen, in deren Reihen Washington im Geiste mitmarschierte, gewannen im Norden 86 Prozent und im Süden immerhin noch mehr als ein Drittel der Stimmen. Der Sieg wurde dadurch beeinträchtigt, daß zwar der bisherige Vizepräsident John Adams mit 71 Stimmen zum Präsidenten gewählt wurde, aber der zweite Kandidat der Regierungspartei, Thomas Pinckney, mit 59 Stimmen hinter Thomas Jefferson zurückblieb, der mit 68 Stimmen zum Vizepräsidenten avancierte und dem Ziel der Machtübernahme näher kam, das er 1801 erreichte.

Der Amtswechsel wurde reibungslos vollzogen, die Verfassung bestand eine Bewährungsprobe. Weniger konnte es ihm gefallen, daß das Zweiparteiensystem, das er zwar in der Theorie verwarf, aber in der Praxis beförderte, an der Regierungsspitze installiert war. Auch an den neuen Inhabern der höchsten Staatsämter hatte er einiges auszusetzen, schon an John Adams, dem Parteifreund und Intimfeind, und erst recht an Thomas Jefferson, seinem demokratischen Gegenspieler. Aber er respektierte die ihm nicht genehmen Personen als die gewählten Amtsträger.

Die Inauguration war auf den 4. März 1797 angesetzt. Er habe die Nacht davor schlecht geschlafen, weil er befürchtete, bei der Amtseinführung einen Schwächeanfall zu bekommen, schrieb der einundsechzigjährige Adams seiner Frau. Der fünfundsechzigjährige Washington sei »so heiter und unumwölkt wie der Tag« zur Feier erschienen. Er habe gestrahlt, fand der Augenzeuge Charles Biddle, und William Duer meinte, ihn nie zuvor so glücklich gesehen zu haben. An seinem Gesicht las Henrietta Liston, die Gemahlin des britischen Gesandten, die Erleichterung über den Rücktritt und das Vergnügen am Ruhestand ab.

In einem altmodischen Anzug und zu Fuß kam George Washington zur Congress Hall in Philadelphia, während John Adams neuausstaffiert in der Staatskutsche vorfuhr. Als der zweite Präsident der Vereinigten Staaten den Amtseid ablegte, blickten alle Anwesenden auf ihn, doch kaum hatte er die Schwurhand sinken lassen, schauten sie auf den aus dem Amt Geschiedenen. Alle Augen seien feucht gewesen, nur jene Washingtons trocken geblieben, bemerkte Adams: »Er schien sich eines Triumphes über mich zu erfreuen. Ich hörte ihn sagen: ›Ay, ich bin nun völlig raus und Sie sind völlig drin! Laßt uns sehen, wer von uns am glücklichsten sein wird.‹« Nach Beendigung seiner Antrittsrede, in der er sich auf das »große Beispiel« seines Vorgängers berufen hatte, schritt der neue Präsident dem Ausgang zu. Der neue Vizepräsident forderte den Altpräsidenten mit höflicher Gebärde auf, John Adams zu folgen. Doch Washington ließ Jefferson den Vortritt, der dem Zweiten im Staate vor ihm, dem ins Privatleben zurückkehrenden, nun einfachen Bürger gebühre.

Der Parteimann Jefferson blieb auf Distanz zu Washington. Demokratische Pamphletisten wetzten weiterhin ihre Federn an dem von seinen Anhängern als Urgestein der Nation bezeichneten Expräsidenten. Aber auch Gegner versagten ihm nicht ihre Hochachtung. König Georg III. von Großbritannien nannte ihn »den größten Charakter seiner Zeit«, weil er 1783 als Oberbefehlshaber und 1797 als Präsident auf weitere Machtausübung freiwillig verzichtet habe. In der provisorischen Hauptstadt Philadelphia applaudierten Washington Leute, die 1796 demokratisch gewählt hatten, vielleicht auch deshalb, weil sie ihn loswurden. Die Kaufleute, die von seiner Wirtschaftspolitik profitiert hatten, verabschiedeten ihn mit einem ihn peinlich berührenden Pomp. Im Bankettsaal wurde er auf einem Monumentalgemälde gefeiert: Vor dem Tempel des Ruhms und an einem Altar, von dem Weihrauch aufstieg, erschien George Washington in voller Lebensgröße, deutete mit der rechten Hand auf Helm und Schwert, die Insignien der Macht, die er niedergelegt hatte, und mit der linken Hand auf ein Bild Mount Vernons.

In der Präsidentenresidenz, die er für den Nachfolger zu räumen hatte, wurde gepackt. An die 170 Kisten und Koffer gingen auf dem Seeweg zum Potomac. Mit Frau Martha, der Stiefenkelin Nelly Custis, dem in die Familie vorübergehend aufgenommenen George Washington de Lafa-yette, dem Sohn des Marquis, und Dienerschaft begab sich der Expräsident am 9. März 1797 auf den Landweg. In der Kutsche war er zwischen den Seinen und deren Haustieren eingezwängt: »Von der einen Seite wurde mir zugerufen, auf den Papagei, und von der anderen, auf den Hund achtzugeben.« Alle wurden auf den schlechten Straßen durchgerüttelt, mit der Temperatur sank die Stimmung, Mrs. Washington erkältete sich.

Am 14. März war Washington D. C. erreicht, die Baustelle, auf der die Bundeshauptstadt entstand. »George Washington (Gott segne ihn) kam auf dem Weg nach Mount Vernon durch den Ort«, berichtete die »Washington Gazette«. »Als er zum Kapitol gelangte, wurde er mit einem Kanonensalut der Artilleriekompanie unter dem Kommando des Captain Hoban begrüßt.« Der Geehrte dachte an den 18. September 1793, als er auf dem Jenkins-Hügel den Grundstein zum Kapitol legte. Er hatte sich für den Plan von William Thornton ausgesprochen: »Erhabenheit, Einfachheit und Zweckmäßigkeit scheinen in diesem Entwurf glücklich vereint zu sein.« Vier Jahre später hinkte die Ausführung noch immer hinter der Erwartung her; erst 1800 stand der Nordflügel, in dem am 22. November sein Nachfolger John Adams die »an dem nun ständigen Sitz der Regierung« zusammengetretenen Kongreßmitglieder begrüßte: »Mögen in dieser Stadt Pietät und Tugend, Weisheit und Großmut, Standfestigkeit und Selbstbeherrschung des großen Mannes, dessen Namen sie trägt, stets verehrt werden.«

Am 1. November 1800 bezog John Adams das noch unfertige Weiße Haus, von dessen »Größe« und »Schönheit«, die George Washington an dem von ihm angenommenen Plan von James Hoban gerühmt hatte, noch wenig zu spüren war. Der zweite Präsident betrat seine Residenz mit einem Gebet, das eineinhalb Jahrhunderte später Franklin D. Roosevelt in den Kaminmantel des State Dining Room meißeln ließ: »Ich erflehe Gottes Segen für dieses Haus und alle, die es künftig bewohnen werden. Mögen stets nur rechtschaffene und verständige Männer unter diesem Dache herrschen.« Damit es so werde und so bleibe, hinterließ George Washington, der »The President's House« in dem von ihm nur »Federal City« genannten Washington D.C. nicht mehr bezog, seinen Nachfolgern ein Vademecum, in der Abschiedsbotschaft ein Zukunftsprogramm.

Im »American Daily Advertiser«, einer Zeitung in Philadelphia, erschien am 19. September 1796 unter der Überschrift »To the PEOPLE of the United States/Friends and fellow citizens« ein »G. Washington« gezeichneter Artikel. Er füllte die zweite und dritte Seite des vier Seiten umfassenden Blattes; die erste war wie immer Anzeigen vorbehalten.

An diesem Tage notierte der Verfasser im Tagebuch: »Die Botschaft an das Volk der Vereinigten Staaten wurde heute in Claypoole's Zeitung veröffentlicht, meine Absicht, nicht mehr als Kandidat für die Präsidentschaft der Vereinigten Staaten

Das Kapitol in Washington D.C. im Jahre 1800.

von Amerika betrachtet zu werden, bekanntgegeben... An diesem Morgen verließ ich die Stadt in Richtung Mount Vernon.« Er war auf dem Weg in den Urlaub, noch nicht auf dem Rückzug in den Ruhestand, den er erst ein halbes Jahr später antrat. Doch hielt er es jetzt schon für angezeigt, seine »Farewell Address« in Umlauf zu setzen.

Im ganzen Land, von Pennsylvania bis Tennessee, von Georgia bis Vermont verbreitet, fand sie ein unterschiedliches Echo: bei den Liberal-Konservativen Bedauern über den Verzicht auf eine neue Kandidatur wie Begeisterung über die in seiner Botschaft geleistete Wahlhilfe – und bei den Demokraten Befriedigung über das Abtreten des sicheren Gewinners und Mißfallen über ein Eingreifen in den Wahlkampf zugunsten der Gegner.

Letzteres war für Washington ein Nebeneffekt des Hauptanliegens, eine Bilanz seiner Präsidentschaft zu ziehen und allen Amerikanern sein politisches Testament zu eröffnen. Bereits am Ende seiner ersten Amtszeit gedachte er der Nation eine Abschiedsbotschaft zu hinterlassen; durch den Entschluß, sich wiederwählen zu lassen, war sie hinfällig geworden. Damals hatte er James Madison, der inzwischen zur Opposition übergegangen war, um einen Entwurf gebeten. Jetzt, da er endgültig Schluß machen wollte, zog er Alexander Hamilton, den Federführer der Regierungspartei, zur Formulierungshilfe für seine Farewell Address heran.

»Da die Freiheitsliebe mit jeder Faser eurer Herzen verwoben ist, bedarf es keiner Mahnung meinerseits, dies Gefühl in euch zu kräftigen oder zu stärken«, doch George Washington hielt es für angezeigt, »die Freunde und Mitbürger« zu ermahnen, »die einheitliche Regierung, welche euch zu einem Volke formt«, zu bewahren; denn sie sei »ein Hauptpfeiler im Gebäude eurer Unabhängigkeit – die Gewähr eurer Ruhe im Innern, eures Friedens nach außen, eurer Sicherheit, eures Wohlergehens, eben der Freiheit, die ihr so schätzt«.

Die Union entspräche den Gemeinsamkeiten der Nation: »Mit geringen Unterschieden habt ihr die gleiche Religion, die gleichen Sitten, Gewohnheiten und politischen Grundsätze. In gemeinsamer Sache habt ihr zusammen gekämpft und gesiegt; die Unabhängigkeit und Freiheit, die ihr besitzt, sind das Werk gemeinsamer Beratungen und Anstrengungen, gemeinsamer Gefahren, Leiden und Erfolge.« Über die Erhaltung der Union, »dem Palladium eurer politischen Sicherheit und eures Gedeihens« sollten die Amerikaner mit »Sorgsamkeit wachen und alles abweisen, das in euch auch nur den leisesten Gedanken zu erregen vermöchte, sie könne in irgendeinem Falle aufgegeben werden; und ihr solltet mit Entrüstung auch schon den geringsten Versuch zurückweisen, irgendeinen Teil unseres Landes vom übrigen loszulösen oder die geheiligten Bande zu lockern, welche die einzelnen Teile jetzt zusammenhalten.«

Das war und blieb die Hauptsorge des Einigers der Nation: daß die Föderation in Frage gestellt, das Gründungsproblem des Bundesstaates sich als Zukunftsbelastung erweisen würde. Gegensätze zwischen den Südstaaten und den Nordstaaten waren nicht beseitigt; ein Dreivierteljahrhundert nach der Veröffentlichung der Farewell Address kam es zu einem Krieg, den deren Verfasser als einen Bürgerkrieg bezeichnet hätte.

Einzelstaatliche Egoismen verknüpften sich mit Interessen politischer Parteien, von denen Washington – obgleich er sich selbst einer der beiden entstandenen zugewandt hatte und von dieser in Beschlag genommen worden war – prinzipiell Gefahren auf das Staatsganze zukommen sah. Eindringlich warnte er »vor den verderblichen Wirkungen des Parteigeistes«. In Staaten mit einer vom Volke gegebenen Verfassung »tritt er mit größter Stärke auf und ist fürwahr ihr schlimmster Feind«. Stets beunruhige er das Gemeinwesen, entzünde »die Feindschaft des einen Teiles gegen den anderen und stiftet bei Gelegenheit Aufruhr und Empörung«. Die Vorherrschaft einer Partei über eine andere könne – wie es die Ereignisse in Frankreich zeigten – »zu einem formellen und dauernden Despotismus« führen. »Die Unordnung und das Elend, das entsteht, lenkt den Sinn der Menschen allmählich darauf hin, Sicherheit und Ruhe in der absoluten Herrschaft eines einzelnen zu suchen.« Den

Aufstieg Napoleon Bonapartes aus der Revolution zum Diktator der Nation hat George Washington nicht mehr erlebt.

Die Autorität der Bundesregierung müsse jetzt und fortan geachtet werden. »Der wahre Sinn der Macht und des Rechtes des Volkes, eine Regierung zu schaffen, setzt für jeden einzelnen die Pflicht voraus, der eingesetzten Regierung zu gehorchen.« Denn: »Jeder Widerstand gegen die Ausführung der Gesetze, alle Verbindungen und Vereinigungen, gleichwie unter welchem Vorwand, deren eigentliche Absicht ist, die regelrechten Beratungen und Maßnahmen der verfassungsmäßigen Obrigkeit zu beeinflussen, zu überwachen, ihnen entgegenzuhandeln oder sie einzuschüchtern, zerstören dieses Grundprinzip und wirken verhängnisvoll.«

»Für die Erhaltung eurer Regierung und für die Dauerhaftigkeit eurer gegenwärtigen glücklichen Lage« sei es erforderlich, »daß ihr mit Beharrlichkeit unrechtmäßige Widerstände gegen die anerkannte Autorität mißbilligt«, aber sie dürften es auch nicht zulassen, daß im Namen des Volkes Regierende die ihnen von diesem übertragenen Vollmachten überzögen. Beide Gefahren, die von der Demokratie wie von der Autokratie ausgingen, banne die Verfassung der Vereinigten Staaten: durch die doppelte Teilung der Gewalten – in der Bundesregierung zwischen Exekutive, Legislative und Judikative sowie zwischen dem Gesamtstaat und den Teilstaaten.

Jedoch: Die Formen bedürften der Substanzen, die Mechanismen der Checks und balances könnten ohne sittliche Antriebe nicht funktionieren. »Ohne Zweifel sind Tugend und Moral der unabdingbare Lebensborn einer Volksherrschaft«, erklärte der Freimaurer Washington, »der Politiker muß sie genauso wie der gottesfürchtige Mann achten und hochhalten«; es dürfe keinen Unterschied zwischen öffentlicher und privater Sittlichkeit geben. Der Protestant Washington betonte: »Hütet euch vor der Meinung, Moral könnte ohne Religion erhalten werden. Wie groß auch immer der Einfluß veredelnder Erziehung auf besonders geartete Gemüter sein möge – Vernunft und Erfahrung, beide verbieten uns zu erwarten, daß es nationale Moral unter Ausschluß religiöser Grundsätze geben könne.«

Wie aber stand es mit den Menschen- und Bürgerrechten in einem Staatswesen, in dem es bis 1865 Sklaven gab und noch lange nicht alle freien Männer wählen durften und Frauen erst ab 1920? Schon der Moral predigende Gründerpräsident vermochte Ideal und Interesse nicht immer und nie ganz auf einen Nenner zu bringen.

Noch waren die Vereinigten Staaten nicht einmal eine Mittelmacht. Aus außenpolitischen Engagements sich herauszuhalten, geboten ihre Interessen, die George Washington mit ihren Idealen gleichsetzte. »Wahrt Ehrlichkeit und Gerechtigkeit gegenüber allen Nationen; haltet Frieden und Eintracht mit allen. Religion und Moral gebieten dieses Verhalten; wie könnte es sein, daß eine gute Politik dies nicht ebenfalls gebietet?« hieß es in der Farewell Address.

Die »einzig wahre Politik« sei es, diesen Kurs zu steuern, empfahl Washington seinen Nachfolgern. Sie hielten sich solange daran, bis es Interessen wie Ideale Amerikas geboten, aus dem Isolationismus einer Mittelmacht herauszutreten und als Weltmacht mit dem nationalen Eigennutz einen universalen Gemeinnutz zu verfolgen. Die Amerikaner – so der 1891 verstorbene Geschichtsschreiber und Staatsmann George Bancroft – seien dazu berufen, die republikanische Freiheit über die Erde zu verbreiten. Präsident Wilson führte die USA in den Ersten Weltkrieg gegen die mitteleuropäischen Monarchien und für das Selbstbestimmungsrecht der Völker. Franklin D. Roosevelt stritt im Zweiten Weltkrieg gegen Nationalsozialismus und Faschismus wie für »einen Frieden, der die Gewähr bieten wird, daß alle Menschen in allen Ländern ihr Leben in Freiheit von Furcht und Mangel leben können«. Nach 1945, im Kalten Krieg, versuchten amerikanische Präsidenten den vorgedrungenen Sowjetimperialismus und Weltkommunismus zurückzurollen und einzudämmen.

Zweihundert Jahre nach der Abschiedsbotschaft Washingtons sind die Vereinigten Staaten von Amerika als einzige Weltmacht übriggeblieben, in Versuchung geraten, die Machtpolitik von der Prinzipienpolitik zu lösen. Deren Einklang erwartete der erste Präsident: »Es wird einer friedlichen, aufgeklärten und binnen kurzem großen Nation würdig sein, der Menschheit das hochherzige und ungewohnte Beispiel eines Volkes zu geben, das immer von einem höheren Gerechtigkeitssinn und Wohlwollen geleitet ist.«

Nicht nur mit Zuversicht zog sich dieser Evangelist des amerikanischen Credos und Geburtshelfer einer Weltmacht aus dem obersten Staatsamt zurück. Er war sich nicht einmal sicher, ob er es so verwaltet habe, wie er es sich vorgenommen hatte. »Obwohl ich mir beim Rückblick auf die Ereignisse während meiner Administration absichtlicher Fehler nicht bewußt bin, kenne ich meine Mängel doch genügend, um es nicht für wahrscheinlich zu halten, daß ich viele Fehler begangen habe. Welche es auch immer sein mögen, ich bitte den Allmächtigen innig, das Übel, das sie angerichtet haben könnten, abzuwenden oder zu mildern. Ich nehme auch die Hoffnung mit mir, daß mein Land nie aufhören wird, gegen sie nachsichtig zu sein.«

Nach fünfundvierzig Jahren im Dienste seines Landes, zunächst im heimatlichen Virginia und dann in der amerikanischen Konföderation und Union sah er »in freudiger Erwartung dem Ruhestand entgegen, da ich mir vornehme, ohne Einschränkung die schöne Freude zu genießen, inmitten meiner Mitbürger an dem wohltuenden Einfluß guter Gesetze unter einer freien Regierung Anteil zu haben«. Ein halbes Jahr, nachdem er an die Fellow citizens seine Farewell Address gerichtet hatte, konnte er endlich den Ruhestand antreten, sein Otium cum dignitate, eine Muße mit Würde beginnen.

In sein Tusculanum Mount Vernon gelangte er am 15. März 1797. Auf dem Landsitz erwartete er »mehr wirkliche Freude« zu finden als in den langen Dienstjahren, die ihm mehr Unbehagen als Befriedigung verschafft hätten. George Washington

Familienbild 1796:
George Washington, Frau Martha und zwei ihrer Enkelkinder.

beabsichtigte, »sich in sich selbst zurückzuziehen« und nur ab und zu einen Blick in die Welt zu werfen, um sie fortan nicht mehr als Akteur, sondern als Philosoph zu betrachten.

»Großpapa ist wohlauf und höchst zufrieden, noch einmal ›Farmer Washington‹ zu sein«, schrieb Stiefenkelin Nelly Custis vier Tage nach der Heimkehr. Doch schon fielen die ersten Wermutstropfen in den Freudenbecher. Das Herrenhaus traf er in schlechtem Zustand an. So war der mächtige Balken, der den Boden des Speisezimmers trug, so morsch geworden, daß »selbst eine kleinere Gesellschaft Gefahr gelaufen wäre, in den Keller zu versinken«. Im ganzen Mansion waren Reparaturen nötig, die Geld verschlangen und die Ruhe störten. Sein Refugium wimmele von Handwerkern, so daß es keinen Raum gebe, in dem er sich »ohne die Musik der Hämmer oder den Wohlgeruch des Farbanstrichs« niederlassen könne.

Das Haus fand er heruntergekommen und die Farm heruntergewirtschaftet vor. Es mußte nicht erst der Agrarexperte Richard Parkinson über den Großen Teich kommen, um ihn auf den beklagenswerten Zustand hinzuweisen. In England, erklärte der Besucher, ernte sein Vater auf einem Acre zehnmal so viel Weizen als »Farmer Washington«, und der Brite halte auf 600 Acres 1100 Schafe, während in Mount Vernon auf 3000 Acres kaum mehr als 100 Schafe weideten.

»Ich befinde mich beinahe in der Situation eines jungen Anfängers«, schrieb er bereits einen Monat nach der Rückkehr. Im Haus müsse vieles renoviert und auf den Feldern alles neu bestellt werden. Er stehe mit der Sonne auf, trommle die Handwerker zusammen und bringe sie auf Trab. Danach besteige er sein Pferd, reite über seine Ländereien, sehe nach dem Rechten, weise und treibe die Landarbeiter an, von denen er wie von sich selbst erwarte, daß sie vom Anbruch der Morgendämmerung bis zum Einbruch der Dunkelheit tätig seien. Nach dem Abendessen erledige er schriftliche Arbeiten, und wenn die Kerzen erlöschten, ginge er zur Ruhe.

Nie in seinem Leben sei er so beschäftigt gewesen wie in den vergangenen Monaten, konstatierte er Ende 1797. Erfolge blieben nicht aus, und einem Gast aus Europa, dem Polen Julian Niemcewicz, entgingen sie nicht. Mit dem Grundherrn ritt er über das weite Land, sah mit Weizen, Roggen, Mais, Flachs und Luzerne angebaute Felder, beachtete in der Mühle eine »eben erfundene Maschine«, merkte an, daß die Jahreskapazität der Brennerei 12000 Gallonen Whisky betrage, und zählte zwischen sechs- und siebenhundert Schafe sowie einhundertfünfzig Schweine, die so gut genährt seien, daß sie kaum mehr ihre fetten Bäuche dahinschleppen könnten, ihn »an so manche Prioren in unseren Dominikanerklöstern« erinnerten.

Der Besucher war beeindruckt, doch der Besitzer war nicht befriedigt. Die Ernten wie die Einkünfte blieben hinter den Erwartungen zurück. Hätte er nicht Teile seines Landes für runde 50000 Dollar verkauft, wäre er noch tiefer ins Defizit geraten, hätte er noch mehr Geld von Banken »zu ruinösen Zinsen« borgen müssen. Das Landleben, nach dem er sich so gesehnt hatte, zeitigte mehr Widrigkeiten als Annehmlichkeiten. Von einem Otium cum dignitate konnte er nur noch träumen. Nach einem harten Arbeitstag fand er kaum die Muße, ein Buch zu lesen, mußte er sich zum Briefeschreiben zwingen, und die Zeitungslektüre, von der er nicht lassen mochte, brachte ihm viel Ärger und ihn nicht selten um den Schlaf.

»Mrs. Washington und ich haben uns vorgenommen, etwas zu tun, was in den letzten zwanzig Jahren kaum vorgekommen ist: uns zu zweit zum Dinner zusammenzusetzen«, schrieb Mr. Washington seinem Vertrauten Lear. Doch er war schweigsam wie immer, verschlossener denn je. Sie kränkelte und war schnell gekränkt, die ständigen Magenschmerzen schlugen ihr aufs Gemüt, und die Samtpfoten zeigten Krallen.

In einem Geheimfach des Schreibtisches, den er in Philadelphia benutzt und an Eliza Powell verkauft hatte, fand seine Verehrerin an ihn adressierte, von Frauenhand geschriebene Briefe. Sie schickte sie ungeöffnet an Washington, der ihr eröffnete, daß sie von Martha stammten, und ihr versicherte, daß aus ihnen »mehr Freundschaft als Verliebtheit« herauszulesen sei. Letztere war in vierzigjähriger Ehe dahingeschwunden, erstere klang wie eine kräftig angeschlagene Glocke verhallend nach.

An Sally Fairfax dachte er immer noch. In ihrer Gesellschaft habe er »die glücklichsten Momente« seines Lebens verbracht, schrieb er der Witwe seines Freundes George Fairfax nach England. Wenn er oft nach den Ruinen von Belvoir hinüberblicke, erinnere er sich wehmütig an die früheren Bewohner, mit denen ihn so viel verband, und er wünsche sich, daß die Jugendfreundin zurückkehre, ihr Haus wieder aufbaue und ihren Lebensabend in der Nähe von Mount Vernon verbringe.

Da er sich selber nicht mehr für anziehend fand, malte er Sally die Vorzüge der Umgebung in leuchtenden Farben aus: die »Federal City« (er verschwieg, daß sie seinen Namen trug) wachse prächtig heran. Im nahen Alexandria, wo sie so oft gefeiert hatten, sei viel und schön gebaut worden. Der gealterte Jugendfreund versäumte es nicht, auf seine Verdienste als Präsident hinzuweisen: Wenn die Vereinigten Staaten weiterhin wie unter ihm regiert würden, könnten sie »eine der größten und glücklichsten Nationen der Welt« werden.

Sally kam nicht zurück, aber viele andere klopften an seine Tür: Verwandte, die immer zahlreicher und unerwünschter wurden. Freunde, die mit ihren Klagen, daß ohne ihn in der Regierung nichts mehr ginge, beim Pensionär offene Ohren fanden und dem Patrioten das Herz schwer machten. Besucher aus dem Ausland, die ihn mit ihren Elogen in Verlegenheit oder wie Herzog Louis-Philippe von Orléans, der spätere König der Franzosen, in den Verdacht monarchischer Neigungen brachten.

Alle trugen sie Unruhe und Unbequemlichkeit ins Haus, hielten ihn am Tage von der vielen Arbeit und am Abend von der verdienten Ruhe ab. Zum Ausgehen fand er ohnehin kaum noch Zeit und verspürte dazu immer weniger Lust. Hochzeiten seien etwas für Leute, die das Leben beginnen, und nicht für Leute, die es verlassen, schrieb er einem Neffen, dessen Einladung zur Trauung in Winchester er ausschlug. »Ich halte es für wenig wahrscheinlich, daß wir je wieder mehr als 25 Meilen von Mount Vernon weg sein werden.« Nicht einmal in das 9 Meilen entfernte Alexandria, den gesellschaftlichen Mittelpunkt der Plantagen des Fairfax County, zog es ihn: »Die Jahre des Tanzens sind vorbei.«

Dem in Alexandria zu seinem 66. Geburtstag veranstalteten Ball konnte er sich nicht entziehen, und erst recht nicht der Feier des 22. Jahrestages der Unabhängigkeit am 4. Juli 1798. In seiner Generalsuniform, auf der Treppe von Gadsby's Tavern stehend, nahm er eine Truppenparade ab. Noch wußte er nicht, daß er zum Lieutenant General und Commander-in-chief der amerikanischen Truppen in einem drohenden Staatenkrieg bestellt worden war.

Frankreich, das den USA im Kampf um die Unabhängigkeit geholfen hatte, gedachte es dem undankbaren Bundesgenossen heimzuzahlen, daß er sich im Frieden durch den von Jay geschlossenen und von Washington gebilligten Vertrag dem Kriegsgegner England zugewandt hatte. Der französische Außenminister Talleyrand brüskierte mit den amerikanischen Diplomaten die ganze Nation, französische Freibeuter brachten über 300 amerikanische Schiffe auf, und schon hatte Napoleon Bonaparte seinen Siegeszug begonnen, war Imperialismus anvisiert. In den Vereinigten Staaten wuchs die Sorge, sie könnten nicht nur auf See geschädigt werden, sondern auch einer Invasion ausgesetzt sein.

Der Opposition, die profranzösischen Kurs steuerte, war Wind aus den Segeln genommen. Die Regierung begann Kriegsschiffe zu bauen, die Armee zu verstärken und sich nach einem Oberbefehlshaber umzusehen, der sie im Ernstfall in den Krieg und zum Sieg führen könnte. Ihr Blick fiel zuerst – wie hätte es auch anders sein können – auf George Washington.

Der Veteran, den sie zu reaktivieren gedachten, war davon nicht erbaut, auch wenn ihm die Begründung schmeicheln mochte. Washingtons Name sei mehr wert als manche Armee, schrieb ihm Präsident John Adams am 22. Juni 1798, und der Secretary of War, James McHenry, fragte vier Tage später bei ihm an, ob er bereit wäre, das Oberkommando zu übernehmen. Beide Briefe, die ihn erst am 3. Juli erreichten, beantwortete er zurückhaltend: Noch hätten die Franzosen den Krieg nicht erklärt, und die Entschlossenheit der Amerikaner, einer Herausforderung zu begegnen, würde sie davon abhalten. Sollte tatsächlich eine Invasion drohen, wüßte er, was er zu tun hätte: sich seinem Lande wiederum zur Verfügung zu stellen, trotz seines fortgeschrittenen Alters und seiner wiederholten Bekundung, kein öffentliches Amt mehr zu übernehmen.

Die Briefe nahm er am Unabhängigkeitstag mit nach Alexandria, um sie zur Post zu geben. Doch ohne seine Antwort abzuwarten, hatte ihn der Präsident, mit Billigung des Senats, bereits zum Commander-in-chief ernannt. Vor vollendete Tatsachen gestellt, blieb ihm nichts anderes übrig, als wieder den Degen umzuschnallen und zu hoffen, daß er ihn nicht ziehen und seine Reputation als Feldherr und Truppenführer aufs Spiel setzen müßte.

Das Kommando ließen sie ihn nicht so führen, wie er es gewohnt gewesen war und es auch jetzt für angezeigt gehalten hätte. Eine Widrigkeit folgte der anderen. Er wurde als Lieutenant General einen Rang tiefer als im Unabhängigkeitskrieg eingestuft. Bei der Bestellung der Generalmajore sollte er mitreden, nicht entscheiden dürfen. Vorschläge für die Organisation des Heeres blieben Papier – wie die ganze Armee. Von zwei auf zwölf Regimenter vermehrt, sollten 10000 Mann angeworben werden, aber nur 3000 konnten zusammengetrommelt werden, »das Gesindel des Landes und die Galgenvögel der Städte«, wie der Schattenbefehlshaber einer Schattenarmee seufzte.

Das Schattenboxen zermürbte ihn, und er wurde krank. Im August 1798 schüttelte ihn das Sumpffieber so sehr, daß er nach wenigen Wochen statt 210 nur noch 190 Pounds wog. Am 21. Oktober schrieb er dem Secretary of War, es werde ihm kaum möglich sein, im November zum Treffen der Generäle zu kommen. Am 5. November brach er dann doch nach Philadelphia auf, getrieben von der Pflicht wie der Sorge, sie könnten ohne ihn noch mehr Verwirrung stiften. Unterwegs demonstrierten ihm Patrioten, wie sehr sie ihn schätzten und auf ihn setzten. In der Hauptstadt wurde er so triumphal empfangen, als hätte er den Krieg, der noch gar nicht begonnen hatte, schon siegreich beendet. Vielleicht war er nur deshalb zum Oberbefehlshaber bestellt worden, um die Amerikaner zu einem Waffengang zu ermuntern und die Franzosen davon abzuhalten.

Als es auf der Konferenz zur Sache ging, wurde ihm klar, daß mit der Papierarmee ein Krieg nicht gewagt, geschweige denn gewonnen werden könnte. Andere mußten einsehen, daß der Held von gestern nicht mehr auf der Höhe war, kaum mehr imstande gewesen wäre, den Kommandostab energisch und erfolgreich zu führen. Indessen versuchte er Entscheidungen durch die Ankündigung zu erzwingen, daß er noch vor Einbruch des Winters zu Hause sein wolle. Konferenzteilnehmer, die sich nicht unter Druck setzen ließen, hielten seine Drohung weniger für die Taktik eines Strategen als für das Verlangen eines alten und müden Mannes, sich so schnell wie möglich Aufgaben zu entziehen, denen er nicht mehr gewachsen war.

Bevor er am 14. Dezember 1798 Philadelphia verließ, um nie mehr zurückzukehren, übergab er dem Kriegssekretär Mc Henry zwei Schriftstücke. Mit 8000 Wörtern legte er die Lage dar und zeigte auf, was zu tun wäre, um den Frieden durch Kriegsvorbereitungen zu erhalten und sich gegebenenfalls erfolgreich zu verteidigen. En gros forderte er eine Heeresvermehrung und eine Heeresorganisation en detail, bis hin zur Verpflegung und Einkleidung der Truppe.

Für sich, den Oberbefehlshaber, entwarf er eine ihm angemessen dünkende Uniform: blauer Rock mit gelben Knöpfen und goldenen Epauletten mit je drei Silbersternen sowie »als weitere Distinktion eine weiße Feder am Hut«. Sie ihm auf den Leib zu schneidern, beauftragte er den besten Tailor in Philadelphia. Nach Mount Vernon konnte er sie noch nicht mitnehmen. Stiefenkelin Nelly Custis, der er vorschwärmte, wie gut ihm der neue Rock stünde, bat ihn, diesen bei ihrer Hochzeit im Februar 1799 anzulegen. Doch der mehrmals, auch unter Einschaltung des Kriegssekretärs gemahnte Schneider war immer noch nicht fertig geworden, so daß der Stiefgroßvater der Braut zur Trauung nur in seiner alten Uniform aus dem Unabhängigkeitskrieg erscheinen konnte. Die gewünschten Goldborten waren in ganz Amerika nicht aufzutreiben, so daß der genervte Schneider sein Werk zur Vervollständigung nach Europa schickte. Es kam erst zurück, als Washington schon tot war.

Die Galauniform hatte er sogleich anziehen wollen, den Kommandostab gedachte er – wie er dem Kriegssekretär auf dem Wege nach Mount Vernon geschrieben hatte – erst im Ernstfall zu ergreifen. Zum Glück für ihn und Amerika trat dieser nicht ein. Washingtons militärischer Stellvertreter Hamilton, der in den Krieg marschieren wollte, wurde von Präsident Adams zurückgehalten. Die Franzosen, von den Briten zur See bedrängt und auf dem europäischen Festland gebunden, begannen einzulenken.

Nicht zur Ruhe kommen ließ Washington der sich verschärfende Konflikt zwischen Demokraten und Liberal-Konservativen. Der Ankläger des Parteigeistes hatte sich vorgenommen, sich aus dem Parteienstreit herauszuhalten, aber er wurde in ihn hineingezogen und konnte nicht umhin, sich einer Partei, der seinigen, zuzuwenden.

Als Zuschauer im Nationaltheater, erklärte er 1797, betrachte er mit wachsender Sorge das Gegeneinander der Akteure, in einem Augenblick, da ein Feind, der Franzose, aus den Kulissen hervortrete und ihm die Amerikaner in geschlossener Front gegenüberstehen sollten. Im Jahr darauf, als er noch einmal als Verteidiger der Nation auf die Bühne gerufen wurde, bemerkte er Defätisten und Deserteure in den eigenen Reihen. Er ziehe es vor, erklärte er 1798, »zwei Feinden auf offenem Feld als einem Feigling hinter dem Vorhang« zu begegnen. »Die wirklichen Feinde der Republik sind Vizepräsident Jefferson und seine Gefolgsleute. Wie Nagetiere nagen sie an den Fundamenten unseres Regierungssystems, und das in einer Zeit, da unsere Freiheit in Gefahr ist.«

Jeffersons Demokraten, die bei der Verfassunggebung den

kürzeren gezogen hatten, versuchten für die Einzelstaaten zurückzuholen, was sie an die Union verloren hatten. In den Abgeordnetenhäusern von Virginia und Kentucky brachten sie Resolutionen durch, in denen den Einzelstaaten das Recht zugesprochen wurde, vom Kongreß beschlossene Bundesgesetze, die nach ihrem Dafürhalten ihren Einzelinteressen zuwiderliefen, kraft eigener Autorität außer Kraft zu setzen.

George Washington war alarmiert. Der Unionist hielt diesen Vorstoß der alten und neuen Antiunionisten für einen Anschlag auf die Vereinigten Staaten von Amerika. Im Jahre 1861, als sich die Südstaaten von der Union trennten, würde es ernst, und ein blutiger Bürgerkrieg mußte für die Wiedervereinigung der Nation geführt werden. Dieser Alpdruck lastete schon 1798 auf dem Gründerpräsidenten. Verbittert vermerkte er, daß bereits zu seinen Lebzeiten die Mahnung seiner Farewell Address nicht befolgt werde, »daß das Fortbestehen der Union der allerwichtigste Gegenstand patriotischer Wünsche« sein und bleiben müsse. Freilich hatte er seine Besorgnis nicht verschwiegen, daß sich »Parteien nach geographischen Gesichtspunkten« bilden würden, »denn ehrgeizige Männer könnten versuchen, den Eindruck zu erwecken, daß es wirklich einen Unterschied örtlicher Interessen und Anschauungen gebe«.

Besonders schmerzte ihn, daß solche Parteipolitiker in Virginia am Werke waren, in seinem Heimatstaat, der sich an die Spitze der Unabhängigkeitsbewegung gesetzt und den ersten Präsidenten der Vereinigten Staaten gestellt hatte. Immerhin war Patrick Henry, der ein einzelstaatlicher Saulus gewesen war, ein bundesstaatlicher Paulus geworden, und im Abgeordnetenhaus in Richmond protestierten Unionisten gegen die »verräterischen Resolutionen« der Antiunionisten, die darauf zielten, die Constitution of the United States of America umzupflügen und »Zwietracht und Anarchie« zu säen. Daß alle Staaten nördlich des Potomac besagte Resolutionen verwarfen, vermochte Washington nicht zu beruhigen; denn dies zeigte den Riß zwischen dem Norden und dem Süden an, der sich zu einem Spalt erweitern und vertiefen könnte.

Bei aller einer Verdammung gleichkommenden Verurteilung der Parteipolitik Jeffersons und Madisons stand Washington nicht an, vor der unionistischen Türe, seiner eigenen, zu kehren. John Adams hatte schon als Vizepräsident seinen Anforderungen kaum genügt, und als Präsident unterliefen ihm Fehler, die nicht nur seiner Partei, sondern der Union schadeten.

Die Regierungspartei gewann zwar die Kongreßwahlen 1798/99, aber sie verspielte den Sieg durch ihre Streitereien zwischen entschiedenen Konservativen und gemäßigten Liberalen. Zu ersteren fühlte sich Washington hingezogen, mit der Folge, daß aus ihm, der bereits ein Parteimann geworden war, ein Parteiflügelmann wurde. Der Pensionär brauchte aus seinem Herzen keine Mördergrube mehr zu machen, aber er begann in ihr die Hoffnung des Präsidenten zu begraben, daß der Nation eine Spaltung in Faktionen erspart bliebe.

»Mein Glas ist fast leer«, sagte der Siebenundsechzigjährige und suchte mit dem Rest hauszuhalten. Seine größte Sorge sei es, seine Angelegenheiten noch in Ordnung zu bringen, schrieb er am 25. März 1799, »damit mich kein Vorwurf treffe, wenn ich in das Land der Seelen fortgegangen bin«.

Am 9. Juli 1799 machte »George Washington von Mount Vernon, ein Bürger der Vereinigten Staaten und deren ehemaliger Präsident« sein Testament. Er schrieb es, ohne jeden professionellen Beistand, eigenhändig auf 28 Seiten nieder. Die nicht mehr so sichere Hand zwang er zu akkuraten Schriftzügen, und im Bestreben, seine Verhältnisse auch in der Schriftform peinlich genau zu ordnen, setzte er sich über Regeln der Silbentrennung hinweg, um auf jeder Seite den rechten Rand ebenso breit wie den linken Rand einzuhalten.

Die Niederschrift wurde dadurch kompliziert, daß er keinen leiblichen Erben hatte, dem er alles oder doch das meiste hätte vermachen können, vielmehr an fast vierzig Nichten und Neffen, Großnichten und Großneffen sowie Marthas vier Enkel zu denken hatte. Seiner Ehefrau hinterließ er einen beträchtlichen Teil der Plantage samt Herrenhaus, der nach ihrem Tod auf Bushrod Washington, den Sohn seines Lieblingsbruders John Augustine übergehen sollte. Auch Freunde und Vertraute wurden bedacht, freilich im gehörigen Abstand hinter den Blutsverwandten; Sekretär Tobias Lear erhielt nur 360 Acres zur freien Pacht auf Lebenszeit. Die Ländereien außerhalb Mount Vernons, in Virginia, Maryland, Pennsylvania und vor allem im Westen, deren Wert er großzügig auf 530000 Dollar schätzte, sollten, in 24 Teile gestückelt, nach Möglichkeit verkauft werden und der Erlös an verschiedene Erben gehen.

Ein Landlord vermachte den Landbesitz, wie die virginischen Standesgenossen, an sein Geschlecht. In einem unterschied er sich von den meisten: Seine zweihundert Sklaven, von denen nach landläufiger Schätzung ein tüchtiger Arbeiter so viel Wert war wie dreitausend Pounds Rindfleisch oder dreihundert Gallonen Whisky, sollten – laut letztem Willen – weiter gut behandelt und nach Marthas Tod freigelassen werden.

George Washington wollte sein Gewissen entlasten und das Gebot der Unabhängigkeitserklärung befolgen, »daß alle Menschen gleich geschaffen sind«, im Unterschied zu deren Formulierer Jefferson, der nicht daran dachte, seinen Sklaven die Freiheit zu schenken. Der Gutsherr auf Mount Vernon erkannte die Probleme, die ein Beharren auf der Sklavenhaltung für den Zusammenhalt der Vereinigten Staaten aufwerfen würde. Der Expräsident gelangte zur Einsicht, daß nur die Aufhebung der Sklaverei »die Existenz der Union« sichern könnte. Das erklärte er einem Engländer und dies einem Amerikaner: Sollte die Union, nicht zuletzt wegen der unterschiedlichen Beantwortung der Sklavenfrage in die Südstaaten und die Nordstaaten auseinanderbrechen, wollte er nicht mehr ein Southerner sein, sondern ein Northerner werden.

Indessen hielt er eine generelle Abschaffung der Sklaverei auf absehbare Zeit nicht für möglich, und auch seine persönliche Einstellung blieb zwiespältig. Als er aus dem Präsidentenamt schied, ließ er in Philadelphia einige seiner schwarzen Diener in

Freiheit zurück. Andererseits versuchte er eine junge Schwarze, die mit ihrem französischen Liebhaber nach New Hampshire geflohen war, mit Hilfe eines Bundesbeamten zurückzubekommen. Als ihm bedeutet wurde, daß dies nur durch einen in diesem Anti-Sklaverei-Staat nicht zu erhaltenden Gerichtsbeschluß möglich wäre, ließ er die Sache auf sich beruhen. Ohnehin hatte er sie nur auf Drängen seiner Frau verfolgt, die ihre Lieblingsdienerin nicht missen wollte.

In seinem Testament verfügte er, daß keiner seiner Sklaven verkauft werden dürfe und auch nach der Freilassung die Alten und Kranken weiter versorgt werden müßten; die Erben, die ermahnt wurden, diese Klausel gewissenhaft zu erfüllen, zahlten bis 1833 Pensionen. Die Witwe schenkte noch vor ihrem Tod im Jahre 1802 seinen Sklaven die Freiheit, behielt jedoch die ihren, wodurch Familien auseinandergerissen wurden. Befreite sahen sich in eine Unabhängigkeit hinausgestoßen, auf die sie kaum vorbereitet waren und mit der sie wenig anzufangen wußten. Daran hatte Washington gedacht und deshalb vorgesehen, daß schwarze Kinder lesen und schreiben lernen und einer nützlichen Beschäftigung zugeführt werden sollten.

Der Zeitgenosse der Aufklärung, der Wissen als Macht und Erziehung als Instrument zur Verbesserung der Menschheit galt, bedachte in seinem Testament auch Lehranstalten, die Alexandria Academy für Waisen und das College in Lexington, Virginia, die spätere Washington and Lee University. Für wichtiger noch als Hohe Schulen in den Einzelstaaten hielt er eine Nationaluniversität in der Nationalhauptstadt. Auf ihr könnten Studenten aus dem ganzen Land lernen, sich von »lokalen Vorurteilen und gewohnten Eifersüchteleien« zu lösen, sich als Amerikaner zu fühlen und, ins Leben hinausgetreten, sich als solche zu bewähren. Washington stellte seine Aktien der Potomac Company für die Gründung der von ihm gewünschten Nationalanstalt in Washington D. C. zur Verfügung. Sie kam nie zustande.

Seine Degen vermachte er fünf Neffen, unter der Bedingung, sie nie zu ziehen, es sei denn zum Selbstschutz oder in Verteidigung der Rechte und Freiheiten ihres Landes. George Washington, der dies als General im Unabhängigkeitskrieg getan hatte, war jetzt als Generalleutnant erleichtert, sein Schwert in der Scheide lassen zu dürfen; der Siebenundsechzigjährige hielt sich nicht mehr für stark genug, es in einem Krieg mit Frankreich sicher und siegreich zu führen.

Seinem Bruder Charles hinterließ er den Stock mit dem goldenen Knauf in Form einer Freiheitskappe, der ihm von Benjamin Franklin »als Stab und Stütze auf dem Weg in eine gute Zukunft« vermacht worden war. Diesen hatte George Washington eingeschlagen, im Fortschreiten die Nation vorangebracht. »Ich ging immer einen geraden Weg«, konstatierte er in der Rückschau auf seine Lebensleistung, »und habe mich stets bemüht, soweit es menschliche Schwachheit und Leidenschaft ermöglichten, ihn einzuhalten, die Pflichten gegenüber meinem Schöpfer und meinen Mitmenschen zu erfüllen, und nicht versucht, auf Umwegen Popularität zu erlangen.«

Dieser Lebensweg näherte sich dem Ende. Der alte Mann war nicht bereit, noch einmal in die Arena zu steigen. Was dort ablief, blieb ihm nicht gleichgültig. Es ging ihm gegen den Strich, daß im Repräsentantenhaus neben 15 Demokraten nur vier Liberal-Konservative aus Virginia saßen. Daher bewog er 1799 den Juristen John Marshall, der unter ihm im Unabhängigkeitskrieg gedient hatte und immer noch auf seinen ehemaligen Oberbefehlshaber hörte, zur Kandidatur in Richmond. Er wurde gewählt und brachte es zum Obersten Bundesrichter.

Selber wollte sich Washington nicht mehr ins Zeug legen. Nur wenn er sich ein drittes Mal als Präsident einspannen ließe, könnte die Partei mit wiedervereinten Kräften das Rennen gegen die Demokraten gewinnen und damit die von ihm angestrebte Wohlfahrt der Union gewährleisten, beschwor ihn Jonathan Trumbull, der Governeur von Connecticut. Nichts, aber auch gar nichts könnte ihn dazu bewegen, noch einmal nach der Präsidentschaft zu greifen, lautete seine Antwort. John Adams wurde erneut nominiert und im Jahre 1800 von Thomas Jefferson besiegt.

Nicht Männer, sondern Prinzipien machten die Geschichte, hatte George Washington am 21. Juli 1799 Jonathan Trumbull bedeutet. Dabei war er die Persönlichkeit gewesen, die Grundsätze der Unabhängigkeitsbewegung in erster Linie durchgesetzt hatte. Schon stand mit Thomas Jefferson ein anderer Mann bereit, den von George Washington zur Geltung gebrachten Prinzipien cum grano salis, mit einem Körnchen demokratischen Salzes, weiterhin Anerkennung zu verschaffen. Der erste Präsident erlebte es nicht mehr, daß der dritte Präsident, der sein persönlicher und politischer Gegner gewesen war, die Kursbestimmung gab: »Die Widerstandsfähigkeit unseres Staatsschiffes ist genügend erprobt worden. Wir werden es jetzt auf seinen republikanischen Weg senden, und es wird durch die Vollkommenheit seiner Bewegung die Meisterschaft seiner Erbauer zeigen.«

Der Baumeister Washington hatte »im vierundzwanzigsten Jahr der Unabhängigkeit« sein Testament auf Papier geschrieben, dessen Wasserzeichen die Göttin des Ackerbaus zeigte.

Wie an jedem Tag, der ihm noch vergönnt war, ritt er am 12. Dezember 1799 über sein Land, inspizierte die Felder und instruierte die Arbeiter. Es schneite und stürmte. Als er nach fünf Stunden zurückkam, hing Schnee in seinem Haar. Er frankierte die ihm vorgelegten Briefe, wollte sie aber nicht durch einen schwarzen Diener zur Post bringen lassen: Das Wetter sei zu schlecht.

Am nächsten Tag klagte er über Halsschmerzen. Er ritt nicht aus, ging aber, als es zu schneien aufhörte, in den Park und markierte Bäume, die gefällt werden sollten. Am Abend saß er mit Frau und Sekretär am Kamin, vertiefte sich in die Zeitungen und las, was er für interessant hielt, mit heiserer Stimme vor. Medizin wollte er vor dem Zubettgehen nicht einnehmen. Gegen Morgen des 14. Dezember weckte er Martha: Es ginge ihm gar nicht gut. Als sie merkte, daß er schwer atmete und kaum ein Wort herausbrachte, schickte sie nach dem Aufseher George Rawlins, der gewöhnlich kranke Sklaven behandelte und nun seinen Herrn zur Ader ließ.

Das Herrenhaus auf Mount Vernon.

Auch der aus Alexandria herbeigerufene Dr. James Craik griff zu dieser medizinischen Weisheit erstem Schluß. Durch die Blutentnahme wurde der Patient etwas erleichtert, aber weiter geschwächt. Eine schmerzlindernde Mixtur konnte er nicht schlucken, wäre beinahe daran erstickt. Der Hausarzt zog zwei Kollegen zu Rate, Dr. Gustavus Richard Brown und Dr. Elisha Cullen Dick. Dieser, erst siebenunddreißig, widersprach den beiden wesentlich Älteren, die eine akute Mandelentzündung diagnostizierten und sie mit Aderlässen, Zugpflastern und Abführmitteln zu therapieren gedachten. Der Junior erkannte eine akute Kehlkopfentzündung, die ohne sofortigen Luftröhrenschnitt zum Tod durch Erstickung führen würde. Die Senioren hörten nicht auf ihn und ließen den Patienten zum viertenmal zur Ader. Dieser fühlte seinen Puls, dessen Schläge immer langsamer und schwächer wurden.

Am Abend des 14. Dezember 1799 bedeutete er dem Sekretär Lear, er werde bald zu atmen aufhören: »Der Tod ist die Schuld, die wir alle bezahlen müssen.« Martha setzte sich ans Bett. Daneben stand seit dem Morgen der schwarze Leibdiener Christopher, der seines Herrn mehrmalige Aufforderung, sich hinzusetzen, nicht befolgt hatte.

Als die Nacht hereinbrach, wollte er wissen, wie spät es sei. Er gehe nun dahin und wolle anständig bestattet sein, aber erst drei Tage nach seinem Ableben in die Gruft gelegt werden, gab er dem Sekretär zu verstehen. War es Furcht, lebendig begraben zu werden, wie es dieser deutete? »Hast du mich verstanden«, sagte der Sterbende mit letzter Kraft. »Yes, Sir«, antwortete Lear und bekam als letztes Wort zu hören: »It is well.«

George Washington starb am 14. Dezember 1799, zwei Stunden vor Mitternacht. Er hatte seine Sache so gut gemacht, daß die Geschichte seines Lebens noch immer die Gegenwart prägt.

Zeittafel

1732 22. Februar. George Washington in Wakefield im Westmoreland County, Virginia, geboren.

1748 Teilnahme an einer Expedition in den Westen.

1749 Feldmesser des Culpeper County, Virginia.

1751 Reise nach Barbados (Kleine Antillen).

1752 Major in der virginischen Miliz.

1753 Überbringer eines britischen Ultimatums an die Franzosen im Ohio-Tal.

1754 Als Oberstleutnant der virginischen Miliz im Grenzkampf mit Franzosen und Indianern. – Pächter auf Mount Vernon, dem Besitz seines verstorbenen Halbbruders Lawrence Washington.

1755 Im Stab des britischen Generals Braddock beim gescheiterten Feldzug nach den Forks of the Ohio. – Als Oberst des Virginia Regiments in der Grenzverteidigung.

1758 Teilnahme am mißglückten Feldzug des britischen Generals Forbes gegen Fort Duquesne. – Rücktritt als Milizkommandeur. – Wahl zum Abgeordneten im virginischen House of Burgesses (Wiederwahl 1761, 1765, 1768, 1769, 1771, 1774).

1759 Heirat mit Mrs. Martha Dandridge Custis. Die Ehe bleibt kinderlos.

1761 Eigentümer von Mount Vernon nach dem Tod von Lawrence Washingtons Witwe.

1765 Das vom Parlament in London erlassene Stempelsteuergesetz empört amerikanische Kolonisten. »Virginia Resolves«: »No taxation without representation.«

1769 Washington plädiert für einen Boykott englischer Waren und eine Zurückweisung britischer Repressionen.

1770 Reise in das Ohio-Gebiet, wo er Land erworben hat.

1773 Im Hafen von Boston werfen Kolonisten die Tee-Ladung eines englischen Schiffes ins Wasser (Tea Party). Britische Repressalien stärken den Willen zum Widerstand.

1774 Die Virginia Provincial Convention in Williamsburg bestimmt Washington als einen ihrer sieben Delegierten auf dem nach Philadelphia einberufenen Ersten Kontinentalkongreß. Er unterschreibt die »Association«, in der sich Vertreter von 12 Kolonien gegen die britischen Zwangsmaßnahmen verwahren und einen Handels- und Konsumboykott beschließen.

1775 Beginn des Unabhängigkeitskrieges mit Gefechten bei Lexington und Concord (Massachusetts). – Der virginische Delegierte Washington wird auf dem Zweiten Kontinentalkongreß in Philadelphia zum General und Oberbefehlshaber der amerikanischen Streitkräfte gewählt, übernimmt das Kommando der Milizen, die Boston belagern.

1776 Bildung einer amerikanischen Armee, die Boston besetzt. – In Philadelphia wird am 4. Juli die Unabhängigkeitserklärung verabschiedet. – Washington kann New York City gegen die Briten nicht halten (Niederlagen auf Long Island und bei White Plains), Erfolg in Trenton (New Jersey).

1777 Washington siegt bei Princeton (New Jersey) und verliert bei Brandywine und Germantown (Pennsylvania), bezieht unweit von Philadelphia, das von den Briten besetzt ist, Winterquartier in Valley Forge, wo er die Reste seiner Armee mit Hilfe des Preußen Steuben neu formiert.

1778 Frankreich schließt einen Beistandspakt mit den von ihm als erstem Staat anerkannten USA und tritt in den Krieg gegen England ein. – Sieg Washingtons bei Monmouth (New Jersey).

1779 Spanien beteiligt sich am Krieg gegen England. – Die Briten beginnen den Süden der USA zurückzuerobern.

1780 In Charleston (South Carolina) ergibt sich die amerikanische Südarmee unter Lincoln. – Eine französische Flotte mit einer französischen Armee unter General Rochambeau kommt in Newport (Rhode Island) an.

1781 Die französische Flotte unter Admiral de Grasse siegt in der Seeschlacht an den Virginia Capes. Die britische Armee unter Cornwallis, in Yorktown (Virginia) eingeschlossen, kapituliert vor den vereinten Amerikanern und Franzosen. – Die »Articles of Confederation« (staatenbündische Verfassung) treten in Kraft.

1782 Washington belagert das von den Briten gehaltene New York. – Amerikanisch-englische Friedensverhandlungen in Paris.

1783 Die Friedensverträge zwischen den Kriegführenden werden in Paris und Versailles unterzeichnet, die Unabhängigkeit und Souveränität der Vereinigten Staaten anerkannt. – Auflösung der amerikanischen Armee. In New York verabschiedet sich Washington von seinen Offizieren und gibt in Annapolis dem Kongreß den Oberbefehl zurück.

1785 Der ins Zivilleben auf seine Plantage Mount Vernon zurückgekehrte Washington wird Präsident der von ihm gegründeten Potomac Company, die auf dem Wasserweg eine Verbindung zwischen dem Osten und dem Westen herzustellen sucht.

1786 Zuspitzung der wirtschaftlichen, sozialen und politischen Probleme in der Konföderation. Ein Bauernaufstand in Massachusetts (Shay's Rebellion) wird niedergeschlagen.

1787 Der für die Umwandlung des Staatenbundes in einen Bundesstaat eintretende Washington wird Mitglied der virginischen Delegation und Präsident der Federal Convention in Philadelphia. Ausarbeitung der Unionsverfassung, die er als erster unterzeichnet.

1788 Ratifizierung der Constitution of the United States of America in 11 Staaten (erst 1789 in North Carolina und 1790 in Rhode Island).

1789 Der einstimmig zum ersten Präsidenten der USA gewählte George Washington übernimmt sein Amt in der provisorischen Bundeshauptstadt New York. Thomas Jefferson wird Staatssekretär und Alexander Hamilton Schatzsekretär. – Reise des Präsidenten nach Neu-England.

1790 Erste Botschaft des Präsidenten über den Stand der Union. – Schwere Erkrankung (Lungenentzündung) des Achtundfünfzigjährigen. – Philadelphia wird provisorische Bundeshauptstadt (bis 1800).

1791 Reise des Präsidenten durch die Südstaaten. – Das neugeschaffene Bundesterritorium am Potomac wird als District of Columbia bezeichnet und die dort geplante ständige Bundeshauptstadt erhält den Namen Washington.

1792 In der Auseinandersetzung zwischen liberal-konservativen Unionisten (Hamilton) und demokratisch-republikanischen Staatenrechtlern (Jefferson) entwickelt sich das amerikanische Zweiparteiensystem. – Washington wird mit 132 Stimmen bei 3 Enthaltungen als Präsident wiedergewählt.

1793 Einführung in die zweite Amtszeit in Philadelphia. – Krieg der Französischen Republik gegen Großbritannien. Neutralitätserklärung der USA. – Rücktritt des mit dem revolutionären Frankreich sympathisierenden Jefferson als Secretary of State.

1794 Aufstand von Getreidebauern und Whiskybrennern im westlichen Pennsylvania (Whisky Rebellion). Der Präsident mobilisiert Truppen, vor denen die Aufrührer auseinanderlaufen.

1795 Hamilton tritt als Secretary of the Treasury zurück. – Der im Vorjahr von John Jay in London ausgehandelte Vertrag mit England verschärft die Auseinandersetzungen zwischen profranzösischen Demokraten und probritischen Liberal-Konservativen. – In Madrid schließt der Sondergesandte Thomas Pinckney einen Vertrag mit Spanien.

1796 Der nicht mehr für die Präsidentschaft kandidierende Washington veröffentlicht die Farewell Address, seine Abschiedsbotschaft und sein politisches Vermächtnis.

1797 Der bisherige Vizepräsident John Adams wird zweiter Präsident der USA, der erste Präsident wieder »Farmer Washington«.

1798 Als ein Krieg mit Frankreich droht, wird er zum Lieutenant General und Oberbefehlshaber der amerikanischen Armeen ernannt. Der Ernstfall tritt nicht ein.

1799 In seinem Testament verfügt er die Freilassung seiner Sklaven nach dem Tode seiner Frau. – George Washington stirbt am 14. Dezember an einer Kehlkopfentzündung und wird im Familiengrab auf Mount Vernon bestattet.

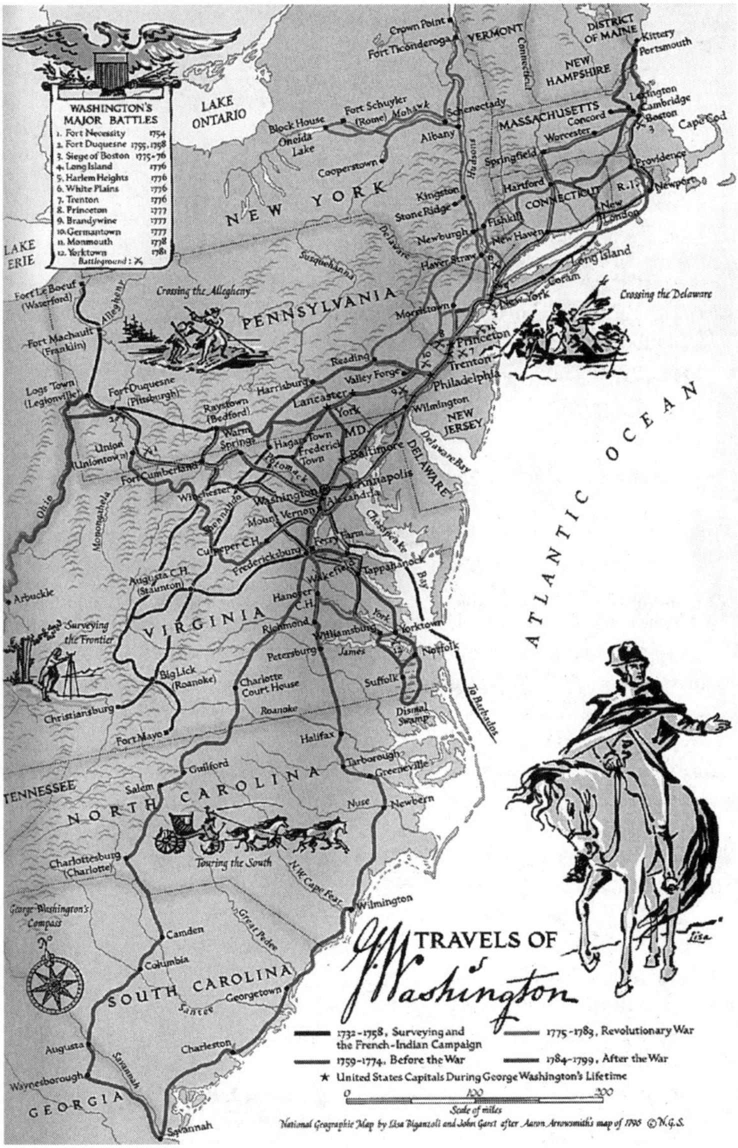

Die Reiserouten und Marschwege Washingtons zwischen 1732 und 1799.

Bibliographie

Diese auf dem gegenwärtigen Forschungsstand basierende Biographie ist für einen breiteren Leserkreis geschrieben. Sie enthält keinen wissenschaftlichen Apparat, doch wird im folgenden auf einschlägige, vom Autor benützte und weiterführende Quellen und Literatur verwiesen.

George Washington

The Diaries of George Washington. Hrsg. von Donald D. Jackson und Dorothy Twohig. 6 Bde., Charlottesville 1976–1979. – The Papers of George Washington. Hrsg. von W.W. Abbot, Dorothy Twohig u. a., Charlottesville 1983 ff. Bisher 30 Bände. – The Journal of the Proceedings of the President. 1793–1797. Hrsg. von Dorothy Twohig. Charlottesville 1981. – Writings of George Washington. Hrsg. von John Rhodehamel. New York 1997.

George Washington. A Collection. Hrsg. von William B. Allen. Indianapolis 1988. – Padover, Saul K.: The Washington Papers. New York 1955. – George Washington. A Biography in His Own Words. 2 Bde., New York 1972. – Die drei großen Amerikaner Hamilton, Jefferson und Washington. Auszüge aus ihren Werken. Hrsg. von Adolf Rein. Berlin 1923. – George Washington (Great Lives Observed). Hrsg. von Morton Borden. Englewood Cliffs 1969. – Humphreys, David: Life of General Washington. Hrsg. von Rosemarie Zagarri. Athens 1991. – A Great and a Good Man. George Washington in the Eyes of his Contemporaries. Hrsg. von John P. Kaminski und Jill Adair McCaughan. Madison 1989.

Freeman, Douglas Southall: George Washington. A Biography. 7 Bde., New York 1948–1957. (Einbändiger Abriß durch Richard Barksdale Harwell, New York 1992.) – Flexner, James Thomas: George Washington. 4 Bde., Boston 1965–1972. (Einbändiger Abriß vom Verfasser »Washington. The Indispensable Man«. Boston 1994.)

Randall, Willard Sterne: George Washington. A Life. New York 1997. – Clark, Harrison: All Cloudless Glory. The Life of George Washington. 2 Bde., Washington D.C. 1995–1996. – Ferling, John E.: The

First of Men. A Life of George Washington. Knoxville 1988. – Wall, Charles Cecil: George Washington. Citizen-Soldier. Mount Vernon 1988. – Alden, John Richard: George Washington. A Biography. Baton Rouge 1984. – Jones, Robert F.: George Washington. Boston 1979. – Wright, Esmond: Washington and the American Revolution. New York 1975. – Cunliffe, Marcus: George Washington. Man and Monument. Boston 1958. – Wittke, Carl F.: George Washington und seine Zeit. Bremen/Leipzig 1933. – Heideking, Jürgen: George Washington. In: Die amerikanischen Präsidenten. Hrsg. von Jürgen Heideking. München 1995.

Brookhiser, Richard: Founding Father, Rediscovering George Washington. New York 1996. – Spalding, Matthew und Patrick J. Garrity: A Sacred Union of Citizen. George Washington's Farewell Address and the American Character. Lanham 1996. – Schwartz, Barry: George Washington. The Making of an American Symbol. New York 1987. – Wills, Garry: Cincinnatus. George Washington and the Enlightenment. New York 1984. – Freidel, Frank und Lonelle Aikman: George Washington. Man and Monument. Washington D. C. 1965. – Woodward, William E.: George Washington. The Image and the Man. New York 1926. – Raeithel, Gert: Washington und einige seiner Bewunderer. Konstanz 1987.

Lewis, Thomas A.: For King and Country. George Washington the Early Years. New York 1993. – Longmore, Paul K.: The Invention of George Washington. Berkeley 1988. – Knollenberg, Bernhard: George Washington. The Virginia Period. 1732–1775. Durham 1964. – Cleland, Hugh. George Washington in the Ohio Valley. Pittsburgh 1955. – Ambler, Charles H.: George Washington and the West. Chapel Hill 1936. – Morison, Samuel Eliot: The Young Man Washington. Cambridge 1932.

Phelps, Glenn A.: George Washington and American Constitutionalism. Lawrence 1993. – Smith, Richard Norton. Patriarch. George Washington and the New American Nation. Boston 1993. – Higginbotham, Don: George Washington and the American Military Tradition. Athens 1985. – Sword, Wiley: President Washington's Indian War. 1790–1795. Norman 1985. – Sears, Louis Martin: George Washington and the French Revolution. Detroit 1960. – Kite, Elizabeth Sarah: L'Enfant and Washington. 1791–1792. New York 1970.

Fields, Joseph E. (Hrsg.): Worthy Partner. The Papers of Martha Washington. Westport 1994. – Thane, Elswyth: Washington's Lady. New York 1960. – Nordham, George W.: George Washington's Women. Philadelphia 1977. – Bourne, Miriam Anne: First Family. George Washington and his Intimate Relations. New York 1982. – Bellamy, Francis: The Private Life of George Washington. New York 1951. – Fitzpatrick,

John C.: George Washington Himself. Indianapolis 1933. – Haworth, Paul Leland: George Washington. Country Gentleman. Indianapolis 1915. – Decatur, Stephen: Private Affairs of George Washington. Boston 1933. – Nordham, George W.: George Washington and Money. Washington D.C. 1982. – Hirschfeld, Fritz: George Washington and Slavery. Columbia 1997.

Mount Vernon. A Handbook. Mount Vernon 5/1995. – de Forest, Elizabeth Kellam: The Gardens and Grounds at Mount Vernon. Mount Vernon 1982. – Wilstach, Paul: Mount Vernon. New York 1930. – Martin, Lawrence (Hrsg.): The George Washington Atlas. Washington D.C. 1932.

Das Zeitalter Washingtons

The Encyclopedia of Colonial and Revolutionary America. Hrsg. von John M. Faragher. New York 1990. – Middleton, Richard: Colonial America. 1585–1776. Malden 1992. – Greene Jack P. und J. R. Pole: Colonial British America. Baltimore 1984. – Hofstadter, Richard: America at 1750. A Social Portrait. New York 1971. – Miller, John Chester: The First Frontier: Life in Colonial America. New York 1966. – Henretta, James A.: The Evolution of the American Society. 1700–1815. Lexington 1973. – Philbrick, Francis Samuel: The Rise of the West. 1754–1830. New York 1965.

Carr, Lois Green, Philip D. Morgan und Jean B. Russo (Hrsg.): Colonial Chesapeake Society. Chapel Hill 1988. – Breen, T. H.: Tobacco Culture. The Mentality of the great Tobacco Planters on the Eve of the Revolution. Princeton 1985. – Smith, Daniel Blake: Inside the Great House. Planter Family Life in the Eighteenth Century Chesapeake Society. Ithaca 1980. – Morgan, Edmund S.: American Slavery – American Freedom. The Ordeal of Colonial Virginia. New York 1975. – Sydnor, Charles S.: Gentleman Freeholders. Political Parties in Washington's Virginia. Chapel Hill 1952. – Bridenbaugh, C.: Seat of Empire. The Political Role of Eighteenth-Century Williamsburg. Williamsburg 1950.

The Blackwell Encyclopedia of the American Revolution. Hrsg. von Jack P. Greene und J. R. Pole. Cambridge 1991. – Morison, Samuel Eliot (Hrsg.): Sources and Documents illustrating the American Revolution, 1764–1788, and the Formation of the Federal Constitution. London/New York 2/1929 (Neudruck 1972). – Commager, Henry Steele and Richard B. Morris (Hrsg.): The Spirit of Seventy-Six. The Story of the American Revolution as told by Participants. New York 1967 (Neuauflage 1995). – Fleming, Thomas: Liberty! The American Revolution. New York 1997.

Bobrick, Benson: Angel in the Whirlwind. The Triumph of the American Revolution. New York 1997. – Draper, Theodore: A Struggle for Power. The American Revolution. New York 1996. – Langley, Lester D.: The Americans in the Age of the Revolution. 1750–1850. New Haven 1996. – Bailyn, Bernard: The Ideological Origins of the American Revolution. Enlarged Edition Cambridge 1992. – Wood, Gordon S.: The Radicalism of the American Revolution. New York 1992. – Countryman, Edward: The American Revolution. New York 1985. – Commager, Henry Steele: The Empire of Reason. London 1978. – Angermann, Erich, Marie-Louise Frings und Hermann Wellenreuther (Hrsg.): New Wine in Old Skins. A Comparative View of Socio-Political Structures and Values Affecting the American Revolution. Stuttgart 1976. – Knollenberg, Bernhard: Growth of the American Revolution. New Haven 1975. – Ders.: Origin of the American Revolution. New York 1960. – Alden, John R.: A History of the American Revolution. New York 1969. – Lacy, Dan: The Meaning of the American Revolution. New York 1964. – Greene, Evarts B.: The Revolutionery Generation. 1763–1790. New York 1943.

Morgan, Edmund S. und Helen M. Morgan: The Stamp Act Crisis. New York 1963. – Maier, Pauline: From Resistance to Revolution. 1765–1776. New York 1972. – Selby, John E.: The Revolution in Virginia. 1775–1783. Williamsburg 1988. – Maier, Pauline: American Scripture. Making the Declaration of Independence. New York 1997. – Becker, Carl: The Declaration of Independence. New York 1922. – McDonald, Forrest: E Pluribus Unum. The Formation of the American Republic. 1776–1790. Boston 1965. – Boldt, David R. und Willard Sterne Randall (Hrsg.): The Founding City. Philadelphia 1976. – Bridenbaugh C. und J. Bridenbaugh: Rebels and Gentlemen. Philadelphia in the Age of Franklin. New York 1942.

Adams, Willi Paul und Angela Meurer Adams (Hrsg.): Die Amerikanische Revolution in Augenzeugenberichten. München 1976. – Schröder, Hans-Christoph: Die Amerikanische Revolution. Eine Einführung. München 1982. – Herre, Franz: Die Amerikanische Revolution. Köln 1976. – Vorländer, Hans: »Hegemonialer Liberalismus«. Politisches Denken und politische Kultur in den USA. 1776–1920. Frankfurt am Main 1997. – Kilian, Martin: Die Genesis des Amerikanismus. Zum Verhältnis von amerikanischer Ideologie und amerikanischer Praxis. 1630–1789. Frankfurt am Main 1979. – Dippel, Horst: Deutschland und die Amerikanische Revolution. Wiesbaden 1978. – Wehler, Hans-Ulrich (Hrsg.): 200 Jahre Amerikanische Revolution und moderne Revolutionsforschung. Geschichte und Gesellschaft. Sonderheft 2. Göttingen 1976. – Adams, Willi Paul: Republikanische Verfassung und bürgerliche Freiheit. Die Verfassungen und politischen Ideen der amerikanischen Revolution. Darmstadt 1973. – Angermann, Erich: Ständische Rechtstraditionen in der amerikanischen Unabhängigkeitserklärung. In: Historische Zeitschrift 200 (1965).

Scheer, George F. und Hugh F. Rankin (Hrsg.): Rebels & Redcoats. New York 1957.– Leckie, Robert: George Washington's War. New York 1992. – Higginbotham, Don: The War for American Independence. 1763–1789. Boston 1983. – Royster, Charles: A Revolutionary People at War. The Continental Army and American Character. 1775–1783. Chapel Hill 1979. – Palmer, Dave Richard: The Way of the Fox. American Strategy in the War of Independence. Westport 1975. – Mackesy, Piers: The War for America. 1775–1783. Cambridge 1964. – Wood, W. J.: Battles of the Revolutionary War. Chapel Hill 1990. – Mitchell, Joseph B.: Decisive Battles of the American Revolu-tion. New York 1962. – Jackson, John W.: Valley Forge. Gettysburg 1992. – Atwood, Rodney: The Hessians. Cambridge 1980. – Callahan, North: Flight from the Republic. The Tories of the American Revolution. New York 1967. – Stinchcombe, William C.: The American Revolution and the French Alliance. Syracuse 1969. – Dull, Jonathan: Diplomatic History of the American Revolution. New Haven 1984. – Horsman, Reginald: Diplomacy of the New Republic. 1776–1815. Arlington 1985.

Jensen, Merrill: The New Nation. A History of the United States during the Confederation. 1781–1789. New York 1950. – Nettels, Curtis P.: The Emergence of a National Economy. 1775–1815. New York 1962. – Reimann, Eduard: Die Vereinigten Staaten von Nordamerika im Übergang vom Staatenbund zum Bundesstaat. Weimar 1855 (Neudruck Stuttgart 1955). – Van Doren, Carl: Das große Exempel. Der Weg zur Einigung eines Kontinents. Frankfurt am Main 1949. – Collier, Christopher und James Lincoln Collier: Decision in Philadelphia. The Constitutional Convention of 1787. New York 1987. – Bowen, Catherine Drinker: Miracle at Philadelphia. The Story of the Constitutional Convention. Boston 1967. – Banning, Lance: The Sacred Fire of Liberty. James Madison and the Founding of the Federal Republic. Ithaca 1995. – Ketcham, Ralph L. (Hrsg.): The Antifederalist Papers and the Constitutional Convention Debates. New York 1986. – Oppen-Rundstedt, Catharina von: Die Interpretation der amerikanischen Verfassung im Federalist. Bonn 1970. – Goldwin, Robert A.: From Parchment to Power. How James Madison used the Bill of Rights to save the Constitution. Washington 1997. – Melusky, Josepha A.: The Bill of Rights. Malabar 1993.

Heideking, Jürgen: Entstehung und Geschichte der amerikanischen Präsidentschaft. In: Die amerikanischen Präsidenten. München 1995. – McDonald, Forrest: The American Presidency. Lawrence 1994. – Ketcham, Ralph L.: Presidents above Party. The First American Presidency. 1789–1829. Chapel Hill 1984. – McDonald, Forrest: The Presidency of George Washington. Lawrence 1974. – Elkins, Stanley und Eric McKittrick: The Age of Federation. New York 1993. – Miller, John Chester: The Federalist Era. 1789–1801. New York 1960. – Charles, Joseph: The Origins of the American Party System. Williamsburg 1956. – Ammon, Harry: The Genet Mission. New York 1973. – Slaughter, Thomas: The Whiskey Rebellion. New York 1986. – Bray, Hammond: Banks and Politics in America. From the Revolution to the Civil War. Princeton 1957. – De Conde, Alexander: Entangling Alliances. Politics and Diplomacy under George Washington. Durham 1958. – Bemis, Samuel Flagg: Jay's Treaty. New York 1923. – Ders.: Pinckney's Treaty. New Haven 1960. – Varg, Paul A.: Foreign Policies of the Founding Fathers. East Lansing 1963. – Kurtz, Stephen G.: The Presidency of John Adams. The Collapse of Federalism. 1795–1800. Philadelphia 1957. – Smith, Thomas E. V.: The City of New York in the Year of Washington's Inauguration 1789. New York 1889 (Neudruck Riverside 1972).

Zeitgenossen Washingtons

Adams, John: Smith Page: John Adams. 2 Bde., Garden City 1962. – Ferling, John E.: John Adams. A Life. Knoxville 1993. – Heideking, Jürgen: John Adams: In: Die amerikanischen Präsidenten. München 1995.

Adams, Samuel: Miller, John Chester: Samuel Adams. Pioneer in Propaganda. Boston 1936.

Arnold, Benedict: Randall, William Sterne: Benedict Arnold. New York 1990.

Franklin, Benjamin: Autobiographie. Frankfurt am Main 1969. – Van Doren, Carl: Benjamin Franklin. New York 1938. – Ketcham, Ralph L.: Benjamin Franklin. New York 1966. – Jennings, Francis: Benjamin Franklin. Politician. The Mask and the Man. New York 1997.

Gates, Horatio: Nelson, Paul David: General Horatio Gates. Baton Rouge 1976.

Hamilton, Alexander: Mitchell, Broaddus: Alexander Hamilton. 2 Bde., New York 1957–1962. – Miller, John Chester: Alexander Hamilton. Portrait in Paradox. New York 1959. – Stourzh, Gerald: Alexander Hamilton and the Idea of Republican Government. Stanford 1970. – Flexner, James Thomas: The Young Hamilton. New York 1997. – Bein, A.: Die Staatsidee Alexander Hamiltons in ihrer Entstehung und Entwicklung. Historische Zeitschrift, Beiheft 12 (1927).

Henry, Patrick: Axelrad, Joseph: Patrick Henry. Westport 1947. – Tyler, Moses Coit: Patrick Henry. Boston 1898 (Neudruck Ithaca 1962).

Jefferson, Thomas: Malone, Dumas: Jefferson and His Time. 4 Bde., Boston 1951–1970. – Ellis, Joseph J.: American Sphinx. The Character of Thomas Jefferson. New York 1996. – Risjord, Norman K.: Thomas Jefferson. Madison 1994. – Randall, Willard Sterne: Thomas Jefferson. A Life. New York 1993. – Cunningham, Noble E.: In Pursuit of Reason. The Life of Thomas Jefferson. Baton Rouge 1987. – Adams, Willi Paul: Thomas Jefferson. In: Die amerikanischen Präsidenten. München 1995. – Weisser, Hartmut: »Wir halten den Wolf an den Ohren«. Thomas Jefferson und das Institut der Sklaverei. In: Amerikastudien 41, Heft 1 (1996). Hartmut Wasser gab 1995 den Sammelband heraus: »Thomas Jefferson. Historische Bedeutung und politische Aktualität«.

Knox, Henry: Callahan, North: Henry Knox. General Washington's General. New York 1958.

Marquis de Lafayette: Gottschalk, Louis Reichenthal: Lafayette. A Guide to the Letters, Documents and Manuscripts in the U. S., Ithaca 1975. – Idzerda, S. J. und Robert R. Crout (Hrsg.): Lafayette in the Age of the American Revolution. 5 Bde., Ithaca 1977.

Lear, Tobias: Lear, Tobias: Letters and Recollections of Washington. New York 1906. – Brighton, Ray: The Checkered Career of Tobias Lear. Portsmouth 1985.

Lee, Charles: Alden, John Richard: General Charles Lee. Baton Rouge 1951.

Maclay, William: Maclay, William: Diary. Baltimore 1988.

Madison, James: Brant, Irving: James Madison. 6 Bde., Indianapolis/New York 1941–1961. (Einbändige Ausgabe vom Verfasser 1970: The Fourth President. A Life of James Madison.) – Peterson, Merrill: James Madison. A Biography in his own Words. 2 Bde., New York 1973. – Schultz, Harold S.: James Madison. New York 1970. – Ketcham, Ralph L.: James Madison. A. Biography. New York 1971. – Rutland, Robert Allen: James Madison. The Founding Father. New York 1987. – Adams, Willi Paul: James Madison. In: Die amerikanischen Präsidenten. München 1995.

Paine, Thomas: Keane, John: Thomas Paine. Hildesheim 1998.

Steuben, Friedrich Wilhelm von: Kapp, Friedrich: Leben des amerikanischen Generals Friedrich Wilhelm von Steuben. Berlin 1858.

Billias, George A. (Hrsg.): George Washington's Generals and Opponents. New York 1994. – Maier, Pauline: The Old Revolutionaries. Political Lives in the Age of Samuel Adams. New York 1980. – Langguth, A. J.: Patriots. The Men who Started the American Revolution. New York 1989. – Kerber, Linda K.: Women of the Republic. Chapel Hill 1980. – Engle, Paul: Women in the American Revolution. Chicago 1976.

Personenregister

BILDNACHWEIS:

Thomas Fleming, Liberty! The American Revolution. New York 1997.
Rechteinhaber, die nicht ermittelt werden konnten, bitten wir freundlich, sich beim Verlag zu melden.